Cidadãos & Contribuintes

Wilma Peres Costa

Cidadãos & Contribuintes

Estudos de História Fiscal

alameda

Grafia atualizada segundo o Acordo Ortográfico da Língua Portuguesa de 1990, que entrou em vigor no Brasil em 2009.

Edição: Haroldo Ceravolo Sereza e Joana Monteleone
Editora assistente: Danielly de Jesus Teles
Assistente acadêmica: Tamara Santos
Projeto gráfico e diagramação: Airton Felix Silva Souza
Capa: Danielly de Jesus Teles
Revisão: Alexandra Colontini
Imagem de capa: *Alfandega Velha*, 1856.
Gravura de Pieter Godfried Bertichem

CIP-BRASIL. CATALOGAÇÃO-NA-FONTE
SINDICATO NACIONAL DOS EDITORES DE LIVROS, RJ

C876c
Costa, Wilma Peres
Cidadãos e contribuintes / Wilma Peres Costa. - 1. ed. - São Paulo : Alameda, 2020.
; 21 cm.

Inclui bibliografia
ISBN 978-65-86081-14-5

1. Finanças públicas - História - Brasil. 2. Orçamento - Brasil. 3. Brasil - Política e governo. I. Título.

20-62258 CDD:336.81
CDU: 336.13(81)

ALAMEDA CASA EDITORIAL
Rua Treze de Maio, 353 – Bela Vista
CEP: 01327-000 – São Paulo – SP
Tel.: (11) 3012-2403
www.alamedaeditorial.com.br

Sumário

Com saudades, para
István Jancsó e Juan Carlos Garavaglia, com quem aprendi
a compreender a fecundidade das crises

Com esperança, para
Bruno Aidar, Maria Isabel Basilisco Celia, Marcia Eckert Miranda,
Domingos Savio da Cunha Garcia, Fábio Alexandre dos Santos,
Mario Danielli, Sylvio Mario Puga Ferreira, Rita de Cássia Almico,
Leila Pellegrino, André Luiz Alípio de Andrade, Arethuza Helena Zero
e Guilherme Vilela Fernandes, que compartilharam comigo o tempo e as
inquietações que geraram esses textos.

Apresentação

Os canhões da Primeira Guerra Mundial ainda reverberavam quando surgiram três importantes estudos indagando sobre as razões daquela tragédia que ceifava vidas e destruía propriedades em escala nunca vista, atingindo sobretudo os fundamentos desse típico artefato do "longo século XIX": o estado-nação. Dois deles vinham do campo das forças derrotadas – o percuciente ensaio de Max Weber, Parlamentarismo e Governo numa Alemanha Reconstruída e o pequeno e aparentemente despretensioso artigo de Joseph Schumpeter, The crisis of the tax state, apresentado originalmente como conferência na Viennese Sociological Society.[1] O terceiro vinha da parte daqueles que se afirmavam como vencedo-

1 Escrito a partir de uma conferência proferida em 1918, o ensaio foi republicado, entre outros lugares, em SWEDBERG, Richard (org.). *Joseph A. Schumpeter, The Economics and Sociology of Capitalism*. Princeton: Princeton University Press, 1991, p. 99-141. O ensaio de Max Weber teve tradução brasileira como "Parlamentarismo e Governo numa Alemanha Reconstruída: uma contribuição à crítica política do funcionalismo e da política partidária". WEBER, Max. Vol. 37 da Col. Os Pensadores. Tradução Maurício Tragtenberg. São Paulo: Ed. Abril, 1980. p. 01-85 (1ª Ed. 1918).

res, mas talvez seja dos três o mais sombrio. Falo de As consequências econômicas da paz, de John Maynard Keynes,[2] enfatizando a interdependência que caracterizava a economia mundial e advertindo sobre as terríveis consequências que poderiam advir das exigências draconianas que os aliados pretendiam impor à Alemanha.

Pensar as estruturas do estado-nação à luz da sua crise e procurar prefigurar seu futuro é o intento que aproxima esses textos. Por essa razão todos eles procuram lidar com a instituição que lhe é mais característica: a democracia parlamentar e seus mecanismos, estes mesmos que pareciam ter chegado, naqueles anos do pós-guerra, a um impasse decisivo. Esses complexos aparatos, que estabeleciam através de diferentes formas de sinergia, a conexão entre a cidadania e as engrenagens da máquina estatal, dentre elas os sistemas universalizados de arrecadação fiscal e de recrutamento militar, pareciam estar à beira de um colapso quando as montanhas de recursos obtidos pelo consentimento dos cidadãos-contribuintes se haviam dilapidado na feérica fogueira da destruição de vidas, propriedades, indústrias, plantações, estradas e portos, provocada pela guerra total. A inquietação se desenhava não apenas pelas dificuldades desses estados nacionais se verem frente às próprias promessas que haviam gerado em seus cidadãos, mas também diante de um desafio novo: o comunismo, tangido pela crise social e pelas agruras da guerra, deixara de ser um espectro para se tornar um espaço de experiências concretizado na emergente Rússia Soviética, despertando grandes esperanças e também sombrios temores.

Desse modo, as interrogações vividas pela democracia liberal, a urgência de estabelecer os fundamentos de uma reconstrução possível e o temido prestígio da experiência soviética perpassam os textos aqui lembrados. Haveria um futuro para o *estado fiscal*, per-

2 KEYNES, John Maynard, *As Consequências Econômicas da Paz.* Brasília: Ed. Univ. Brasília, IPRI, 2002.

guntava Schumpeter? Poderiam as forças organizadas da sociedade, expressas nos seus sistemas parlamentares, voltar a estabelecer legitimidade na arrecadação de impostos que poderiam terminar nesse espetáculo macabro de destruição coletiva? Max Weber compartilhava, de certo modo, essas preocupações, assestando sua crítica sobre a burocracia na formação da Alemanha Moderna, onde o sistema bismarckiano teria forjado uma sociedade invertebrada e pouco capaz de resiliência e criatividade. O que em Schumpeter reverberava como dúvida e apreensão aparecia em Weber como caminho desejado para a Alemanha de 1918, com a valorização das possibilidades da política e da vida parlamentar. Seria esse caminho capaz de se contrapor ao que aparecia a ele como um avatar do burocratismo – o comunismo soviético, encontrava múltiplos simpatizantes na sociedade alemã?

Enquanto o peso e o alcance da representação parlamentar na vida política aparece como questão candente para os pensadores alemães, para Keynes é a própria "psicologia da sociedade" que se encontra em causa, pela absurda destruição do esforço humano pela máquina de guerra, gestada no interior dessa própria ordem liberal, e com ela, o nexo moral que alicerçava o 'espírito do capitalismo': como justificar as hierarquias sociais de um mundo que se fizera caduco, como reativar os valores que davam sentido ao mundo do século que se encerrava – trabalho, poupança, frugalidade? Como conjurar, enfim, que as classes populares se vissem irremediavelmente atraídas pelas promessas do socialismo?

Cada um dos textos aqui invocados iria desfrutar sua própria fortuna crítica muito nas décadas subsequentes. As reflexões de Keynes, conjuradas por muito tempo na Alemanha, iriam ser apropriadas em outros países europeus e nos estados Unidos, vindo a formatar ferramenta teórica vigorosa da construção do *welfare state*, em diálogo às vezes ácido e outras vezes convergente, com a tradição marxista. Ao mesmo tempo, a monumental obra weberiana se tornaria referência incontornável da sociologia, da ciência política e da reflexão histórica do século XX, tematizando as principais vertentes da historicidade do estado e das formas representativas nas democracias liberais. Menos fortuna teria o texto de Schumpeter, esquecido por longo tempo nos anais de um congresso, permanecendo raro e de difícil acesso, visitado apenas por especialistas, destoando do conjunto de sua consagrada obra no campo da economia política e história econômica. Os estudiosos sempre preferiram, nesse conjunto, enfatizar o elogio do "empresário inovador" às sábias considerações sobre as estruturas do estado e a natureza das democracias. O que faltava ao texto de Schumpeter, possivelmente, naquele momento e nas décadas que se sucederam, é algo fatal para o campo da ciência econômica: a capacidade de antecipar adequadamente o futuro. O ensaio "errava" em imaginar um impasse instransponível nas bases de legitimação do estado fiscal – as democracias parlamentares, frente ao espetáculo da destruição por obra desses mesmos estados de vidas e bens de seus cidadãos-contribuintes. De fato, ao longo do século XX, o estado iria multiplicar em muito a capacidade arrecadadora e estreitar sua associação ao sistema parlamentar, diferentemente do que vaticinava o historiador austríaco. Mas, talvez por isso mesmo, por que não visse saída no curto prazo para a crise do estado fiscal, este texto tenha se tornado tão inspirador para os historiadores. Visto em perspectiva, talvez tenha sido precisamente o impasse vivido pelo estado fiscal, a impossibilidade de pensar seu futuro, o espaço de experiência propício para suscitar esse mergulho na longa duração, levando Schumpeter a pensar o Estado em sua condição de artefato de lenta elaboração histórico-social, ultrapassando os estreitos cânones quantitativos da ciência econômica e abrindo um fértil território de reflexão comum nas ciências sociais.

As reflexões e experimentos políticos das décadas de 1920 e 1930 iriam maturar após outra guerra, a de 1939-1945, tragédia de certa forma contida nos vaticínios de Keynes. Das leituras reversas de Marx e Keynes começariam a ter vigência perspectivas políticas novas, dando um papel de relevo ao estado na reconstrução das democracias após segunda guerra mundial e na promoção de políticas de bem-estar social. Aqui, como antes, os destinos do comunismo e da social democracia estariam intensamente entrelaçados, pois seria no contexto das polaridades consolidadas da Guerra Fria entre os estados Unidos e a União Soviética que as políticas de bem-estar encontrariam espaço para efetiva consolidação. Não por acaso, também, foram articuladas e quase sucessivas, a crise do socialismo real e a do welfare state, que se inicia nas décadas de 1970-1980. Seus trágicos efeitos são os que vivemos no presente, onde a emergência de um mundo multipolar não parece ter trazido a almejada era de paz e prosperidade, antes carregou consigo o recrudescimento das tensões militares e das desigualdades sociais. Desse contexto sombrio, mas fecundo, brotam com força novas leituras daquelas matrizes revigorando o campo da sociologia histórica, temperadas com correntes também renovadas do pensamento marxista.

Este foi, também de certo modo, o *momento Schumpeter*, e sua contribuição ganhou forma sobretudo no campo da Sociologia Histórica comparada e nas Teorias da Construção do Estado.[3] A retomada dos insights do historiador e economista austrí Schumpeter ao lado da busca do diálogo teórico entre as tradições weberiana e marxista,

---

3 Para uma abordagem referencial, oferecida pela sociologia histórica ver TILLY, Charles (ed). *The Formation of National States in Western Europe.* Princeton: Princeton University Press, 1975, e também TILLY, Charles, *Coerção, capital e cidades europeias.* (trad.port.) São Paulo: Edusp, 2001. Ver também John A. HALL (ed.). *Os Estados na História,* RJ: Imago, 1992. A forma mais atualizada do debate está nas duas coletâneas de ensaios organizadas por BONNEY, Richard. *The rise of the fiscal state in Europe c.1200-1815* e BONNEY, Richard. *Economic Systems and State Finance*, Oxford: Oxford University Press, 1999.

suscitava forte convergência interdisciplinar, trazendo o estado para o campo da história. Passava-se a olhar o estado como um artefato embebido na historicidade, assim como os sistemas jurídicos, militares e fiscais que lhe davam materialidade passavam a ser percebidos em sua sinergia com os impulsos e resistências das forças sociais.

Dentre as múltiplas contribuições dessa nova agenda, conta-se o movimento de superação dos marcos estreitos da história nacional ou nacionalista, que de certa forma subsumia tanto "estado" como "nação" a visões deterministas e empobrecidas pela agenda nacionalista. Os fortes movimentos no sentido da organização de blocos econômicos e políticos por sobre as identidades nacionais informava parte desses estudos, sobretudo aquelas oriundas da consolidação da União Europeia,[4] produzindo estudos que procuravam compreender a historicidade dos fenômenos estatais no interior desses blocos regionais. Outros, buscaram valer-se das possibilidades instigantes da analise histórica comparada,[5] de processos travejados por temáticas comuns, interrogando-se sobre as especificidades dos sistemas parlamentares europeus em suas sinergias com as forças econômicas e sociais e explorando suas diferenças com os regimes autoritários da Europa Oriental ou da Ásia.[6]

Mais recentemente, a discussão da fiscalidade tem absorvido não apenas a dimensão político-institucional que lhe é inerente, como também tem se valido das contribuições da História dos Conceitos,

---

4 É esse o contexto significativo dos mencionados ensaios de TILLY, bem como do polêmico livro de LANDES, David. *The Wealth and Poverty of Nations: Why Some Are So Rich and. Some So Poor*, New York: W.W. Norton & Co., 1998.

5 Ver ANDERSON, Perry. *Linhagens do Estado Absolutista*, SP: Ed. Brasiliense, 1985. Ver também MOORE JR. Barrington. *Origens Sociais da Ditadura e da Democracia*, SP: Martins Fontes, 1983 e SKOCPOL, Theda. *Estados e revoluções sociais: análise comparativa da França, Rússia e China*, SP: Ed. Presença, 1985

6 MANN, Michael. *Os Estados na História*, citado e BADIE, Bertrand, *L'État importé. Essai sur l'occidentalisation de l'ordre politique*. Paris: Fayard, 1992.

permitindo-nos perceber que a era de desenvolvimento e consolidação do estado Fiscal foi também a da transformação nas percepções da temporalidade que passava a articular o futuro – visto aqui como expectativa e previsibilidade – e o passado em tempo curto. Expressão notável dessa cristalização é a própria história da prática e dos vocabulários referidos ao Orçamento Público, e no fato de que, no final do século XVIII e início do século XIX, Orçamento e Balanço se consolidem como coisas separadas e complementares. Como um modo de perceber e instituir o tempo, o orçamento público pode ser pensado como um "horizonte de expectativa", consciência histórica dirigida para o futuro, que se associa à reflexão sobre o passado – os balanços dos últimos exercícios que dão sustentação à referida estimativa ou previsão. Dessa forma, as crises fiscais, são muitas vezes, crises do tempo, expressando uma ou mais formas de desencontro dessas relações. Em nossos dias, elas parecem ter-se tornado reiterativas e cada vez mais destruidoras do próprio tecido da sociedade e dos modos de organização política que o estado fiscal engendrou.

Os estudos aqui reunidos foram construídos em distintos momentos de uma trajetória marcada por essas leituras e pelo desejo de que elas produzissem uma agenda capaz de estimular a pesquisa histórica. Eles reverberam também o forte engajamento político que nos animava, pois tratava-se da democracia que procurávamos reinventar e das desigualdades sociais que urgíamos combater. Essas leituras nos inspiravam sobretudo por aquilo que elas conseguiram descortinar, em um momento de escuridão profunda, quando a humanidade esteve muito perto da barbárie. Por isso elas vieram a ser tão importantes na construção do *welfare state* e na ressignificação da democracia parlamentar, após a segunda guerra mundial.

Reflete-se aqui, também, uma parte da minha travessia particular, da sociologia para a história, com paradas significativas em alguns pontos do caminho e alguns desvios igualmente felizes. Ressalto, nesse particular, o território generoso oferecido pelo Instituto de Economia da Unicamp entre 1986 e 2006, que favorecia as trocas e a aprendizagem entre colegas vindos do campo da história, da sociologia, da ciência política e da ciência econômica, sob a batuta firme e rigorosa do nosso mestre Fernando Novais, o sopro de inquietações novas trazido por Luís Felipe de Alencastro e a parceria de Lígia Osório Silva, entre tantos outros colegas que não ouso mencionar aqui para não cometer injustiças. Naqueles inesquecíveis seminários nossas perspectivas se confrontavam com a percepção de que aquelas agendas tão estimulantes pareciam estar focalizadas na experiência histórica europeia e norte-americana e éramos desafiados a pensar até que ponto essas ferramentas heurísticas poderiam nos oferecer instrumentos para pensar a construção do estado na América Espanhola e no Brasil. Devo a eles muito do que está aqui, mas penso que o resultado se projeta, sobretudo, nas dissertações e teses que perseguiram a temática fiscal, e que estão mencionadas na dedicatória. São os frutos que amadureceram dessas sementes, mas o fizeram em solo fecundo e bem adubado.

Dois importantes empreendimentos coletivos procuraram enfrentar essas questões, entre muitas outras que travejavam a necessidade de pensar historicamente tanto a nação como o estado, em terras do Novo Mundo. O Projeto Temático *A formação do estado e da Nação Brasileira*, coordenado por István Jancsó, na Universidade de São Paulo e o Projeto *State Building in Latin America*, na Universitat Pompeu Fabra, Barcelona, Espanha, coordenado por Juan Carlos Garavaglia e Josep Fradera, que ofereceram portos seguros para as interrogações que aqui se desenvolviam e estimularam uma rica interlocução, infelizmente interrompida em plena florescência.

Esse livro é um tributo a esse tempo rico de ideias e de afeições e um aceno de esperança ao futuro, que tentamos novamente desenhar, em nossa reiteradamente frágil democracia.

Minha editora Joana Monteleone, que é também uma grande amiga e conselheira, foi a estimuladora desse empreendimento. A maioria dos textos estava dispersa em revistas e livros esgotados ou de difícil acesso. Ela me convenceu de que eles ganhavam um outro sentido quando assim dispostos e me ajudou a conjurar a perigosa tentação de reescrevê-los. Essa é só mais uma das muitas coisas que eu devo à sua amizade. Ultrapassada a tentação mais perigosa – a reescrita – tive muitas dúvidas sobre a forma de dispor os textos. A principal delas foi se devia seguir a cronologia das temáticas tratadas, ou o fio da minha própria trajetória – a cronologia de sua produção e publicação original? Uma ou outra escolha engendrariam, como é natural, junto com uma determinada ordem narrativa, uma multiplicidade de questões. Optei afinal por manter a cronologia dos temas e não a da sua escrita, precedida de uma breve introdução teórica, porque percebo que o mosaico resultante faz sentido para pensar o "longo século XIX" brasileiro sob a ótica da fiscalidade. Ele funciona, assim como o esboço de uma história fiscal, travejada por questões compartilhadas na longa duração.

As publicações que aqui reaparecem revistas, modificadas e acrescidas de escritos mais recentes, são as que se seguem, na sua cronologia original:

COSTA, Wilma Peres. A questão fiscal na transformação republicana: continuidades e descontinuidades. *Revista Economia e Sociedade*, Campinas, v. 10, p. 141-174, 1998.

COSTA, Wilma Peres. Economia Exportadora e Padrões de Construção do Estado na Argentina e no Brasil. *Revista Economia e Sociedade*, Campinas, v. 14, p. 175-202, junho 2000.

COSTA, Wilma Peres. Estratégias Ladinas: o imposto sobre o comércio de escravos e a legalização do tráfico (1831-1850). *Novos Estudos CEBRAP* (Impresso), São Paulo, v. 67, p. 57-75, novembro 2003.

COSTA, Wilma Peres. Do Domínio à Nação, impasses da fiscalidade no processo de Independência. In: JANCSÓ, István (Org.). *A formação do Estado e da Nação Brasileira.* 1ª ed. São Paulo: Ed. Hucitec, 2003, v. 1, p. 143-194.

COSTA, Wilma Peres. O Império do Brasil: dimensões de um enigma. *Almanack Braziliense*, Universidade de São Paulo, v. 1, n.1, p. 27-43, 2005.

Eles foram produzidos com apoio do Auxílio Pesquisa FAPESP Processo 00/01239-7 e também do Projeto Temático A formação do Estado e da Nação Brasileira (c. 1750 - c.1850) Processo 03/00422-0, coordenado por István Jancsó. Durante a feitura dos textos referentes aos capítulos que compõem a segunda parte estive ligada ao Projeto IESP-Fundap: Dilemas Históricos do Federalismo Brasileiro, sob coordenação de Eduardo Kugelman.

Parte I

Entre súditos, contribuintes e cidadãos

Breve percurso pelas matrizes teóricas

Talvez em razão do formação tardia do estado nacional alemão e da extrema complexidade de seu processo de construção, as ciências sociais de tradição germânica tenham produzido reflexões de grande riqueza sobre a natureza e a historicidade das estruturas políticas e de suas conexões com a esfera social. Apontamos aqui alguns aspectos das matrizes teóricas que foram relevantes para iluminar nossa senda de pesquisa, esclarecendo desse modo algumas balizas de onde emergiram as questões que nos animam.

A definição de estado que encontramos em Max Weber produziu a forma lapidar, que sublinha nesse fenômeno de extroversão do poder, *o monopólio da coerção legitima*. Ela define o estado pelo que ele tem de mais notório (a capacidade de se impor sobre o corpo social), distinguindoo de todas as outras formas societárias de exercício do poder. Ao mesmo tempo, aponta para outras duas dimensões correlatas que tipificam o estado: a territorialidade e a centralidade do poder[1] – as quais circundam a noção de soberania.

1 WEBER, Weber. *Economia e Sociedade*. Brasília: Ed. UNB, vol I, p. 139-174, vol. II, p. 233 e seguintes.

Nessa formulação, portanto, a ideia de soberania está associada à de um exercício monopolístico de coerção, a partir de um foco central, sobre um território determinado. A ela podem se opor tanto forças externas ao território (por exemplo, estados rivais), como forças internas (forças centrífugas, poderes locais, forças sociais que disputam o monopólio da violência de estado etc.).

Para os propósitos de nossa pesquisa, a contribuição weberiana ganha a sua maior relevância, quando os termos de sua definição do estado (monopólio da coerção legitima/territorialidade/centralidade do poder) são pensados não enquanto dados, mas enquanto processos historicamente construídos. Com isso queremos dizer, em primeiro lugar, que o estado e o monopólio que o caracteriza não nasce pronto, antes ele abriga no movimento de sua formação uma tensão com a sociedade, porque desapropria as armas, a capacidade de taxação, a formulação e o exercício da justiça do corpo social e do controle privado. Em segundo lugar, é preciso perceber que esse processo, embora localizado no tempo, nunca pode ser visto como acabado, porque a tensão e os desafios se repõem sob novas formas, fazendo com que o estado, para se reproduzir em suas características básicas, reformule suas relações com a sociedade e transforme seus instrumentos, de modo a buscar recompor sua capacidade extrativa e o exercício da soberania, sob pena de, ao fracassar, perecer, sob forças centrífugas, ou ser absorvido por outro ente estatal.

O estado moderno aparece, assim, como a resultante histórica de um longo e conflitivo processo de monopolização da coerção, que significou a transferência para o organismo estatal funções e poderes anteriormente dispersos no corpo social e sob o controle de agentes privados. Os campos fundamentais onde isso ocorre, como é sabido concentram nas atribuições jurídicas, fiscais e militares. Em outras palavras, entre as grandes contribuições weberianas para a Teoria do estado está a de sublinhar, no caráter extrativo presente em todo processo de construção estatal, sua dimensão histórica. A construção do estado é um processo histórico ao qual o conflito é inerente, pois a transferência de cada uma das atribuições que o singulariza significa perda material de poder por parte dos agentes privados e sua delegação (violenta ou consentida) para a esfera estatal. Por outro lado, o monopólio da coerção, embora seja fruto de um processo potencialmente conflitivo (porque envolve perda material de poder por parte dos agentes privados) define-se também pela legitimidade, pelo consentimento, ou seja, por uma interação entre o governante e os governados, em que estes reconhecem no primeiro o direito, a utilidade, a necessidade do monopólio da coerção.

Partindo de uma definição lapidar e sintética, a análise weberiana desenvolve-se na direção da construção de tipologias que buscam entender as formas e o sentido pelos quais se processa a legitimação do poder do estado, em três direções distintas e complementares: a) a relação entre governantes e governados pensada a partir dos conteúdos simbólicos e culturais que garantem a aquiescência dos súditos; b) a relação entre o governante e seus funcionários, aqueles que garantem e dão eficácia ao exercício do poder; c) a relação entre funcionários e súditos, cujos conteúdos materializam a obediência. O estudo das "formas de dominação" propõe sistemas que se organizam como grandes feixes de relações, que se diferenciam basicamente pelo "sentido" que motiva a conformação aos desígnios do poder : a afeição (carisma), a crença na capacidade superior da figura do soberano, a tradição, a crença na sacralidade do governante, ou a racionalidade que abstrai a personalização do soberano em conjuntos de normas impessoais às quais se obedece pela crença em sua eficácia e equidade. A cada um desses conjuntos correspondem distintas formas de organizar os corpos de funcionários que administram o poder, de recrutar soldados, de processar a arrecadação tributos e de criar e implementar as normas jurídicas. Desse modo, a análise weberiana desdobra-se na investigação dos instrumentos desenvolvidos pelo poder estatal para realizar a sua natureza e executar as tarefas que lhe são inerentes: a generalização de ordem legal, a constituição de um aparato repressivo e os funcionários capazes de concretizar o exercício do poder – as burocracias civis e militares. O estudo das formas de dominação, por sua vez, procura, através do recurso ao tipo ideal, que esta no cerne da epistemologia weberiana, dar conta, ao mesmo tempo das formas de organização do estado e da legitimação do poder estatal e se desdobram, por sua vez em variantes de notável utilidade heurística para a análise histórica, em múltiplas dimensões antigas e modernas do patrimonialismo, como o sultanismo, o patriarcalismo e até mesmo o estado de bem-estar social contemporâneo.[2]

As tipologias weberianas sabidamente não descrevem situações históricas concretas e sobretudo não prescrevem sequências necessárias de desenvolvimento histórico. Não obstante, em seu caráter instrumental, elas oferecem uma ferramenta de grande utilidade para os historiadores, sendo como são, resultado de uma reflexão embebida na experiência histórica do desenvolvimento do ocidente capitalista – e sobre as formas específicas de racionalidade que foram inerentes à sua formação. Não há dúvida de que, sem prescrever uma sequência necessária para a transição de um tipo ao outro, suas reflexões sobre a passagem da dominação tradicional para a dominação racional legal, tendo, como corolário a passagem de uma administração de tipo patrimonial para uma burocracia racional moderna, debruçam-se sobre as singularidades da formação do estado no Ocidente europeu durante a época moderna.

A análise weberiana permanece sendo uma referência fundamental para todos aqueles que procuram pensar historicamente o estado. Sua ênfase possibilita trabalhar a autonomia do fenômeno

2 WEBER, Max. *Economia e Sociedade*. Brasília: Ed. UNB, I., p. 139-174.

político, construir tipologias a partir de suas formas e refletir sobre os seus efeitos sociais e econômicos.[3]

Ela ilumina, por exemplo, diferentes aspectos dos movimentos que resultaram na formação do estado moderno na Europa, ajudando a compreender como as monarquias dinásticas exerceram seus impulsos extrativos sobre uma ordem social complexa que se caracterizava pela crise do feudalismo (século XIV). Iniciavamse, nesse período, a dissolução gradativa das relações sociais de produção feudais (a servidão) que não iriam dar origem, ainda, a relações assalariadas, mas a constituição de um campesinato com variados graus de autonomia em relação ao senhorio feudal. Esta autonomização desenvolviase em estreita relação com o desenvolvimento do comércio de longa distância e com a estruturação crescente de vida urbana. Do ponto de vista social, o período que se abre com a crise do feudalismo, dá lugar a comoções sociais profundas. Essas conturbações atingiam todos os setores da vida social: opunham a burguesia urbana à nobreza, na luta pela autonomia das cidades; dava lugar a ondas de rebeliões camponesas; no interior das cidades opunham os artesãos à burguesia mercantil, a plebe urbana ao patriciado; acentuavamse também, graças ao caráter extensivo da economia feudal e as características do apossamento da terra pela nobreza, os conflitos internos das famílias e a religião.

Ao mesmo tempo, agudizavamse as disputas entre o Imperador e o papado e entre estes e as várias forças sociais em conflito. O fortalecimento do poder real se estabeleceu no interior desse período conflitivo, tanto pelo exercício da mediação e da arbitragem entre as forças em luta, como através da intervenção direta a favor de uma das partes. Em cada um desses momentos apresentavamse as opor-

3 Excelentes sínteses analíticas sobre o pensamento de Weber são BENDIX, Reinhard. Max *Weber: um perfil intelectual.* Brasília: Ed. UnB, 1986 e ARON, Raymond. *As etapas do pensamento sociológico.* São Paulo: Martins Fontes (5ª. Ed.), 2000, p. 447-508.

tunidades para a concentração de poderes, através da extração da esfera privada e da constituição daquilo que viria a ser a ordem pública. Dessa maneira, aquilo que a teoria descreve como "monopólio da coerção legítima" como natureza íntima do estado, se construiu passo a passo, mas através de uma tendência nítida: o armamento do estado, configurado na profissionalização, da força militar implicava no desarmamento da sociedade e de sua capacidade de reagir, pela força das armas ao poder do estado. No mesmo processo, constituírase, particularmente pela difusão do Direito Romano, um arcabouço jurídico de alcance nacional, contra as formas privadas e consuetudinárias de exercício da justiça. Um e outro movimento implicavam na formação de corpos de funcionários (civis e militares) capazes de implementar a' vontade real, a serviço do estado.[4]

A territorialidade dos diferentes estados, na Europa moderna, definia-se, progressivamente, tanto frente aos poderes "universalistas" (papado e Império) como frente aos poderes "particularistas" (feudos, comunas urbanas, poderes locais). Ou seja, os estados se formaram no ocidente europeu uns contra os outros, em guerras sucessivas, no plano interno e externo, até o princípio do século XIX. As necessidades bélicas foram uma importante alavancagem da estrutura fiscal e o elemento fundamental do desencadeamento do ciclo de extração coerção que, ao mesmo tempo em que fortalecia financeiramente o estado, libertando os reis da dependência estrita para com as casas bancárias, impulsionava a mercantilização da vida econômica, base principal do impulso extrativo.[5]

4 Cf. a interpretação clássica de Roland Mousnier, o conflito permanente e o equilíbrio das forças em luta dão a dinâmica da concentração do poder nas monarquias absolutas do ocidente europeu. Ver MOUSNIER, Roland. *Les institutions de la France sous la monarchie absolue*. Paris: PUF, 2005 e também "As Novas Estruturas do Estado", in: CROUZET, M. *História Geral da Civilização*, vol. XV. Os Séculos XVI e XVII. Cap. IV. São Paulo: DIFEL, 1957.

5 Ver TILLY, Charles. *The formation of national states in Western Europe*. Princeton: Princeton University Press, 1975. Sobre as relações reversivas dos pro-

No caso do ocidente europeu, a constituição das finanças públicas era, ao mesmo tempo o pressuposto e o resultado desse processo, pois a intensificação dos conflitos ao plano interno dos estados e as sucessivas e endêmicas guerras externas forneciam o fundamento e a legitimidade da extração. Os primeiros impostos foram criados tanto pela transferência de tributos pagos anteriormente ao senhorio feudal ou as comunas urbanas, como pela criação de novos encargos. A legitimidade se fortalecia pela arbitragem e intervenção do poder real nos conflitos. Por outro lado, como bem demonstrou Gabriel Ardant[6] a economia mercantil é condição necessária para a eficácia da ação do estado. Nesse sentido, o imposto esteve intimamente relacionado com o desenvolvimento da economia monetária e deveria incidir prioritariamente sobre os setores ligados a economia mercantil: a burguesia urbana e o campesinato independente. Por sua vez, a voracidade fiscal do estado e seu aparelhamento armado independente, acabavam por impulsionar o progresso da mercantilização econômica e acelerar a desintegração do feudalismo. Por outro lado, é fundamental ter em mente que os séculos de feudalismo haviam instalado uma "cultura fiscal" sobre cuja base a extração estatal pode se desenvolver com relativa rapidez. Ela iria incidir, conforme apontamos, de forma desigual sobre os diferentes grupos da sociedade. A crise fiscal do estado, os conflitos entre os diferentes grupos e o papel relevante do campesinato e da burguesia mercantil estariam no cerne, posteriormente, da crise do estado absolutista e das revoluções liberais.

Entretanto, foi a tradição marxista que colocou o conflito social no cerne da definição do estado, focalizando os fundamentos

---

cessos de extração e coerção ver, na coletânea citada, Samuel Finer. "State and Nation-Building in Europe: the role of military". Ver também TILLY, Charles. *Coerção, Capital and Estados Europeus (990-1992)*. São Paulo: EDUSP, 1996.

6 ARDANT, G. "Financial Policy and Economic Infraestructure of Modern States and Nations", in: TILLY, Charles (ed.) *The formation*. *Op. cit.*

desse conflito na exploração e na luta de classes. O antagonismo de classe é percebido, assim, como fundamento da própria existência do estado, pois este aparece como expressão política necessária da exploração econômica, envolvendo esta a criação e manutenção de um aparato específico de poder centralizado. A dominação, diferenciando-se daquela pensada por Weber na relação governativa (soberano/súditos), não era uma relação abstrata. A dominação exercida pelo estado era a expressão de uma outra dimensão, mais essencial da dominação: a que se estabelece na produção da vida material, a partir da apropriação privada dos meios de produção e da exploração do trabalho. A monopolização dos meios de produção por uma classe vinculava-se dialeticamente à necessidade de garantir a reprodução da ordem através de uma organização supra societária, porque a necessidade de sacramentar a propriedade na ordem jurídica, de garantir os contratos na esfera do mercado e a capacidade de conter e disciplinar os trabalhadores ultrapassa a capacidade dos agentes privados em manter a exploração sob seu controle.[7] Nessa tradição, a reflexão sobre o estado é inseparável da teoria das classes sociais, ou seja, das relações de dominação e exploração de uma classe sobre a outra e do conceito de luta de classes. A oposição central deixa de ser estado/Sociedade Civil para conceber o estado como aparelho de dominação indispensável, a partir de um determinado momento histórico, para a instalação e reprodução das relações de dominação presentes na sociedade. Isso quer dizer não apenas manter os dominados sob controle (força e consenso), mas sobretudo ser capaz de funcionar como razão superior das classes dominantes soldando o que Gramsci chamou de bloco no poder. A especificidade do fenômeno político

7 MARX, Karl. *Critique à la Philosophie du Droit de Hegel*. Paris: Ed.10/18, 1976; ENGELS, Friedrich. *A Origem da família, da propriedade privada e do Estado, A origem da Família, da Propriedade e do Estado*. Lisboa: Ed. Presença, s/d.

encontrou grande refinamento no pensamento de Gramsci.[8] Sua visão não reducionista do estado (Estado + Sociedade Civil) e do exercício do poder (consenso + força), assim como sua instigante análise do papel dos intelectuais, encontram expressão máxima em seu conceito de hegemonia (direção intelectual e moral) que aponta para as interações complexas entre o estado e a Sociedade. Dentre as múltiplas contribuições desse autor retemos, em particular, aquela que vê no estado capitalista não apenas a dimensão "vertical" da dominação (a repressão e o disciplinamento das camadas sociais subalternas), mas, com igual ênfase, as dimensões "horizontais" (a arbitragem dos conflitos no interior do bloco de camadas dominantes e o exercício de uma "razão superior" que escapa aos agentes privados e aos interesses particularistas). A questão é particularmente relevante por que é a partir das fissuras abertas no interior do bloco dominante que emergem as oportunidades de expressão das camadas subalternas. Entretanto, o principal representante da tradição marxista no estudo do estado Absolutista é o historiador inglês Perry Anderson. Em um estudo que se tornou referência obrigatória sobre o tema,[9] Anderson volta a indagar sobre a natureza dos interesses de classe que dão sentido ao estado absolutista, em suas diferentes linhagens. Sua análise é particularmente fecunda quando, procura explorar as bases que teriam legitimado a extração do poder militar e a criação das forças armadas profissionais do estado Absolutista. Ele as encontra na transformação das relações de dominação feudais, a partir da metamorfose progressiva da formatempo para a formadinheiro do excedente econômico. Essa metamorfose tornava infinitamen-

8 Ver, principalmente, GRAMSCI, A. *Maquiavel, a política e o Estado moderno.* Rio de Janeiro: Civ. Brasileira, 1980.

9 ANDERSON, Perry. *Linhagens do Estado Absolutista.* São Paulo: Ed. Brasiliense, 1985.

te mais complexo o exercício da dominação, fazendo com que esta extrapolasse a capacidade de controle dos agentes privados, em particular pela intensidade e virulência das revoltas camponesas. O que explica que essa extração de poder, com a perda da autonomia dos senhores feudais que ela envolve, se tornasse ao fim e ao cabo legítima, assim como a potenciação da capacidade repressiva que a constituição de forças permanentes e estatais representava. A perda do poder da nobreza tradicional sobre o exercício das armas era, em parte compensado pela colaboração da nobreza forças militares profissionais do rei, garantindo, até as revoluções liberais, seu virtual monopólio sobre a carreira das armas e dos postos de comando. No plano da tropa, por outro lado, as forças armadas reais, alimentadas com os tributos crescentes, ampliavam sua possibilidade de contar, além do recrutamento forçado sobre o campesinato, com o apelo às formações mercenárias.

Assim, enquanto a tradição weberiana nos permite ver a especificidade do fenômeno político, a tradição marxista nos faz ver a congruência do estado com as relações de produção presentes na sociedade. A oposição, para Marx, não se dá entre o estado (público) e a sociedade civil (privado) mas entre classes antagônicas que se desenvolvem na sociedade em torno da apropriação privada dos meios de produção e da exploração do trabalho. No modo de produção capitalista, só o estado é capaz de prover a ordem jurídica, os aparelhos repressivos e a produção ideológica do consenso mínimo para a reprodução das relações de produção fundamentais. Visto dessa maneira, o estado é, simultaneamente, uma emanação da sociedade e de seus conflitos e a condição do exercício da dominação de classe. Por essa razão, toda transformação social profunda envolve também a transformação do estado.

É verdade que essas formulações, aqui pobremente sintetizadas, deram origem à várias analises reducionistas e simplificadoras, em que o estado é reduzido a um reflexo, ou um epifenômeno das relações sociais. Não cabe aqui reproduzir as críticas por demais conhecidas que, baseadas nessas análises simplificadoras, acusam o marxismo de subestimar a autonomia e a especificidade do fenômeno político. Cabe, antes, resgatar a contribuição fundamental da tradição marxista: a reafirmação da historicidade do estado, como forma política inseparável de seu conteúdo de classe.

O diálogo interno que procuramos promover entre as tradições weberiana e marxista do pensamento social se revela profícuo na medida em que, ao retermos a dimensão extrativa (jurídica, fiscal e militar) do processo de construção do estado e seu caráter impositivo (portanto potencialmente conflituoso) sobre os agentes privados, temos que nos perguntar sobre as condições que permitem, no nível desses agentes, o estabelecimento dessa dinâmica. Noutras palavras, ele nos ilumina sobre a importância de se levar em conta as relações sociais de produção dominantes sociedade e as formas de resistência popular que elas engendram para compreender as peculiaridade pelas quais a dinâmica extrativa se estabelece uma vez que é no interior da vida social que produzem se tanto os impulsos quanto a resistências à constituição do monopólio do poder pelo estado e sua legitimação. A maneira como as relações de dominação impulsiona ou não a extração (e que depende de a capacidade da classe dominante exercer diretamente essa dominação sob e controle privado) é um nexo fundamental para compreender a interação entre o processo de formação estatal e a vida social. O estado pode, assim, ser pensado, ao mesmo tempo, como uma emanação da sociedade e como um agente capaz de gerar transformações profundas nas relações sócio econômicas. A interação entre a dinâmica extrativa e as relações de produção é fundamental na analise do processo de construção do estado nas distintas experiências históricas, por que ela está referida 1) ao *quantum* de pode que os agentes privados estão dispostos a ceder à esfera pública no sentido de potenciar a eficácia do sistema de dominação; a capacidade de resistência dos agentes privados à dinâmica extrativa e os conflitos em torno da incidência e distribuição de encargos (militares e fiscais) ; 3) à capacidade do estado em vencer essas resistências e, ao fazêlo, promover transformações na economia e na sociedade. Assim, portanto, o processo é distinto quando se trata da servidão feudal, da economia camponesa, de escravidão. Assim é que, retomando Anderson, é preciso enfatizar os aspectos internos dos aparelhos de coerção para pensar a questão da dominação. As correntes não marxistas tendem a enfatizar sobretudo a guerra externa e a construção do território como propulsoras do aumento do poder do estado. Ninguém ignora, entretanto que a guerra é um instrumento poderoso de moderar, pospor ou mesmo superar conflitos sociais. Universalmente, ela constrói coesão, reduz resistências à taxação e disciplina a sociedade. Por outro lado, a guerra também tem um outro gume: na medida em que recruta homens comuns, ela desnuda desigualdades e impulsiona conflitos.

O momento Schumpeter: o fisco e a historicidade do estado

Dentre os cientistas sociais contemporâneos, foi Schumpeter quem estabeleceu o estudo da fiscalidade como dimensão central da historicidade do estado, explorando, em um artigo seminal,[10] o campo da fiscalidade como interface fecunda entre a história, a economia e a sociologia. A enorme influência desse pequeno artigo e as sendas por ele abertas ecoam nas várias correntes de estudiosos que, contemporaneamente, retomam a discussão do estado pela

10 Utilizamos aqui a edição original, SHUMPETER, Joseph, "The crisis of the tax state", in: *International Economic Papers*, n.4, Nova York, MacMillan, 1954. O texto foi republicado em SWEDBERG, Richard (org.). *Joseph A. Schumpeter, The Economics and Sociology of Capitalism*. Princeton: Princeton University Press, 1991, p. 99-141.

senda da História, vale dizer que procuram pensar o estado como resultante de um processo de construção.[11]

> A história fiscal de um povo é (...) uma parte essencial de sua história geral. O sangramento econômico gerado pelas necessidades do estado e o uso que dele se faz produz uma enorme influência enorme sobre o destino das nações. Em alguns períodos históricos, a imediata influência formativa das necessidades fiscais e da política fiscal do estado no desenvolvimento da economia (e, a partir daí, em todas as formas da vida e todos os aspectos da cultura) explica praticamente todas as principais características dos eventos. Na maior parte dos períodos, ela explica a maior parte delas e há muito poucos períodos em que ela nada explica.[12]

E, mais adiante,

> "Mais importante do que tudo é a visão propiciada pelos eventos da história fiscal sobre as leis da sociedade e sua transformação e sobre as forças motoras do destino das nações, bem como sobre a maneira pela qual as condições concretas (e, em particular as formas organizacionais) crescem e se transformam. As finanças públicas são um dos melhores pontos de partida para a investigação da sociedade, especialmente (embora não exclusivamente) de sua vida política. A fecundidade (...) dessa abordagem é vista particularmente naqueles pontos de viragem, (...) ou épocas de

11 Uma excelente síntese do Estado atual da discussão encontra-se no esforço coletivo consolidado em BLOCKMANS, Win e GENET, Jean-Philippe. *The Origins of the Modern State in Europe, 13rh-18th centuries*. Oxford: University Press, 1998. Ver especialmente os volumes *The Rise of the Fiscal State in Europe (c.1200-1815)* e *Economic Systems and State Finance*, ambos coordenados pelo historiador inglês Richard Bonney.

12 SHUMPETER, Joseph, "The crisis of the tax state", in: *International Economic Papers*, n.4, Nova York, MacMillan, 1954, p. 6-7.

> mudança, durante os quais as formas existentes começam a morrer e a mudar para alguma coisa nova, o que sempre envolve uma crise dos antigos métodos fiscais.[13]

Nesse artigo, Schumpeter procura reconstituir algumas balizas do longo e multifacetado processo de transformação da fiscalidade no ocidente europeu, a partir do declínio do feudalismo. O cerne da sua discussão encontra-se na ênfase dada à passagem de uma concepção medieval da fiscalidade em que o príncipe vivia "de seus próprios meios" (ou seja, confinando seus recursos às rendas obtidas no interior de seus domínios) à concepção moderna do estado, que deve sustentar-se na contribuição do conjunto de seus súditos. Essa passagem, lenta e conflitiva, envolveu a transformação da suserania na soberania, a construção da territorialidade do estado e, sobretudo, a constituição de uma esfera "pública" por oposição à esfera "privada". Ela expressa, no plano fiscal, o processo de transição do feudalismo ao capitalismo.

Os organismos representativos e sua função de controle sobre os orçamentos e as finanças públicas são filhos desse processo que nem sempre foi pacífico, mas que, longe de reduzir a eficiência do estado, aumentou sua capilaridade e poder.

A utilidade heurística da polaridade assim estabelecida entre dois "tipos" de estado (*dominium state* e *tax state*) não é a de descrever qualquer estado histórico particular, mas a de chamar a atenção para um processo da maior relevância – as finanças do estado, a dinâmica que elas são capazes de produzir sobre a Economia e a Sociedade, dependeram, em grande parte, da forma pela qual os múltiplos estados que emergiram, na Europa, a partir da crise do feudalismo, lidaram com as necessidades financeiras envolvidas na definição do território, da centralização política, e na consolidação da soberania.

---

13 SHUMPETER, Joseph. "The crisis...". *Op. cit.*, p. 7.

Uma das diferenças mais importantes é a forma como aquelas Monarquias empregaram o "domínio" real para financiar seus desígnios e em que medida eles conseguiram transformar a administração do "domínio" de maneira a fazê-la suportar as necessidades crescentes da expansão e diversificação das funções estatais. Alem disso, expandir e racionalizar o domínio foram importantes estratégias perseguidas pelos Monarcas Absolutistas para consolidar o poder na busca de autonomia frente às restrições impostas pelos vassalos, comunidades, corporações e demais formas corporativas da Sociedade de Ordens. Um domínio rico e bem administrado permitiria ao Rei ampliar seu crédito, contratar força armada, encetar explorações marítimas, fazer a guerra contra seus adversários e rivais, enfrentar as forças internas de fragmentação do poder e do território. Todo o arsenal de ferramentas apresentado pelas diferentes facetas do Mercantilismo é disso uma eloquente expressão. Dentre os teóricos do Absolutismo foi Jean Bodin (1530-1596) quem nos legou uma das mais perfeitas defesas do "dominium state" em conexão com o poder real: o cerne da soberania e do poder absoluto consiste na capacidade de promulgar leis sobre o conjunto dos súditos, *independentemente do consentimento deles.* Por paradoxal que isso possa parecer ao leitor moderno, Bodin não concebia o estabelecimento de impostos como parte integrante do poder absoluto. Ao contrário, a possibilidade de obter uma fonte de rendimentos independente é que era a condição do exercício do poder, liberando o Rei de penosas (e perigosas) negociações. Assim é que ele estabelecia uma curiosa hierarquia de fontes preferenciais de renda real, na qual a imposição de taxas sobre os súditos deveria ser utilizada apenas em último caso, quando esgotadas todas as outras maneiras de fazer aumentar a fazenda real. A primeira e mais segura fonte de recursos era a renda proveniente do *domínio*, por ser inalienável e livre de contestações; em segundo lugar vinha a *conquista* de novos e ricos territórios e o estabelecimento de prestações sobre os novos súditos; em terceiro e quarto os *dons gratuitos* de súditos e *pensões* da parte dos aliados; em quinto, *a implantação de um império comercial colonial*; em sexto lugar vinham as tarifas sobre o comércio externo do Reino. Só em último lugar se deveria recorrer à imposição de taxas sobre os súditos. Esse recurso só deveria ser usado quando todos os outros falhassem e a segurança pública estivesse em perigo, caso de uma invasão estrangeira ou de algum outro acidente grave e inesperado.[14]

No outro extremo da tipologia, encontramos aquelas monarquias que contaram menos com o *dominium*, seja porque ele fosse insuficiente para seus desígnios, seja porque foram levados a transferi-lo para a esfera privada. A medida de seu êxito dependeria, então da sua capacidade de desenvolver estratégias de interação com as forças sociais e com os agentes econômicos relevantes para ampliar seu poder de extração fiscal sobre o conjunto social. O caso da Prússia é frequentemente lembrado como um exemplo do primeiro tipo, por ter sido o estado Europeu que prolongou por mais tempo, a sua condição de *dominium state*.

A Inglaterra é o exemplo mais conspícuo do segundo tipo – o *tax state*. Lá, ao longo dos governos de Henrique VIII (1509-1547) e Elizabeth I (1558-1603) a maior parte das terras da Coroa foi transferida, por venda, para a esfera privada. A parcela mais significativa desse patrimônio territorial adveio do confisco dos bens dos conventos após a reforma anglicana. A fiscalidade britânica passou a depender, desde então, de um entendimento entre a Coroa e o Parlamento. O conflito secular gerado a partir daí e sua superação pela vitória das forças parlamentares, teriam, também nesse campo, determinado o pioneirismo da Inglaterra frente aos outros estados Europeus.[15]

14 Cf. BONNEY, R. "Early Modern Theories of State Finance", in: BONNEY, R. (ed.). *Economic Systems and State Finance*. Oxford: Oxord University Press, 1998, p. 167-168.

15 Para uma comparação entre a Prússia e a Inglaterra nessa perspectiva ver

Esse percurso abreviado pelas matrizes teóricas que têm fecundado nosso trabalho procura, assim focalizar nossa agenda de investigação pois, longe de encontrar respostas, ele procura construir um campo de questões, ao explorar a relação entre a dinâmica da vida material, a construção das instituições políticas e a pulsão conflitiva das forças sociais. Assim como o *monopólio da coerção*, e estreitamente ligado a ele, o fisco *define* o estado, pelo menos na forma histórica que essa instituição assumiu no Ocidente, a partir dos séculos XIV e XV e que vem se mantendo até os dias atuais, quando parece sofrer uma crise profunda e de desdobramentos incertos. Até que o estado venha a ser superado ou substituído por alguma outra forma de administração da vida coletiva, não há estado sem impostos e sem uma capacidade armada capaz de defender sua soberania contra agressões externas e forças centrífugas internas. Por essa razão, o estudo histórico do fisco tem sido sempre associado ao da constituição de forças armadas profissionais e ao processo de estabelecimento do monopólio da coerção.

As possibilidades abertas pelo estudo do fisco permitem olhar o estado simultaneamente no que ele tem "universal" – um conjunto de instituições que materializam a projeção do poder para fora do corpo social – e naquilo que é peculiar à história de cada estado: a interação específica que se estabeleceu, no seu processo formativo, entre a esfera política que se constitui como *pública* e os detentores privados de poder e riqueza; entre a resistência à extração de recursos e a elaboração de direitos e formas de representação política. Vislumbram-se, deste modo, algumas das maneiras pelas quais o passado de uma comunidade humana é reciclado e reinventado para legitimar a ordem política centralizada e fazê-la assumir uma dimensão "pública".

BRAUN, Rudolph, "Taxation, Sociopolitical Structure, and the state-building: Great Britain and Brandemburg Prussia", in: TILLY, Charles (ed.). *The formation. Op. cit.*

A forma pela qual desenhamos nosso tema de investigação – a fiscalidade como processo estratégico da construção do estado, emerge de um diálogo metodológico que temos desenvolvido com a tradição clássica da Sociologia Política e em particular com as Teorias da Construção do estado. Ao pensarmos o estado historicamente, isto é, a partir do processo de sua construção, enfatizamos especialmente dois aspectos. Em primeiro lugar, a dimensão extrativa que caracteriza a formação estatal. A formação do estado pressupõe, nesse sentido, transferência de poder (da periferia para o centro, do "privado" para o "público") e transferência de recursos (recrutamento militar, impostos). Sublinhar esse aspecto significa valorizar a dimensão potencialmente conflitiva da construção estatal, em que detentores de poder e recursos (agentes individuais, empresas, camadas sociais, regiões) buscam resistir à pulsão extrativa e competir pela utilização dos recursos estatais. Ao mesmo tempo, o estado significa também um território e um centro político capaz de impor o poder sobre o conjunto desse território. Ou seja, o estado para que se configure como tal deve construir a *soberania* pela superação das resistências particularistas (ordens, estamentos, entidades, corporações, cidades, regiões), bem como apresentar-se frente aos outros estados na condição de detentor e defensor dessa mesma soberania.

A abordagem weberiana nos ensina que o estado se caracteriza não apenas pelo "monopólio" da coerção como também pela "legitimidade" e aí radica talvez a principal mediação que ela possibilita como agenda para os historiadores, pois é no embate das lutas sociais e políticas concretas que se produzem as pulsões pelo monopólio e as fricções em torno da legitimidade. Os teóricos da construção do estado, refletindo principalmente sobre a especificidade da história da Europa ocidental, tem buscado demonstrar que a dinâmica da construção do estado e de sua legitimação no ocidente europeu foi um processo estratégico para a constituição das peculiaridades do capitalismo europeu e de sua evolução política. Assim, tanto a alavancagem das energias econômicas do capitalismo como as sinergias que resultaram nas modernas democracias parlamentares, teriam uma fonte comum, resultante da forma histórica pela qual as pulsões promovidas pela construção do estado interagiram com as forças sociais que emergiam da crise do feudalismo.

As teorias da construção do estado, nas suas várias vertentes, debruçaram-se sobretudo na compreensão de uma experiência histórica particular: o estudo do estado absolutista europeu e sua forma de interação com a ordem econômico social: a desagregação do feudalismo, o conflito de classes e estamentos (burguesia x nobreza, cidades, ordens, corporações, universidades) e a expansão da economia mercantil que fizeram do campesinato e das cidades a principal fonte da extração fiscal do estado em construção. A especificidade histórica do processo de construção do estado Europeu em algumas de suas experiências (aquelas onde se encontrava mais desenvolvida a economia mercantil, o campesinato independente e autonomia das cidades) deu uma dimensão duplamente "progressista" ao processo de construção do estado. No plano econômico fez dele uma alavanca de desintegração do feudalismo e de desenvolvimento capitalista. No plano político, ao incidir sobre a cultura fiscal do feudalismo, sobre as autonomias que caracterizavam o Antigo Regime, propicia a sinergia que irá problematizar cidadania e direitos, taxação-representação.[16]

16 A formulação, de inspiração fortemente weberiana, encontra ressonância tanto nos trabalhos de Charles Tilly aqui mencionados, como em LANDES, David. *Prometeu Desacorrentado: transformação tecnológica e desenvolvimento industrial na Europa ocidental, de 1750 até os dias de hoje*. São Paulo: Nova Fronteira, 1994 e também *Riqueza e Pobreza das Nações, por que algumas são tão ricas e outras são tão pobres*? Rio de Janeiro: Gradiva, 2005.

Construção do Estado e Sistema Colonial: um desafio de pesquisa

Os autores que tem estudado a construção do estado moderno na Europa têm dado pouca atenção ao papel desempenhado pelo Antigo Sistema Colonial para a consolidação dos centros políticos. Assim, o estudo das metrópoles coloniais ibéricas e a peculiaridade de seu processo de construção estatal têm ficado um pouco à margem das escolhas de "estudos de caso" ou das perspectivas comparadas. A omissão é flagrante, por exemplo, na coletânea de ensaios organizada por Charles Tilly, aqui diversas vezes citada. Em *Capital, Coerção, e Cidades Europeias*, Tilly procura incorporar o fato colonial em sua teoria, mas o faz, de certo modo, "ao revés", acentuando os impulsos menos "progressistas" da construção estatal onde o fato colonial atuou de forma mais significativa, como na Espanha e Portugal. Assim, para ele, "o Império ultramarino não construiu uma estrutura de estado na mesma medida que o fez a guerra terrestre na metrópole". Não obstante, ele reconhece a relação reversiva entre estado e Império ao afirmar que "a vinculação entre estado e Império se fez em ambas as direções: o caráter do estado Europeu comandou a sua forma de expansão fora da Europa, e a natureza do Império afetou de forma considerável a atuação da metrópole".[17]

Baseado nessas premissas, Tilly constrói uma tipologia de estratégias metropolitanas, distinguindo os estados colonizadores que utilizaram estratégias "capitalistas" de exploração, delegando a gestão dos territórios coloniais a companhias privilegiadas, como a Holanda, daqueles que aplicaram intensa coerção, investindo grande esforço na conquista militar e na colonização, como o Império Espanhol. Entre um e outro caso estariam os estados intermediários, como Grã Bretanha e França, que entraram no jogo imperial

17 TILLY, Charles. *Capital, Coerção. Op. cit.*, p. 155.

relativamente tarde e se notabilizaram pela combinação da estratégia capitalista e da coerciva.

> A estratégia capitalista acrescentou um peso relativamente pequeno ao estado central, sobretudo quando foi aplicada através de organizações essencialmente privadas, como a Companhia Holandesa das Índias Orientais. Contudo, esses megalitos comerciais se transformaram em forças políticas a serem disputadas com seus próprios meios; assim, a privatização levou o estado a negociar com sua população, ou pelo menos com a classe comercial dominante. A estratégia da conquista e do povoamento, que exigiu inevitavelmente exércitos e marinhas permanentes, acrescentou ao estado central a burocracia, sem falar da cadeia mundial de funcionalismo que ela suscitou. Onde produziu riquezas - sobretudo na forma de ouro e prata em barras (bullion), como a Espanha - a conquista criou uma alternativa à tributação doméstica e, desse modo, protegeu os governantes de algumas das negociações que definiram os direitos dos cidadãos e estabeleceram limites às prerrogativas do estado em outros locais.[18]

As reflexões anteriores permitem pensar a articulação da formação dos estados metropolitanos com seus impérios ultramarinos em dimensão quase negativa, pelo menos no que se refere às energias que teriam conduzido às revoluções liberais. Sem entrar nessas polêmicas considerações, que nos levariam para longe do tema aqui proposto, consideramos, no entanto, que a articulação entre as noções de Império e Estado podem ser fecundas, sobretudo se perseguirmos a indagação no sentido inverso: quais teriam sido os efeitos dos séculos de colonização para o processo de construção dos estados nacionais na América?

---

18 Charles Tilly, *Capital Coerção. Op. cit.*, p.155-156.

O interesse em repensar, com as contribuições das "teorias da construção do Estado", a relação entre a colonização e a formação do estado nacional na América Latina advém do reconhecimento de que, se as estruturas da economia e da sociedade feudais foram o ponto de partida de onde se alavancaram as estruturas dos estados europeus, na América Latina, o ponto de partida incontornável para a reflexão sobre a especificidade do processo de construção do estado é o fato de que essa região do globo entrou para a história do ocidente como parte do Império Colonial Ibérico. Isso não significa esmaecer as rupturas do processo de Independência, constitui um posto de observação para pensar seu alcance e limites pois na América Ibérica, ordem jurídica, formas fiscais e administrativas foram primeiro introduzidas enquanto instrumentos de controle do poder imperial e estiveram travejadas com dinâmicas emanadas dos processos de construção do estado metropolitano.

Como procuramos explicitar aqui a perspectiva do diálogo interdisciplinar oferecida pela Sociologia Histórica pode fornecer ferramenta importante para pensar a formação do Estado na América Latina, desde que repensadas para as peculiaridades históricas relevantes. Uma dessas peculiaridades reside nas diferenças entre as formações sociais da Europa do Antigo Regime, travejadas pela servidão, e aquelas egressas da colonização ibérica, marcadas por vários matizes do trabalho compulsório e, no caso da América Portuguesa, pela escravidão mercantil. Vale dizer que, enquanto que, em vastas extensões da Europa, é o movimento de desintegração da servidão e da economia dominial, e a expansão urbana que produzem as sinergias internas da centralização política, na América, a construção do estado significou lidar com o trabalho compulsório e a escravidão, e com o poder dos grandes proprietários territoriais, em um contexto de fraca tradição urbana. Entretanto, a rivalidade entre os estados em formação que caracterizou o processo de formação simultânea dos estados do ocidente europeu, não deixou de estar também presente na América já que o processo de Independência e a formação dos estados nacionais americanos no século XIX esteve marcada pela belicosidade, pelas guerras civis e pelos conflitos sociais armados de toda ordem, qua acompanharam a demarcação de territórios e regimes.

Dessa maneira, é estimulante pensar não apenas as diferenças fundamentais entre os processos de formação de estados nacionais na Europa e na América, mas também a sua articulação no contexto da crise do Antigo Regime e do Colonialismo Ibérico, momento em que emergem em toda a Europa as pressões pelo sistema representativo que se consolidaram as Independências Latino Americanas e se iniciaram os processos de construção dos Estados Nacionais[19] uma vez que os estados na América Latina emergiram no interior de um Sistema Internacional de estados, cuja ordem interna sofria os efeitos da hecatombe napoleônica e cuja hierarquia estava sendo revolucionada pela consolidação da hegemonia inglesa.[20]

19 Algumas referências seminais para pensar o processo na América Espanhola se encontram em MARISCHAl, Carlos. *La bancarrota del virreinato: 1780-1810: la Nueva España y las finanzas del imperio español.* Ciudad de Mexico: FCE, 1999 e MARISCHAL, Carlos e MARINO, Daniela (org.). *De colonia a nación. Impuestos y política en México 1750-1860.* Ciudad de México: Ed. Colegio de México, 2001; JÁUREGUI, L. Luis. *La Real Hacienda de Nueva España. Su administración en la época de los intendentes, 1786-1821.* Ciudad de Mexico: UNAM-Facultad de Economía/DGAPA, 1999; CONTRERAS, C. et allii (orgs.). *Guerra, finanzas y regiones en la historia económica del Perú.* Lima: BCP/IEP, 2010 e GARAVAGLIA, J. C. *Latin American Bureaucracy and the State Building Process (1780-1860).* Cambridge: CSP, 2013 e GARAVAGLIA, J.C. e LAMOUROUX, C. (orgs.). *Serve the Power(s), Serve the State: America and Eurasia.* Cambridge: CSP, 2016. FRASQUET, Ivana e SLEMIAN, Andréa. *De las independencias iberoamericana a los estados nacionales (1810-1850): 200 años de historia.* Madrid/Frankfurt: Iberoamericana/Vervuert, 2009.

20 A ideia de crise do Antigo Sistema Colonial e seu papel para o entendimento da Independência e da Formação dos Estados deriva da interpretação de NOVAIS, Fernando. *Portugal e Brasil na Crise do Antigo Sistema Colonial.* São

Esses são os elementos que procuramos ter presentes nos próximos capítulos, em que buscamos reconstituir uma parte da "história das finanças do estado brasileiro" enfatizando a montagem de seu aparelho fiscal. Encontramos no processo de Independência um desses estratégicos "momentos de viragem", privilegiados por Schumpeter, em que a fiscalidade pode nos ajudar a compreender o sentido das transformações em curso. Nosso interesse principal é o de procurar entender o sentido geral das transformações que se desenvolveram entre 1750 e 1850, caracterizando o período como crise do sistema colonial e ao mesmo tempo de construção de uma fiscalidade nacional.

Um tema de fronteira

Se tivermos em conta as balizas que dividem (ou aproximam) os campos das ciências humanas, a fiscalidade aparece como uma expressão notável das virtualidades fecundas dos territórios de fronteira. Lugar de confluência de múltiplas interfaces – em particular aquelas que aproximam a sociologia política da história econômica – o estudo da formação e do desenvolvimento do fisco fornece um ângulo produtivo para pensar a construção do estado como problema historiográfico, vale dizer, recortado em sua singularidade e iluminado pela pesquisa empírica, ao mesmo tempo em que possibilita interrogar aquele processo como desafio teórico, a partir do qual essa agenda de pesquisa possa ser propelida e iluminada. Essa condição

Paulo: HUCITEC, 1974 e do profundo alargamento que ela sofreu a partir de estudos recentes, que estão condensados em JANCSÓ, István e PIMENTA, J. P. "Peças de um mosaico: apontamentos para o estudo da unidade nacional brasileira", in: MOTA, Carlos Guilherme (org.). *Viagem incompleta. A experiência brasileira (1500-2000). Formação: histórias*. São Paulo: Ed. SENAC, 2000 e JANSÓ, I. (org.). *Brasil: formação do Estado e da Nação*. São Paulo: Hucitec/Fapesp/ 2003 e JANCSÓ, I. (org.). *Independência: história e historiografia*. São Paulo: Hucitec, 2005.

de território de fronteira que identificamos no estudo da fiscalidade, e que também pode ser atribuída a outras dimensões do estado (como o recrutamento militar, o monopólio da moeda ou o estabelecimento de uma ordem jurídica) está associada a uma pulsão que se pode considerar como constitutiva do próprio fenômeno estatal, nas suas distintas abrangências espaciais e temporais: o fato de que, com maior ou menor vigor o movimento de construção do estado impõe uma pulsão extrativa. Os recursos materiais, humanos e também simbólicos[21] necessários à existência e preservação do estado devem fluir das regiões, províncias, comunas, em suma, das "partes" para o centro político, do mesmo modo que são extraídas de indivíduos privados, organizações, corporações em direção a um organismo central. Em contrapartida, pensar essa potência extrativa como um processo historico embebido de singularidade, significa ter em conta que longe de ser uma emanação ou um epifenômeno, o estado é um campo de força travejado pelos conflitos, perante o qual se antepoem resistências de toda ordem.

Nesse sentido, pensar a fiscalidade historicamente convida a transcender os limites habituais do campo da História Econômica (afeito à temporalidade construída das séries e dos montantes arrecadados), para o campo mais arriscado e lacunar dos modos de arrecadação, das formas de legitimação e transgressão, dos cadastros, das contagens, das medições e da sua contrapartida, as resistências sociais e culturais e esses processos. A capacidade de extrair recursos materiais da sociedade para sustentar a existência de um centro político e a extensão de sua capilaridade, os modos concretos pelos quais essa capacidade se produziu e se legitimou, proporcionam ângulos de visão estratégicos para compreender as imbricações entre a ordem privada e a esfera pública e suscitam interrogações pertinentes sobre os impulsos transformadores da

21 Cf. BOURDIEU, P. *Sobre o Estado*. São Paulo: Cia das Letras, 2014.

extração fiscal sobre ordem política, pois, se a fiscalidade é um dos campos principais da construção das desigualdades ela é também um canal fundamental para a expressão das demandas por equidade, movendo as vontades políticas na construção de formas de participação e representação.

A tarefa de pensar a esfera da fiscalidade como tema da história, superando os limites da "economia retrospectiva", impõe aos pesquisadores que considerem esta dimensão como um dos pilares fundamentais do processo de construção do estado no Brasil, processo que se desenvolve ao longo do século XIX a partir de limites e tensões gestados ao longo dos três séculos de colonização portuguesa.

Os estudos que aqui reunimos compartilham a ideia de que a extração fiscal inerente ao processo de construção estatal estabelece uma dinâmica com a vida econômica e com as forças sociais, o que quer dizer que seu resultado não é dado, mas depende de interações históricas cujo desvendamento só pode ser feito através da pesquisa, onde as vezes as fontes falam tanto pelo que informam como pelo que silenciam.

É importante aqui reconhecer os termos de um debate que se impõe a partir dos estudos de Charles Tilly nessas duas acepções. Na célebre coletânea que organizou sobre a experiência estatal europeia, o colonialismo da época moderna é o grande ausente. Em seu trabalho mais recente Tilly aponta para uma relação "perversa" entre o colonialismo e os efeitos dinâmicos da construção estatal ao ressaltar o relativo "atraso" do desenvolvimento do fisco enquanto capacidade de coibir os interesses aristocráticos, naquelas nações que foram pioneiras na montagem do sistema colonial. Mencionando especificamente o caso da Espanha, Tilly observa que o comércio exterior propiciava aí uma fonte de recursos que "poupava" ao Estado espanhol um enfrentamento com as camadas aristocráticas e que passava a resultar, em contraste, por exemplo, com a França, em um efeito minimizado da construção do Estado na direção da transformação capitalista da sociedade.[22] Essa posição contrasta com o tratamento clássico dado por Heckscher[23] para a ação reversiva entre mercantilismo, colonialismo e construção dos estados europeus, e que na historiografia brasileira foi desenvolvida no trabalho de Fernando Novais.[24]

Esse debate evidencia que qualquer reflexão sobre a especificidade do processo de construção do estado na América Latina deve levar em conta tanto as profundas diferenças entre a economia do Antigo Regime na Europa e a ordem colonial, bem como as inter-relações entre elas. Isso é importante não apenas porque a ordem colonial e as instituições herdadas é que servirão de base para a futura construção estatal na América Latina como também pelo fato de que essas instituições são criaturas dos Impérios Ibéricos. Por outro lado, buscando ampliar o escopo dessa análise para além desses sistemas imperiais, é fundamental lembrar que os estados que se formam na América Latina nas primeiras décadas do século XIX se inserem no interior de um sistema internacional de Estados, cujas estruturas estavam sendo revolucionadas pelas Revoluções Liberais e estavam se constituindo, eles mesmos, enquanto estados-nações. Desse modo, tanto na Europa como na América, o horizonte liberal tem um papel fundante, espraiando-se, porém de diferentes maneiras. Na América, a tensão entre a cultura política e institucional do Antigo Regime e o horizonte liberal veio a marcar de forma profunda todo o processo, pois nas formações políticas emergentes na América Latina no século XIX a construção do Estado quis dizer

22 Cf. os trabalhos do Dossiê "The Cost and Benefits of European Imperialism from the Conquest of Ceuta, 1415, to the Treaty of Lusaka, 1974", in: *Revista de Historia Económica,* 1998, ano XVI, n.1, Madrid, 1998.

23 HECKSCHER, Eli. *La Época Mercantilista*. México: Fondo de Cultura Económica, 1983, especialmente p. 17-109.

24 NOVAIS, Fernando. *Portugal e o Brasil na crise do Antigo Sistema Colonial.* São Paulo: Hucitec, 1975.

sobretudo: 1) lidar com a herança colonial (produtora de impulsos centrífugos e centrípetos para a construção do Estado) e 2) exercer pulsão extrativa (homens, recursos, poderes) sobre ordens privadas que tinham sua base material fundada na economia exportadora de produtos primários em que pesem as distintas formas de organização produtiva. Os detentores do controle do processo produtivo seriam personagens decisivos desse processo, que poria em teste não só a sua capacidade de produzir riqueza, mas de construir hegemonia e consenso para gerar a nação.

No caso brasileiro, ganha especial relevo o fato de que o escravismo se manteve como forma fundamental de organização produtiva, manifestando-se como uma forma especifica de privatismo com efeitos sobre a ordem jurídica, fiscal e coercitiva do novo Estado. Embora tenha produzido efeitos centrípetos, ao criar um poderoso interesse comum na fundação do Estado Brasileiro, o escravismo associou-se a diversas pulsões centrífugas, estreitando a esfera fiscal, atrasando a profissionalização das forças armadas, reduzindo a capilaridade da ordem jurídica e, de diferentes modos, associando-se a processos de manutenção do controle sobre a terra que reiteravam a força do "poder privado" e reduziam sua permeabilidade à "ordem pública".

Assim, a absorção do liberalismo enquanto ideologia fundante do Estado Brasileiro assume também um caráter paradoxal.[25] A inserção do Brasil na divisão internacional do trabalho que se consolidava na primeira metade do século XIX, através da reiteração do escravismo e da revitalização da atividade agro-exportadora de produtos tropicais, significava a inserção na modernidade através da "reciclagem" do arcaico, realizando as potencialidades da economia colonial na fase nacional da história do Brasil. Apesar da

25 FERNANDES, Florestan. *A Revolução Burguesa no Brasil*. Rio de Janeiro: Zahar, 1974, cap. 3.

tensão representada pelo esforço de construção do Estado Nacional sobre a ordem escravista, é fundamental não perder de vista o papel construtivo do ideário liberal tanto como "ideologia" como enquanto "utopia", no Brasil do século XIX. O ideário liberal racionaliza ao mesmo tempo a autonomia (o ideal de Estado/Nação) e a dependência (a inserção subordinada na divisão internacional do trabalho). Ao mesmo tempo o liberalismo fornece o ideário instrumental para a organização do Estado – rejeita o absolutismo, legitima a monarquia constitucional e o governo representativo. Esses foram importantes fatores de aglutinação e de unidade, muito embora se assentassem sobre a dicotomia do "senhor-cidadão", da esfera "pública" e da esfera do "domínio". Não devemos nos esquecer que aqui o liberalismo foi também ferramenta de afirmação do poder local e associou-se a aspirações federalistas, principalmente na primeira metade do século. Como nos mostra Sérgio Buarque de Holanda, nas pulsões federalistas brasileiras da primeira metade do século, combinavam-se elementos "modernos" (a influência do federalismo norte-americano), com o mandonismo local e a resistência à criação da ordem pública, elementos que ele chamou de elementos "feudais" ou "góticos".[26]

Uma periodização relevante para a discussão do tema deve enfocar, a nosso ver, o período que transcorre entre as Reformas Pombalinas à estruturação final do Estado Imperial, ao longo da década de 1840, com especial ênfase na análise dos debates que cercaram a Reforma Fiscal encetada pelo Ministro Alves Branco em 1844, parte das estratégias que buscavam lidar com as pressões,

---

26 HOLANDA, Sérgio Buarque de. "A herança colonial, sua desagregação", in: *História Geral da Civilização Brasileira*. São Paulo: DIFEL, 1972, vol. 4, Tomo II, p. 9-38. Para uma discussão atualizada dessa questão, do ponto de vista das instituições jurídicas ver GARRIGA, C. e SLEMIAN, A. "'Em trajes brasileiros': justiça e constituição na América ibérica (c. 1750-1850)", *Revista de História* (USP), v. 169, p. 181-221, 2013.

por fim bem sucedidas, do fim do tráfico africano de escravos. Em um segundo passo e levando em conta essas grandes linhas de força constitutivas do estado que se configura a partir de 1850, pensar as determinantes fiscais da sua crise, que se delimita a partir da década de 1870 do século XIX.

Essa periodização significa que nos propomos a redesenhar a trajetória descrita evitando o anacronismo de pressupor ou deduzir o formato do Estado brasileiro a que se chegou no final dos anos 40 do século passado da aparente continuidade institucional que foi peculiar ao processo político de nossa Independência. Significa também que procuramos pensar a gênese mesma do Estado Brasileiro em complexa simbiose com a crise do sistema colonial e com os impulsos contraditórios que as políticas metropolitanas iriam engendrar para a fundação de um Estado soberano e em decorrência, que pensamos o processo de Independência e o processo de construção do Estado como coisas distintas em que contradições, paradoxos e conflitos ocupam o centro de um cenário em que se enfrentaram múltiplas alternativas de desenho territorial e organização política.

É necessário, desse modo, problematizar, sob a ótica da fiscalidade, uma das peculiaridades mais notórias do processo de Independência do Brasil: o esforço e o interesse em minimizar as rupturas e em reiterar as continuidades que marcou por muito tempo a historiografia brasileira, tanto a de cariz conservador como aquela de inspiração marxista, valorizando a primeira, a ultrapassagem da relação colonial sob a égide da continuidade dinástica e a manutenção da integridade territorial da América Portuguesa e a sublinhando a segunda a permanência da grande exploração agrícola voltada para a exportação e explorada com mão de obra escrava.[27] As perguntas que nos movem trabalho buscam polemizar com essa "ótica da continuidade" tentando sublinhar as tensões que se ocul-

27 Ver, na primeira vertente, VARNHAGEN, F. A. *História da Independência do Brasil, até ao reconhecimento da antiga metrópole, compreendendo sepa-*

tavam sob aquele grande acordo conservador. Dessa maneira, parece-nos que matizar o potencial simplificador contido na ideia de "herança", "resíduo" ou "legado" colonial, e buscando compreender as escolhas políticas de geração da Independência, tornamo-nos melhor aparelhados para perceber como agindo simultânea e contraditoriamente como herdeiros e construtores, eles foram capazes de enfrentar os desafios que se apresentavam e viabilizar uma ordem que procurava atualizar tanto a grande exploração agrícola como a escravidão, em uma hábil reinvenção à qual se associava o sistema representativo e uma monarquia liberal, vale dizer, inserindo e reinventando o escravismo no interior do estado-nação.[28]

A preocupação que nos anima a encetar essa investigação prende-se à ambição de compreender alguns elementos, por assim dizer, perversos de nossa cultura política, dentre elas a reiterada aversão desenvolvida durante todo o século XIX a formas diretas e progressivas de tributação e a virtual ausência, em nossa vida pública do nexo dinâmico entre taxação-representação, fato que chama ainda mais a atenção quando o país viveu um regime eleitoral censitário durante todo o período monárquico). No tema que nos interessa mais de perto, as receitas do estado, a constatação de que o Brasil iniciou a sua vida independente prorrogando a estrutura fiscal do período colonial e de que a nossa primeira experiência constitucional não incluiu a temática fiscal entre os seus debates, configura

---

radamente, a dos sucessos ocorridos em algumas províncias até essa data. Rrio de Janeiro: IHGB, 1938 (1ª ed. 1916) e para a segunda, PRADO JR. Caio. *Formação do Brasil Contemporâneo* – Colônia. São Paulo: Livraria Martins Ed., 1942.

28 Aproximamo-nos aqui da visão consolidada por ALENCASTRO, L. F. sobre a convergência contraditória entre o escravismo e a construção do Estado nacional no século XIX, em *Le commerce des vivants: traite d'esclaves et "pax lusitana" dans l'Atlantique Sud.* Tese de Doutoramento, Univ. de Paris X, 1985-1986, principalmente cap. IX.

um ponto de partida estratégico de nossa investigação. Na história parlamentar brasileira não existe um "momento fundador" em que a questão dos impostos fosse discutida na perspectiva da fundação do estado e da cidadania. Em outras palavras, tínhamos impostos, mas não tivemos o "contribuinte", enquanto conceito organizador da ação política como se tornou clássico no pensamento liberal e na prática dos estados constitucionais.[29] Não obstante os estadistas da geração da Independência foram capazes de criar, pelas ações e muitas vezes, pelas omissões, as transformações capazes de propiciar a base financeira de uma nação soberana.

Dessa forma, enfrentando as "continuidades" como problemas e não como dados, procuramos acompanhar conflituoso processo de montagem do sistema fiscal brasileiro no século XIX e de sua crise, particularmente depois de Guerra do Paraguai. Como procuramos esclarecer nos parágrafos anteriores, a perspectiva teórica que nos orienta encara a construção do estado enquanto um processo com dinâmicas próprias, cujas pulsões não se reduzem aos interesses políticos que se organizava em torno do aparelho administrativo patrimonial do Brasil Colônia, do Brasil Reino e do Primeiro Reinado e que fizeram da continuidade a expressão de seus interesses econômicos e políticos. Elas interagem com esses interesses e também com aqueles que a eles se antepõem, produzindo conflitos e convergências que forjam a matéria de que se fazem as decisões, os triunfos e os malogros; as leis que se promulgam e aquelas que não se cumprem, as metas de extração e os descaminhos da sonegação. A brevíssima trajetória teórica que aqui indicamos deve ser vista apenas como um roteiro de perguntas e problemas de investigação que animaram os trabalhos que se apresentam nos próximos capítulos.

---

29 Para a experiência norte-americana ver, por exemplo, os debates de Alexander HAMILTON nos *Federalist Papers*, *In*: https://www.congress.gov/resources/display/content/The+Federalist+Papers acesso em 01 de junho de 2019.

Os sentidos da fiscalidade colonial

A questão do quanto, ao longo da Época Moderna, Portugal transitou em direção a um estado Fiscal, no sentido Schumpeteriano, é controversa. Vitorino Magalhães Godinho[1] aponta, nesse aspecto, tendências contraditórias. A a partir de seus estudos podemos perceber que o Reino foi precoce na instituição de certos tributos de caráter geral, como a *sisa*, ou imposto sobre transações mercantis, presente e importante em Portugal muito antes que o fosse na Inglaterra ou na França.[2] Ao mesmo tempo Godinho enfatiza o papel proeminente das rendas provenientes do domínio para a consolidação do estado dinástico português e a concentração de seus poderes. A peculiaridade que deve ser enfatizada, entretanto, que o domínio de que aqui se trata foi principalmente aquele oriundo da expansão ultramarina.

---

1 GODINHO, Vitorino de Magalhães. *Os Descobrimentos e a Economia Mundial, Lisboa: Ed. Presença, 1981-1983*. Especificamente sobre as finanças públicas ver "Finanças Públicas e Estrutura do Estado", in: *Ensaios II Sobre História de Portugal* (2ª ed). Lisboa: Ed. Sá Costa, 1978, p. 55-69.

2 ARDANT, Gabriel. "Financial Policy and Economic Infrastructure of Modern States and Nations", in: TILLY, Charles (ed.). *The Formation of National States in Western Europe*. Princeton: Princeton University Press, 1975, p. 164-172.

Tanto o aparato burocrático e militar criado para apoiar a expansão, como a estrutura das finanças públicas dela resultante parecem ter sido apoios no fortalecimento do centro político, relação que se estabeleceu desde os primeiros tempos da expansão marítima. No governo de D. João II, em 1490-96, as receitas cobradas no território metropolitano totalizavam 17.000 cruzados, enquanto que as receitas provenientes do ouro africano atingiam 12.000, sem contar as rendas obtidas com o comércio de especiarias e escravos e com o açúcar. Já em 1518-1519, o comércio marítimo gerava cerca de dois terços dos recursos do estado.[3]

A estrutura das finanças metropolitanas manteve esta proporção até o início do século XVII, quando uma severa crise se abateu sobre o comércio colonial, ao mesmo tempo em que as necessidades financeiras da Guerra de Libertação pressionavam na direção de aumentar a extração de recursos no território metropolitano. Mesmo então, e apesar da criação de novas taxas especificamente para financiar o esforço de guerra, as receitas extraídas internamente não chegaram a superar as provenientes dos domínios coloniais. A partir da segunda metade do século XVII os territórios da América Portuguesa tornaram-se a principal fonte de renda da monarquia portuguesa, destacando-se os tributos direta e indiretamente ligados à extração do outro. Em 1716 a taxa sobre o ouro produzia cerca de 10% da renda pública, em meados do século esta cifra chegava a 20%. Estima-se que, no tempo de Pombal, o intercâmbio com o Brasil produzia quase 40% da receita fiscal do estado Português.[4]

Sintetizando estas posições, Jorge Pedreira afirma que, pelo menos depois da Restauração Portuguesa, em 1640, o Império ultramarino foi o fundamento da manutenção da autonomia do Reino Por-

3 GODINHO, Vitorino de Magalhães. "Finanças Públicas e Estrutura do Estado", in: *Ensaios II*, p. 56-57.

4 GODINHO, V. M., "Finanças Públicas". *Op. cit.*, p. 71-72.

tuguês, criando-se uma relação intrínseca e reversiva entre o estado e o comércio ultramarino. O empreendimento colonial foi, em certo sentido, o molde dentro do qual se processou a construção do estado, facilitando, através das rendas provenientes do domínio, em grande parte partilhadas com as camadas mercantis, as transações políticas internas e sem que fossem necessárias *"negociações extensas ou conflitos com os súditos mais proeminentes ou com instituições poderosas. Como resultado, o sistema política teve comparativamente poucas instituições representativas e organizações secundárias".*[5]

Seja no Reino, seja nos Domínios, a prerrogativa de impor tributos foi sempre inequivocamente do soberano. Ainda em 1793, Francisco de Souza Coelho Sampaio, assim descrevia o direito régio, apoiando-se em referências bíblicas, no Direito Canônico e em todas as ordenações do Reino

> Do Direito de impor tributos e lançar coletas
>
> Parágrafo 101
>
> Para um soberano satisfazer a todos os fins de que temos tratado é necessário que haja um fundo suficiente para a conservação das armas no tempo da paz e da guerra, para o pagamento da Milícia, para os salários dos ministros e Oficiais de Justiça, para a conservação das escolas públicas e para o sustento particular dos soberanos que aplicam todas as suas fadigas e negociações em benefício do estado. Não podendo esse fundo consistir em bens patrimoniais públicos, é necessário que ele se constitua pelo mútuo e recíproco concurso de todos os cidadãos, em cuja utilidade ele redunda.

5 PEDREIRA, Jorge. "To have and to have not, the Economic consequences of Empire", in: *Revista de História Económica*, Ano XVI, Madrid: Fundación Empresa Pública, Invierno 1998, n. 1. p. 101.

> Parágrafo 102
>
> Esse mutuo concurso deve ser regulado segundo as necessidades do estado e se faz segundo as diferentes imposições chamadas tributos; e como a necessidade do estado só pode conhecer-se pelo Soberano, que a rege e governa, e os mesmos Tributos se dirigem para a necessária execução dos Direitos do Império, é evidente que o direito de impor Tributos e lançar coletas, é próprio do Sumo Império (a). Dele tem usado sempre os nossos Monarcas. (b)[6]

Afirmar a prerrogativa do monarca sobre o sistema fiscal do Império Português e enfatizar o papel deste em fortalecer a posição do soberano minorando as pressões das elites metropolitanas por formas de representação parlamentar, não significa ignorar o caráter negociado do sistema de dominação do estado português, tanto no plano da gestão do reino como na do Império Ultramarino, como tem-nos ensinado Antonio Manoel Hespanha[7].Antes, o estudo da fiscalidade e das formas de arrecadação indica um caminho fecundo para compreender tanto as convergências como as divergências o monarca e as elites mercantis, como também entre as frações destas últimas nos dois lados do oceano.

Parece fora de dúvida a forte presença das rendas de caráter "dominial" no Erário Português e que seu papel foi ampliado com o processo de estabelecimento do Império Colonial. Das alfândegas ao tráfico negreiro, dos dízimos reais aos quintos do ouro, os rendimentos que faziam parte da fiscalidade colonial eram cobrados (e justificados) em nome da Coroa e de seu "direito" sobre a possessão colonial. Que esse direito fosse arrendado, partilhado com particu-

---

6 SAMPAIO, Francisco Coelho de Souza, *Preleções de direito pátrio, público e particular oferecidas ao Sereníssimo Senhor D. João, Príncipe do Brasil*, Coimbra: Imprensa da Universidade, 1793.

7 HESPANHA, A. M. *O Caleidoscópio do Antigo Regime*. São Paulo: Ed. Alameda, 2012.

lares ou cedido não alterava seu sentido. Da mesma forma, a perene evasão fiscal por parte dos súditos ou a prevaricação por parte dos funcionários, era apenas a outra face da moeda patrimonial, fundada na indistinção do patrimônio público e privado.

Os três primeiros séculos da colonização construíram entre o Império e o domínio ultramarino uma rede intensa de relações, nas quais a fiscalidade tinha papel preponderante, seja como recurso de extração financeira, seja como campo de negociação administrativa e política. As perguntas que procuramos formular a partir das leituras sobre a experiência histórica e da reflexão teórica que apontamos no primeiro capítulo, visam a pensar de que forma as transformações ocorridas na fiscalidade colonial, sobretudo a partir das transformações ocorridas a partir de meados do século XVIII, construíram impulsos e limites que forjariam o contexto no qual os homens da geração de independência iria fazer suas escolhas e produzir as argamassas de um estado soberano, rompendo aqui, reiterando acolá, para produzir seus projetos de futuro.

Assim pensamos ser a fiscalidade uma via fecunda para a compreensão das ambiguidades, alcance e limites do processo de emancipação política e de construção estatal no Brasil. Para tanto, partimos da ideia de que o sentido do fisco, na colônia, é ser instrumento da exploração colonial e de acomodação entre os poderes da Coroa e aqueles das camadas sociais envolvidas no projeto ultramarino: ele se expressa através dos monopólios régios, em uma série de impostos diretos sobre a produção e o comércio colonial, sobre o tráfico negreiro, enfim sobre todas as atividades capazes de gerar excedentes, para além dos gastos com a defesa e a manutenção da colônia. Esse fato significou, para o estado metropolitano o poder de contar com um Império colonial do qual extrair recursos diretamente para a coroa, contornando difíceis e conflitivas negociações com organismos representativos das diferentes ordens, como as Cortes. O incremento da coerção (o armamento militar e o custo de uma máquina administrativa e militar) dependia, em grau variável no tempo, de uma parcela da extração que se desenvolvia fora do território metropolitano, nos domínios ultramarinos que eram patrimônio da coroa, o que legitimava os monopólios e privilégios aí impostos.

Se as colônias ibéricas podem ser consideradas como "domínios" no sentido de que as rendas por ela propiciadas permitem uma grande autonomia do poder real frente as pressões das forças internas da política metropolitana visando a contenção do poder real, elas foram, para dizer o mínimo, domínios de um tipo peculiar, inclusive pela vasta distância que as separava das suas metrópoles e pelos desafios que sua administração propunha. Vale, nesse sentido, lembrar dois aspectos característicos do colonialismo português com importantes efeitos sobre a fiscalidade no Reino e nas Colônias. Em primeiro lugar, a funda imbricação entre o estado Português e os interesses das camadas mercantis nas várias dimensões da empresa colonial, e em segundo, mas não menos importante, a especificidade da relação entre o estado e a Igreja em Portugal, que tornaram o monarca o tutor dos negócios da Igreja no território europeu e nas colônias. A ideia de uma convergência de interesses entre esses setores não deve ocultar o fato de que se trata de uma relação crivada de rivalidade, conflitos, pactos e negociações.[8]

Assim, se a fiscalidade é uma dimensão estratégica para fazer a coroa sócia privilegiada do negócio colonial, estabelecendo monopólios e estancos, taxando os lucros do comércio de mercadorias e do tráfico negreiro, ela depende também da relação peculiar entre o estado Português e a Igreja Católica – que permite aquele estado o domínio das terras atribuídas à Ordem de Cristo e a cobrança dos Dízimos, em troca da proteção da fé e da catequese.

---

8 Para uma discussão avançada da questão ver HESPANHA, A.M., *Op. cit.*; SOUZA, Laura de Mello. *O sol e a sombra. Política e Administração nas Américas no século XVIII.* São Paulo: Cia das Letras, 2016. Ver também FERLINI, V.L. e BICALHO, F., *Modos de Governar - Ideias e Práticas Políticas no Império Português*, São Paulo: Alameda, 2005.

A máquina arrecadadora metropolitana, entretanto, era uma via de mão dupla, fazendo reverter às camadas favorecidas parte substancial da arrecadação. Isso se fazia através dos contratos, mas também da venda e usufruto dos cargos públicos. Nela, a remuneração dos funcionários provém do próprio exercício do cargo. Os exemplos mais notórios são a arrecadação de impostos e a administração da justiça.[9] Na concepção que esse termo adquiria no Antigo Regime, sendo o cargo um privilégio a remuneração dos funcionários provém da renda gerada em seu próprio exercício. Desse modo, supõe-se que a posse de um cargo seja ela própria objeto de taxação – *terças partes de ofícios*, como de *tenças*, *ordens militares*, *patentes*, etc. Pelo mesmo motivo, no caso dos rendimentos *contratados*, os beneficiários deviam pagar 1% de seu rendimento, o *1% dos contratos destinados às obras pias.*

9 Para alguns trabalhos importantes sobre essa questão na ótica fiscal ver LAMAS, Fernando G. *Os Contratadores e o Império colonial português: um estudo dos casos de Jorge Pinto de Azevedo e Francisco Ferreira da Silva*. Diss. Mestrado. UFF, Niterói, 2005 e ARAÚJO, Luiz Antonio Silva, *Em Nome do Rei: Direitos e Tributos Régios nas Minas Setecentistas* (1730-1789). Doutorado UFF, Niterói: 2008. Ver também CARRARA, Ângelo. *Receitas e despesas da Real Fazenda no Brasil, século XVII*. Juiz de Fora: Editora da Universidade Federal de Juiz de Fora, 2009; GOMES, Franciany. *Negócios e contratos: a trajetória de Manuel Ribeiro dos Santos em Minas Gerais setecentista*. Mestrado UFJF. 2014 e SILVA, Camila Pelinsari. *Os caminhos da riqueza e os embaraços da ruína: o contratador Felisberto Caldeira Brant e suas relações com o poder estatal*. Doutorado UFOP: 2018. Ver ainda COSTA, Bruno Aidar. *A tessitura do fisco: a política ilustrada de D. Rodrigo de Souza Coutinho e a administração fiscal da capitania de São Paulo, 1797-1803*, Mestrado Unicamp, 2003 e *A vereda dos tratos: fiscalidade e poder regional na capitania de São Paulo, 1723-1808*, Tese de Doutorado, USP, 2013; CELIA, M. I. B. *Economia mercantil de abastecimento e rede tributaria : São Paulo, séculos XVIII e XIX*, Doutorado, Unicamp. 2006, e MIRANDA, M.E. *A estalagem e o Imperio: crise do Antigo Regime, fiscalidade e fronteira na província de São Pedro (1808-1831)*, São Paulo: Hucitec. 2009.

Como instrumento das possibilidades econômicas advindas da exploração colonial o fisco se expressava através da renda obtida através dos monopólios régios, de uma série de impostos diretos sobre a produção e o comércio colonial, sobre o tráfico negreiro, enfim sobre todas as atividades capazes de gerar excedentes, para além dos gastos com a defesa e a manutenção da colônia. O domínio ultramarino significou, para o estado metropolitano o poder de contar com um Império colonial do qual extrair recursos diretamente para a coroa, contornando difíceis e conflitivas negociações com organismos representativos das diferentes ordens, como as Cortes.

Instrumentos e limites do fisco metropolitano na América Portuguesa

Os primeiros esforços de reconstituição da história das finanças públicas no Brasil desenvolveram-se no final do período monárquico e nas duas primeiras décadas do período republicano. Situados em um momento de transição política e de forte carta ideológica, estes estudos estão, na sua maior parte, marcados pela ideia de "avaliação" e "balanço" do período Imperial.[10]

Viveiros de Castro destaca-se entre eles pelo esforço de sistematização e de maior rigor conceitual. Ele dialoga com os autores que o precederam procurando distinguir-se dos que considera "financistas", ou seja, estudam o tema em busca de subsídios para a

10 O mais conhecido, embora menos analítico é CARREIRA, Liberato Castro. *História Financeira e Orçamentaria Do Império do Brasil*, publicado pela primeira vez em 1889, e reeditado em Brasília/Rrio de Janeiro: Senado Federal/ Fundação Casa Rui Barbosa/MEC, 1980. Ver também CAVALCANTI, Amaro. *Resenha Econômico-Financeira do Ex-Império do Brasil*, Rio de Janeiro: Imprensa Nacional, 1890, e CASTRO, A.O. Viveiros de. "Curso de História Tributária do Brasil", *Revista do IHGB*, Tomo LXXVIII, parte 1, Rio de Janeiro: 1915. Do mesmo período é o esforço de compilação da legislação tributária brasileira realizado por Felisbelo Freire em diversos números do jornal *O*

intervenção política e contrapondo a esta a visão do "historiador" o que expõe os fatos sem arquitetar teorias.[11]

Significativamente, o ponto de partida dessa primeira História Tributária brasileira é a discussão sobre a origem do poder de taxação na colônia. Viveiros de Castro fundamenta aqui a origem e o sentido da taxação colonial, polemizando com outros autores, como Felisbelo Freire e Oliveira Martins, que enfatizavam a grande autonomia das câmaras municipais até o advento do Consulado Pombalino.[12] Para Felisbelo Freire, nos dois primeiros séculos do período colonial, o poder de lançar impostos seria das Câmaras Municipais. A primeira absorção do poder de taxação teria sido feita pelo governo delegado da metrópole, apenas em 1727, quando a arrecadação e os próprios impostos passaram a pertencer à fazenda real. E daí se originaria também a tradição tributária que faria sobrar para o município apenas as migalhas da arrecadação. Assim, Felisbelo Freire vê uma continuidade de certos traços (isenção dos grandes proprietários e penalização do município) que se prolongaria até a República. Já Viveiros de Castro discorda que as Câmaras tenham tido esse poder tributário[13] e argumenta que os estudiosos que defendem a existência de uma *era de autonomia das Câmaras* teriam sido induzidos ao erro porque estas muitas vezes invadiam e usurpavam direitos, o que não quer dizer que isso fosse a regra. Ao mesmo tempo, ele afirma que, para evitar a impopularidade de certos impostos, a metrópole delegava o poder tributário à Câmara, dando como exem-

---

Economista Brasileiro de 1916 e publicado sobre o título de *"Curso de Direito Tributário"* naquele periódico.

11 CASTRO, A.O. Viveiros de. *Op. cit.*, p. 11.

12 FREIRE, Felisbelo. "Curso de Direito Tributário", in: *O Economista Brasileiro*, Rio de Janeiro: n.16 , p.2-3.

13 CASTRO, A.O. Viveiros de. *Op. cit.* p. 13.

plo o célebre Subsídio Voluntário, criado para acudir os danos do terremoto de Lisboa. O Subsídio Voluntário foi criado em 6 de julho de 1756, tendo o governador reunido em junta os procuradores das câmaras. Determinava-se que o mencionado subsídio seria cobrado pelo prazo de 10 anos e seria pago da seguinte forma: pela importação de cada escravo 4$800, em cada besta muar nova, 2$400, em cada cavalo ou égua nova 1$200, em cada cabeça de gado vacum 450 réis; cada barril ou frasqueira de vinho ou aguardente do reino pagava 300 réis e cada negociante que tivesse venda 1$200. A Câmara de Vila Rica discordou, apoiando-se no fato de que se tratava de um subsídio voluntário e não imposto. O governador protestou e a câmara foi obrigada a recuar. Entretanto, em 1778, o governador concordou em suspender o tributo nos termos antes defendidos pela Câmara: tratava-se de um subsídio e não de um imposto.

Viveiros de Castro baseia sua opinião em farta documentação, afirmando que não faz sentido atribuir às comunas brasileiras, uma autonomia da qual nem mesmo os donatários de capitanias gozavam. Ele menciona numerosos exemplos para demonstrar que o direito de lançar impostos era do rei e de seus funcionários. Desde o Regimento de 17 de dezembro de 1548 que dá instruções ao provedor mor D. Antônio de Castro Barros, companheiro de viagem de Tomé de Souza, já está clara essa atribuição tanto para a capitania sede como para as outras. Também se diz nesse documento que o provedor devia: a) classificar as rendas e direitos em ramos apartados, devendo os mesmos ser arrematados em público pregão e b) estabelecer casas paras as alfândegas em portos de mar. Em favor de seu argumento menciona documento de 28 de fevereiro de 1606 que fala em dar continuidade ao imposto dos vinhos em Recife e Salvador, que devia ser estabelecido "não sendo necessário o consentimento dos respectivos povos". Cita também documentos das câmaras pedindo autorização para lançar pequenos impostos porque estavam em penúria, o que prova que não tinham a iniciativa dos impostos.[14]

Na historiografia contemporânea, parece fora de dúvida que o sistema arrecadador do Antigo Regime fora concebido para fazer da metrópole, a sócia privilegiada da produção colonial.[15] É verdade que nem sempre o estado metropolitano teve força e poder para garantir seus interesses na colônia. Uma das características da administração colonial portuguesa era a sua baixa capacidade de exercer o poder metropolitano com um corpo próprio de funcionários. O funcionamento do sistema dependia fundamentalmente de uma complexa rede de funcionários régios e de agentes privados (arrematadores, contratadores), que compravam à Coroa o direito de arrecadar os diversos impostos, beneficiando-se com a diferença entre o preço contratado e a renda auferida da extração exercida sobre os produtores. Essa delegação de poderes ocorria principalmente com os impostos diretos, mais impopulares e mais difíceis de arrecadar. Não por acaso as tensões que teceram a crise do Antigo Sistema Colonial tiveram em grande parte motivação fiscal, e, dentre elas, tendiam a ganhar vulto as que se referiam aos impostos diretos e aos abusos dos contratadores, "dizimeiros" e outros tipos de intermediários.[16]

De qualquer modo, a organização das unidades políticas do território em capitanias com relativa autonomia administrativa e arrecadadora foi uma constante de todo o período colonial. Reunidas em torno de um Governo Geral na Colônia, ou divididas

---

14 CASTRO, A.O. Viveiros de. *Op. cit.*, p. 14. Vê-se que, embora não fossem dotadas de autonomia fiscal, as Câmaras às vezes venciam demandas contra o poder metropolitano.

15 Para uma síntese ver WOOD, Russell. "Centros e Periferias no Mundo Luso-Brasileiro,1500-1808 ", in: *Revista Brasileira de História*, vol. 18. n. 36. São Paulo, 1998.

16 PRADO Jr., Caio. *Formação do Brasil Contemporâneo*, São Paulo: Brasiliense,1942, p. 298-341. Para o período final do regime ver ALDEN, Dauril.

em duas repartições administrativas com diferentes desenhos, as capitanias, depois províncias, foram sempre as células políticas da administração portuguesa. Os desenhos territoriais das capitanias obedeciam também aos desígnios da política metropolitana – facilitar o controle dos rendimentos, racionalizar a administração, evitar a excessiva concentração de poder entre os colonos, punir deslealdades à Coroa.

Na colônia, a extração se articulava à coerção através de forte participação das elites coloniais. A defesa, como de resto, todos os outros custos de sua manutenção, devem ser reduzidos, tolerando-se as formas privadas e estimulando-se as formações milicianas e as formas prebendarias de administração da violência. C. R. Boxer, analista arguto do Império Português chamou a atenção para a fraca presença das tropas de linha na colônia e a predominância das forças milicianas, compostas por colonos, sublinhando essa "preferência" pelo serviço na milícia, como uma das características das elites coloniais no Brasil setecentista.

> Os grandes proprietários, quer se tratassem de senhores de engenho, de criadores de gado, ou de mineiros, mostravam-se cada vez mais ávidos de títulos, honras e postos militares, tanto pelos motivos de poder como de prestígio. Os governadores coloniais tinham perfeita consciência desse fato e lembraram muitas vezes à Coroa de que a distribuição judiciosa de postos de títulos militares era o processo melhor e mais barato de assegurar aquilo que de outro modo seria devido à lealdade duvidosa dos poderosos do sertão. (...) Tais comandos na milícia acarretavam também certas isenções de impostos e outros privilégios que a Coroa tinha

---

Royal Govenment in Colonial Brazil, with special reference to the Administration of Marquis of Lavradio, Viceroy, 1769-1779, Berkeley and Los Angeles: University of California Press, 1968, e também MAXWELL, Keneth. *A devassa da devassa*. 3ª. ed., São Paulo: Paz e Terra, 1995.

> relutância em conceder (...) mas mesmo assim o costume continuou florescente. (...) A extrema relutância dos brasileiros de todas as classes em alistarem-se no Exército regular ou na Marinha (...) estava em contradição nítida com a avidez com que os membros das classes mais altas brasileiras procuravam postos superiores na milícia. (...) Os homens das unidades regulares (...) eram recrutados sobretudo entre 'vagabundos itinerantes e mulatos nascidos localmente' (...) A deserção era corrente em todos esses locais visto que o acesso aos amplos espaços do sertão era tão fácil.[17]

A política fiscal do período colonial, embora pareça às vezes um emaranhado confuso de tributos e taxas, tem uma direção notória e visível: beneficiar as camadas mercantis metropolitanas, ampliar as receitas da Coroa, mas também poupá-la internamente das tensões mais penosas inerentes à política extrativa.[18]

Parte desse caráter mergulhava suas raízes no passado remoto, com a funda interseção entre o Reino de Portugal e as Ordens Monástico Militares[19] e na forma como a mais importante delas, a Or-

---

17 BOXER, C.R. *O Império Colonial Português (1415-1825)*, Lisboa: s.d. (Primeira edição inglesa 1969), p. 296. Sobre as formas milicianas em Portugal ver COSTA, Fernando Dores. "Os problemas do recrutamento militar no final do século XVIII e as questões da construção do Estado e da nação". Lisboa: Análise Social, Vol. 30, n. 130 (1995), p. 121-155.

18 Para uma síntese de legislação ver VIEIRA, D.T., "A política financeira", in: Sérgio Buarque de Holanda (org.). *História Geral da Civilização Brasileira,* São Paulo: DIFEL, 1985, 6ª ed. p. 340-351. Trabalho abrangente, porém, é o apresentado em SALGADO, Graça (coord). *Fiscais e Meirinhos: A Administração no Brasil Colonial,* Rio de Janeiro: Nova Fronteira, 1990. Para um estudo das revoltas fiscais no período anterior a Pombal, ver FIGUEIREDO, Luciano de A., *Revoltas, fiscalidade e identidade colonial na América portuguesa. Rio de Janeiro, Bahia e Minas Gerais (1640-1761).* São Paulo: Doutorado USP, 1996.

19 As Ordens Monástico Militares adquiriram papel preponderante e duradouro na Península Ibérica em razão da luta pela Reconquista da região ao

dem de Cristo, operou no financiamento às navegações. Essa característica se expressa com nitidez nos *dízimos*, que incidiam sobre todas as formas de produção e exercício profissional na Colônia.[20]

domínio árabe. Três delas chegaram ao Brasil e aqui existiram até a República – a de Cristo, a de Santiago e a de Aviz. A Ordem de Cristo foi criada em 1319 em substituição a dos Templários, que havia sido extinta em 1312. Uma das principais razões para a sua criação foi a de evitar que os bens dos Templários fossem alheados de Portugal. Os reis de Portugal desenvolveram ingente esforço para controlá-la, fazendo com que o Grão Mestre fosse sempre filho ou irmão do rei. A partir do Infante D. Henrique (grão-mestre e posteriormente Rei de Portugal) essa política teve êxito, determinando também a relação da Ordem com a Expansão Marítima Portuguesa. As rendas da Ordem de Cristo, foram aplicadas pelo Grão Mestre D. Henrique ao custeio das navegações, o que estabeleceu uma prerrogativa da Ordem sobre a exploração dos territórios ultramarinos. Em 1551 o papa Júlio III anexou para sempre a Coroa Portuguesa aos mestrados das Ordens de Cristo, Santiago e Avis. Cf. LYRA, Maria de Lourdes Vianna. *Dízimos Eclesiásticos na Capitania de São Paulo,* Mestrado USP, São Paulo: 1970. p. 1-10.

20 Considera-se Dízimo a décima parte de todos os frutos da terra e dos lucros pessoais. Seu objetivo era o de cobrir despesas do culto religioso e sustento dos ministros da Igreja. Deveriam pagá-lo todos os que possuíam terra ou viviam do cultivo não se excetuando nem os judeus nem os membros de outras religiões que possuíssem terras em regiões cristãs. Os dízimos eram anteriormente pagos aos bispos e vigários. Em circunstâncias excepcionais, o direito de arrecadar podia ser cedido, pela Santa Sé, aos governadores das Ordens Monástico-Militares Em 1455, em Portugal, foram concedidos à Ordem de Cristo e passaram a ser arrecadados pelo Grão Mestre da Ordem. Foi por essa via que passaram ao Rei de Portugal, ao mesmo tempo em que o Papa Calisto III (bula Inter Caetera quae) concedia ao Grão Mestre da Ordem de Cristo jurisdição espiritual sobre terras conquistadas e por conquistar. A partir de 1551 quando, pela Bula Papal *Super Specula*, foi criada a primeira diocese no Brasil e subordinada ao Arcebispado de Lisboa passam a incidir sobre o território da colônia os dois institutos mais típicos da monarquia portuguesa: o direito do Padroado (isto é, o direito dos Reis de Portugal de nomear e colocar os dignitários eclesiásticos no território Português, depois estendido ao Império) e o direito de arrecadar os dízi-

Esse direito advinha da condição de tornar-se o Rei de Portugal o Grão Mestre da Ordem de Cristo, bem como do direito de padroado, desfrutado pelo Rei de Portugal na Europa e nas Colônias.

> Com a criação da Igreja de Funchal foram discriminados dois padroados: um secular (da Coroa) e um eclesiástico (da Ordem de Cristo) separação que não prevaleceu, porque os dirigentes destes dois cargos constituíam uma só pessoa. Os dois padroados – o Régio e o da Ordem de Cristo – permaneceram justapostos e sob eles nasceu e cresceu a Igreja no Brasil, assim permanecendo até a Independência.[21]

Até o final do século XVII, os dízimos foram a principal fonte de receita da América Portuguesa. As principais taxas eram as lançadas sobre os produtos da agricultura, pecuária e mineração e consistiam nos *dízimos* e *quintos*, e em um conjunto variado de taxas advindos da mineração e da Casa da Moeda (Senhoriagem da Moeda, taxas sobre a fundição) e taxas sobre o Couro (*quinto do couro*). Havia três tipos de dízimos (reais, mistos e pessoais) e os dois primeiros eram arrecadados pela Coroa, com o compromisso teórico de sustento e promoção da Igreja na Metrópole e nas Colônias. Os *dízimos reais* aplicavam-se a todos os produtos agrícolas, enquanto que os mistos aplicavam-se ao gado, aos animais de pequeno porte, mel cera de

mos, ambos originados da condição de tornar-se o Rei de Portugal o Grão Mestre da Ordem de Cristo. Sobre o Brasil, ver OLIVEIRA, Oscar. *Os dízimos eclesiásticos no Brasil, nos períodos da Colônia e Império,* Belo Horizonte: Ed. UFMG, 1964. Para uma síntese da questão ver o primeiro capítulo de LYRA, Maria de Lourdes Vianna. *Dízimos Eclesiásticos na Capitania de São Paulo*. Mestrado USP, São Paulo, 1970. Para um tratamento recente, em perspectiva comparada, ver CARRARA, Ângelo Alves e SANTIRÓ, Ernest Sánchez . "Historiografia econômica do dízimo agrário na Ibero-América: os casos do Brasil e Nova Espanha, século XVIII". *Estudos Econômicos*, São Paulo, v. 43, 2013, p. 167-202, 2013.

21 LYRA, Maria de Lourdes Vianna, *Os dízimos eclesiásticos. Op. cit.*, p. 10.

abelha, queijo, bem como sobre os lucros dos engenhos, destilarias e fornos de pão, (chamado de dízimo de miunças). A condição de principal fonte de receita da Coroa portuguesa só foi superada com a descoberta e exploração das minas de ouro, quando os *quintos* se tornaram a sua principal fonte de recursos.

A arrecadação dos *quintos* pertenceu sempre à Junta do Rio de Janeiro, onde se arrecadava também a *Senhoriagem da Moeda.* Essas taxas eram vinculadas principalmente às despesas militares, ao pagamento das tropas metropolitanas e á manutenção da frota aqui estacionada. Os *quintos do couro*, inicialmente estabelecidos sobre a colônia de Sacramento, foram depois estendidos a todo o Rio Grande de São Pedro.[22]

A forma mais conhecida dos *quintos* era a que incidia sobre o ouro, objeto de cuidados especiais da Fazenda Real. Diferentemente dos outros dízimos e quintos, esse era arrecadado diretamente e não havia problema de sua colocação no mercado. Os Quintos do Ouro foram estabelecidos em 1701, mas houve sucessivas mutações na forma de cobrança.[23]

A tributação no período colonial era extremamente pesada. Havia interesse que, pelo menos parte dela fosse paga *in natura*, porque assim se poupava a moeda metálica, sempre rara na Colônia. Os *dízimos* e *quintos* eram formas de extração que se coaduna-

22 Ver ALDEN, Dauril. *Royal Govenment in Colonial Brazil. Op. cit.*, p. 320-343.

23 O contrabando foi grande desde o início e a Administração portuguesa tentou, desde 1710, fazer casas de fundição nas minas. Os mineradores resistiam e propuseram uma finta de 30 arrobas, no lugar das casas de fundição. Também pediam a permissão para continuar com a exportação de ouro em pó, medida que se efetivou em 1713. O Tributo, tido por muito pesado, foi reduzido em 1718, a 25 arrobas. Como o contrabando persistisse Portugal conseguiu criar em 1725 as casas de fundição e em 1730 o quinto foi reduzido a 12%, criando-se em 1735, a capitação para compensar diferença (além dos 12% mais 17 gramas de ouro anuais por escravo de mais de 14 anos empregado na mineração). Em 1755, abandona-se esse sistema e volta-se ao quinto

vam perfeitamente com a doutrina mercantilista, pois estimulavam a produção e evitavam o pagamento em moeda, que empobrecia os súditos. Além disso, essa forma de tributação tornava o estado Metropolitano participante privilegiado do comércio colonial. Como o estado não tinha estrutura para comerciar diretamente, o resultado da arrecadação *in natura*, era transferido aos comerciantes chamados por isso de *dizimeiros*. Eles adiantavam ao rei o montante estimado dos dízimos e depois comercializavam o produto, ficando com a diferença. Como comerciavam em nome do rei, beneficiavam-se com a isenção dos impostos de exportação, diferentemente dos colonos, que pagavam impostos e fretes.

A Casa Real auferia renda também de seus monopólios. O primeiro foi o do pau Brasil, ao qual se seguiu o da pesca da baleia (1603-1798), o do tabaco (1642-1820), o do sal (1658-1801) e o dos diamantes (1731-1822). Todos os monopólios eram delegados a contratadores. A Coroa estabelecia preço e limite da quantidade de exploração e o contratador pagava a Coroa e vendia a preços de mercado. O monopólio do sal foi sempre o mais lucrativo e o que gerou maiores descontentamentos.[24]

Outra importante fonte de renda metropolitana eram as tarifas cobradas sobre o comércio colonial. Elas incidiam não só sobre o trânsito de mercadorias entre Portugal e a colônia americana, como no transporte e comércio de bens entre os vários portos da

---

(garantindo os mineradores um mínimo de 100 arrobas, compensável de dois em dois anos). Reconstituição cuidadosa do sistema fiscal sobre o ouro encontra-se em MAXWELL, Kenneth. *A Devassa da Devassa*... Para um tratamento quantitativo, ver CARRARA, Ângelo Alves. *Receitas e despesas da Real Fazenda no Brasil, século XVII.* Juiz de Fora: Editora da UFJF, 2009 e CARRARA, Ângelo Alves. Receitas e despesas da Real Fazenda no Brasil, século XVIII (Minas Gerais, Bahia e Pernambuco). Juiz de Fora: Ed. da UFJF, 2009.

24 Com os diamantes o sistema era diferente. O contratador pagava uma capitação por escravo que estivesse no garimpo e vendia o produto livremente

colônia. Cobrava-se já 26% nos portos da Península sobre todas as mercadorias despachadas para as colônias. Entre 1699 e 1715 estabeleceu-se também a *dízima da alfândega* nas principais cidades marítimas da colônia.

Em 1719, estabeleceu-se a *Taxa de Guarda Costeira* pela Câmara do Rio de Janeiro, para manter um navio patrulha do litoral da colônia. Uma outra *Taxa de Guarda Costeira* foi também criada para sustentar uma fragata estacionada na Costa da Mina, para defender os navios portugueses contra os piratas holandeses, certamente vinculada à proteção do tráfico.

O tráfico de escravos apresentava-se também como importante fonte de receitas. Pela Carta Régia de 1699, a Coroa criou uma taxa de 1.000 réis por escravo que passasse pela Ilha de São Tomé. O objetivo era, atendendo o Bispo daquela Ilha, criar fundos para o apoio da Igreja local. Com a descoberta das minas de ouro e o acréscimo da demanda de escravos, a Coroa estabeleceu a Feitoria da Ajuda, na Costa da Mina e, junto com ela, uma nova taxa de 1.000 réis por escravo, destinada à proteção do tráfico africano e prevenção do contrabando. Em 1714-1715, criou-se um novo imposto sobre os escravos que, de Pernambuco, Bahia e Rio de Janeiro, eram destinado a Minas Gerais e também sobre o comércio de escravos nascidos no Brasil.[25]

Os escravos que entravam em Minas Gerais, recebiam também um tributo interno, as *entradas*, taxação estabelecida entre 1710 e

---

no mercado. Em 1753 o sistema foi novamente modificado, separando produção e comércio. Em 1771 retorna o monopólio direto. Sobre os monopólios coloniais ver os trabalhos de ELLIS, Miriam. *O monopólio do sal no Estado do Brasil*, São Paulo: Ed.USP, 1955 e *A Baleia no Brasil Colonial*, São Paulo: Ed. Melhoramentos, 1968.

25 Essa taxa de 4500 réis por cabeça, segundo Alden "era destinada a proteger os interesses açucareiros, que temiam que seu suprimento de escravos novos fosse inteiramente desviados para as minas". ALDEN, Dauril, *Op. cit.*, p. 303.

1714, e que incidia sobre todas as mercadorias, animais e veículos que entrassem em Minas Gerais das capitanias adjacentes.[26]

As *entradas* eram cobradas em diferentes pontos do território colonial, principalmente em pontos estratégicos de *passagens* dos rios, que demandavam as regiões mineradoras. Daí a rubrica *passagens de rios e registros*, que encontramos em pontos tão distantes como o Piauí, o interior da Bahia e Rio Grande de São Pedro, São Paulo e Rio de Janeiro. As rendas das entradas eram distribuídas entre as capitanias de S. Paulo, Mato Grosso, Goiás e Minas Gerais.

Havia também os *Subsídios*, taxas impostas sobre produtos locais ou importados, tidos como *produtos de luxo ou supérfluos.* Eram em geral lançadas por iniciativa das Câmaras para enfrentar despesas de caráter local, como os trabalhos públicos ou o cuidado dos órfãos ou enjeitados, mas os recursos podiam também ser aplicados no pagamento dos funcionários reais ou sustento das guarnições militares. Os principais subsídios eram o *Subsídio Grande dos Vinhos* (8 mil réis por pipa de Vinho da Ilha da Madeira; 4.000 réis por vinho de Portugal e Açores), *Subsídio Pequeno dos Vinhos* (2.000 réis sobre o vinho de qualquer procedência), *Taxa sobre as aguardentes locais* (1.120 reis por canada), *Taxa sobre aguardentes do Reino e das Ilhas Atlânticas*, (3.000 réis por pipa), *Contribuição sobre o Azeite Doce* (800 reis por pipa), *Contribuições sobre o tabaco importado* (40 reis por libra no atacado, 20 reis por libra no varejo, 100 réis por libra no rapé) – esta última taxa fazia parte da contribuição para a Guarda Costeira e o *Subsídio Literário*, criado por Pombal, para o pagamento de professores no Reino e no Império.

26 Por cada escravo pagava-se 3000 réis, cada cabeça de gado 1500 réis, cada cavalo ou mula 3000 réis. As mercadorias eram classificadas em fazendas secas e molhadas. As primeiras pagavam 1215 réis por carga de mula e as segundas, 750 réis. Cf. CASTRO, Martinho de Mello, "Instrução para o Visconde de Barbacena", 29 de janeiro de 1788, Rio de Janeiro: *RIHGB*, VI, 1844, partes 81-89.

No Brasil, a taxa era lançada sobre a carne verde (um real por libra) e aguardente de produção local (10 reis por canada). A fiscalidade se estendia a uma miríade de outras taxas. Uma delas taxava o próprio sistema arrecadador: era a taxa de 1% sobre os contratos, reservada para as obras pias, uma das mais antigas da Colônia (Alvará de 2 de abril de 1592). Outras incidiam sobre o preenchimento de cargos públicos (*Novos direitos, Terças Parte e Donativos*), e a utilização dos serviços do estado (cartas de seguro, provisões, mercês, selo de papéis de diversas origens e dízimas da chancelaria). Havia finalmente as "contribuições voluntárias", como aquelas destinadas a compor o dote de princesas em casamentos reais, ou a reconstruir Lisboa depois da devastação sofrida pelo terremoto de 1755. Apesar do nome estas contribuições nada tinham de "voluntárias". A sobreposição de tributações encarecia enormemente a vida na Colônia.

O reordenamento pombalino no território colonial (1750-1777)

As reformas efetuadas por Sebastião José de Carvalho e Mello, o Marquês de Pombal na administração do Reino e dos domínios marcaram intensamente a vida da Colônia porque consolidam uma tendência que vinha tomando forma desde os primeiros anos do século XVIII, a partir da descobertas auríferas: a territorialização do espaço colonial e reorganização da arrecadação fiscal.[27]

Uma das principais medidas do Consulado Pombalino, de grandes efeitos na reorganização econômica e política do território colonial foi a transferência do governo geral da Bahia para o Rio de Janeiro (1763). Essa medida, que deslocava o eixo político da Amé-

27 Além das fontes anteriormente citadas, ver BELLOTO, Heloísa, "O Estado Português no Brasil – sistema administrativo e fiscal", in: SILVA, Maria Beatriz Nizza. *O Império Luso Brasileiro, 1750-1822*, Lisboa, Ed. Estampa, 1986. Para um tratamento recente ver CARRARA, Ângelo Alves . "El reformismo fiscal pombalino en Brasil. *Historia Caribe* , v. 11, 2016, p. 83-111.

rica Portuguesa, era um corolário da descoberta das minas e do desenvolvimento dos problemas militares no Sul, (disputa pela Colônia de Sacramento). Uma medida subsequente (1774) extingue o estado do Maranhão estabelecendo o Rio de Janeiro como centro político do território. Completa-se também no período a absorção das antigas capitanias hereditárias substituídas agora por unidades administradas por funcionários régios. A partir de Pombal as capitanias passariam a ser designadas como *Províncias.*

Balizadas, de um lado, pelos terríveis efeitos do terremoto de Lisboa (1755), e de outro, pela necessidade de organizar o fisco colonial em função da extração do ouro e dos diamantes, as reformas se caracterizam menos pela criação de novos impostos, do que pela reformulação do sistema arrecadador. A inovação mais importante foi o direcionamento do fluxo fiscal para o novo Erário Régio, criado em Lisboa em 1761, e o esforço em modernizar os métodos de escrituração da fazenda regia através das novas técnicas de contabilidade. No território colonial, esse movimento correspondeu, nas décadas de 1760 e 1770, à drástica redução da jurisdição das Câmaras. Ao mesmo tempo, as velhas provedorias de capitania, antes subordinadas ao Governador Geral, foram sendo transformadas em Juntas de Fazenda, diretamente subordinadas ao Erário Régio. As Juntas eram presididas pelo Vice-Rei, na capitania sede, e pelos governadores nas demais capitanias. Elas tinham o seu poder aumentado, com a responsabilidade do pagamento das folhas civis, militares e eclesiásticas, ao mesmo tempo em que os novos métodos de escrituração, com o controle semestral dos balanços de receita e despesa, tornavam mais eficazes a sua fiscalização.[28]

A mudança alterava a relação hierárquica anteriormente existente entre os provedores das capitanias e o provedor mor. A nova modalidade, ao mesmo tempo em que ampliava os poderes das juntas de fazenda nas capitanias, buscava centralizar os poderes na

28 SALGADO, Graça, *Fiscais e Meirinhos. Op. cit.*, p. 94.

Metrópole, criando ligação direta entre os órgãos fazendários nas capitanias e seus congêneres metropolitanos. O que se configura digno de ênfase para nossa discussão é, sobretudo o fato de que *tais reformas consagravam a capitania como uma jurisdição fiscal dotada de autonomia em relação a outras esferas da administração colonial e fora dela.*

A lógica subjacente exigia das capitanias que mantivessem a si mesmas, não gerando despesas para a Metrópole. Na medida em que produzissem saldos positivos, esses deveriam ser enviados ao Erário Régio. Era dever das Juntas enviar à Metrópole as "sobras" da administração local, ou seja, tudo aquilo que ultrapassasse as despesas de sua manutenção.

Dentro de seu vasto plano de constituir espaços de convergência de interesses entre a Metrópole e as elites coloniais, a reforma pombalina permitiu que vários dos novos ofícios fossem preenchidos por nascidos na Colônia. A criação de Juntas da Fazenda nas capitanias agradava aos círculos enriquecidos da Colônia, porque ampliava as possibilidades de sua participação na esfera administrativa. Em primeiro lugar havia a possibilidade de sua inclusão nas próprias Juntas de Fazenda, mas o que era mais atraente era a recente admissão dos nascidos na Colônia na arrematação de contratos fiscais.[29]

O intuito controlador e centralizador do Consulado Pombalino engendrava delicados mecanismos para estabelecer espaços de compromisso entre os interesses metropolitanos e setores das elites coloniais, sem com isso engendrar o fortalecimento excessivo do centro político-administrativo na Colônia. O evidente recuo do poder dos Vice-Reis foi um dos seus resultados, o que era sentido por aqueles

29 ALDEN, Dauril, *op.cit.* p. 280. Esses cargos, como todos os outros, com a exceção dos governadores e dos magistrados, podiam ser obtidos por concessão, arrendamento ou compra. Até o fim do século XVII pagava-se uma taxa pelo cargo denominada *Meia Anata*. Em 1692 passaram a pagar os *Novos Direitos* (10% da renda anual de todas os cargos arrendados). Ver p. 295.

funcionários. É assim que, por exemplo, Dom Fernando José de Portugal e Castro Governador Geral e Vice-Rei do estado do Brasil entre 1801 e 1806, percebia que a subordinação dos capitães e governadores das capitanias ao Governador Geral no Rio de Janeiro era uma ficção e que os seus poderes se limitavam à capitania sede.

> Antigamente, (durante a vigência das capitanias hereditárias) o Governador Geral, ou Vice-Rei do estado do Brasil governava todas as capitanias, sendo-lhe os mais governadores subordinados, provendo todos os ofícios de Justiça, Fazenda e Guerra, e os postos militares e de ordenanças, expedindo aquelas ordens que julgava convenientes para o bom regime e governo delas (capitanias), e que depois que entraram estas a serem governadas por governadores e capitães generais e *reputarem-se como separadas e distintas* (grifo meu) deixaram de lhe ficar sujeitas quanto a sua economia e governo interiores, porém não naquelas coisas que respeitarem principalmente à defesa geral do Estado.[30]

A generalização da prática da venda de ofícios públicos que data também de meados do século XVIII, operava também no sentido da dispersão do poder.[31]

Os ofícios da fazenda mais rentáveis deveriam ser arrematados pelo prazo de três anos e os demais providos na mesma forma que os da Justiça, mas na dependência da confirmação regia. Embora se procurasse evitar a especulação e exploração mercantil dos cargos

30 MENDONÇA, Marcos Carneiro. *Raízes da Formação Administrativa do Brasil*, Rio de Janeiro: IHGB/Conselho Federal de Cultura, 1972, p. 806.

31 Os principais marcos da legislação sobre o assunto são o Decreto de 18 de fevereiro de 1741 e a provisão de 16 de abril de 1756, que determinaram que as serventias dos ofícios vagos deveriam ser providas pelo sistema de donativos arrematados pela Fazenda Real. No caso de morte, suspensão ou impedimento do titular, competia ao Governador Geral e aos governadores das capitanias nomear os que oferecessem o maior donativo pelo ofício. O serventuário

em benefício privado, havia pessoas que arrematavam os cargos na Corte para vendê-los mais caro no estado do Brasil.[32]

A partir de 20 de outubro de 1798 o provimento dos ofícios passou a ser feito diretamente pelas Juntas da Fazenda das capitanias, que organizavam os leilões, cujo resultado, posteriormente, era referendado pelos governadores respectivos. Os ofícios vitalícios continuavam a ser distribuídos diretamente pela Coroa.

A existência de funcionários régios de nomeação da Coroa e de sua estrita confiança constituía a peça fundamental do sistema. Por outro lado, a disputa pelos cargos tornava-se espaço de negociação e compromisso entre os interesses metropolitanos e as elites coloniais. Esse duplo movimento fortalecia o nível político administrativo da capitania, ao mesmo tempo em que favorecia a centralização do poder metropolitano.

Em artigo em que estuda o reformismo ilustrado a partir de seus efeitos na América Portuguesa, Francisco Falcon aponta para a permanente tensão entre a ambição dos fins e a falta de meios que

---

só poderia tomar posse depois de depositar fiança na Provedoria da Fazenda; as nomeações feitas pelos Governadores Gerais valeriam pelo prazo de um ano; as executadas pelos governadores das capitanias vigorariam por apenas seis meses. A Justiça deveria ter seus cargos providos por "via de concurso" ou por venda aos que oferecessem a maior quantia e sem prazo determinado. Os ofícios do Tribunal da Relação do Rio de Janeiro criados em 1751 continuaram a ser providos pelo vice-rei e governador não sendo objeto de arrematação. Cf. SALGADO, Graça. *Fiscais e Meirinhos...*, p. 63.

32 A ordem regia de 6 de novembro de 1782 para a Bahia constituiu os ofícios em classes: 1a classe: ofícios de propriedade por compra. Não pagavam donativos; 2a classe: ofícios arrematados por donativos trienais ou que contribuíssem para a Fazenda Real com a terça parte de seus rendimentos; 3a classe: ofícios de propriedade e por sucessão sem compra; 4a classe: ofícios de propriedade sem ônus de donativos ou terças partes. Nestes se incluem tantos os que recebiam por graça ou remuneração a serviços a Coroa como por terem rendimentos muito baixos. SALGADO, Graça. *Fiscais e meirinhos, Op. cit.*, p. 64.

caracterizou as iniciativas do Consulado Pombalino. Ao resumir os efeitos sobre o território colonial, ele afirma:

> A centralização, por exemplo, deve ser repensada. Opera-se, na realidade, uma centralização a partir de Lisboa e uma descentralização na Colônia, ou seja, enquanto se aperta o controle da Metrópole sobre os órgãos e agentes da administração colonial, favorece-se a relativa autonomia das autoridades coloniais entre si, de tal forma que a centralização ocorre, quando muito, no interior de cada capitania.[33]

Além dos efeitos de consolidação das divisões administrativas do território colonial e sua consagração como unidades fiscais, a principal inovação daquele período foi o estabelecimento de um importante canal de partilha de interesses com as elites da colônia, seja através da distribuição direta de cargos do estado, seja através da permissão da participação das elites coloniais na disputa pelos contratos e arrendamentos. Por outro lado, os limites dessa ação se expressaram de forma notória na mais importante Revolta Fiscal do período colonial - a Inconfidência Mineira - onde as disputas pelo poder no seio da administração e as dívidas dos contratadores emergem como elementos centrais.[34]

As Reformas Pombalinas, se nos valermos dos termos sugeridos por Schumpeter, parecem operar nos limites do *dominium state*, promovendo a racionalização administrativa do domínio régio para fortalecer o poder absoluto do monarca. O grande lance, nesse sentido, foi a expulsão da Ordem Jesuítica e o confisco de seus bens, eliminando um forte obstáculo ao poder absoluto. Entretanto, como tantas outras medidas, desse período, esta tinha seu alcance limitado pela

---

33 FALCON, Francisco, "Pombal e o Brasil", in: TENGARRINHA, José (org). *Historia de Portugal*. São Paulo: Edunesp/Edusc, 1999, p. 159.

34 Ver MADEIRA, Mauro de Albuquerque. *Letrados, Fidalgos e Contratadores de Tributos no Brasil Colonial*, Brasilia: Sindifisco, 1993.

incapacidade do estado em gerir os bens da ordem incorporando-as ao domínio régio. A ação pombalina, como se sabe, não significou uma ruptura com a Igreja e seu poder patrimonial, mas tão somente um deslocamento do poder dos jesuítas para outras ordens religiosas, como os franciscanos. Da mesma maneira, as terras pertencentes aos jesuítas seriam objeto de intensa grilagem pelos colonos.

A partir do Consulado Pombalino elaborava-se um novo projeto para a Colônia na promoção do desenvolvimento da metrópole: uma proposta de auto reforma do sistema em que a Colônia deveria propiciar o esforço de industrialização de Metrópole. Os desdobramentos e limites desse projeto vão constituir o pano de fundo de onde emergirá a crise do antigo sistema colonial em terras americanas, como demonstrou o clássico trabalho de Fernando Novais.[35] A grande fecundidade da ali proposta, permanece nos desafiando a pensar essa quadra histórica como um grande conjunto, onde os efeitos dos contraditórios dos controles metropolitanos e as tensões por eles geradas, convivem com o imaginário de uma "Nação" Portuguesa multicontinental, onde o território colonial e o metropolitano formassem "partes" distintas e desiguais de um mesmo destino nacional. Essa ideia paradoxal de "nação" que ela encerrava marcou indelevelmente a ação de reformadores do final do século XVIII e do início do XIX.

Estado e domínio em tempos de crise
Os projetos fiscais de D. Rodrigo de Souza Coutinho

Uma das maneiras de perceber os impasses do projeto reformista formulado pela Ilustração é acompanhar as formulações do mais refinado de seus representantes, D. Rodrigo de Souza Coutinho (1755-1812). Mais conhecido entre nós como o articulador da vinda da Corte para o Brasil em 1808 e pelo seu papel na decisão Abertura dos Portos, D. Rodrigo foi ao mesmo tempo herdeiro e

35 NOVAIS, Fernando, *Portugal e o Brasil na crise, Op. cit.*

renovador da tradição pombalina. Na condição de Ministro da Marinha e Ultramar (1795) e Ministro e Secretário de estado dos Negócios da Guerra e Estrangeiros (1812), já no Brasil, ele vivenciou a eclosão e os primeiros desdobramentos da crise do sistema.[36]

Em sua célebre Memória[37] em que refletia, com notável visão estratégica e sagacidade política, sobre a relação do Reino com seus domínios, na qualidade de Ministro da Marinha e Ultramar, ele formulava uma espécie de doutrina do poder no Império Português que tinha seus fundamentos na vastidão de suas posses ultramarinas.

> Os domínios de Sua Majestade na Europa não formam senão a capital e o centro de suas vastas possessões. Portugal reduzido a si só seria, dentro de um breve período, uma Província da Espanha, enquanto (que) servindo de ponto de reunião e de assento à Monarquia, que se estende do que possui nas Ilhas da Europa à África, ao Brasil, às Costas Ocidentais e Orientais da África e ao que ainda a nossa Real Pessoa possui na Ásia, é, sem contradição uma das potências que tem dentro de si todos os meios de figurar conspícua, brilhante entre as principais Potências da Europa.[38]

A posse desse vasto domínio é um meio de fazer com que Portugal pudesse se alçar a uma posição de maior destaque na Europa,

---

36 Sobre a política de D. Rodrigo na América, em especial na Capitania de São Paulo ver COSTA, Bruno Aidar. *A tessitura do fisco: a política ilustrada de D. Rodrigo de Souza Coutinho e a administração fiscal da capitania de São Paulo, 1797-1803*, Mestrado Unicamp, 2003 e *A vereda dos tratos: fiscalidade e poder regional na capitania de São Paulo, 1723-1808*, Tese de Doutorado, USP, 2013.

37 "Memória sobre o melhoramento dos domínios de Sua Majestade na América (1797 ou 1798)", in: COUTINHO, D. Rodrigo de Sousa. *Textos Políticos, Económicos e Financeiros (1783-1811)*, Tomo II, Lisboa: Banco de Portugal, 1993, p. 47.

38 COUTINHO, D. Rodrigo de Sousa, "Memória sobre os melhoramentos...", *Op. cit.*, p. 48.

similar aquela que outras potências, com extensão territorial semelhante e domínios menores conseguiam, como a Repúblicas das Províncias Unidas. Reverberando a recente separação da mais importante colônia britânica, ele lembrava que, para que essa vantagem se fizesse efetiva era preciso reiterar a centralidade da posição do Reino, como elo necessário e entreposto do comércio mundial. Essa centralidade é que tornava a posição de Portugal em sua relação com os domínios ultramarinos "*menos artificial*" do que aquela que unia os estados Unidos à Inglaterra:

> ... (a sua) feliz posição (no) centro ao comercio do Norte e Meio Dia do mesmo Continente e do melhor entreposto para o comercio da Europa com outras três partes do Mundo faz que este enlace dos Domínios Ultramarinos Portugueses com a sua Metrópole seja tão natural, quão pouco o era o de outras colônias que se separaram de sua Mãe Pátria.[39]

Olhando para as partes do Império, em ambos os lados do Atlântico, D. Rodrigo desenhava os contornos de uma nação portuguesa onde as províncias representavam a célula política e financeira do sistema, operando como raios de uma imensa circunferência que se encontravam em Lisboa. Desse modo, a complementariedade que ele enfatizava nas relações entre o Reino e os Domínios era negada, nas relações que as províncias pretendessem desenvolver entre si. A igualdade entre as províncias se assentava, desse modo, na sua relação com a Coroa, subordinadas que eram do mesmo rei e portadoras de uma identidade portuguesa, por esse meio, fundamento da unidade do Império.

> (...) o incomparável sistema (pelo qual) todas elas foram organizadas como Províncias da Monarquia, condecora-

39 COUTINHO, D. Rodrigo de Sousa, "Memória sobre os melhoramentos...", *Op. cit.*, p. 48.

> das com as mesmas honras e privilégios que se concederam aos seus habitadores e povoadores, todas reunidas no mesmo sistema administrativo, todas estabelecidas para contribuírem à mútua e recíproca defesa da Monarquia, todas sujeitas aos mesmos usos e costumes, há nesse inviolável e sacrossanto princípio da Unidade, primeira base da Monarquia que se deve conservar com o maior ciúme, a fim de que o Português nascido nas quatro partes do Mundo se julgue somente Português, e não se lembre senão da Glória e Grandeza da Monarquia a que tem a fortuna de pertencer, reconhecendo e sentindo os efeitos felizes da reunião de um só todo, composto de partes tão diferentes que, separadas, jamais poderiam ser igualmente felizes. (É) uma consequência natural deste princípio que as relações de cada Domínio Ultramarino devem, em recíproca vantagem, ser mais ativas e animadas com a metrópole, do que entre si, pois que só assim a união e a prosperidade poderão elevar-se ao maior auge.[40]

Diferentes e complementares, o Reino e os domínios, forjavam uma unidade possível, que informava um vasto programa de reformas, particularmente no plano fiscal. Essas reformas vinham detalhadas depois de uma longa e judiciosa apresentação doutrinária da questão fiscal, segundo os mais modernos princípios da Economia Política da época, em que D. Rodrigo insistia na necessidade de romper com as velhas práticas e modernizar o sistema arrecadador no Império e no domínio. Nesse último, o peso da crítica incidia principalmente sobre a forma de arrecadação, a dependência dos contratadores, tida como causa dos recentes acontecimentos ligados à Inconfidência Mineira.

A extensa lista de impostos cobrados nos territórios coloniais, não correspondia a uma arrecadação satisfatória, principalmente em razão das formas arcaicas pelas quais se processava.

---

40 COUTINHO, D. Rodrigo de Sousa, "Memória sobre os melhoramentos...", *Op. cit.*, p. 49.

> (A coleta da renda colonial é) improdutiva e morosa, não só porque recaindo desigualmente sobre as primeiras fontes da riqueza nacional impede que a mesma se aumente e prospere, e fica muito diminuta, mas porque é depois arrecadada por contratadores que deixam ficar na sua mão a maior parte da renda que cobram e que sai mais pesada ao Povo pelas muitas vexações que lhe fazem sofrer sem serem mais exatos nos pagamentos a fazenda real, como prova o que desgraçadamente se experimentou em Minas Gerais.[41]

O estanco do sal, as altas tarifas alfandegárias, e os direitos exagerados sobre os escravos são outros tantos alvos de suas críticas, por se mostrarem impeditivos do desenvolvimento das atividades produtivas da colônia. A redução destes impostos, arcaicos e vexatórios, deveria ser compensada com a criação de um importante conjunto de novos tributos, que deveriam formar o cerne da arrecadação, fundando-se precisamente na "igualdade" entre o território do domínio e o do Reino.

> O Primeiro seria o papel selado e como os nossos Domínios Ultramarinos são províncias da Monarquia poderia ali estabelecer-se igualmente debaixo dos mesmos princípios que no Reino se acham estabelecidos; o segundo seria somente nas cidades marítimas um imposto sobre as casas, equivalente a décima da linda exatamente como se pratica no Reino; o Terceiro seria uma taxa moderada sobre todas as lojas, sobre as tavernas, casas de bebida e casas de pasto, uma moderada taxa de ¼ de 1/8 sobre cada negro trabalhador; o Quarto seria imposto voluntário que resultaria do estabelecimento do valor das cartas conduzidas pelos Correios Marítimos, no que o público teria a maior vantagem; o Quinto seria a maior extensão que se daria a uma grande

41 COUTINHO, D. Rodrigo de Sousa, "Memória sobre os melhoramentos...", *Op. cit.*, p. 56.

> loteria anual que seria destinada em grande parte para o Brasil; o Sexto seria o maior proveito que se teria em todas as capitanias da introdução de um novo sistema de arrecadação que substituiria o dos contratos, em cujo lugar se administrariam as rendas, dando também algum interesse nas mesmas aos que cobrassem, logo que elas excedessem o valor que antes rendiam os contratos, ou que cada ano excedesse a media do precedente triênio, o que também se praticaria com os dízimos, cuja renda se fixaria em cada cinco anos a beneficio da Agricultura.[42]

Substituir "sistema de contratos", oneroso e improdutivo, por um "sistema de administração" era a principal reforma a se impor na arrecadação, ao mesmo tempo em que se criariam novos impostos, submetidos ao sistema mais moderno e racional, dentre eles o imposto sobre o papel selado (tanto no Brasil como no Reino), um imposto sobre as casas nas cidades marítimas, uma taxa sobre lojas abertas e tabernas, assim como sobre os escravos existentes nas minas e lavras.[43]

É interessante observar como essas generosas disposições se modificavam, no ritmo volátil da crise que se aprofundava, em 1799, quando D. Rodrigo volta a tratar da fiscalidade, desta feita premido pela necessidade urgente de aumentar a arrecadação, diante da ameaça externa que já se fazia sentir.[44] Naquele momento, avaliava-se, era necessário elevar a receita ordinária de Portugal de 14 para 20 milhões de cruzados, além de buscar recursos extraordinários de cerca de 18 milhões para as despesas da Marinha e do Exército. As medidas esboçadas no documento voltam a insistir na

42 COUTINHO, D. Rodrigo de Sousa, "Memória sobre os melhoramentos...", *Op. cit.*, p. 57.

43 COUTINHO, D. Rodrigo de Sousa, "Memória sobre os melhoramentos...", *Op. cit.*, p. 65-66.

44 "Carta para o Marquês Mordomo-mor relativa à avaliação das rendas reais e das despesas para o ano próximo futuro (16-02-1799)", in: COUTI-

necessidade de reforma do sistema de contratos, considerado tão oneroso, que sua moralização poderia por si só cumprir a meta de elevação da receita ordinária, *"e isso sem abalo algum ou concessão violenta e só arrecadando o que hoje não se cobra ou se prodiga a Contratadores favorecidos que se fazem considerar necessários"*.[45]

Quanto às rendas extraordinárias para fazer face às despesas militares, D. Rodrigo se afasta bastante das preocupações com a equidade, presentes na Memória anterior e mostra uma profunda preocupação com os riscos políticos de uma elevação da arrecadação que viesse a incidir sobre o Reino ou sobre os lucros das classes mercantis. Analisando cada uma das rubricas fiscais internas, ele concluía que nenhuma delas poderia ser aumentada sem alto risco político. É o caso, por exemplo, da Sisa: *"quem conhece quanto a atual imposição da Sisa grava o interior do Reino é que pode julgar quão impróprio este tributo seria e quais poderiam ser os seus funestos efeitos no interior do reino até para destruir essa tal ou qual agricultura que se faz nas Províncias"*.[46] Ele pensava, também que se deveria evitar estabelecer direitos sobre a exportação dos gêneros coloniais: *"a grande regra da Economia Política é nunca taxar o que se exporta (...). Taxar o cacau e o Tabaco no momento atual podia ter consequências muito sérias contra o nosso comércio"*.[47] Da mesma forma era inoportuno estabelecer um imposto *"sobre as nossas ainda nascentes manufaturas nacionais e que ainda mesmo favorecidas*

NHO, D. Rodrigo de Souza, *Textos políticos, económicos e financeiros*, *Op. cit.*, p. 121-131.

45 COUTINHO, D. Rodrigo de Souza. "Carta para o Marquês Mordomo--mor..." *Op. cit.*, p. 122.

46 COUTINHO, D. Rodrigo de Souza, "Carta para o Marquês Mordomo--mor..." *Op. cit* ., p. 123.

47 COUTINHO, D. Rodrigo de Souza, "Carta para o Marquês Mordomo--mor..." *Op. cit.*, p. 125.

com a isenção de direitos não podem suportar por ora a concorrência das manufaturas estrangeiras".[48] Tampouco seria adequado impor taxas sobre os grãos produzidos no Reino ou fora dele. Se produzidos no Reino, prejudicariam os agricultores. Se produzidos fora dele, encareceriam o custo de vida, pesando sobre os mais pobres, o que seria impolítico e perigoso diante da situação de insegurança vivida pelo Reino. Onde então, a solução?

Duas frentes de atuação apresentavam-se a D. Rodrigo: os privilégios eclesiásticos e o domínio ultramarino. No primeiro caso ele propunha aumentar a contribuição das Capelas e, ao estilo do que fora feito com sucesso na Inglaterra, promover "*a venda das propriedades, foros e terras da Coroa e das Ordens para se converterem em fundos de um novo empréstimo ou de Apólices* (e também) *a venda dos bens e propriedades dos corpos de mão morta. (...) aplicar o seu produto para incorporar na Coroa todo o valor dos dízimos, Togadas, terças, Quintos, etc e para depois lançar em lugar de todos estes impostos e da Décima um único imposto territorial, (...) o que seria de um grande alivio e decidido favor para os agricultores que pagariam menos e o estado lucraria muito".*[49]

No que se refere ao domínio ultramarino as medidas sugeridas para salvar o Reino passavam pela reforma dos antigos monopólios (como a administração do sal), a introdução da moeda provincial de prata e cobre em Minas Gerais e Goiás (para coibir a circulação de ouro em pó), e a criação de um conjunto de novas taxas: sobre as casas das cidades marítimas, sobre os escravos domésticos (para coibir seu uso), sobre lojas e tavernas e o consumo de aguardente. Não bastando esses recursos, seria viável "*propor um donativo a pe-*

48 COUTINHO, D. Rodrigo de Souza, "Carta para o Marquês Mordomo-mor..." *Op. cit.*, p. 124.

49 COUTINHO, D. Rodrigo de Souza, "Carta para o Marquês Mordomo-mor..." *Op. cit.*, p. 126.

dir-se aos moradores do Brasil" dado que seria *"muito justo o estabelecem-se alguns impostos no Brasil"*. E aqui retornavam alguns dos anteriormente citados: papel selado, correios, lojas, carruagens...[50]

Pelo projeto, podemos observar como os sucessores de Pombal, procurando manter o espírito das reformas, viam-se a braços com a herança do passado (e em parte do próprio período pombalino) como o peso dos interesses dos contratadores. Ao mesmo tempo, mantida a relação com a Igreja, eles continuariam a conviver com grandes dificuldades no sentido de ampliar as reformas que poderiam transformar Portugal em um genuíno *tax state*: romper a relação patrimonial com a Igreja Católica e a dependência fiscal do estado para com os dízimos. Nessa impossibilidade, o domínio ultramarino aparecia como a área de menor resistência para salvar a Fazenda Real e com ela, o próprio Poder Régio

Com o recrudescimento da crise e a invasão do Reino pelas tropas napoleônicas tornariam esses programas de reformas fiscais seriam superados pelos novos desafios. Vale a pena, entretanto, registrá-los aqui não apenas como indícios do deslizamento de significados que aqui se observa, entre uma complementariedade imaginada e uma hierarquia fortemente reafirmada. Vale também lembrar que alguns desses impostos seriam efetivamente criados no Brasil, sob as novas circunstâncias que a transposição do poder para o interior do domínio e sua reconfiguração, iriam trazer.

A Corte no Rio de Janeiro e o esforço de fundação de um centro político

O longo e tortuoso movimento que, a partir da crise do Antigo Regime redundaria na separação das metrópoles ibéricas de suas colônias configura um desses estratégicos "momentos de viragem"

50 COUTINHO, D. Rodrigo de Souza, "Carta para o Marquês Mordomo-mor..." *Op. cit*., p. 128.

em que a fiscalidade pode nos ajudar a compreender o sentido das transformações em curso, pensando no seu alcance e também nos seus limites. Antes de tudo, há que se ter em conta o modo peculiar pelo qual a crise foi vivenciada em terras portuguesas, levando a emigração da corte e dos signos do poder da Europa para a América.

De fato, não há nada de comum ou corriqueiro no movimento de uma família real que emigra, acompanhada de sua corte, de seus papéis de estado, de sua biblioteca, vale dizer dos signos e instrumentos do poder e do governo, transferindo-os para o outro lado do oceano. Não foi a menos importante decorrência desse fato, essa inversão ímpar na história da moderna colonização, que tornou um domínio colonial sede da monarquia, com efeitos determinantes para o desdobramento da crise nos dois continentes e nas duas porções da América de colonização ibérica.[51]

Enfatizar o caráter insólito da transmigração da corte é também salutar para nos ajudar a repensar este processo em seu próprio tempo e em seus desdobramentos, por mais que saibamos que o alvitre da mudança da corte tenha sido pensado em outros momentos e conjunturas.[52] No início do século XIX, quando a territorialidade era já há muitos séculos um apanágio dos estados monárquicos, *desterritorializar* a coroa e a corte e, com a elas, a sede do poder, implicava em repercussões enormes no plano do Império Português e em todo

51 Para um tratamento dos ritmos distintos entre as duas porções da América Ibérica ver JANCSÓ, István. "A construção dos Estados nacionais na América Latina - apontamentos para o estudo do Império como projeto", in: LAPA, J. R. do A. e SZMRECSÁNYI, Tamás (Org.). *História econômica da Independência e do Império*, São Paulo: HUCITEC, 1996, v. 1, p. 3-26. Para uma visão do enlace entre os processos da América Portuguesa e da América Espanhola ver, PIMENTA, João Paulo, A Independência do Brasil e a experiência hispano-americana (1808-1822), São Paulo: Hucitec, 2015.

52 Ver, sobre isso, LYRA, Maria de Lourdes Vianna. *A utopia do poderoso império - Portugal e Brasil: bastidores da política*: 1798-1822 , Rio de Janeiro: Ed. Sette Letras, 1994.

o contexto europeu e americano. Assim, se é verdade que a fundação de um Império nos trópicos reverberavam também utopias há muito inscritas no imaginário luso da época moderna, retemperadas com as tinturas da Ilustração, o movimento concreto que se fez em 1808 era algo de novo e inusitado, um movimento que rompia com a ordem, que respondia a desafios coevos e abria perspectivas imprevistas para os atores políticos das duas partes do Império, o Reino e o ultramar americano, unidos e separados pelo rei ausente.

A peculiaridade dessa trajetória tem desafiado os estudiosos e alimentado um dos mais perenes debates da historiografia brasileira – a compreensão das continuidades e rupturas entre o estatuto colonial e a emergência da nação independente. descontinuidades entre a Colônia e a Nação.[53] Um conjunto importante de novos trabalhos tem explorado essa proposta, adicionando novas facetas ao "mosaico" da compreensão do processo de Independência e da formação do estado Nacional. Neles, a fecundidade do conceito de "crise do sistema colonial" tem sido ressignificada sob novos olhares.[54]

Na exploração da fecundidade heurística da ideia de "crise" a fiscalidade torna-se uma temática crucial porque ela é uma das principais dimensões que materializa a dominação colonial, expressando

53 Ver, por exemplo, DIAS, Maria Odila da Silva. *A interiorização da metrópole e outros estudos*, São Paulo: Alameda, 2005, texto clássico que retoma posições de Sergio Buarque de Hollanda e Caio Prado Jr., sobre a longa persistência das instituições e práticas coloniais no Brasil Independente.

54 Ver JANCSÓ, István e PIMENTA, João Paulo Garrido. "Peças de um mosaico: apontamentos para o estudo da unidade nacional brasileira" in: Carlos Guilherme Mota, (org.). *Viagem incompleta. A experiência brasileira (1500-2000). Formação: histórias*, São Paulo: Ed. SENAC, São Paulo, 2000; BERBEL, Márcia. *A nação como artefato: deputados do Brasil nas Cortes portuguesas, 1821-1822*. São Paulo: Hucitec/FAPESP, 1999; SOUZA, Iara L.C. *Pátria coroada: o Brasil como corpo político autônomo*. São Paulo: Ed. UNESP, 1999. Ver também PIMENTA, João Paulo G. *Tempos e espaços das independências: a inserção do Brasil no mundo ocidental (1780-1830)*. São Paulo: Intermeios, 2017.

as dimensões contraditórias do patrimonialismo – a fiscalidade é cerne do conflito entre colonos e colonizadores, mas é também espaço da invenção dos colonos (impostos e taxas locais). As funções que ela engendra no plano "privado" (contratadores, arrecadadores) e "público" (os múltiplos funcionários da burocracia fazendária no espaço metropolitano e colonial) abrem, sobretudo depois de Pombal, um importante campo de tráfico de influências, de conciliação de interesses e de disputas, entre as elites coloniais e os funcionários metropolitanos no interior do aparelho administrativo.

Com a presença da Corte no Brasil, o centro político do Império passava a se localizar no interior do domínio, provocando uma inevitável metamorfose em ambos os polos da relação do Império. Em que pesem os limites em que operavam os estrategistas políticos do período joanino, limitando o alcance das reformas estruturais por eles pretendidas, é inegável que o sentido da fiscalidade se alterava, ganhando uma pulsão interna e um centro irradiador na América.

Na América, instala-se um notável esforço de aumentar a arrecadação e de tornar o centro político capaz de impor-se sobre as províncias. O furor tributário caracterizou de tal forma a estadia da Família Real na América, que não escaparam nem os pecados dos fieis já que se taxava ate mesmo os bilhetes de confissão.[55]

Entretanto, sem esquecer esse caráter insólito e inusitado, devemos também ter atenção para aquilo que a mudança da corte partilha com os grandes movimentos de seu tempo, vale dizer, uma sucessão de diásporas, em grande abrangência geográfica, no curto espaço de pouco mais de uma geração, e que começou precisamente pela fuga (e patético retorno) de um casal real e pela emigração de grande parte da nobreza francesa.

É assim que seria o mesmo D. Rodrigo, que tão bem formulara a ideia da complementaridade indissociável entre colônia e metrópole e a pertinência do exclusivo comercial, aquele a quem caberia papel

55 Carta Régia de 14 de dezembro de 1815.

destacado na abertura dos portos da América Portuguesa ao comércio com as nações amigas, medida à qual se seguiria a supressão da lei que proibia a instalação das manufaturas na América. Da mesma forma, este que se apresentava como um apólogo das reformas pombalinas, em particular aquelas que deram a conformação a todas as capitanias/províncias do Império de um sistema que deveria estar voltado para um centro único, o erário régio de Lisboa, viria a presidir a instalação do erário régio no Rio de Janeiro, criando no interior do sistema uma nova e perturbadora polaridade.

Tudo se passava como se, naqueles breves e intensos anos vividos no Rio de Janeiro, cada gesto, ao procurar responder aos sucessivos desafios de um cotidiano cada vez menos previsível, estivesse destinado a desconstruir os sentidos cuidadosamente projetados nas antigas intenções.

A guerra e a invasão apartavam o reino dos domínios, interrompendo os fluxos mercantis e fiscais, e ferindo eu seu cerne a ideia de uma interdependência econômica entre as duas porções do Império: o Brasil podia viver sem Portugal e, sendo agora, o lugar em que se assentava a sede da monarquia, impunha-se abolir a proibição do desenvolvimento das manufaturas, essência da divisão do trabalho que era defendida na memória de 1797, o que, de fato se fez com o Alvará de 28 de janeiro de 1808. O texto da Carta Régia que determina a abertura dos portos deixa transparecer o travo da hesitação e da transitoriedade: "*sou servido ordenar interina e provisoriamente, enquanto não consolido um sistema geral que efetivamente regule semelhantes matérias*", ao mesmo tempo em que se justifica a medida "*por se achar interrompido e suspenso o comércio desta capitania, com grave prejuízo de meus vassalos e da minha Real Fazenda, em razão das críticas e públicas circunstâncias da Europa; e querendo dar sobre esse objeto alguma providência pronta e capaz de melhorar o progresso de tais danos*".[56]

56 Alvará de 28 de janeiro de 1808

Não é demais ressaltar que o estabelecimento do livre comércio, em 1808, era uma medida que se estabelecia para o conjunto do Império, cujas partes principiavam a partir daí a comerciar livremente com o estrangeiro. Ela nada dizia sobre as relações internas ao Império, até então protegidas por uma rede privilegiada de relações mercantis. Nelas, é bom lembrar, não figuravam apenas mercadorias produzidas no reino, como os vinhos e os azeites, submetidos à legislação especial, mas avultava cada vez mais o trato com mercadorias inglesas, que entravam na América através dos comerciantes portugueses. A liberação das relações comerciais, contra uma tarifa que não diferenciava suficientemente os comerciantes portugueses dos demais feria fundamente esses interesses, rompendo o ideário de convergência na complementariedade caro ao pensamento ilustrado. A legislação mercantil estabelecida entre 1808 e 1812 expressa essa ambiguidade entre um imaginário territorial integrado, onde as relações mercantis entre o Reino e a América eram "internas" e um territorialidade americana com feições autônomas, onde o comércio com Portugal tornava-se tão "externo" quanto o era o comércio com o resto do mundo, para fins de cálculo tarifário. Note-se, por exemplo, o tratamento que se dava em janeiro de 1809, um ano depois da abertura dos portos, a essa questão, procurando resgatar a diferença entre o comércio de mercadorias *de propriedade* de portugueses ou transportadas em embarcações de origem portuguesa, e os de outra proveniência. O Decreto de 28 de janeiro de 1809 isentava dos direitos de importação as mercadorias estrangeiras vindas dos portos de Lisboa e Porto, que aí tivessem pago o referido imposto, modificando o estabelecido na Carta Régia de 28 de janeiro de 1808, que estabelecia a tarifa de 24% para as mercadorias estrangeiras, independentemente de sua procedência, assim como do Decreto de 11 de junho do mesmo ano que reduzia para 16% aquelas que fossem de "*propriedade portuguesa, importadas em navios nacionais*", quando procedentes de Lisboa e Porto, tendo lá pago os competentes direitos. A medida se fazia por não convir "*que paguem uns mais direitos que os outros, o que faria embaraço no giro do comércio e causaria dano às transações mercantis*", sublinhando seu caráter de provisoriedade, enquanto não eram dadas "*outras providências sobre tão importante objeto*".[57] Reafirmando uma acepção da nação como equivalente ao conjunto do Império, com sede no Reino, está a Legislação protegendo as matérias primas para as fábricas nacionais Alvará de 18 de abril de 1809 isenta de direitos as matérias primas de uso das fábricas e concede outros favores aos fabricantes e da navegação nacional. Ela o faz, entretanto, invertendo o princípio da complementaridade, propondo-se a fomentar as manufaturas do estado do Brasil, igualado assim, como território da nação, ao Reino.

A busca da preservação dessas relações privilegiadas, sem ferir os preceitos da abertura comercial, iriam, como se sabe, ser o grande tema da discórdia das classes mercantis, crescendo em azedume até a ruptura política em 1822. De qualquer modo, ainda que por longo tempo sobrepostas as noções de liberdade comercial e as de privilégio mercantil, a abertura comercial estabelecia com crescente nitidez essa territorialidade americana, que tinha agora, frente ao Reino, uma externalidade cada vez maior, tornando cada vez mais longínquo "o sacrossanto princípio da unidade" defendido dez anos antes. Mas vale também lembrar que a legislação do período tampouco estabelecia a liberdade do fluxo mercantil entre as capitanias, silêncio que não deixa de ser revelador de todo um conjunto de ambiguidades que deveria se cronificar nas décadas seguintes, já que os conceitos de *exportação* e *importação* continuaram a ser utilizados para designar a circulação mercantil *entre* as capitanias.

Não resta dúvida que a criação do Erário Régio no Brasil, levada a efeito em 28 de junho de 1808 imprimia também uma mo-

57 Decreto de 28 de janeiro de 1809.

dificação fundamental no sistema do Império, criando no Rio de Janeiro, uma polaridade antes inexistente, para a qual deveriam fluir os recursos que antes demandavam Lisboa, assim como aqueles provenientes dos novos impostos que se deveria criar, para garantir uma base fiscal para a nova situação política. As normas que definem sua criação expressam, à primeira vista, esse afã de organizar, de racionalizar e de conduzir reformas, tão próprios ao estilo de D. Rodrigo. Mas a leitura mais atenta daquela longa exposição, deixa logo transparecer o compromisso inevitável entre o desejo de reforma e as necessárias concessões ao pragmatismo impostas pelas dificuldades da situação nova, pela falta de funcionários adequados, pela imensidão do território e, não menos importante, pela trama dos interesses que passavam a jungir os "portugueses da América" às novas oportunidades criadas pela proximidade do poder. O tratamento que aí se dada aos contratos é um exemplo eloquente desse deslizamento, pois, lado a lado com as afirmações que enfatizavam a necessidade de reduzir ao mínimo as rubricas contratadas, deixam-se abertas as possibilidades para a continuidade daquelas práticas antes tão criticadas. O texto legal determina que não se podem mais contratar as rendas das alfândegas, as da chancelaria-mor, algumas passagens de rios e registros (Paraíba, Paraibuna, Juruoca, Taguaí e Parati); o subsidio do aguardente da terra, o dízimo do açúcar; o equivalente do contrato do tabaco; o rendimento da casa da moeda, a ancoragem dos navios e os direitos do sal. Logo abaixo, no artigo XII, deixa-se aberta a possibilidade para que "quando o Presidente [do Erário] julgar necessário para o aumento das rendas sobreditas que algumas se deve contratar", deve fazê-lo, "mas proporá para eu determinar o que for servido". Na mesma direção, o artigo XIII considera ser "impraticável que algumas das minhas rendas cobradas em espécie possam ser administradas, sem que se evapore grande parte do seu produto nas mãos dos prepostos, que é preciso criar para o recebimento dela e sua redução a dinheiro, maiormente em um país tão dilatado e falto por ora de Ministros letrados que possam ocorrer com a necessária jurisdição à efetiva cobrança das mesmas rendas, sem os subterfúgios, delongas e prevenções que costumam iludir os juízes ordinários e câmaras das vilas do sertão do Brasil". Desse modo, mantém como submetidas à contratação rendas como o dízimo do pescado, a vintena do peixe salgado, passagens pequenas e outros semelhantes ramos "cuja fiscalização absorveria em ordenados ou salários das pessoas nela empregadas, a maior parte de seu produto anual", além dos vultosos contratos gerais da coroa, como o do tabaco, da urzela e do pau Brasil.[58]

Ainda no plano da fiscalidade é relevante mencionar o conjunto de impostos criados entre 1808 e 1809 : a cobrança de um imposto sobre os prédios urbanos (Alvará 27/06/1808); um percentual (a sisa) sobre a venda dos bens de raiz (Alvará de 03/06/1809); a meia sisa dos escravos ladinos (Alvará 3 junho 1809) ; a décima ou selo de legados e heranças (Alvará de 17/06/1809); taxa do selo de papel (Alvará de 17/06/1809); o imposto de 5 reis por libra de carne verde e o conjunto de impostos destinados a financiar o Banco do Brasil, criados pelo Alvará de 26/10/1812; incidindo sobre as seges, as lojas abertas e as passagens dos rios.

Embora praticamente todas essas imposições tenham sido pensadas antes, constando das memórias de 1797 e 1799, elas adquiriam agora um sentido distinto agora que a Corte se achava na América. Se antes elas eram designadas para ajudar a financiar as despesas do Reino com a iminente guerra europeia, agora elas se voltavam para financiar um centro instalado na América. Propiciam, como tais, uma novas e complexas configurações de interesses. Chama a atenção, por exemplo, o fato de que, ao serem impostas a todas as províncias, as novas rubricas fiscais parecem,

58 Alvará de 28 de junho de 1808.

a princípio obedecer a uma lógica de simetria e homogeneidade desconhecida nos tempos antigos. Na mesma direção opera o esforço que é explicitado na exposição de cada uma delas de que os novos impostos devem ser arrecadados sob um novo sistema – o da administração, sob a responsabilidade de funcionários régios, superando o antigo e tão criticado sistema de contratos. Leitura mais atenta, entretanto, mostra uma intensa hesitação entre a antiga e a nova forma, deixando perceber as enormes dificuldades que se opunham à extinção de um sistema que, se não beneficiava a Coroa ou aos pagadores de impostos, certamente era uma moeda de troca de crescente importância política.

Em 1811, Manuel Jacinto Nogueira da Gama havia sido convocado por D. João, Príncipe Regente, para fazer uma exposição da situação do Real Erário, recém estabelecido no Rio de Janeiro. Recente era naquele momento a abertura dos portos ao comércio internacional, e seus efeitos fiscais, bem como os do vasto sistema de impostos que se implantava em todas as capitanias/províncias, eram percebidos com moderado otimismo. O cerne da engenhosa apresentação do ministro era a apreciação de um movimento de despesas crescentes, mas que, em auspiciosa visão do futuro poderiam ser pagas com folga, a partir das "*sobras, que se podem, e devem exigir impreterivelmente das capitanias*" e do estabelecimento de um engenhoso sistema de crédito público. A palavra *orçamento* usada várias vezes nesse texto, no sentido genérico de estimativa, aplica-se à *despesa*. Elas descreviam o peso crescente dos custos da manutenção da corte e do aparato estatal que se montava – pensões, juros, tenças, expedientes dos tribunais, consignações da Marinha, bem como amortização da grande dívida contraída. As receitas, por sua vez, dependiam da capacidade de fazer fluir das capitanias/províncias para o erário régio, os recursos provenientes dos novos impostos criados sob a inspiração do Conde de Linhares. Se fosse possível fazer com que as capitanias enviassem as sobras ao Erário

Régio, "*longe de ser desgraçada a situação, em que nos achamos, nenhum embaraço deverá haver para o futuro na repartição das finanças...*", tudo isso salvo ocorressem despesas extraordinárias, "*como a guerra, ou outro qualquer, e pretendendo-se contra todos os bons princípios de Economia Política, satisfazer com a renda ordinária, tais despesas extraordinárias*".[59]

De qualquer modo, seja pelas dificuldades em introduzir as práticas modernas, seja pela reiterada resistência das capitanias em enviar as receitas para o Rio de Janeiro, seja pelas mazelas da evasão que se operava no sistema de contratos, não se deve exagerar o sentido centrípeto dessa reforma fiscal. Do mesmo modo que no caso da abertura dos portos, os mesmos movimentos destinados a financiar a implantação da Corte no Rio, com seus imensos custos administrativos e militares, criavam também ao lado da pressão extrativa, a virtualidade de um aumento da renda no plano das capitanias, suscitando resistências e hipóteses de autonomias no plano local. Não por acaso seriam precisamente estas rendas que seriam atribuídas, décadas depois, à jurisdição das províncias, reconhecendo, na verdade, uma situação de fato: a dificuldade em fazê-las reverter ao centro.

No conjunto, o traço mais notável da atividade legislativa desses primeiros anos da presença da corte na América é que os interesses daqueles que antes eram apenas *portugueses da América* passam a ganhar importância e a ser contemplados em sua especificidade, apressando-se o administrador, em nome do Regente, a mostrar cuidado por suas necessidades mais prementes.

Chama a atenção, por exemplo, a junção, no mesmo instrumento jurídico, do imposto sobre a compra e venda de bens *de raiz*, à

59 GAMA, Manoel Jacinto Nogueira da Gama, Marques de Baependy, "Exposição do atual estado das rendas e despesas publicas do Real Erário do Rio de Janeiro, e do método que se deve seguir, para que todos os pagamentos se possam fazer em moeda corrente no preciso dia dos seus vencimentos", in: ROCHA, J. J. *Biografia de Manoel Jacinto, Nogueira da Gama, Marques de Baependy*, Rio de Janeiro: Tipografia Universal Laemmert, 1851, p. 51.

criação de um imposto que, pela primeira vez, distingue o escravo *ladino* (já habitante da América), dos escravos recém-chegados da África. De forma sutil, o enunciado justifica a imposição sobre compras e vendas como um imposto *menos gravoso*, tido como um *método de arrecadação mais suave*, para que os súditos "*no uso do direito de propriedade tenham a maior liberdade, no que for compatível com o interesse da causa pública*", reafirmando o compromisso da Coroa com a propriedade escrava.[60] O instrumento se completa com outro que transforma a atividade de apreensão de escravos fugidos e combate aos quilombos em uma função pública regulamentada por lei.[61]

Com poucas alterações a estrutura fiscal aí criada permaneceu em vigor durante todo o período Imperial e mesmo depois dele.

Essas medidas fizeram ampliar significativamente a base arrecadadora do Erário Régio, agora radicado no interior do domínio. Além do montante de rendimentos que eles eram capazes de aportar, sua importância principal radica em que eles foram introduzidos de maneira uniforme em todas as províncias, passando a existir pela primeira vez uma relativa homogeneidade fiscal no território americano. Uma breve vista de olhos sobre a *Tabela das Rendas e Contribuições do Império*, vigentes no final do Primeiro Reinado, permite distinguir retrospectivamente as diferentes "camadas" de que se compunha a arrecadação e suas origens e avaliar a presença dos impostos criados no período joanino.[62]

Vigia ainda em 1829 um importante conjunto de rubricas originadas na primeira fase do período colonial (1550-1750). Dentre elas, destacam-se aquelas de caráter nitidamente "patrimonial". São elas as rendas advindas dos monopólios régios – diamantes, pau-brasil,

60 Alvará de 23de junho de 1809.

61 Resolução da Guerra, n. 18, de 31 de maio 1809.

62 CF. BRASIL, MINISTÉRIO DA FAZENDA, Ministro Miguel Calmon Du Pin e Almeida: *Documentos com que instruiu o seu Relatório à Assembléia Geral Legislativa do Império na Sessão de 1829* (publicado em 1829).

e até mesmo uma *redízima do sal* que continuava a operar na Bahia; os diferentes tipos de dízimos (sobre a produção agrícola, a pesca, o gado em pé e o couro) e taxas incidentes sobre o uso dos serviços públicos (dízima da chancelaria) e aqueles pagos pelos ocupantes dos cargos em razão do seu exercício, (donativos, terças partes e diversas propinas). Aparecem também os direitos de passagem e as "entradas" controlando o acesso de pessoas, animais e mercadorias destinadas às terras minerais. Deste período são também dois impostos importantes sobre os escravos – pagos na saída dos portos da África e na entrada no Brasil, além do imposto especial sobre os escravos que se dirigiam para as Minas. Este conjunto é caracterizado por uma grande dispersão, com poucos impostos incidindo sobre todas as províncias. É o caso dos dízimos, dos direitos de passagens e das taxas pelo uso da justiça, acima mencionadas. Confirmando o que apontávamos antes, o período pombalino não se destacou por conferir maior homogeneidade ao território americano no que se refere às rubricas fiscais. Apenas o subsídio literário (criado para pagar os professores de primeiras letras), a taxa de correios e a propina paga pelos contratadores para as obras pias, aplicavam-se a todas as províncias. As demais rubricas referiam-se à extensão do dízimo a novos produtos (madeiras, aguardente, tabaco) e diversas contribuições de caráter local. O maior número de rubricas foi criado respectivamente no Rio de Janeiro, Pernambuco, Bahia, Pará e São Paulo.

Esta situação contrasta com o quadro que encontramos para aquelas contribuições que, criadas entre 1808 e 1822, ainda permaneciam vigentes no final do Primeiro Reinado, presentes em todas as províncias: a décima de legados e heranças; o imposto sobre a transmissão de propriedade inter-vivos (sisa sobre os bens de raiz), incluindo a dos escravos (meia sisa dos escravos ladinos); as tarifas de importação e exportação e o imposto sobre lojas abertas, criado em favor do Banco do Brasil.

É importante ressaltar, entretanto que, embora os impostos criados durante o período joanino tivessem fornecido um embrião de sistema fiscal para o conjunto do território, pouco foi feito no sentido de criar uma esfera autônoma de taxação para o centro político. Os efeitos positivos sobre a arrecadação advieram principalmente da estimulação econômica que a presença da Corte trazia para a Província do Rio de Janeiro e para as províncias do Sul. Eles representavam assim, tentativas limitadas de modernização do sistema fiscal. Quem lê hoje as fascinantes reflexões e propostas de um D. Rodrigo de Souza Coutinho, pode comparar a distância entre o projeto que ali se aninhava – modernização das finanças do estado, a venda das terras de Igreja e da Coroa, a substituição das dízimas por um imposto territorial e a criação de um conjunto homogêneo de taxas sobre o território do Reino e dos Domínios – e a pouca eficácia na realização dessas medidas. Além disso os efeitos perversos dos novos e generalizados tributos criados por D. João VI provocariam profundo descontentamento nas populações oneradas com impostos como a "décima urbana", "meia sisa dos escravos", "selo de papeis", "legados e heranças" e muitos outros. Esses descontentamentos se fizeram sentir de forma mais intensa no Nordeste, onde a presença do Rei não podia, como no Rio de Janeiro, compensar a pressão fiscal com maiores e mais rentáveis oportunidades de ganho. A revolução Pernambucana de 1817 foi uma de sua expressões mais notórias.[63]

Também no campo da política, os efeitos da vinda da Corte serviriam para exacerbar os conflitos no interior do aparelho de

63 Sobre a inserção conflituosa da Província de Pernambuco na fiscalidade do século XIX, ver LYRA, Maria de Lourdes Vianna, *Centralization, Système Fiscal et Autonomie Provinciale dans l'Empire Brésilien, La Province de Pernambuco 1808-1835*, Tese de Doutoramento, Paris, Nanterre, 1985 (mimeo). BERNARDES, Denis. "Pernambuco e o Império (1822-1824): sem Constituição Soberana não há união", in: István Jancsó. (Org.). *Brasil: formação do Estado e da Nação*. São Paulo: HUCITEC, UNIJUÍ, FAPESP, 2003, p. 219-249.

estado. Tanto os novos cargos criados na Corte, como os contratos régios passaram a ser objeto de acerba disputa entre os filhos da terra, cujos espaços vinham se ampliando desde metade do século XVIII, e os adventícios, que, tendo chegado com a Corte, procuravam fazer valer os privilégios dos nascidos no Reino.[64]

No polo Europeu do Império, os efeitos da mudança da Corte se fariam sentir em sentido oposto. Elas se expressavam no virtual desaparecimento dos rendimentos provindos do ultramar, particularmente os advindos das "sobras das capitanias" e dos monopólios régios. Se olharmos para a tabela que se segue, observaremos um impressionante crescimento da rubrica orçamentária indicativa dos rendimentos ultramarinos, a *renda anual líquida do ultramar*: de 759 contos de réis em 1801-1803 para 3.134 contos de réis em 1813-1814. O aumento, entretanto, não revertia mais para o Reino, sendo mantido no território americano. Ao mesmo tempo, pesavam as contribuições extraordinárias para fazer face à aflitiva situação do Reino.

64 Sobre essas clivagens e seus desdobramentos no campo político ver OLIVEIRA, Cecília Helena de Salles. *A Astúcia Liberal*, Bauru: USC, 2000.

Tabela 1. Principais rendas internas e externas de Portugal (em contos de réis)

Receita	1801-1803 (media)	1813-1814 (media)
Alfândegas	3.941	4.601
Decima*	739	694
Contribuição para a defesa do país	0	1.498
Renda anual liquida do ultramar**	759	***3.134

*imposto territorial de todo o reino ** compreendidos diamantes, quinto do ouro, marfim, urzela e madeira.

*** Deste total 1.604 eram arrecadados diretamente pelo tesouro real do Rio de Janeiro, 600 eram sobras das capitanias da Bahia, 480 de Pernambuco, 300 do Maranhão e 150 de Minas Gerais, Ceará e Angola.

Fonte: BALBI, Adrien, *Essai Statistique sur le Royaume de Portugal et d'Algarve comparé aux autres états de l'Europe et suivi d'un coup d'oeil sur l'état actuel des sciences, des lettres et des beaux arts parmi les portugais des deus hemisphères*, Paris : Chez Rey et Gravier, 1822, p.307-313.

Tabela 2. Orçamento da Receita Ordinária do Reino de Portugal e Algarves nos anos de 1815, 1816, 1817, 1818, 1819 (médias) (em contos de reis)

Receita ordinária	
Alfândegas e casas de arrecadação	3.664
Tabaco e saboarias	1.374
Décima (imposto fundiário)	775
Sisas	351
Próprios reais e almoxarifados da coroa	155
Casa da Moeda	141
Casa de Bragança	139
Chancelaria e novos direitos	101
Selo das mercês e papeis forenses	96
Ano de morto ou vago e outros rendimentos	88
Terça	69
Real d'água (imposto sobre açougues)	43
Rendimentos de ultramar (Marfim, Urzela e Pau Brasil)	11
Cartas de Jogar	4

BALBI, Adrien, *Op. cit.*, p. 307-313.

Tabela 3. Comparação entre algumas rendas internas e externas de Portugal 1797-1819 (contos de reis)

Rendas	1797	1798	1799	1800	1801-03	1812	1813	1815-19
Alfândegas	2.794	2.895	3.456	4.177	3.941	3.690	4.601	3.663
Décima	480	510	561	758	739	449	693	774
Contr. Extr. para a defesa						1.041	1.498	

Fonte: BALBI, Adrien, *Op. cit.*, p. 307-313

No Reino, o esforço arrecadador para enfrentar a ameaça militar externa frente à perda da maior parte da renda dos domínios foi satisfeito, em parte, através de contribuições extraordinárias, como a "contribuição para a defesa do país", vigente entre 1809 e 1814. Entretanto, é particularmente relevante a tendência divergente demonstrada entre as receitas alfandegárias e a *décima*, imposto fundiário que incidia sobre todo o reino, aplicando-se sobre os imóveis rurais e urbanos e também sobre os rendimentos do trabalho.

A ausência do Rei e dos rendimentos "do domínio" forçava Portugal a intensificar o esforço arrecadador empurrando "para baixo" o peso da tributação. Perdidas as oportunidades da burguesia mercantil com o fim do "exclusivo", reduzidas as receitas alfandegárias, retidos na América os rendimentos da Coroa, o Reino arcava com todo o ônus da crise.

As pressões contraditórias do sistema iriam se manifestar com toda a força a partir irrupção da revolução do Porto, que demarca, do ponto de vista da fiscalidade a crise do sistema em seu conjunto. Na Metrópole, a proposição dos constitucionalistas busca estabelecer o controle do Parlamento sobre a fiscalidade, vale dizer, no fim dos mecanismos que permitiam a autonomia fiscal da Coroa. Daí também o ingente esforço das Cortes em obter a adesão das províncias americanas e do fato de que ele tenha sido em grande parte bem-sucedido. Para compreender este processo, é necessário ter em conta a autonomia de que já gozavam as capitanias/províncias como unidades fiscais e as possibilidades, acenadas pela Cortes, de que elas pudessem reter suas rendas e uma parcela considerável de autogoverno. Alguns elementos desse debate se encontram no próximo capítulo.

A fiscalidade auxilia também a entender o precoce compromisso da capitania de São Paulo e das capitanias do Sul com a retenção do centro político no Brasil. Como uma "economia de passagem", a economia paulista e seu fisco ganham expressão ampliada com presença da corte e proximidade do centro político, encontrando nos impostos sobre o trânsito e na política de ampliar a participação das elites locais, todo um campo de oportunidades para a ampliação de seus negócios. Daí provinha a força centrípeta que fazia pender para o lado do Príncipe D. Pedro as províncias do sudeste e do sul.

As reflexões desenvolvidas nos itens anteriores ajudam a compreender como o processo de construção do fisco nacional, depois de 1822 foi uma transformação conflitiva que se dá em sinergia com estruturas e instituições coloniais. Assim, a peculiaridade do nosso processo de Independência e *a continuidade dinástica que o caracterizou* imprimiram sua marca sobre a fiscalidade do estado nascente de diversas maneiras. Em primeiro lugar, deve-se ressaltar o fato, nem sempre lembrado, de que, no momento da Independência, as províncias se encontravam há muito estabelecidas como unidades administrativas e fiscais. O processo que se desenvolvia na Revolução do Porto, fazia delas também unidades políticas. Assim é que, o pragmatismo envolvido na "solução dinástica", operando a Independência pela linha de menor força, não cumpriu sempre o papel de amenizar as tensões. Ao lado das pulsões que trabalhavam em favor da Unidade e da Monarquia, desenvolviam-se forças que iriam resistir ao movimento de extração do novo centro político, buscando conservar autonomias que eram ameaçadas pelo projeto de monarquia unitária e de continuidade dinástica. Até porque, o próprio continuísmo, para muitos, tendia a se apresentar como uma reiteração da exploração metropolitana, apenas transferida de Lisboa para o Rio de Janeiro.

O processo de Independência desenvolve um movimento pendular entre esses diferentes tipos de pulsões moldando os conflitos que envolveram a formação do estado em que operavam simultaneamente e de forma conflituosa, forças na direção da continuidade e da ruptura e também da reiteração das antigas instituições travestidas em novas formas.

Configurando o Estado nacional: o orçamento e o tempo da política

O ordenamento fiscal dos estados constitucionais, que se desenvolveram a partir do final do século XVIII, passou a ter sua forma cristalizada em um processo político complexo que se denominou Orçamento. Tratamos aqui de algumas de suas matrizes históricas e, em seguida, no modo como essas ideias e práticas se instituíram no Brasil do século XIX.

No seu tratado de finanças, escrito no final do século XIX, o historiador francês Paul Leroy-Beaulieu percebe uma linha de continuidade entre os orçamentos franceses (budgets) do século XIX e os états de prévoyance, exposições detalhadas do estado das finanças reais, que aparentemente se tornaram frequentes a partir do período em que Jean Baptiste Colbert ocupou o cargo de Controlador Geral das finanças, entre 1665 e1683.[1] Três características aproximam os dois conceitos – seu caráter *antecipatório*, sua *dependência* de autorização de um poder competente para a realização das despesas e para a coleta das receitas e sua periodicidade.

1 Ver MORINEAU, Michel. "Budgets de l'État et gestion des finances royales en France au dix-huitième siècle", in: *Revue Historique*, T. 264, Fasc. 2 (536) (OCTOBRE-DÉCEMBRE 1980), p. 289-336.

> *Um orçamento (budget) é, assim, um documento de* previsão (état de prévoyance) das receitas e despesas durante um período determinado, *um quadro avaliativo e comparativo das receitas a realizar, das despesas a efetuar; é, por outro lado, uma* autorização *ou uma injunção dada pelos poderes competentes de efetuar essas despesas e de recolher essas receitas, autorização que não deve ser modificado, salvo situações excepcionais. (...) Sob a antiga monarquia, a expressão "état de prévoyance" era usada no lugar de "budget", que nos veio dos ingleses, os quais a haviam emprestado de nossa língua popular.* (grifos meus).[2]

As diferenças entre os orçamentos do século XIX e os antigos dos états de prévoyance são, entretanto, mais importante que as suas semelhanças – elas repousam na imbricação que se desenvolveu entre a prática orçamentária e os sistemas parlamentares ao longo do século XIX.

> *A origem desses orçamentos (...) é o* direito que tem a nação de recusar ou concordar com os impostos: todo o sistema parlamentar tem por principal garantia essa faculdade *e é hoje em dia universalmente reconhecida aos contribuintes. É para esclarecer seus representantes, para conseguir seus votos favoráveis que foram estabelecidos esses documentos avaliativos e comparativos, tão detalhados e tão precisos, das receitas e das despesas.* Nos países onde não existe governo parlamentar e onde o soberano não tem a obrigação de solicitar aos delegados de seus súditos o voto das taxas ou dos empréstimos, não existem orçamentos (...) (grifos meus).[3]

Buscando definir o conceito de forma sintética, o economista Leon Say enfatiza a faceta política do processo orçamentário através

---

2 LEROY-BEAULIEU, Paul. *Traité de la science des finances*, Paris: Guillaumin, 1906 (Primeira Edição 1877). Paris: F. Alcan, 1906. Vol 2, p. 2.

3 LEROY-BEAULIEU, Paul. *Traité de la science des finances*, *Op. cit.*, p. 3.

da sobreposição de suas diversas dimensões, todas elas gravitando ao redor de um ponto nodal: o orçamento deriva dos regimes constitucionais e se configura como uma *Lei*, vale dizer, discutida e votada pelos representantes do povo. A Lei Orçamentária difere, entretanto, das demais leis, precisamente porque sua vigência tem um prazo determinado, e depende sempre do parlamento para ser renovada. Do conjunto de suas dimensões sobrepostas, Say percebe no resultado desse processo uma dimensão orgânica e quase humana.

> *O orçamento é* obrigatório, *vale dizer que ele retira do voto da câmara e à sanção do poder executivo a autoridade de uma* verdadeira lei do Estado.
>
> *Como todas as leis, o orçamento é* público, *quer dizer, levado ao conhecimento de todos.*
>
> *Como elas, ela é também* prévia, quer dizer, anterior aos fatos *que tem por objeto regulamentar.*
>
> *O orçamento é* periódico, *quer dizer, estabelecido por uma duração rigorosamente limitada, na expiração da qual um novo orçamento deve suceder o antigo.*
>
> *Ele é geral, quer dizer,* único e homogêneo. *Ele forma um todo indivisível cujas partes são solidárias, um ser completo e animado de uma vida que lhe é própria, ser cuja infância é às vezes trabalhosa, que, em sua existência às vezes tranquila, às vezes agitada, faz ao mesmo tempo o bem e o mal, que morre deixando uma sucessão muitas vezes embaraçada e que, à maneira dos antigos egípcios, é solenemente julgado após sua morte.* (grifos meus).[4]

O conjunto de procedimentos envolvidos na confecção da peça orçamentária, associa-se a outras formas de contabilização de dados úteis à administração dos Estados, que emergiram do cam-

---

4 SAY, Leon e CHAILLEY, Joseph. *Nouveau dictionnaire d'économie politique* (2a ed.) Paris: Guillaumin, 1900, vol. 1, p. 258.

po de saberes que os ingleses denominaram "aritmética política" e que mais tarde será conhecido como estatística, incluindo aí os cadastros, as matrículas e os registros de toda ordem, dos quais, em última instância o orçamento depende, para sua eficácia. Do ponto de histórico e analítico, vale observar que, embora estejam conectados, os movimentos que conduziram a institucionalização dos orçamentos e aquele que regeram o desenvolvimento da aritmética política provinham, na sua origem, de lugares diferentes. A Aritmética Política (e a Estatística que é a sua metamorfose mais moderna) emanava do Estado, em sua busca de capilaridade sobre o corpo social, produzindo conhecimentos capazes de subsidiar o lançamento de impostos e taxas e de obter soldados para a guerra, entre outras importantes funções. O orçamento, por sua vez, tem suas raízes no impulso para o desvendamento dos mecanismos do poder que caracterizaram a crise do Antigo Regime[5], que fazem da parte da construção e constante alargamento da esfera pública, da qual os governos baseados no sufrágio, são parte integrante. A convergência entre esses dois movimentos será um fenômeno típico dos estados liberais, caracterizando o que Michael Mann denominou *poder infra estrutural do estado moderno*, ou seja, a sua capacidade de penetrar a sociedade e transformar a vida social, em colaboração com os órgãos representativos.[6]

As despesas vêm primeiro: a dimensão pública do orçamento

Embora o termo orçamento (*budget*) também seja utilizado para se referir às previsões de gastos no âmbito das empresas

5 Ver KOSELLECK, Reinhart. *Crítica e crise*. Tradução: Luciana Villas-Boas Castelo-Branco. RJ: UERJ/Contraponto, 1999.

6 MANN, Michael, "O poder autônomo do estado: suas origens, mecanismos e resultados" in: HALL, John, (org.). *Os estados na História*, *Op. cit.*, Rio de Janeiro: Imago, 1992, p. 163-204.

privadas e até mesmo das famílias, deve-se insistir na *dimensão pública* do fenômeno orçamentário, e isso não apenas pelo dever da precisão mas também por uma outra consideração, de ordem histórico-conceitual. Para os tratadistas do século XIX, em uma senda que lanças suas raízes no Iluminismo,[7] a lógica própria das finanças privadas era vista como distinta daquela da vida pública e não deveria servir de modelo para esta, como hoje muitas vezes de supõe. No que se refere ao orçamento, o que é o traço essencial do orçamento público é sua dimensão política, isto é, sua dependência da aprovação dos organismos representativos dos cidadãos. Por essa razão, se um particular, ao estimar sua contabilidade privada, deve dar precedência às suas receitas para fazer face às suas despesas, o contrário ocorre no plano dos orçamentos públicos, que são regidos pelas demandas do bem comum e pela possibilidade de encontrar, na sinergia com a sociedade, meios para supri-las.

> *Um outro ponto que distingue os particulares e o Estado em relação às previsões de despesas e de receitas, é que nos orçamentos dos particulares (...) a parte mais fixa, a menos bruscamente variável, é a receita; nos orçamentos do Estado, ao contrário, a parte mais fixa, mais certa, é a despesa. O Estado não tem patrimônio próprio, ele retira seus recursos dos impostos, cujo rendimento é sujeito a flutuações.* Resulta dessa diferença que um particular regula suas despesas por suas receitas, enquanto que a maior parte dos estados regulam suas receitas por suas despesas, aumentando ou diminuído os impostos, segundo eles creem ser conveniente dotar mais ou menos certos serviços. *As receitas dos Estados, ao menos dos Estados prósperos, são elásticas:*

7 Ver ROUSSEAU, J. J. in: DIDEROT, Denis e D'ALEMBERT, Jean Le Rond, *Enciclopédia ou Dicionário razoado das ciências das artes e dos ofícios*, vol. 4 (Política), São Paulo: Ed. UNESP, 2015, p. 106-140.

> *as receitas dos particulares, ao contrário, dependem apenas mediocremente da vontade destes* (grifos meus).[8]

A regra de principiar pela fixação das despesas deriva, em grande parte, da afirmação do poder dos corpos representativos no século XIX, como o lugar onde deveriam se estabelecer as prioridades da gestão pública, bem como de sua intenção manifesta (embora nem sempre realizável) de exercer o controle sobre o gasto público. Nela reverbera também essa orientação em direção ao futuro e o otimismo sobre a elasticidade das receitas, tão consentâneo com a ideia de progresso como ela se configurou no século XIX, implicando, nessa caso, na capacidade do poder público para alargar suas fontes de rendimento pelo aumento de impostos, a emissão de numerário e o endividamento interno e externo.

O otimismo em relação à elasticidade das receitas iria se esmaecendo ao entardecer do século para atingir, na Primeira Guerra Mundial, aquilo que Joseph Schumpeter demarcou como sendo a "crise do estado fiscal" dando lugar ao debate amargo que iria opor adeptos da ortodoxia e da heterodoxia monetária e sinalizar o desencantamento com os regimes representativos. Nesse texto seminal Schumpeter aborda o longo período de transição do feudalismo ao capitalismo, como descrevendo a passagem de um *Estado de Domínio*, em que o soberano vivia dos seus próprios recursos (o domínio régio), para aquele em que a soberania se estabelece pela possibilidade de taxar o conjunto dos súditos – o *Estado Fiscal*. A história das instituições parlamentares, seu poder e seus limites, parece ter seguido de perto aquela da transformação dos *estados de domínio* em *estados fiscais*, transformação que se deu em diferentes ritmos e com diferentes resultados na história dos estados

8 LEROY-BEAULIEU, Paul. *Traité de la science des finances*, *Op. cit.*, p. 6.

europeus.[9] Como perceberam os estudiosos que seguiram a senda aberta por Schumpeter, essas diferenças foram em grande parte determinadas pelo modo como as monarquias lidaram com o domínio régio, composto sobretudo de terras sob controle da Coroa, ou por ela arrancadas da nobreza ou da Igreja. A precocidade e o vigor do poder parlamentar na Inglaterra e seu caráter limitado na Prússia, por exemplo, são pensados, entre outros fatores, a partir desse referencial, pois o recurso às rendas provenientes do domínio régio foi frequentemente as bases sobre as quais o monarca se assentou para evitar a sua dependência das instituições representativas.[10]

A aquisição de colônias fora um desses caminhos de obtenção de domínios para a Coroa, via que recebeu muitos encômios de Jean Bodin, o grande teórico do poder régio, que a aconselhava como modo de conferir grande autonomia ao poder dos reis. No século XIX, na era das revoluções liberais, a consolidação do Estado Fiscal iria impor a subversão dessa lógica, tanto no plano espacial como temporal.

O orçamento foi também uma expressão desses novos vetores de articulação entre o estado e as forças sociais. No plano do espaço, a confecção da peça orçamentária é um exercício de penetração do olhar do estado sobre o conjunto do território, compondo e negociando seus espaços de jurisdição interna. Ao mesmo tempo, ele é ao mesmo tempo uma expressão notável e um vetor da mudança na percepção do tempo e de uma nova articulação entre o passado o presente e o futuro. Este último, identificado pela perspectiva do

9 SCHUMPETER, Joseph. "The Crisis of the Tax State, an Essay on Fiscal Sociology", publicado em SWEDBERG, Richard (ed.). *Joseph A. Schumpeter, the Economics and Sociology of Capitalism*, Princeton: Princeton University Press, 1991, p. 99-140.

10 BRAUN, Rudolph. "Taxation, sociopolitical structure, and state building: Great Britain and Brandeburg-Prussia", in: TILLY, Charles, *The formation of National States in Western Europe. Op. cit.*, p. 243-327.

gasto público, é horizonte de expectativa, planejamento e previsão, que se baseia, por sua vez, no passado recente, expresso nos balanços dos últimos exercícios. Orçamento e Balanço se consolidam, a partir daí, como coisas separadas e complementares. Também é relevante ressaltar, o caráter temporário da peça orçamentária, sua necessidade de renovação constante pela aprovação dos parlamentares, formando um dos pontos chave dos regimes constitucionais. Exemplo emblemático da mudança dos tempos foi o rechaço da tentativa de Necker, o talentoso ministro das finanças de Luís XVI, de estabelecer um orçamento fixo, como modo de conjurar a crise fiscal do Antigo Regime.[11]

Como um modo de perceber e instituir o tempo, o orçamento, enquanto estimativa dirigida para o futuro que se funda em dados do passado recente pode ser pensado como uma dimensão da sinergia entre *espaço de experiência* e *horizonte de expectativa*, consciência histórica propulsionada pelo devir[12]. As práticas orçamentárias, em sua mescla particular de racionalidade e expectativa de futuro constituem-se também em modos de disciplinar o tempo nos estados-nações, estabelecendo limites não apenas quantitativos como também temporais para a autorização de despesas e o recolhimento de impostos e contribuições. As noções de ano civil, *ano fiscal, exercício, gestão orçamentária,* são um exemplo dessas relações temporais, nem sempre harmônicas, mas crescentemente necessárias nas relações entre o executivo, o legislativo e os agentes que negociam com o setor público. Como nos esclarece, Leon Say, sendo o exercício o período de execução dos serviços de um orçamento e como as receitas e despesas públicas são necessariamente dependentes da votação de uma Lei, os três sentidos do termo tenderam a se sobrepor – a projeção, a Lei e o período de sua vigência.

11 LEROY-BEAULIEU, Paul. *Traité de la science des finances, Op. cit.*, p. 6.

12 KOSELLECK, R. *Futuro Passado*, São Paulo: Contraponto, 2006.

> O orçamento talvez seja mais conhecido sob a sua forma primitiva de projeção de despesas e de receitas para um ano do que sob a forma de lei de despesas e de receitas votadas, e sobretudo, do que em sua forma definitiva de contas consolidadas de receitas e despesas realmente efetivadas. Ele é essas três coisas, ao mesmo tempo.[13]

Budget, o termo e as práticas

É significativo que o conceito de Aritmética Política tenha sido desenvolvido na Inglaterra, por William Petty (1623-1687),[14] um dos pais da Economia Política, que também foi um pioneiro no estudo da teoria fiscal,[15] no contexto das transformações trazidas pela Revolução Inglesa (1640-1688), movimento que demarca também a emergência da acepção moderna do *orçamento*, vale dizer, a exposição da estimativa das despesas e das receitas públicas perante o parlamento, para obter dele a autorização para o gasto e para os meios de obter recursos. Na tradição inglesa, a obrigação da consulta ao parlamento (então um conselho composto apenas por membros da nobreza) para o lançamento de novos impostos vinha de longa data, remontando à versão da Magna Carta de 1225. É importante observar, entretanto, que, a partir do século XVI, a venda de parte significativa dos domínios da Coroa, particularmente dos bens confiscados aos mosteiros católicos, a particulares, constituíra um importante fundo de recursos para os monarcas da dinastia Tudor, matizando sua dependência do parlamento para a aquisição de recursos. Foi a tentativa de ultrapassar os limites tradicionais por parte de Charles I que, premido pelas necessidades fiscais, tentou restabelecer e expandir um

---

13 SAY, Leon (dir.) *Dictionnaire de Finances*, Paris: Berger-Levrault et Cie Ed.1889, p. 503.

14 PETTY, William. *Essays on mankind and political arithmetic*, Nova York: The Mershon Co., 1890.

15 PETTY, William. *Treatise of Taxes and Contributions*, Londres: N. Brooke, 1662.

antigo imposto destinado a fortalecer a marinha (o *ship money*) que fez eclodir o conflito entre a Coroa e o parlamento que demarcam o início da Revolução Inglesa. Os desdobramentos daquela revolução, com o crescente poder do parlamento (que agora incorporava numerosos membros da *gentry* e da aguerrida burguesia mercantil) iriam se desenvolver em um sentido desconhecido no passado - o controle das *despesas* do governo. Os efeitos mais expressivos dessa novidade iriam ser sentidos a partir da segunda metade do século XVIII e ao longo do século XIX.

A palavra que designa o orçamento, na língua inglesa (*budget*) vem do francês antigo (*pochette*) que significava *bolsa* ou *saco* onde se guardam moedas. A expressão que nomeia o momento da apresentação das estimativas de receita e despesa ao parlamento é *abrir o orçamento*, (*to open the budget*). Ela traz ainda essa reminiscência antiga, onde se aninha tanto o sentido de abrir os cordões da bolsa, autorizando o gasto, quanto o de penetrar um espaço até então recoberto pelo segredo. Na cultura política inglesa, sempre afeita aos rituais, a abertura do orçamento é ainda hoje um momento marcante do calendário da vida pública, quando o *Chancellor of the Exchequer* exibe aos populares reunidos na porta do n. 11 da *Downing Street*, a versão atual da *pochette*, a pasta vermelha contendo os papéis do orçamento e o discurso que ele vai proferir em seguida no Parlamento.

Bem distinta foi a experiência francesa em relação ao domínio régio. A exiguidade dos domínios régios e a sua dilapidação pela Coroa, fez com que desde, pelo menos, os séculos XIV e XV, os reis buscassem estabelecer contribuições, como a talha, sobre o conjunto do reino. As rendas do domínio passaram a representar parte cada vez menor dos recursos do soberano, do mesmo modo que era maior a sua dependência do consentimento dos Estados Gerais do que fora a dinastia inglesa no período dos Tudors. Na competição com a sua rival britânica, a França havia sido também muito pior sucedida na aquisição de domínios coloniais, e no entardecer do Antigo Regime fora forçada a um expressivo recuo na América do Norte e no Caribe. A crise fiscal que forneceu o contexto da eclosão revolucionária na França foi, em razão disso, profunda e extensa, envolvendo uma rebelião generalizada tanto no campo como nas cidades, com as populações atacando com violência as taxas devidas à nobreza quanto as estações fiscais régias, geralmente controladas pelos odiados contratadores (*les fermiers génerales*). O início da Revolução trouxe a abolição da *dîme* e dos privilégios feudais, bem como das aduanas internas e dos pedágios, muitos dos quais foram espontaneamente abandonados pelos senhores, assustados com a fúria popular. A atmosfera revolucionária que ficou conhecida como *Grand Peur*, se materializa no compromisso do monarca Luís XVI diante da Assembleia Constituinte de que os antigos impostos estavam suspensos e que os novos só poderiam ser criados com a anuência dos representantes. A resistência popular dificultou, nos anos mais férvidos da Revolução a criação de novos impostos e contribuições, fazendo com que as bases fiscais em que iria se assentar o estado francês deveriam esperar os tempos do Consulado e do Império, muito embora seus fundamentos estivessem prefigurados nos escritos dos reformadores e enciclopedistas. O início do funcionamento do sistema representativo, na França, travejado pelos conflitos revolucionários, valeu-se em parte de recursos extraordinários para cumprir os pesados compromissos militares que se desenharam em seguida, recorrendo aos bens confiscados da Igreja, e dos nobres contrarrevolucionários, bem como de requisições diretas de toda ordem, para fazer frente às guerras revolucionárias.[16] O tempo da revolução possuía outras urgências,

16 ARDANT, Gabriel Ardant, *Histoire de l'Impôt*, II, Paris, Fayard, 1971, p. 157 e seguintes. BRUGUIÈRE Michel. Révolution et finances. Réflexions sur un impossible bilan. In: *Revue économique*, volume 40, n. 6, 1989, p. 985-1000.

mas também era capaz de desenvolver outras estratégias para financiar seus passos iniciais – os novos domínios do estado, adquiridos pela lei ou pela violência à Igreja e aos contrarrevolucionários nutriu suas finanças, de resto bastante precárias, nos anos iniciais.

O termo *budget*, no sentido aqui tratado, chega, portanto, à França apenas no início do século XIX. A *Encyclopédie Methodique des Finances*, publicada na França às vésperas da Revolução, traz ainda esse sentido *inglês*, vale dizer, estrangeiro, do termo *budget*: *Palavra inglesa que quer dizer propriamente uma bolsa. No fim da sessão do parlamento, quando o subsídio é autorizado pela câmara dos comuns, o chanceler do tesouro apresenta à câmara um projeto de meios por levantar as somas autorizadas pelo subsídio; chama-se a essa operação a abertura do orçamento.*[17] O verbete prossegue com a adição de um outro significado, desta feita satírico: a palavra associa-se também ao título de um panfleto lançado contra o Primeiro Ministro, M. de Greenville em 1764, em que se dirigiam ácidas críticas ao ministro e ao seu discurso de apresentação do orçamento, onde este se congratulava pelo sucesso na redução da dívida pública. O panfleto procurava mostrar que o documento era uma mistificação e buscava, ponto por ponto, *abrir o orçamento*, vale dizer, desvendar e desmentir aquelas afirmações. É relevante lembrar que aquilo que se iniciava aqui como uma guerra de panfletos, iria se desdobrar no lançamento de impostos sobre as colônias inglesas da América do Norte, os célebres *Stamp Acts*, abrindo o confronto que eclodiria com a Independência das 13 Colônias. A dimensão polissêmica que aqui se acrescenta retém essa ideia de um determinado estoque de recursos, até então ocultos da visão do público, que passa a ser disponibilizado, tanto no sentido de que os gastos sejam vistos e autorizados, quanto naquele outro, de que

17 PANCKOUCKE, Charles-Joseph (1736-1798) *Encyclopédie méthodique. Finances*, t. 1. Paris: Imprimerie de Cl. Simon, 178, p. 145-146.

as mistificações ali contidas possam ser desvendadas. O intervalo de tempo de quase meio século pelo qual o termo se expandiu da Inglaterra para a França pode ser visto mesmo através de uma ferramenta pouco precisa como o algoritmo Google para a frequência do termo Budget, em inglês e em francês evidencia essa precedência inglesa já no século XVII e a ascensão do termo na língua francesa a partir do século XIX.[18]

O *Dicionário de Economia Política* de Coquelin e Guillaumin, em meados do século XIX, já traz a palavra *budge*t em sua plena reapropriação pelos franceses, ao afirmar que a palavra, *"em sua significação atual, veio da Inglaterra, que a havia pego de empréstimo a uma velha expressão francesa"*, de origem normanda. Relembrando que ele designava a bolsa em que o ministro carregava as peças que seriam expostas ao parlamento, supunha ter o termo deslizado do continente para o conteúdo. O texto enfatiza que, no sentido atual – a exposição das receitas e despesas públicas perante os representantes da nação, é que o termo retorna à França para aí se enraizar.[19] A palavra passa a ser usada nos documentos públicos franceses, ainda de forma incipiente, nas Portarias dos Cônsules do IC de Termidor, Ano X e do X de Germinal ano XII, para se afirmar somente depois da Carta de 1814. O *Dictionnaire de Finances*, organizado por Leon Say, reitera essa associação entre a adoção do conceito moderno de orçamento e o encerramento do período revolu-

18 Ver, para a língua inglesa, https://books.google.com/ngrams/graph?content=budget&year_start=1720&year_end=1850&corpus=15&smoothing=20&share=&direct_url=t1%3B%2Cbudget%3B%2Cc0 e, para a francesa, https://books.google.com/ngrams/graph?content=budget&year_start=1750&year_end=1850&corpus=19&smoothing=20&share=&direct_url=t1%3B%2Cbudget%3B%2Cc0.

19 COQUELIN et GUILLAUMIN (Dir.) *Dictionnaire de l'économie politique: contenant l'exposition des principes de la science.* Paris: Guillaumin, 1852-1853, p. 224-225.

cionário na França, de forma ainda mais contundente. Depois de demonstrar, com um longo recorrido, a ausência do termo desde 1789 (quando se falava de *prospectus de dépenses, état des depenses, recettes présumées, crédits provisoires,* entre outros termos) ele nos informa que, foi em 1806, em 24 de abril, que a lei que se referia às finanças do estado se intitulou "loi relative au budget d'État" e que ela estendia sua validade de 1, Vendémiaire na XIV au 31 de dezembro de 1806, estendendo-se por quinze meses e dez dias, para *"liquidar o calendário republicano, condenado à morte pelo relatório de Laplace"*. O uso do termo em seu sentido novo, coincidia assim com a liquidação do tempo revolucionário, mesmo que isso implicasse na anomalia de uma validade estendida por 15 meses e dez dias.[20] A palavra não fez parte das Cartas Constitucionais de 1814 e 1815, e tampouco das constituições de 1848 e 1852. Entretanto, foi na França que as práticas orçamentárias se desenvolveram de forma mais robusta, tanto no plano das doutrinas jurídicas e econômicas, quanto naquele das práticas políticas e administrativas, das quais emanaram as orientações que foram seguidas em muitos lugares, inclusive no Brasil

Portugal: o fisco entre o Reino e os Domínios

Como vimos no capítulo anterior, a questão de se considerar, ao longo da Época Moderna, a transição de Portugal em direção a um *Estado Fiscal*, no sentido Schumpeteriano, comporta polêmica, segundo os mais importantes estudiosos da história portuguesa[21]. Há, de fato, uma precocidade na aplicação de alguns tributos de caráter

20 LANJALLEY, Armand. *Dictionnaire des finances / publ. sous la dir. de Léon Say; avec la collaboration des écrivains les plus compétents et des principaux fonctionnaires des administrations publiques.* Paris: Foyot/Lanjalley, 1889-1894, p. 504.

21 GODINHO, Vitorino de Magalhães, "Finanças Públicas e Estrutura ...", *Op. cit.*

geral como a *sisa* (imposto sobre transações mercantis), em relação a outros reinos europeus como Inglaterra e a França. Entretanto, contrastando com esses países, em Portugal foi importante e crescente o papel proeminente das rendas provenientes do domínio colonial, em particular depois da Restauração de 1640, quando teria se estabelecido uma relação retro-alimentadora entre o estado e o comércio ultramarino. É a partir da segunda metade do século XVII que o Brasil começa a se tornar a principal fonte de renda da monarquia portuguesa, situação que se consolida com a economia do ouro, no século XVIII. O empreendimento colonial foi, em certo sentido, o molde dentro do qual se processou a construção do estado, facilitando, através das rendas provenientes do domínio, em grande parte partilhadas com as oligarquias mercantis, as transações políticas internas e sem que fossem necessárias "*negociações extensas ou conflitos com os súditos mais proeminentes ou com instituições poderosas. Como resultado, o sistema política teve comparativamente poucas instituições representativas e organizações secundárias*".[22]

Os tratadistas indicam, entretanto, que tanto no Reino como no ultramar, sempre pertenceu ao soberano a prerrogativa de impor tributos.[23] Essa prerrogativa, a posse dos domínios por parte da Coroa, dava o fundamento da legitimidade dos tributos que aí se estabeleciam, que iam do produto do comércio colonial e das alfândegas ao tráfico negreiro, passando pelos dízimos reais e os quintos cobrados sobre o ouro e os couros. No caso dos dízimos, essa prerrogativa era partilhada com a Igreja, na forma peculiar que estabeleceu a convergência entre a Monarquia Portuguesa e a Ordem de Cristo, como vimos no capítulo anterior. Que os direitos

22 PEDREIRA, Jorge. "To have and to have not ...", *Op. cit.*, p. 101.

23 SAMPAIO, Francisco Coelho de Souza. *Preleções de direito pátrio, público e particular oferecidas ao Sereníssimo Senhor D. João, Príncipe do Brasil.* Coimbra: Imprensa da Universidade, 1793.

de cobrar os tributos fossem arrendados, partilhados com particulares ou cedidos não alterava seu sentido, embora trouxesse notórias peculiaridades para as relações políticas que aí se estabeleciam. Da mesma forma, a perene evasão fiscal por parte dos súditos ou a prevaricação por parte dos funcionários, era apenas a outra face da moeda patrimonial, fundada na indistinção do patrimônio público e privado. Paradoxalmente, a prática da alienação da cobrança a particulares fazia com que a ideia de previsão de receitas futuras baseadas em estimativas feitas a partir de anos recentes, não fosse estranha à cultura fiscal do antigo Regime. Pois as Contadorias Gerais eram obrigadas a enviar ao Real Erário os extratos de rendimentos dos contratos dos anos recentes para orientar o preço e as condições dos novos contratos.[24]

O termo *orçamento* é encontrado nos dicionários do século XVIII, mencionando-se, entretanto apenas o seu sentido mais genérico, de *estimativa*, sem referência à esfera pública. No Vocabulário Portuguez & Latino de Raphael Bluteau (1728), o termo é dado como "*O juízo, que se faz por maior do valor, número, ou quantidade de algumas cousas*" e no exemplo dado, a partir da Corografia de Barreyros, especifica *Fazendo orçamento para o que havia mister para o diante.* O verbo *orçar* é apresentado como *julgar por maior ou quantidade das coisas*, mas aprece também em um segundo sentido, como termo náutico, associado à *expressão meter à orça.* A palavra *orça*, por sua vez, aparece com com a indicação de que "*é por a vela de sorte que o navio, quando não podia tomar o vento direito, o tome por um lado*".[25] O termo reaparece em Antonio de Moraes e Silva com os mesmos significados, inclusive em sua acepção náutica: "*quando se*

24 RIBEIRO, Eder da Silva. *Nas tramas da política, nos bastidores das instituições: o conselho da Fazenda e a construção do Império Luso-Brasileiro nos Trópicos (1808-1821),* Tese de Doutoramento, Dep. Historia, UFF, 2017, p. 135.

25 BLUTEAU, Raphael. *Vocabulario Portuguez & Latino*, Coimbra: Collegio das Artes da Companhia de Jesus, volume 6, 1728, p. 102-103.

navega à bolina, proejar e chegar-se ao vento, abolinar".[26] No muito mais sucinto Luiz Maria da Silva Pinto, *o verbo orçar* aparece primeiro em sua acepção náutica *"chegar a proa do navio para o vento"* e, apenas em segundo, *julgar avaliar por maior o valor ou quantidade das coisas".*[27] Não deixa de causar espécie essa ausência do significado público do termo quando a prática orçamentária era já vigente no Brasil, no tempo da publicação da obra de Silva Pinto (1832). Vale observar que talvez não seja uma mera coincidência o fato de que o termo, em língua portuguesa, se distancie daquele de origem normanda, usado por franceses e ingleses (*budget*) e mesmo daquele que se usa em espanhol (*presupuesto*). Se é verdade que, em espanhol, o termo compartilha com o português o sentido de estimativa, somente em português o termo se vale da linguagem náutica, o que nos faz lembrar dessa metáfora do Estado como sendo uma nau, tão comum à cultura portuguesa da Época Moderna.

A luta pelo orçamento nas Cortes

Os debates das Cortes constituintes entre 1821 e 1822[28] podem ser considerados o divisor de águas da experiência parlamentar lusitana, onde o esforço de apropriação das contas públicas por parte dos representantes da nação é temática central e relevante. Neles, o vocábulo *orçamento*, tanto em seu sentido genérico (de previsão, estimativa), quanto no sentido mais coevo de *budget* (apresentação

---

26 SILVA, Antonio Moraes. *Diccionario da lingua portugueza: recompilado dos vocabularios impressos ate agora, e nesta segunda edição novamente emendado e muito acrescentado.* Lisboa: Typographia Lacerdina, 1813 (1ª Ed. 1789). Vol. 2, p. 369.

27 PINTO, Luiz Maria da Silva. *Diccionario da Lingua Brasileira.* Na Typographia de Silva, 1832, único, s/n.

28 Ver os *Diários das Cortes Gerais e Extraordinárias da Nação Portuguesa*, encontrados em http://debates.parlamento.pt/catalogo/mc/c1821 e http://debates.parlamento.pt/catalogo/mc/c1821/listIssuesByYear?ano=1822.

das contas públicas) aparece inúmeras vezes, na maior parte das vezes na acepção genérica de estimativa, mas sempre associado às contas públicas.

Assim que logo no início dos trabalhos, em 01 de fevereiro de 1821, Fernandez Thomaz faz constar a exigência de que

> *Art. 1º. Que a Regência mande apresentar sem demora a esta Assembleia os orçamentos de todas as despesas* do ano corrente, *e dos fundos com que podemos contar para lhes fazer face; Art. 2º Que no fim de cada mês a Regência mande apresentar na Assembleia o orçamento das despesas do mês seguinte; Art. 3º. Que a Regência* mande todos os quinze dias *a esta Assembleia uma Tabela geral de todos os dinheiros que se acharem nos cofres Nacionais, existentes fora do Tesouro público (...) Art. 4º* Que todos os dias venha *do Tesouro a esta Assembleia o mapa indicativo do dinheiro que naquele dia entrou e saiu, na forma que se tem praticado; e* quando não houver Sessão, o secretaria da Repartição o receba em sua casa*, e o faça guardar na Secretaria em o primeiro dia dela* (grifos meus).[29]

É curioso observar como, nas demandas das Cortes aparecem mescladas e sobrepostas distintas temporalidades (despesas do ano corrente e do mês seguinte, situação dos recursos a cada quinze dias, entradas e saídas a cada dia), expressando simultaneamente o aflitivo estado das finanças, o afã do controle e o modo atabalhoado pelo qual se processava a cobrança, ausente ainda de um método regulador, com tempos diferentes para cada seguimento. Dias depois, desenvolve-se discussão sobre se o Ministro da Fazenda deveria ser também o Presidente do Erário. Os membros da Assembleia acabam decidindo que sim, depois de uma grande polêmica, que fazia menção à experiência histórica (o fato de que o Marquês de Pombal e o Conde de Linhares

29 *Diários das Cortes...*, Sessão de 01/02/1821, vol. 5, p. 21.

haviam reunido em suas mãos ambos os cargos) e as demandas dos novos tempos, que exigiam que se evitasse a acumulação de cargos, mercês e benefícios.[30] A novidade da experiência de tornar públicas as entranhas do estado, até então mergulhadas em segredo, transparece, em outro momento, na própria dificuldade de separar com clareza as atribuições do Executivo (então, a Regência) e a Câmara Legislativa, em pedir e prestar contas, em produzir informações e fiscalizá-las. É assim que, em abril, a propósito de pensões, que deveriam ser conservadas, reduzidas, ou mesmo abolidas, o deputado Sarmiento lembrava que "podia pedir-se a Regência que fizesse imprimir, e remetesse ao Congresso uma lista de todos os pensionários. Ora agora, a lembrança de que a Fazenda seja Legislativa é nova".[31]

As Cortes se apropriaram da novidade, tomando muitas medidas úteis para a construção de uma prática orçamentária futura, como estabelecer modelos detalhados para padronizar a tomada e a apresentação das contas públicas e determinando formas de escrituração das mesmas.[32]

Não obstante, um ano depois, a Comissão fazia instruções para o orçamento que ainda não viera e reconhecia que "é atualmente quase impossível o conseguir-se um orçamento regular". O "*péssimo estado em que se achava a arrecadação, e escrituração das nossas finanças*" tornavam a missão "*quase invencível*". Da leitura dos Diários das Cortes mais uma vez podemos depreender que os tempos revolucionários não são os mais apropriados à organização das finanças. A Assembleia, entretanto, apontava no futuro e na prática política o modo de superar esses obstáculos e o sentido que se deveria perseguir, em busca simplicidade e da clareza, mesmo quando se admitia a inevitabilidade dos déficits.

---

30 *Diários das Cortes...*, Sessão de 06/02/1821, n.8, p. 47-49.

31 *Diários das Cortes...*, Sessão 25/04/1821, n. 63, p. 673-674.

32 *Diários das Cortes...*, Sessão de 02/02/1821, vol. 5. p. 21.

> Somente depois de repetidas discussões em cada uma das seguintes legislaturas se poderá obter o vantajoso resultado de se adotar um método de contabilidade perfeito e claro e que reúna ao mesmo tempo os mais miúdos e circunstanciados desenvolvimentos, à mais rigorosa precisão e simplicidade. Entretanto a Comissão conhece que em objetos de contas convém sempre que os fatos e os resultados estejam lançados e calculados com exatidão, e com sinceridade, pois que o essencial de uma conta é ser verdadeira, e o seu maior merecimento ser simples e clara: (...). É evidente que haverá déficit e um déficit considerável; é evidente que será preciso proporcionar-lhe subsídios correspondentes; e cada dia que se passa aumentará a dificuldade...[33]

Enquanto duraram os debates, a prática orçamentária parece ter sido um objetivo perseguido sem sucesso, travejado pelos conflitos de toda ordem, dentre os quais repontava a própria incerteza sobre a abrangência da nação portuguesa, objeto dos cálculos e das previsões, bem como dos poderes das várias instâncias do Estado, que então se reformava, para a construção da peça orçamentária e para a sua execução. De um lado, era preciso desmontar as bases do Erário Régio no Rio de Janeiro, estabelecidas por D. João, tentando fazer daquela que era ainda em 1821, lugar do assento do monarca, apenas mais uma província da nação portuguesa. Ao mesmo tempo, era preciso restabelecer o comando sobre receitas e despesas das demais províncias ultramarinas, o que transparece em diversos momentos, nos pedidos para que as juntas das províncias ultramarinas enviem dados mais precisos sobre as rendas ali arrecadas e as despesas realizadas, sem sucesso, onde se reclama a ausência dos balanços pedidos à Bahia e solicita que "iguais requisições deverão dirigir-se a todas as demais Províncias ultramarinas, de que constar a efetiva organização de seus respectivos governos, na parte em que

33 *Diários das Cortes...*, Sessão 02/03/1822, vol. 26, p. 343/344.

forme aplicáveis"- Sala das Cortes em 11 de novembro de 1821. José Ferreira Borges, Francisco Xavier Monteiro, Francisco Barroso Pereira, Rodrigo Ribeiro Telles da Silva, Manoel Alves do Rio.[34]

Em que pesem essas observações sobre a dificuldade em estabelecer o orçamento como prática, por razões próprias aos tempos revolucionários, é necessário sublinhar que a Constituição Portuguesa de 1822, estabelece uma importante viragem em relação à cultura política do antigo regime, ao estabelecer a preeminência das Cortes no estabelecimento ou confirmação das contribuições diretas, sob pena de cessar a obrigação de pagá-las. Diz a constituição Portuguesa de 1822, no seu Título IV, Capítulo I, Parágrafo 124, que "O Rei não pode: I. Impedir as eleições dos Deputados; opor-se à reunião das Cortes; prorrogá-las, dissolvê-las, ou protestar contra as suas decisões: II. Impor tributos, contribuições, ou fintas," para afirmar no Título VI, Capítulo III, parágrafo 224, "Cumpre às Cortes estabelecer, ou confirmar anualmente as contribuições diretas, à vista dos orçamentos e saldos que lhes apresentar o Secretário dos negócios da fazenda; (artigo 227°). Faltando o dito estabelecimento ou confirmação, cessa a obrigação de as pagar". Diz ainda, no seu artigo 227 que

> O Secretário dos negócios da fazenda, havendo recebido dos outros Secretários os orçamentos relativos às despesas de suas repartições, apresentará todos os anos às Cortes, (...) um orçamento geral de todas as despesas públicas do ano futuro; outro da importância de todas as contribuições e rendas públicas; e a conta da receita e despesa do tesouro público do ano antecedente.

A experiência vintista, a perda de seu mais importante domínio ultramarino, e das rendas que dele provinham para a Coroa, colocariam Portugal na direção da organização de um efetivo *estado*

34 *Diários das Cortes...*, Sessão de 11/11/1821, vol. 247, p. 384.

fiscal, muito embora a ordem liberal com a precedência parlamentar sobre o orçamento viesse a passar por vários percalços antes de ser definitivamente estabelecida. O vintismo foi fecundo também para o desenvolvimento de um pensamento jurídico econômico em Portugal, cujas reverberações alcançaram também o Brasil, nas apropriações por vezes paradoxais que o liberalismo teve nos dois países. Vale ressaltar que, em Portugal, a renovação dos costumes políticos proposta nesse momento, filtra-se na moderação que fez associar o constitucionalismo monárquico, e a prática orçamentária que era parte integrante dele, com a construção de uma ordem capaz de conjurar o risco de novas revoluções. É assim, por exemplo, que Antonio José Pedroso d'Almeida ecoava, em 1822 em suas recomendações sobre a necessidade da modernização da administração fazendária uma severa crítica ao passado, sobretudo à administração pombalina principalmente no que se referia ao que agora parecia como um resquício da velha ordem, a multiplicidade de registros e órgãos, que impediam a verticalidade do processo orçamentário e sua transparência. Simultaneamente, defendia o aperfeiçoamento da Administração da Fazenda pública como o esteio dos governos e da prosperidade dos estados, pois "*sendo desregrada e má é a causa originaria de todas as revoluções, o gérmen da miséria pública, e a ruína certa da máquina política*".[35] Em razão desse fato, os governos representativos, sendo aqueles em que a administração pública pode adquirir um alto grau de perfeição, deveriam atentar para o fato de que "*não são unicamente as opiniões políticas não é a corrupção dos costumes, não são os maus escritos, nem a liberdade ilimitada da imprensa, o que tem feito, faz e fará as revoluções políticas: é sobretudo a falta de dinheiro, é a desordem da administração*

35 ALMEIDA, Antonio José Pedroso. *Discurso Breve sobre o Estado da Administração da Fazenda Publica e meios de se conseguir a sua reformam*. Lisboa: Typ. Rollandiana, 1822, p.2.

da Fazenda pública".[36] Já no Dicionário Jurídico de Joaquim José Caetano Pereira e Souza, expoente da tradição ilustrada ligada a D. Rodrigo de Sousa Coutinho, não se encontra a palavra *orçamento*, e aquelas que lhe são correlatas, como *fazenda* ou *finanças*, são tratadas sem qualquer referência ao governo representativo.[37]

Em 1831, no calor das lutas pelo restabelecimento da ordem liberal em Portugal, um veterano prócer do vintismo, como Jose Ferreira Borges iria buscar produzir uma teorização das finanças públicas, e das práticas orçamentárias dentro de um projetado governo representativo. Para isso ele inventa mesmo um novo termo para a ciência das contribuições e despesas que propugnava, como desdobramento da Economia Política - a *Syntelologia*,[38] onde faz o elogio de instituições liberais que lhe pareciam tão desejáveis, como longínquas. Mas é no seu Dicionário Jurídico Comercial, publicado em 1839, cujo prefácio data de 1833, que vamos encontrar a definição de orçamento, na sua versão anglo francesa: *budget*. O termo se desdobra em sua abrangência temporal e sua dimensão política e histórica, depois de fazer algumas reflexões sobre sua origem e uso em outras línguas europeias.

> O budget abrange a discussão dos tributos, e seu redito passado, e em consequência a sua alteração, abolindo-os, modificando-os ou estabelecendo novos. Os franceses adotaram este termo para significar a lei, que cada ano determina a soma das despesas, que o governo tem a fazer, e os meios de provê-las (...) O budget não compreende só o prospecto futuro das despesas a fazer. Abrange essencial-

36 ALMEIDA, Antonio José Pedroso, *Discurso Breve...*, *Op. cit.*, p. 3.

37 SOUZA, José Joaquim Caetano Pereira de. *Esboço de um Diccionario Juridico, Theoretico e Practico, remissivo às leis compliladas, e extravagantes*, Lisboa: Typographia Rollandia, 1825.

38 BORGES, José Ferreira. *Princípios de Syntetologia*, Londres 1831.

> mente um retrospecto da administração da fazenda, um exame da natureza e produto dos tributos, e uma emenda ou melhoramento na sua imposição, ou lançamento, e arrecadação. Portanto, é não só esmo, estimativo ou orçamento das despesas públicas a fazer, e dos meios de nelas prover, senão que compreende tão bem a essencialíssima operação do exame do passado, do exame dos tributos em si, do exame enfim da administração.[39]

A ideia de *budget* aparece aí não só como distinta como mais abrangente do que aquela de *orçamento*, em primeiro lugar por que deságua em uma lei, e em segundo por que impõe uma reflexão sobre o passado (e não apenas uma projeção do futuro), condição para pensar a própria administração. Em 1833, em Portugal, nesse dicionário publicado através de subscrição pública, o *budget*, o sistema representativo e a articulação entre o passado e o futuro da nação pareciam ainda uma quimera. Em 1834, seu livro *Instituições de Economia Política* seria oferecido a D. Pedro, Duque de Bragança, fazendo a defesa das instituições liberais, embora não cuidasse aí de orçamentos ou contas públicas.

Brasil: o devassamento do Erário Público em tempos de mudança

Enquanto, em Portugal, o pensamento jurídico e as práticas relacionadas à visão moderna de orçamento, seguiria a trajetória paradoxal do liberalismo e do próprio papel que nele teria D. Pedro, na América Portuguesa e no nascente Império do Brasil, a história das práticas e das normas referentes ao orçamento encontraria um destino também perpassado pelas perplexidades e conflitos. Esse

39 BORGES, José Ferreira. *Diccionario Juridico-Commercial. Por José Ferreira Borges Conselheiro d'Estado Honorario*. Lisboa: Typ. da Sociedade Propagadora dos Conhecimentos Úteis, 1839.

destino não era estranho ao que se passava no Reino, tanto no que se refere às práticas e discursos políticos, marcados pela experiência dos representantes brasileiros nas Cortes de Lisboa, como na absorção seletiva das ideias e escritos jurídicos que circulavam entre os dois continentes, agora politicamente separados.

Em 03 de outubro de 1823, Manoel Jacinto Nogueira da Gama, marquês de Baependi, secretario da Fazenda e Presidente do Tesouro Público recebeu a missão de apresentar à Assembleia Constituinte uma exposição sobre o estado da Fazenda Pública e solicitar da mesma autorização para medidas que considerava urgentes. Esse seria o primeiro ensaio de orçamento ocorrido no Brasil, tanto pelo que ia ser apresentado – uma exposição da situação financeira passada, uma projeção de despesas futuras e uma proposição de meios para fazer frente a elas – mas pelo palco político em que se desenrola. A personagem que era chamada a essa missão, já a havia desempenhado antes, em 1811, como vimos no capítulo anterior, mas o fizera em contexto econômico e político distinto, quando falava ao Rei e seus funcionários sobre as potencialidades do Erário Régio diante dos novos impostos que então haviam sido criados pelo Regente.

Em 1823, a Independência havia sido recém proclamada pelo Príncipe Regente e sua consolidação era ainda incerta. Havia tropas portuguesas na Bahia, guerra em várias partes do território e um conflito armado com a República Argentina, que se agudizava em torno da posse da Banda Oriental do Uruguai, anexada ao Império como Província Cisplatina. No lugar dos ouvidos do Rei e de seus funcionários, havia agora uma Assembleia de cidadãos eleitos, traquejada nos debates políticos das Cortes Constitucionais, tendo um torno dela uma imprensa que reverberava os debates para as ruas e praças. Atestando essa preocupação, e temeroso do conteúdo do seu relato, o Marquês, que era também deputado, solicita à Mesa que a primeira leitura de seu relato fosse feita em sessão secreta, uma vez que o conteúdo poderia afetar o crédito público.

> Para ser lido, e deliberado em segredo pela Mesa
>
> Como sei que na Sessão de amanhã, 4 de outubro pode ser apresentado um ofício do Ministro da Fazenda enviando a exposição do atual estado do Tesouro Público, julgo do meu dever pedir que se principie em Sessão Secreta para nela ler a dita exposição, e deliberar a Assembleia se deve ou não ser discutido em público este objeto em que pode ser comprometido o crédito público.
>
> Deputado Nogueira da Gama[40]

A Sessão Secreta ocorreu em 4 de outubro de 1823. *Os Diários da Assembleia Constituinte* nos dão conta de que a Mesa decidiu pela leitura pública do relatório, mas que depois solicitou ao seu autor que retocasse, antes que o Relatório fosse impresso

> algumas expressões fortes, enfáticas e que parecem inculcar um estado tão desgraçado de finanças, por serem elas contrárias à opinião que na Assembleia enunciou a esse respeito e à exposição dos grandes recursos que no mesmo Relatório se expendem, podendo aliás produzir efeitos e impressões exageradas em alguns espíritos menos atentos e maus apreciadores dos referidos recursos, Ass. Francisco Carneiro de Campos.[41]

Não sabemos se Nogueira da Gama seguiu as indicações para fazer os os retoques solicitados, mas o registro que ficou desse seu primeiro texto emana uma retórica forte, com o uso de termos

40 Arquivo Histórico da Câmara dos Deputados BR DFCD AC 1823-D-126 disponível em https://arquivohistorico.camara.leg.br/index.php/indicacao-n-3-para-se-retocar-o-relatorio-do-estado-da-fazenda-publica-antes-de-se-imprimir.

41 Arquivo Histórico da Câmara dos Deputados Código de referência BR DFCD AC 1823-D-126-965.

dramáticos e contundentes.[42] Para aqueles que estão interessados em pensar historicamente o estado, o que o documento tem de mais precioso é justamente a sua linguagem desabrida, que depois desapareceria dos documentos públicos, substituída pelo seu *topos* próprio de eficiência técnica e comedimento nos termos. Ele permite observar um momento ex-ante dessa *escrita do estado* que veio a se desenvolver a partir daí, em sua capacidade de expor e de ocultar, que se tornou o apanágio das burocracias. Seu início é sugestivo, no que estabelece a relação do funcionário com uma ação passada (a Exposição feita em 1811-1812), utilizando para isso uma forma consentânea com um desiderato dos governos constitucionais. "Se, em 1812, (...) ousei rasgar o espesso e misterioso véu que cobria o Tesouro, então chamado Real" seguindo-se, através de uma afirmação de corte iluminista, a persuasão de que "a ruína dos Estados, a queda dos Impérios são consequências das desordens das finanças", para depositar o resultado não diante do monarca, mas do corpo legislativo "a fim de que a Assembléia Geral Constituinte e Legislativa haja de deliberar e resolver o que achar mais conveniente".[43]

Todo o texto do Relatório é perpassado pelo o uso desses termos fortes e contundentes – *situação calamitosa, grandíssimos embaraços*, sendo que[44] "calamitoso" é o adjetivo que ele escolhe para qualificar a situação no primeiro semestre de 1823. O Tesouro possuía em caixa apenas Rs. 210.014.952, dos quais iam sair 70.000.000

---

42 Exposição do Estado da Fazenda Publica 1823 Manoel Jacinto Nogueira da Gama Rio de Janeiro, Tipografia Nacional, 1823

43 BRASIL, MINISTÉRIO DA FAZENDA, MINISTRO MANOEL JACINTO NOGUEIRA DA GAMA, Exposição do Estado da Fazenda Pública no Ano de 1821 a 1823 (publicado em 1823). Inclui orçamento para os anos de 1823-1824 e 1825.

44 BRASIL, MINISTÉRIO DA FAZENDA, MINISTRO MANOEL JACINTO NOGUEIRA DA GAMA, Exposição do Estado da Fazenda Pública no Ano de 1821 a 1823..., p. 1.

para pagamento de juros de empréstimos e dívidas inadiáveis, como o pagamento das chapas de cobre para cunhagem. Das entradas extraordinárias (empréstimo, dons gratuitos, subscrição para a marinha, sequestros, etc) montantes a R$. 596 304035 já se havia gasto RS. 386.089.083. Esperava-se para o segundo semestre apenas a entrada de RS 1769000000 quando só a despesa extraordinária deveria montar a RS 900.000.000. A dívida do Tesouro que em 1821 era de RS. 9.876.918:096, havia aumentado em seis meses para RS 10.176.580:783 (dados de junho de 1822). Em junho de 1823 (um ano depois) ela montava a RS 12.055.582:456.

Para aliviar a dívida pública que crescia a olhos vistos, havia-se recorrido a tudo: empréstimos, donativos subscrições e até a sequestros de bens. O autor esperava da Constituinte "maiores luzes" para enfrentar uma situação, cuja maior calamidade seria faltar aos pagamentos devidos.

> Finalmente são fora de dúvida as terríveis consequências da falta de pagamentos em todo e em qualquer tempo e particularmente na melindrosa época de nossa Regeneração Política, em que muito convém evitar desgostos, dissipar sustos, atalhar a ruína e mesmo a desesperação dos credores do tesouro e desviar dos Empregados, Pensionários e Servidores Públicos a fome e a miséria.[45]

Todas as províncias apresentavam em suas contas grandes déficits. Não se podia também obter contas de suas dívidas ativas no que tangia aos seus principais impostos (décima das casas, dízimo do açúcar, imposto de legados e heranças) e mesmo aos seus empréstimos.

45 BRASIL, MINISTÉRIO DA FAZENDA, MINISTRO MANOEL JACINTO NOGUEIRA DA GAMA, Exposição do Estado da Fazenda Pública no Ano de 1821 a 1823, p. 4.

> Por essa simples e clara exposição (...) conhecerá VMI que me encarregou de um Tesouro, empenhado até o fim de junho do corrente ano na grande soma de perto de trinta milhões e meio de cruzados, perseguido diariamente pelos seus credores, que com justa razão solicitam seus pagamentos, sem achar preparados recursos alguns extraordinários com que possa fazer face às despesas extraordinárias que necessariamente se devem fazer (...) É evidente que das províncias desse Império nada podemos esperar nas atuais circunstâncias, antes pelo contrário seremos obrigados a socorrer algumas delas como já fica indicado com mais de 280000000 anualmente e a suprir as despesas de seus deputados.[46]

As finanças Minas Gerais e Goiás se ressentiam da abolição do imposto do sal, assim como da modificação da cobrança do quinto do ouro, o que afetava também a extração de diamantes (até então, era a partir dos rendimentos do ouro que se cobriam as despesas com a extração de diamantes). Porém, observa Nogueira da Gama, os décifits fiscais que essas províncias representavam eram o resultado de uma "operação hipotética", uma vez que elas não contemplaram no orçamento

> certas outras rendas quais as do Subsidio Literario, Décima dos Prédios, Sisa e Selo que ali se cobram e se aplicam para as despesas da província: e sem dúvida não contaram com elas por serem rendimentos que se deviam enviar para o Tesouro desta Corte, porem ordenando-se, como se ordenou, que fossem aplicadas para as suas despesas deverão entrar em cálculo.

46 BRASIL, MINISTÉRIO DA FAZENDA, MINISTRO MANOEL JACINTO NOGUEIRA DA GAMA, Exposição do Estado da Fazenda Pública no Ano de 1821 a 1823..., p. 3.

As Províncias que não apresentavam déficits, como S.Paulo e Rio Grande do Sul, era "por reterem fundos que deviam ser enviados ao tesouro com os rendimentos de ausentes e o quinto dos couros".[47]

Da Bahia e de Pernambuco, províncias que até então haviam sido as mais contribuíam para a arrecadação do Reino, nada se podia esperar em razão da comoção política. A província de Pernambuco, convulsionada desde 1817, ressentia-se também da perda das rendas de Alagoas e Rio Grande do Norte. Rio Grande do Norte, Pernambuco e Alagoas pediam para arrecadar os dízimos de exportação, condenando a mudança do sistema de arrecadação que passava a cobrar os dízimos nos portos de exportação e não nas províncias produtoras, "motivando-se por isso o extravio em alto mar, pelas jangadas em alta noite, para as embarcações estrangeiras, evaporando-se por isso estas importantes rendas".[48]

Junto com a penúria financeira, os Constituintes tomariam contato com o caráter colonial da arrecadação vigente e dos limites que ela colocava para a vida de um país independente. Tal dimensão era notória, por exemplo no modo como o sistema de estradas e pedágios havia sido construído na contra-mão da possibilidade de integração do território colonial, para garantir os interesses da arrecadação metropolitana.[49]

> Ninguém pode duvidar da necessidade de estradas, e de que estas deverão ser em suficiente número e conservadas

---

47 BRASIL, MINISTÉRIO DA FAZENDA, MINISTRO MANOEL JACINTO NOGUEIRA DA GAMA, Exposição do Estado da Fazenda Pública no Ano de 1821 a 1823... p. 36-38.

48 BRASIL, MINISTÉRIO DA FAZENDA, MINISTRO MANOEL JACINTO NOGUEIRA DA GAMA, Exposição do Estado da Fazenda Pública no Ano de 1821 a 1823...p. 53.

49 BRASIL, MINISTÉRIO DA FAZENDA, MINISTRO MANOEL JACINTO NOGUEIRA DA GAMA, Exposição do Estado da Fazenda Pública no Ano de 1821 a 1823..., p. 69-70.

> em bom estado, e para que possa prosperar a agricultura, a indústria e o comércio recíproco das províncias; mas todos sabem que só temos poucas, e essas em mau estado: limitou-se o seu número entre esta província (MG) e as províncias centrais, para facilidade de arrecadação dos direitos de entrada, chamados quintos, e para evitar o extravio do ouro em pó, e diamantes; providenciou-se o seu conserto, e conservação à custa dos donos dos terrenos. Que poderia esperar-se deste sistema de alfândegas, de portos secos ou casas de arrecadação de direitos nos limites das províncias, em estradas e passagens de rios, e da obrigação posta aos donos das sesmarias de terem prontas tais estradas em toda extensão de suas sesmarias, hajam os não serras, pântanos, rios e ribeiros a passar?

O crescendo dramático da exposição conduz ao argumento de que a única saída seria a contratação de um empréstimo externo, que era oferecido "*sem o solicitarmos*", e que parecia ser a condição da própria salvação do estado. Situações extraordinárias, dizia ele, requerem meios extraordinários: "Estes meios nos são oferecidos por capitalistas ingleses, sem o solicitarmos, como o tem feito várias nações da Europa e mesmo da América".[50]

É importante observar que, na visão de Nogueira da Gama, a viabilidade do estado brasileiro que se inaugurava estava desde já associada ao empréstimo externo, empréstimo esse que dependia da sanção da Assembleia Constituinte. Vale dizer, a dívida (e a credibilidade do país) era vista como o próprio fundamento da independência, ao lado do sistema representativo, ambos fiadores da unidade nacional. Esse fato punha, do lado dos credores externos, limite muito claro às tendências separatistas em ação e comprome-

50 BRASIL, MINISTÉRIO DA FAZENDA, MINISTRO MANOEL JACINTO NOGUEIRA DA GAMA, Exposição do Estado da Fazenda Pública no Ano de 1821 a 1823, p. 70.

tia os Ingleses com unidade brasileira, ao mesmo tempo em que propiciava os recursos para os gastos extraordinários iniciais com a manutenção dessa unidade.

> (...) podendo a Assembleia Constituinte Geral e Legislativa ter à sua disposição a soma de 20 milhões de cruzados para os empregar como julgar mais conveniente à sustentação da Independência do Brasil e ao desenvolvimento rápido de suas riquezas e ao pronto crescimento desse Império (...), sendo certo que sem meios, e sem grandes meios, não se pode jamais conseguir uma empresa grande, e tão grande, como a Independência de uma Nação e o Estabelecimento de um Império."

E concluía: "(...) salvemos nossa existência, firmemos a nossa Independência, levantemos sobre escala grande esse nascente Império: a posteridade nos abençoará colhendo os frutos de nossos cuidados e sacrifícios". O exemplo, afirmava, vinha dos estados Unidos da América,

> que tudo sacrificaram e que não tiveram dúvida em contrair graves empenhos que ainda lhes pesam para firmar sua Independência; imitemos nessa parte os atuais nascentes governos da América e os velhos governos da Europa, quando se tem achado em posições críticas (...).[51]

O empréstimo externo como forma que se oferecia para conjurar a crise aparecia, também, como estratégia para construir o futuro, diante do colapso das formas que até então haviam alimentado o Erário, as sobras provinciais. A Independência implicava na necessidade de negociar o pacto político entre as províncias e o

51 BRASIL, MINISTÉRIO DA FAZENDA, MINISTRO MANOEL JACINTO NOGUEIRA DA GAMA, Exposição do Estado da Fazenda Pública no Ano de 1821 a 1823... p. 71.

centro político, o que se refletia na dificuldade experimentada por Nogueira da Gama em obter as contas das repartições do tesouro. Sem as províncias, seria impossível estabelecer uma previsibilidade capaz de responder aos credores, mas atualmente não temos essas sobras, nem sabemos quando poderemos contar com elas"; (...) A renda atual está limitada ao que contribui a Província do Rio de Janeiro",[52] lamentava-se o ministro.

O Orçamento na Constituição de 1824

Os embates entre D. Pedro e a Constituinte, levaram, como se sabe à sua dissolução, tendo sido, em 1824, outorgada a Carta Constitucional de 1824, onde se estabelecem as bases legais da prática orçamentária que permaneceram válidas por todo o período Imperial. A Constituição de 1824 deixava claro que cabia ao Poder Executivo a elaboração do orçamento. Devido à ligação política entre o Legislativo e o Executivo no sistema parlamentar, o ministro da Fazenda tinha papel preponderante na formulação, e não apenas na aplicação legal, das políticas orçamentária, tributária, alfandegaria, monetária e de crédito público.[53] Em parte, isso deve às determinações do Capítulo III da Constituição, que deu ao Tesouro a forma organizativa de um Tribunal, que se impõe por sobre todo o sistema arrecadador do centro e das províncias. Assim, é que se lê no CAPITULO III. Da Fazenda Nacional. Art. 170, que *"a Receita, e despesa da Fazenda Nacional será encarregada a um Tribunal, debaixo de nome de 'Tesouro Nacional"* aonde em diversas Estações, devidamente estabelecidas por Lei, se regulará a sua administração,

52 BRASIL, MINISTÉRIO DA FAZENDA, MINISTRO MANOEL JACINTO NOGUEIRA DA GAMA, Exposição do Estado da Fazenda Pública no Ano de 1821 a 1823..., p. 78.

53 BUESCU, Mircea. *História administrativa do Brasil*: organização e administração do Ministério da Fazenda no império. Brasília: Funcep, 1984, p. 15.

arrecadação e contabilidade, em reciproca correspondência com as Tesourarias, e Autoridades das Províncias do Império). A partir daí a Constituição estabelece o Ministro da Fazenda como o principal cargo do sistema, em torno do qual gravitam todos os outros ministérios no processo de validação e realização das despesas públicas. Ele centraliza, pelo Art. 172, todo o sistema de despesas dos demais ministérios, a partir do qual deve elaborar o balanço geral da receita e despesa do ano antecedente, base para o orçamento geral das despesas do ano futuro, e das contribuições e rendas públicas necessárias para fazer face a elas.

O fortalecimento do executivo se evidencia também na presença dos Ministros da Fazenda no Conselho de Estado, pelo Decreto de 13 de Novembro de 1823, que dissolveu a Constituinte. [54]O Conselho de Estado será um importante espaço de discussão das reformas econômicas, da criação e extinção de impostos, da elaboração da política monetária e fiscal, bem como de outros itens atinentes ao orçamento. Nele, o Ministro da Fazenda terá assento, presidindo a sessão correspondente.

A peça orçamentária, uma vez concluída, seria colocada para a aprovação da Assembleia Geral, composta da reunião da Câmara dos Deputados e do Senado. A Constituição estipulava a Reserva Legal do parlamento para a autorização do gasto público, isto é, os gastos só poderiam ser feitos a partir de lei por ele votada. Assim aparece no Artigo 172 da Constituição:

> O ministro de estado da Fazenda, havendo recebido dos outros ministros os orçamentos relativos às despesas de suas repartições, apresentará na Câmara dos Deputados anualmente, logo que esta estiver reunida, um balanço geral da receita e despesa do Tesouro Nacional do ano

54 Abolido durante a Regência, o Conselho de Estado foi restaurado pela Lei nº 234 de 23/11/1841.

> antecedente, e igualmente o orçamento geral de todas as despesas públicas do ano futuro e da importância de todas as contribuições e rendas públicas.

No Artigo 170, a Constituição determina-se que a elaboração da peça que discrimina a receita e a despesa da Fazenda Nacional será encargos de um Tribunal (o Tesouro Nacional)

> aonde em diversas estações devidamente estabelecidas por Lei, se regulará a sua administração, arrecadação e contabilidade, em recíproca correspondência com as Tesourarias e Autoridades das Províncias do Império".

projetando a sua capilaridade arrecadadora por sobre cada Província.

A precedência do poder Legislativo, em múltiplos aspectos do processo orçamentário é definida no Título IV, que dá como atribuições da Assembleia Geral (Art. 15) Parágrafos 10º:

> Fixar anualmente as despesas públicas e repartir a contribuição direta (...) 13º Autorizar ao governo para contrair empréstimos, 14º Estabelecer meios convenientes para pagamentos da dívida pública (...) 15º Regular a administração dos bens nacionais e decretar a sua alienação, e também de certa forma os artigos, 16º Criar ou suprimir empregos públicos e estabelecer-lhes ordenados e 17º Determinar o peso, valor, inscrição, tipo de denominação das moedas, assim como o padrão dos pesos e medidas.

É importante mencionar também que, consagrando a centralização pretendida, mas distante de ser alcançada, a Constituição também proibia os Conselhos Gerais das Províncias de deliberarem sobre imposições (artigo 83).

A iniciativa da criação de impostos cabe a Câmara dos Deputados, de forma privativa (Capítulo II, Art. 36 1º), mas as contribuições diretas serão estabelecidas anualmente pela Assembleia Geral (Câmara e Senado juntos). Entretanto, este artigo possui uma redação que merece atenção, pelo seu caráter potencialmente paradoxal, pois nele se lê também que as contribuições diretas existentes "continuarão, até que se publique a sua derrogação, ou sejam substituídas por outras". Nesse aspecto particular, que estabelece uma relação de continuidade com o sistema precedente, o Artigo 36 reitera o que havia sido estabelecido na Lei de 20 de outubro de 1823, que declarava em vigor "a legislação pela qual se regia o Brasil até 25 de Abril de 1821 e bem assim as leis promulgadas pelo Senhor D. Pedro, como Regente e Imperador daquela data em diante, e os decretos das Cortes Portuguesas que são especificados". No Art. 1º da mesma lei se especificava que

> as Ordenações, Leis, Regimentos, Alvarás, Decretos, e Resoluções promulgadas pelos Reis de Portugal, e pelas quais o Brasil se governava até o dia 25 de Abril de 1821, em que Sua Majestade Fidelíssima, atual Rei de Portugal, e Algarves, se ausentou desta Corte; e todas as que foram promulgadas daquela data em diante pelo Senhor D. Pedro de Alcântara, como Regente do Brasil, em quanto Reino, e como Imperador Constitucional dele, desde que se erigiu em Império, ficam em inteiro vigor na parte, em que não tiverem sido revogadas, para por elas se regularem os negócios do interior deste Império, enquanto se não organizar um novo Código, ou não forem especialmente alteradas.

Dessa forma, a Constituição de 1824 definia uma relação de continuidade com o sistema fiscal estabelecido no Antigo Regime e, ao mesmo tempo definia o sistema representativo como o *locus* de sua gradual transformação. A fórmula, possivelmente pensada para proteger as combalidas finanças do novo estado independente cedo mostraria seu potencial conflitivo.

Um exemplo notório dos paradoxos entre a nova e a velha ordem que se estabeleceram ao longo da década de 1820 é o que se passa em torno das Juntas da Fazenda, instituições que, criadas pelas elites ilustradas no século XVIII, passam a funcionar a partir da crise do regime em um sentido completamente distinto daquele para o qual foram criadas – o de viabilizar a concentração de recursos no centro político.

Consolidadas nas reformas pombalinas, as capitanias/províncias eram unidades arrecadadoras e pagadoras, esperando-se que enviassem ao Erário Régio, as sobras de suas administrações. Desde a reorganização do erário régio em terras americanas, depois da vinda da corte, o conceito "sobras" virá a assumir um conteúdo fortemente centrífugo, servindo a uma concepção que privilegiava a esfera da província frente à do governo central.

A ruptura representada pela Independência e o esforço de construção estatal desenvolviam-se em um terreno crivado de paradoxos. A Constituição outorgada em 1824 mantinha todos os impostos vigentes (artigo 171), o que formava um vivo contraste com o fato de que a competência fiscal passava a radicar no parlamento do Império. Consagrando a centralização pretendida, mas distante de ser alcançada, a Constituição também proibia os Conselhos Gerais das Províncias de deliberarem sobre imposições. (artigo 83).[55] Assim, contornando-se o debate da taxação e da representação, estabelecia-se uma prerrogativa liberal – o controle dos orçamentos pelo organismo representativo e, ao mesmo tempo a reiteração das formas fiscais criadas no período colonial.

55 O Ato Adicional vai mudar somente em 1834, dando aos Conselhos a atribuição de fixar despesas e impostos no plano provincial e municipal, desde que não prejudiquem as imposições gerais do Estado. Os Municípios podem distribuir contribuição direta mas não criar impostos. O Artigo 12 proíbe assembleias provinciais de legislar sobre imposto de importação.

Ao mesmo tempo, e também no contrapelo das intenções manifestas de pacificar as pulsões centrífugas, a "solução pelo endividamento" tendia a agravar as tensões com as províncias. Pelo Relatório da Fazenda de 1827, por exemplo, percebe-se já como os juros e amortizações da dívida eram calculados gravando-se desigualmente as províncias e reiterando os monopólios régios. No orçamento de 1827, esperava-se que a Alfândega do Maranhão contribuísse com 50.000 libras esterlinas, a de Pernambuco com 60.000, a Bahia 70.000 e o Rio de Janeiro 110.000. A isso deviam somar-se 20.000 quintais de pau brasil e 6000 quilates diamantes brutos.[56]

Neste Relatório, como nos demais do Primeiro Reinado, as demonstrações de penúria das contas públicas contrastam com as avaliações otimistas quanto ao funcionamento da "economia real". As frequentes e dramáticas reclamações sobre a penúria fiscal, em nenhum momento se confundem com uma avaliação negativa sobre o desempenho econômico ou sobre o futuro do país. São comuns as avaliações positivas sobre o crescimento das exportações e o potencial da nova nação. O Relatório de 1827, por exemplo, menciona o crescimento, em valor, das exportações de café do Rio de Janeiro (de Rs. 915.677 em 1825 para Rs. 1.300.000 em 1826 e Rs1.754.450, em 1827). Menciona também o aumento da produção do açúcar no Rio de Janeiro, Sergipe, Pernambuco e Bahia e do Algodão em Alagoas, Pernambuco e Maranhão, ao mesmo tempo em que o sentimento de aproximação do fim da Guerra no Prata fazia prever uma diminuição das despesas.[57]

---

56 BRASIL, MINISTÉRIO DA FAZENDA. MINISTRO MIGUEL CALMON DU PIN DE ALMEIDA, *Documentos com que instruiu o seu Relatório, à Assembléia Geral Legislativa na Sessão de 1828. Conta da Receita e Despesa do ano de 1827, Estado da Dívida Pública do Império e orçamento da Receita e Despesa para 1929*, p. 3. Doravante Relatório de 1827.

57 BRASIL, MINISTÉRIO DA FAZENDA. MINISTRO MIGUEL CALMON DU PIN DE ALMEIDA, *Documentos com que instruiu o seu Relatório, à Assembleia Geral Legislativa na Sessão de 1828*, p. 5

O ponto mais relevante, entretanto, dos Relatórios de 1827 e 1828 é o reconhecimento dos limites evidentes do arranjo que se fazia pela linha de menor força, mantendo a concepção da ordem política como somatória das províncias, que, por sua vez, manifestavam forte resistência em contribuir com suas "sobras" para com o centro político. Os ministros apontavam para a necessidade de reformar o sistema tributário e modernizar a administração.

> Sei quanto é odioso lembrar a necessidade de tributos, mas também sei quanto é decoroso não encobrir a verdade; quanto é louvável não trair a consciência própria; e quanto é justo e decente não iludir a Nação. (...)na firme persuasão de que devo preferir a impopularidade do momento aos males que ameaçam o crédito e a prosperidade da minha pátria. (...) Se, porém, lembrei o levantamento dos novos, lembrarei também a extinção de velhos tributos: quero dizer tributos que afetam os nossos capitais que obstam o desenvolvimento da nossa riqueza e que postergam todos os princípios de Economia e Administração. Tais são, senhores, a sisa dos bens de raiz; os direitos do consulado de saída e os impostos que a título de Subsídio e Donativo gravam a exportação dos nossos produtos. Grave-se muito embora o consumo, porém, seja livre a exportação.[58]

A reformulação delineada procurava desagravar as exportações, ao mesmo tempo em que tangenciava, pela primeira vez depois da Independência, a questão do imposto territorial.

> A falta de um Cadastro deve privar-nos por algum tempo ainda de uma útil e necessária contribuição direta, qual a taxa territorial. Entretanto poder-se-á talvez estabelecer com vantagem pública uma contribuição pessoal, guar-

58 BRASIL, MINISTÉRIO DA FAZENDA. MINISTRO MIGUEL CALMON DU PIN DE ALMEIDA, *Documentos com que instruiu o seu Relatório, à Assembleia Geral Legislativa na Sessão de 1828*, p. 97.

> dada certa proporção entre livres e escravos em idade de trabalhar.[59]

Além disso, propõe triplicar o imposto do Selo e estendê-lo as quitações e letras de câmbio; cessar as loterias existentes e criar uma loteria nacional repartida entre as diferentes províncias em benefício da Caixa de Amortização. Menciona também a necessidade de melhorar a eficácia da cobrança da Décima das Heranças e Legados e remediar a desigualdade do imposto sobre botequins e tabernas. Propõe ainda uma reforma administrativa, modernizando o sistema arrecadador. O excesso de funcionários e seus baixos salários, o caráter arcaico e ineficiente do sistema e a inutilidade das Juntas da Fazenda de algumas províncias são os principais temas de crítica do Ministro.[60]

> (...) o Tesouro Público, e Juntas da Fazenda, encarregadas da Administração, arrecadação, fiscalização e distribuição das rendas nacionais acham-se organizadas de um modo pouco adaptado ao sistema que atualmente nos rege; isto é, ao sistema que, além de uma responsabilidade positiva e real, exige certeza e publicidade nas contas; método e celeridade na arrecadação; vigilância e economia na administração; zelo e pontualidade na distribuição.(...)
>
> Os defeitos (...) mais proeminentes das repartições da Fazenda (...) são os seguintes: 1. A lentidão aparatosa das Juntas Provinciais; 2. A falta de uniformidade e bom método na escrituração; 3. A confusão e irregularidade no expediente dos negócios; 4. A imperfeição ou nulidade

59 BRASIL, MINISTÉRIO DA FAZENDA. MINISTRO MIGUEL CALMON DU PIN DE ALMEIDA, *Documentos com que instruiu o seu Relatório, à Assembleia Geral Legislativa na Sessão de 1828*, p. 5.

60 BRASIL, MINISTÉRIO DA FAZENDA. MINISTRO MIGUEL CALMON DU PIN DE ALMEIDA, *Documentos com que instruiu o seu Relatório, à Assembléia Geral Legislativa na Sessão de 1828*, p. 98

> do exame moral das contas; 5. A multidão de empregados mesquinhamente pagos (...) É inquestionável quanto deve ser prejudicial a Fazenda a ação vagarosa desses Corpos, Coletivos ou Tribunais, que administram as rendas nas Províncias. Sessões periódicas e fórmulas desnecessárias atrasam os negócios e desperdiçam o tempo; sendo de mais certo que a responsabilidade se aligeira, quando repartida por todos, e que o zelo se arrefece quando esperado de muitos. Além de morosas, as Juntas de Fazenda são inúteis, e nimiamente gravosas ao estado nas Províncias de Mato Grosso, Goiás, Piauí, Rio Grande do Norte, Espírito Santo e Santa Catarina. A receita dessas províncias é quase absorvida pelas despesas das Juntas. O Governo, como por ensaio, mandou estabelecer na Província de Sergipe uma simples Administração de Fazenda, sobre as ruínas de certa Junta que alí se organizara durante a revolução".[61]

O ministro sugere às Câmaras a extinção das Juntas desnecessárias e aponta também para a importância de melhorar a qualificação dos funcionários. A falta de unidade na escrituração e o virtual desconhecimento do método de *partidas dobradas*, inviabilizava a extração de balanços e gerava irregularidades.

> A confusão no expediente parece irremediável enquanto subsistir a atual divisão do Tesouro. A Tesouraria Mór, as três Contadorias Gerais e a Quarta denominada das Colônias, simultaneamente servem de secretaria de estado e cada uma conhece, examina e expede negócios que não tem relação ou afinidade alguma entre si e que são completamente disparatados. O exame moral das contas (...) é e deve ser a mais essencial das atribuições do Tesouro Público. Apesar disto, porém, não existe repartição alguma encarregada exclusivamente deste importante objeto, que parece

61 BRASIL, MINISTÉRIO DA FAZENDA. MINISTRO MIGUEL CALMON DU PIN DE ALMEIDA, *Documentos com que instruiu o seu Relatório, à Assembléia Geral Legislativa na Sessão de 1828*, p. 98

> deixado à mera discrição e zelo de quem extracta, ou lança em livros de contas que se apresentam.
>
> A multidão de Oficiais de Fazenda nas Províncias é verdadeiramente um grande mal. Juntas há que, relativamente ocupam maior número de empregados que o Tesouro Público. As alfândegas do Império ainda são regidas pelo Foral de 20 de outubro de 1587. Seria escusado provar que não convém ao tempo de agora um regulamento feito há dois séculos e meio para o despacho de gêneros e mercadorias. Só os antiquários conhecem hoje o que sejam Ustedas, Catações, Bocaxins. [62]

A modernização proposta incorpora também a questão dos antigos monopólios régios propondo a sua reforma. A Administração Diamantina do Tejuco, caracterizada pela negligência e pelo abandono, deveria mirar-se no novo sistema adotado para a mineração do ouro que

> começa a ser produtiva para a fazenda Pública; e é de supor que movidos pelo próprio interesse, e mais bem aconselhados pela experiência, os Mineiros se resolvam por fim a gozar antes do benefício da Lei de 26 de outubro do ano próximo passado do que a prosseguir na imoral rotina do extravio do Ouro em pó. (...) O monopólio nacional do Pau Brasil tem sido de grande auxílio ao Tesouro Público.[63]

Grande dificuldade, porém se operava quando se buscava fazer do Império Brasileiro, o herdeiro das prerrogativas da Coroa Portu-

62 BRASIL, MINISTÉRIO DA FAZENDA. MINISTRO MIGUEL CALMON DU PIN DE ALMEIDA, *Documentos com que instruiu o seu Relatório, à Assembléia Geral Legislativa na Sessão de 1828*, p. 9.

63 BRASIL, MINISTÉRIO DA FAZENDA. MINISTRO MIGUEL CALMON DU PIN DE ALMEIDA, *Documentos com que instruiu o seu Relatório, à Assembléia Geral Legislativa na Sessão de 1828*, p. 101

guesa. Ilustra-se, por exemplo, no caso de se fazer valer os monopólios régios como o do Pau Brasil ou da Pesca da Baleia: acusa-se aí,

> o nenhum escrúpulo, ou desleixo de algumas Juntas da Fazenda, encarregadas da direção desse monopólio, e o abuso da permissão dada a certas Províncias, para que cortassem e aplicassem o Pau Brasil ao pagamento das dívidas que tivessem contraído pela revolução, enfartaram de mau produto o mercado da Europa e deprimiram o crédito de que gozava esse valioso objeto do nosso comércio. (...) O Decreto 13/11/1826 determinou venda das Armações Nacionais da Pesca da Baleia, com exceção dos prédios do Rio de Janeiro e Santa Catarina. Não houve licitantes, entretanto para prédios, embarcações e escravos das referidas armações."[64]

Por outro lado, importante oposição tanto externa como interna impediu a continuidade da relação que até então se estabelecia com a Igreja. Manifestação expressiva deste fato foi a busca da reiteração das prerrogativas patrimoniais do estado representadas na Instituição do Padroado. A continuidade aqui envolvia uma razão pragmática: a possibilidade de continuar mantendo, na Coroa, a arrecadação dos dízimos. Após a Independência, D.Pedro I solicitou à Santa Sé uma concordata para que continuassem nas mãos do Imperador os mesmos direitos de que gozava o rei de Portugal em relação às Ordens Militares. Este pedido envolvia a transferência, para o novo monarca da dignidade de Grão Mestre e dos direitos e privilégios das Ordens de Cristo, Santiago e Avis, condição para que D.Pedro I continuasse a arrecadar e administrar os dízimos eclesiásticos. O Imperador obteve essa condição pela bula "Praeclara

---

64 BRASIL, MINISTÉRIO DA FAZENDA. MINISTRO MIGUEL CALMON DU PIN DE ALMEIDA, *Documentos com que instruiu o seu Relatório, à Assembléia Geral Legislativa na Sessão de 1828*, p. 101-102.

Portugallise" de 15 de maio de 1827, "mediante a condição de empregar suas rendas no custeio do culto divino, aplicando as sobras na manutenção dos seminários".[65]

Entretanto, as forças liberais internas, consideraram as condições da Santa Sé ofensivas à Constituição Brasileira e a Comissão Eclesiástica do Brasil, formada por Limpo de Abreu, Bernardo de Vasconcelos, Diogo Antônio Feijó, Nicolau Campos Vergueiro, Clemente Pereira, Teixeira de Gouveia, A.R.Franca e M.J. Rainou, manifestou-se contrária à aprovação da bula papal pela Assembléia. A bula foi então rejeitada e em 4 de dezembro de 1827 o governo Imperial determinou que o direito do Padroado fosse exercido pelo Imperador, sem dependência de concessão pontifícia. Em 9 de setembro de 1843, um Decreto Imperial retirou das Ordens de Cristo, Santiago e Aviz o seu caráter religioso. Daí em diante seriam apenas ordens políticas e civis.[66]

Desta maneira, como tantas outras instituições que são reinventadas no Primeiro Reinado, o padroado no Brasil é ao mesmo tempo uma continuidade e uma ruptura, tendo sido como que "usurpado" pelo Imperador e confirmado pelas forças políticas internas. A Santa Sé nunca reconheceu plenamente esta situação, permanecendo uma área de litígio durante todo o período Imperial.

Ambiguidade similar entre as velhas e as novas formas caracterizava a política aduaneira. Em uma direção "liberal", a Política aduaneira do primeiro reinado esteve marcada por Tratado de 29 de agosto de 1825, que, ao tratar do reconhecimento da Independência, concedia a condição de nação mais favorecida à Inglaterra, limitando as tarifas de importação de produtos daquele país a 15% ad valorem, privilégios que depois seriam estendidos às outras na-

65 Cf. LYRA, Maria de Lourdes Vianna, *Os Dízimos Eclesiásticos ....*, *Op. cit.*, p. 11.

66 *Relatório da comissão Eclesiástica* publicada por DORNAS FILHO, João. *O Padroado e a Igreja Brasileira*. São Paulo: CEN, 1938.

ções. No sentido oposto, prorrogando o sistema típico do Antigo Regime, a Lei de 25 de outubro de 1827,

> mandava arrematar, em contrato trienal, em cada uma das províncias do Império a metade dos direitos de entrada, baldeação e reexportação e dos denominados consulados de saída das respectivas alfândegas pelo maior lance que os licitantes oferecessem sobre o que tivesse produzido a metade dos mesmos direitos arrecadados no triênio antecedente,

contado de janeiro a dezembro e a aumentado de mais 10%.

Um importante ponto referente ao domínio dos bens públicos – a questão das terras públicas – não teve tratamento na constituição de 1824. As concessões de sesmarias haviam sido suspensas às vésperas da Independência até a convocação da Assembleia Geral Constituinte (Resolução de S.M.I., datada de 17 de julho de 1822, reiterada em provisão de 22 de outubro de 1823). Desde a Independência, propostas de organização da propriedade da terra e a possibilidade de demarcação e venda das terras devolutas, incluíram a possibilidade de reverter recursos para o estado com a venda dessas terras e também de criação de um imposto territorial. Entretanto, a Lei de Terras de 1850 não incluiu tal medida, presente na primeira discussão do tema, em 1843.[67]

A continuidade dinástica e a prorrogação dos impostos, incorporadas no processo de refundação do estado Monárquico Brasileiro, implicavam ainda em um outro importante efeito sobre as finanças do estado nascente: a questão da dívida ativa do estado, que se arrastava desde meados do século XVIII. Essa dívida era representada principalmente pelas quantias devidas por contratadores e administradores de tributos, bem como por figuras que

67 Ver a discussão aprofundada sobre esse tema em SILVA, Ligia Osório. *Terras devolutas e Latifúndio*. Campinas: Editora da Unicamp, 1996.

haviam recebido empréstimos da Casa Real. Entre 1827 e 1828, a questão da dívida ativa, que envolvia, em todas as províncias, interesses importantes das elites locais, torna-se um dos principais temas dos Relatórios dos Ministros da Fazenda. Quantificar a dívida, nomear os devedores e tentar cobra-la, embora altamente ineficaz para os cofres públicos, tornava-se assunto de grande sensibilidade política no plano parlamentar. No Relatório de 1827, por exemplo, o Ministro afirmava que *"(...) existem ainda por apurar os débitos do Dízimo de diversos senhores de Engenhos e que não tem ajustado suas contas com a administração das Diversas Rendas Nacionais dos anos de 1807 a 1820".*[68]

No Relatório de 1828, o mais detalhado do Primeiro Reinado, encontramoa uma provocativa relação de dívidas ativas por província, onde se vê que os contratadores ao lado dos grandes proprietários territoriais eram os grandes devedores em todas as províncias, entre outros devedores tidos por falidos e incobráveis.

68 Relatório 1827, p. 25

Tabela 4. Relação da Dívida Pública Ativa do Império (1781-1828) (em milreis)

	1781	1823	1827	1828
Rio de Janeiro	805.433.799	285.997.412	408.140.306	265.667.478
Espírito Santo	0	0	21.860.543	18.367.430
Bahia	223.159.948	112.088.885	593.459.902	560.308.080
Pernambuco	502.095.977	257.961.841	595.459.902	566.306.989
Rio Grande do Norte	9.175.153	8.318.370	91.367.705	91.367.705
Paraíba	32.227.852	58.671.366	114.406.772	136.569.056
Piauí	0	348.319.360	158.964.939	158.964.939
Ceará	60.618.780	185.190.915	223.246.286	236.307.095
Maranhão	0	363.219.060	363.219.060	311.920.338
Pará	10.562.669	205.511.842	223.483.185	281.255.597
Minas Gerais	2.158.332.777	2.778.825.803	2.668.838.973	2.679.019.003
Goiaz	278.936.029	153.186.018	156.029.589	156.029.589
Mato Grosso	0	28.167.700	27.249.963	27.249.963
São Paulo	2.963.766.576	128.269.745	88.258.509	88.258.509
Santa Catarina	0	0	699.960	698.545
Rio Grande do Sul	0	434.611.076	184.705.467	184.705.467
Província Cisplatina	0	18.024.150	880.000	0
Alagoas	0	0	0	28.977.624
Total	7.044.309.560	5.366.363.543	5.920.271.061	5.791.973.407

Fonte: Relatórios do Ministério da Fazenda, 1827-1828.

Vale lembrar ainda que, na Constituição de 1824, o poder de fiscalização da câmara sobre os atos do executivo foi estabelecido em termos vagos e de certa forma curiosos. No artigo 15, Parágrafo 6º tratando da morte do imperador ou da vacância do trono, a Constituição afirma ser da atribuição da Assembleia Geral "*instituir exame da administração que acabou e reformar os abusos nela introduzidos*". A fórmula está presente também na Constituição Portuguesa de 1826, no tópico em que trata da morte do rei ou da vacância do trono. Entretanto, no Capítulo II da Constituição de 1824, a fórmula reaparece no Artigo 37, definindo como atribuição da Câmara dos Deputados "*o exame da administração passada e reforma dos abusos nela introduzidos*", sugerindo que essa poderia ser uma atribuição mais geral e corrente da Câmara, não apenas adstrita à situação de morte do rei ou de vacância do trono. A discussão do primeiro orçamento do Império colocaria em evidência esse potencial disruptivo, como veremos a seguir, construindo uma crise entre a assembleia e o governo que se prolongaria até a Abdicação.

O Primeiro Orçamento e a crise do Primeiro Reinado

A Primeira Legislatura ordinária, que se reúne em 1826, é uma câmara indócil onde reverbera fortemente o trauma político da dissolução da constituinte e das difíceis condições de negociação interna e externa da Independência, que envolvera a assinatura de Tratados de Comércio com a Inglaterra e a França, estendendo a essa última as cláusulas de favorecimento nas tarifas alfandegárias anteriormente concedidas apenas à primeira. Pesava também sobre as elites agrárias o fundo descontentamento com o Tratado com a Inglaterra, que prometia o fim do tráfico africano de escravos para 1831, além do desenvolvimento desfavorável da guerra com a Argentina, pela posse da Banda Oriental do Uruguai como Província Cisplatina, no território Brasileiro, consumidora de enormes recursos orçamentários. A situação financeira não era melhor do que aquela que se apresentara em 1823, seja no que se refere às sempre faltantes "sobras provinciais", seja na urgência de novos empréstimos para fazer face a um déficit crescente e ao consumo infrene de recursos da guerra no Sul.

Todos esses elementos fariam da primeira discussão do orçamento um momento de afirmação política da câmara, onde repontaram as vozes da oposição liberal, presente na Comissão do Orçamento, composta por Gonçalves Ledo, M. de Souza França, Nicolas Herrera, J. B. Batista Pereira, João Bráulio Muniz e J. Rezende da Costa. Dentre as vozes oposicionistas destacou-se a de Bernardo Pereira de Vasconcelos, representante de Minas Gerais, que inicia aqui uma escalada que o levaria à grande proeminência que viria a desfrutar no Período Regencial na reorganização do sistema fiscal do Império. Ele nos dá, através de sua Circular aos Eleitores, um relato do que fora aquele debate e busca justificar perante os mineiros as razões que lhe haviam granjeado o epíteto de "opositor universal."

> Segue-se a lei do orçamento datada de 14 de novembro de 1827. Muito renhida foi a discussão desta lei, e não dissaborearia dar aqui dela copiosa notícia, mas não cabe nos estreitos limites desta carta. É a primeira vez que o Brasil via este grande espetáculo de agentes do poder, ministros de estado, comparecerem perante os representantes da nação, a darem contas do emprego dos dinheiros nacionais.[69]

O autor do epíteto é, novamente, Manoel Jacinto Nogueira da Gama, desta feita já como Barão de Baependi, que pela terceira vez desempenha a missão de apresentar a situação das finanças públicas. Novamente, ele se encontrava diante de uma Assembleia, desta feita já regida pela nova ordem constitucional e teria novamente o espinhoso dever de anunciar uma situação em que se prolongavam as mazelas expostas em 1823, sobretudo a já crônica dificuldade em obter as "sobras" provinciais. Quanto à Câmara, era a primeira vez que exercia plenamente seu papel, abrigada pela Constituição, em um processo que foi um dos principais vetores da crise do Primeiro Reinado, que iria se desdobrar entre 1828 e 1831. Como uma das lideranças da oposição parlamentar, Bernardo Pereira de Vascon-

69 VASCONCELOS, B. P., in: CARVALHO, J. M. (org.). *Bernardo Pereira de Vasconcelos*, São Paulo: Ed. 34, p. 132.

celos fora favorável ao adiamento da votação, considerando que ela deveria permanecer adiada

> até que se ofereçam emendas, sem as quais não pode passar nesta Câmara; por que, perdoe-me a ilustre comissão, o seu projeto está muito imperfeito; não tem semelhança alguma com um projeto de finanças, nem com os que se debatem nas Assembleias Legislativas das nações ilustradas.[70]

Sua crítica principia exatamente por esse posto-chave da peça orçamentária – a despesa é que deveria preceder a análise da receita, que é aquilo que dá voz ao papel dos parlamentares no processo de avaliação e autorização dos dinheiros públicos. Diz ele

> Entendeu a comissão que a receita é que devia regular a despesa, e não esta àquela, e por isso em primeiro lugar fixa e determina a receita, e depois a despesa. A ordem inversa me parece preferível; primeiramente se devem fixar as despesas, tanto ordinárias, como extraordinárias, e depois, tratar dos meios, tanto ordinários, como extraordinários, de as fazer. A razão mostra a preferência do meu plano ao da comissão, e a meu favor tenho a lei das finanças da França e Inglaterra, que a mesma ordem guarda.[71]

A crítica de Bernardo Pereira de Vasconcelos gravitava entre dois pontos: a necessidade da fixação das despesas antes da determinação das receitas e, em cada tópico, a distinção das rubricas fixas e permanentes (incluindo aí os juros da dívida pública) daquelas que eram contingentes e extraordinárias. Um e outro ponto

70 VASCONCELOS, B. P., in: CARVALHO, J. M. (org.). *Bernardo Pereira de Vasconcelos*, São Paulo: Ed. 34, p. 132.

71 VASCONCELOS, B. P., in: CARVALHO, J. M. (org.). *Bernardo Pereira de Vasconcelos*, São Paulo: Ed. 34, p. 133.

reiteravam a afirmação do papel do legislativo no processo orçamentário. Visavam também o estabelecimento de rotinas futuras que ao separar a parte das despesas fixas e permanentes, das extraordinárias, tornasse mais práticas e econômicas de tempo, as futuras discussões do orçamento. Permitia, também, na conjuntura gravosa em que as discussões se desenvolviam, dar relevo ao caráter extraordinário dos gastos militares envolvidos no torvelinho da guerra que se desenvolvia pela posse da Província Cisplatina, diferenciando-os daqueles ordinários em tempos de paz. Elas procuravam evidenciar, através da crítica aos aspectos técnicos da peça orçamentária, a própria designação de Nogueira da Gama, notório funcionário do Antigo Regime, em um momento em que crescia a impopularidade do Imperador.

Se as intervenções de Vasconcelos foram contundentes, embora sóbrias, muito mais ácidas foram as manifestações da Comissão do Orçamento. A análise da Comissão entre no mérito mesmo do relatório de Nogueira da Gama, principiando por negar que ele tivesse cumprido os preceitos constitucionais. A partir daí, passa a examiná-lo linha a linha para ressaltar suas deficiências.[72] A Comissão ressalta sobretudo a incapacidade do Ministério da Fazenda em se apropriar das informações relevantes sobre as Províncias, o que principiava na listagem insuficiente e malfeita dos próprios nacionais e espraiava-se para o tema das receitas provinciais chegando ao espinhoso tema da dívida ativa e passiva. Em todos esses aspectos, a Comissão afirmava que os dados estavam incompletos e referiam-se a temporalidades distintas e incomparáveis.

---

72 *Parecer da comissão da Fazenda da Camara dos Deputados da Assembleia Geral Legislativa do Imperio do Brasil sobre o Relatorio do Ministro e Secretario de Estado dos Negocios da Fazenda, enviado à mesma câmara, em que expõem o Estado da administração, arrecadação e distribuição das rendas nacionais, e orçamento das despesas para o ano de 1827, Lido na Sessão de 18 de agosto de 1826 e publicado a 28 do mesmo mês*, Rio de Janeiro: Na Imperial Typographia de Plancher, 1826.

> Na verdade ninguém poderá dizer que a soma do Balanço da Província do ceará do ano de 1822, com os das Províncias do rio Grande do Norte, Parae goias, do ano de 1823, os das Províncias do Espírito Santo, Sergipe, Paraíba do Norte e Minas Gerais, no de 1824 e os das mais Províncias no de 1825, se possa considerar como operação capaz de demonstrar o estado da Renda Publica e sua despesa no fim deste último ano.[73]

Criticas acerbas são também assestadas contra o empréstimo negociado em Londres, tanto pelas condições da negociação quanto pelas comissões embolsadas pelos negociadores. No item das condições de negociação, avultava o fato de que eram hipotecadas as rendas das alfândegas do Rio de Janeiro, Bahia, Pernambuco e Maranhão, além da concessão de outros itens do domínio nacional, como o pau brasil (Pernambuco, Alagoas, Paraíba e Rio Grande do Norte, e o produto das minas de diamantes, temas que a constituição dava como privativos da câmara de representantes para sua autorização.

A Comissão fazia também percuciente escrutínio das despesas, tidas algumas como inúteis, como por exemplo as que mantinham caras embaixadas nos países da Santa Aliança, inimigos da Independência das Nações Americanas, ou que autorizavam o pagamento dos soldados alemães para a impopular guerra que o Império desenvolvia contra a República Argentina, em torno da Província Cisplatina. O Relatório pedia recursos para pagamento dos soldados alemães contratados por D. Pedro I, o que a Comissão considerava como autorização para a entrada de "tropas estrangeiras no Império". Duras invectivas são assestadas contra a manutenção de caras embaixadas no exterior, pois a Comissão considerava

73 *Parecer da comissão da Fazenda da Camara dos Deputados da Assembleia Geral ... 1827*, p. 6.

> não ser consentâneo com a condição de um império nascente admitir quantias de dispendiosa etiqueta seguida dos governos absolutos da Antiga Europa, ostentando sem nenhuma utilidade da Nação um aparatoso estado de Missões a potências estrangeiras, com as quais nenhumas relações políticas hão a manter.

Os críticos também não viam sentido nas grandes despesas com tenças e pensões que haviam sido instituídos por D. João e que permaneciam nas contas do Império, glosando

> a ilegítima despesa de ordenados os criados do Sr. Rei D. João VI de Portugal, que se deixaram ficar residindo no Império, que segundo (...), pois nenhum fundamento de lei ou de razão aparece para que a Fazenda Pública do Brasil mantenha Criados de um Rei estranho, que não quiseram ir prestar os seus ofícios de famulado a seu Augusto Amo (...).[74]

A dimensão fiscal da crise do Primeiro Reinado aparece com veemência nessa primeira discussão parlamentar do orçamento, adensando os descontentamentos que viriam a eclodir na Revolução do 07 de abril e na Abdicação. Quanto à lei orçamentária de 1827, esta veria frustrada sua aprovação. O primeiro orçamento brasileiro teria, então, sido aprovado pelo Decreto Legislativo de 15 de dezembro de 1830, que fixava a despesa e orçava a receita das antigas províncias para o exercício de 1831 (de 01 de julho de 1831 a 30 de junho de 1832).

A engenharia institucional da Regência e o Orçamento

A Regência iria levar à administração da Fazenda, alguns dos homens que estiveram na ribalta das críticas ao primeiro orçamen-

---

74 *Parecer da comissão da Fazenda da Camara dos Deputados da Assembleia Geral 1827*, p. 16-17

to e que seriam responsáveis pela engenharia fiscal da Regência, destacando-se dentre eles Bernardo Pereira de Vasconcelos, que tendo sido apostrofado como "apontador universal" por Nogueira da Gama terá agora a seu cargo o desafio de encetar a política de reformas que defendia na tribuna. Tendo sido Ministro da Fazenda da Regência entre 1831 e 1832, ele iria colocar em prática uma série de reformas político-administrativas de longa duração, que iriam ter importantes efeitos sobre o processo orçamentário.

Parte dessas reformas estão prefiguradas no Relatório do Ministério da Fazenda apresentado por ele já em 1831, onde ele recrimina o tratado com a Inglaterra que comprometia o Império com a cessação do tráfico africano a partir daquele ano como um dos grandes responsáveis pelos problemas enfrentados pela Nação:

> A cessação do Comércio da África, e sacrifícios, que fez a Agricultura para fornecer-se de braços, agravaram ainda mais o cancro que já nos devorava. Desmoronou-se o edifício; e será a Revolução a causadora do mal? Ou a Revolução somente pôs a descoberto a gangrena que existia.[75]

A questão do tráfico negreiro tem lugar aqui pois, embora seja sabido que a importação de africanos continuou a existir, ainda que ilegalmente até 1850, o caráter ilegal desse comércio tráfico acabava por privar o fisco de importante fonte de receita, pois abolidas as rubricas fiscais referentes ao tráfico externo, só restava ao fisco a "meia sisa do escravo ladino", imposto cobrado sobre o comércio dos escravos nascidos na Brasil, e uma "taxa sobre os escravos" que iria ser introduzida na Regência (1833) sobre os escravos das cidades e vilas. Estas rubricas, como muitas outras que dependiam de

75 Brasil, Ministério da Fazenda, Ministro Bernardo Pereira de Vasconcelos, *Relatório... do Anno de 1831 apresentado na Sessão de 1832* (publicado em 1832), Rio de Janeiro: Tipografia Nacional, 1832.

matrículas e cadastros, viam-se como de difícil cobrança, por que encontravam grande resistência nos possuidores de escravos.

Esclarecedora também viria a ser a sua posição sobre a estrutura fiscal como um todo, onerada de uma miríade de taxas e contribuições arcaicas, herdadas do período colonial, muitas das quais oneravam a propriedade das classes produtoras agrícolas, esteio da fortuna nacional. Em outra dimensão, o ônus do passado precisava ser enfrentado: tratava-se de ultrapassar o caráter colonial da arrecadação, que tornava as províncias obrigadas ao envio das "sobras" da sua administração, alvo de queixas de todos os ministérios do Primeiro Reinado, pela sua inoperância. Reduzir o número das contribuições, classificá-las e racionalizá-las, tal parece ser o intuito do Ministro, que não deixa de tocar também na questão da propriedade territorial. Diferentemente, porém de seus antecessores, a ênfase aqui não parece ser a fiscalidade, mas o crédito e a fé das hipotecas, que teriam como base a regularização da propriedade.

> A fraude tem-se de tal modo mantido e insinuado, que poucos sãos os objetos que ela não contamina. A propriedade não lhe escapou porque é com o maio despejo, talvez fundado na impunidade, ou no horror, que hoje causa ao homem de bem o sustentar processos, e sofrer a chicana do foro e a corrupção de alguns juízes, que quase todos os dias se vê a hipotecar a diversos o mesmo bem, e a até vendê-lo a um terceiro com total prejuízo dos outros. Daqui resulta que a Letra do Mercador que outra garantia não tem senão a do seu crédito, encontra maior consideração que a do proprietário que oferece seguras hipotecas. Cumpre, pois, senhores, dar á propriedade territorial a segurança que deve desfrutar em um país civilizado e aquela consideração que lhe é essencial. A Inglaterra, a França, Nápoles e outras nações nos oferecem modelos, de onde podemos colher ao que convier ao nosso país. se uma medida adotardes sobre este assunto, que, posso dizer-vos é hoje de uma influência vital na riqueza pública, vós a fareis

> subir consideravelmente de valor e dareis aos proprietários os meios mais seguros de achar em si mesmos recursos para o melhoramento de suas fortunas.[76]

Durante seu curto, mas fecundo período na Pasta da Fazenda e na influência que manteve junto à Regência até 1835, Bernardo Pereira de Vasconcelos iria debruçar-se sobre a Organização do Tesouro Público Nacional e suas estações nas províncias, convergindo com essa ação a reforma da estrutura alfandegária do Império,[77] preparando o que deveria ser o cerne da estrutura fiscal do Império pelas décadas subsequentes. Da mesma forma, mas com menos sucesso, o Ministro buscava também lidar com as "alfandegas internas" onde se arrecadavam direitos de importação entre as províncias.

O alcance da medida seria percebido já no orçamento de 1832, onde aprecem separadas as rendas e despesas do poder central daquelas do poder provincial, antecipando a reforma que se completaria em 1834 com o Ato Adicional, criando a competência fiscal da Província, (1834) ao mesmo tempo em que se criavam as assembleias provinciais (conselhos). A Lei n. 99 de 3l de outubro de 1835 especificou os rendimentos do poder central, tornando-se a base da estrutura tributária do Império. O sentido da estruturação fiscal feita na regência foi o de extrair das províncias o direito de taxar o comércio exterior, aquele que viria a ser o item mais importante da receita pública. A forma política dessa decisão incidiria diretamente contra a noção de "sobras", como era definido no período colonial.

76 BRASIL, MINISTÉRIO DA FAZENDA, MINISTRO BERNARDO PEREIRA DE VASCONCELOS, *Relatorio... do Anno de 1831 apresentado na Sessão de 1832* (publicado em 1832), Rio de Janeiro: Tipografia Nacional, 1832.

77 BRASIL, MINISTÉRIO DA FAZENDA, MINISTRO BERNARDO PEREIRA DE VASCONCELOS, *Relatorio... do Anno de 1831 apresentado na Sessão de 1832*, p. 5 e seguintes. Ver Organização do Tesouro Público Nacional (Lei 37582 de 4 de outubro de 1831).

O Governo central passava a definir agora as "suas" receitas e as "sobras" é que seriam deixadas para a esfera provincial. As Assembleias teriam liberdade para criar novos impostos e contribuições, desde que não invadissem a esfera fiscal do poder central, onde figuravam os impostos de importação. Dentre os impostos que ficavam para o poder provincial figuravam a maior parte dos tributos criados com a chegada da Corte, como as sisas das casas e a meia sisa do escravo ladino, rubrica dependente de outras medidas (cadastros, matrículas) de difícil e espinhosa cobrança para a maioria das províncias.

Dentre as regulações que afetam a confecção da peça orçamentária nos anos subsequentes, deve-se apontar, o Decreto 41 de 20 de fevereiro de 1840, ordenando que a contabilidade do Tesouro e das demais repartições fiscais se fizessem por exercício e não por ano e dando o entendimento ao termos exercício no seu Artigo 2º (Entender-se-á por um exercício o tempo a que são afetos os créditos abertos por uma Lei de Orçamento, e que se prolonga desde o 1º de Julho de cada ano até o ultimo de Junho do ano seguinte) e 3º (São pertencentes a um exercício somente as operações relativas aos serviços feitos, e aos direitos adquiridos ao estado, e a seus credores dentro do ano, que dá seu nome ao exercício). Mencione-se também a disposição da lei orçamentária de 1843 ordenando que nos orçamentos futuros a tabela da receita geral devia trazer a comparação do produto dos três últimos anos com aquele orçado para o ano futuro. Procurava regular também a forma de disposição das despesas, mandando que se orçassem separadamente as parcelas de cada verba em cada ministério.

A engenharia institucional da Regência, inicia um longo ciclo que podemos dizer, encontra sua conclusão com a Reforma das Tarifas Alfandegárias pelo Ministro Alves Branco (1844). Dois tratados com a Inglaterra dão as balizas dessa periodização. Em 1831, coube ao governo da regência criar alternativas diante das pressões geradas pelo Tratado do fim do tráfico, que expirava naquele ano. No outro extremo, ainda pressionados pelos ingleses, agora pela efetiva extinção daquele tráfico, os ministros da década de 1840 encontraram na expiração do Tratado de Comércio de 1825, com a Inglaterra, que limitava as tarifas alfandegárias a 15% *ad valorem*, inicialmente com aquele país e a partir daí, com todas as outras nações, em um uma ampliação que se processou até 1828. As hábeis negociações que permitiram articular os dois temas – o fim efetivo do tráfico e a possibilidade de elevação tarifária, possibilitaram consolidar as estratégias que haviam se estabelecido desde 1831, fortalecendo o centro político no Rio de Janeiro, mantendo as alfândegas como o cerne do sistema fiscal. Essas estratégias permitiram também a expansão da agricultura escravista que florescia sobretudo nas regiões cafeeiras do Sudeste, protegendo seus interesses da voracidade do fisco, e ao mesmo tempo construindo possibilidades de estabilização das finanças públicas.

Nesse estado fiscal que se estabelece sem ferir os interesses dos grandes proprietários, a Assembleia Geral exercerá seu papel constitucional através das leis orçamentárias, impondo um gradualismo nas mudanças e uma relativa docilidade das câmaras que não voltaram a se manifestar a rebeldia dos tempos do Primeiro Reinado. Pimenta Bueno, em seus comentários a constituição, elogia essa disposição que se estabeleceu nas práticas mais do que na letra da constituição, evitando que o governo procurasse meios extra-legais de obter recursos no caso em que o poder legislativo lhe negasse os créditos necessários. Entretanto, a ausência de uma racionalização e padronização do sistema fiscal brasileiro no Império, deixando o tema sempre para as Leis Orçamentárias, recebeu críticas de outros setores, sobretudo a partir da década de 1840 quando começa a se estruturar um saber jurídico específico sobre finanças públicas no Brasil.[78] Os juristas brasileiros, fortemente marcados pelos tra-

78 MAIA, José Antônio da Silva, *Compêndio de Direito Financeiro*, Rio de Janeiro: Tip. Nacional, 1841, BARROS, José Mauricio Fernandes Pereira. *Apontamentos de Direito Financeiro Brasileiro*, Rio de Janeiro: Laemmert, 1855.

tadistas franceses, ressentem-se da ausência de uma maior racionalidade administrativa, e de um rigor maior no próprio processo orçamentário. Barros aponta a ausência de um tribunal de contas, que permita dar legalidade à execução orçamentária. Diz ele que

> o budget não sendo senão um orçamento de receitas e despesas presumidas, o fato pode diferir da previsão (...) É preciso pois para cada ano um outro ato legislativo que legalize o que verdadeiramente se fez; é isso que em França se chama a lei das contas. Como entre nos não existe ainda um tribunal de contas, essas contas são os nossos balanços, organizado no tesouro, não por anos, porém por exercícios (L de 20 de fevereiro de 1840).

A lei referida determinava o entendimento do exercício, como "*o tempo a que são afetos os créditos abertos por uma Lei de Orçamento, e que se prolonga desde o 1o de julho de cada ano até o ultimo de junho do ano seguinte*". O mecanismo instituído para disciplinar o tempo do orçamento era, no entender do jurista, frequentemente pervertido pela prática abusiva de

> enxertar na lei do orçamento, que é uma lei anua, disposições permanentes, que transtornam e prejudicam o equilíbrio da receita e despesa publica calculada. E conquanto seja o poder legislativo competente para votar as leis, não deve, todavia, alterar a formula consagrada em todos os países constitucionais na confecção dos budgets; a menos que se não proponha assim a destruir a sua própria natureza, falseando o sistema.

O alvitre tinha o agravante de operar uma usurpação de poderes, pois

> o poder legislativo está submetido ao arbítrio da sanção, e enxertando-se no orçamento leis que devem vir segregadas dele, cerceia-se o direito da sanção". Mais ainda, "essas leis

> assim aditadas no orçamento e votadas de chofre, sem exame nem discussão, introduzem no pais disposições que indevidamente figuram na coleção de nossas leis, e dão largas ensanchas ao espirito de patronato, em prejuízo da causa publica; ao passo que também criam óbices ao estudo de nossa legislação – já tão emaranhado – destruindo a uniformidade que lhe é mister e tornando-a casuística e parcial.[79]

Ainda que de forma gradualista, parece fora de dúvida que a Constituição de 1824 pretendeu organizar o Império como um *estado fiscal*, que viveria da contribuição de seus súditos/cidadãos e não dos recursos do domínio régio. Mesmo ao arrepio dos saberes jurídicos a câmara mostrou-se sempre atenta na votação das Leis Orçamentárias, sobretudo para vedar ou moderar ações que incidissem sobre as propriedades e fortunas dos grandes proprietários de terras e escravos.

Mantido o gradualismo a estrutura da antiga ordem não sofria assim, com a Independência, abalos legais de grande monta, ao mesmo tempo que instituía a Assembleia como o lugar político das transformações que deveriam se desenvolver de forma lenta e controlada também pelo executivo, seja pelo papel destacado exercido pelo Ministério da Fazenda, seja pelo papel do Conselho de estado na elaboração das estratégias orçamentárias e fiscais. As Leis Orçamentárias, nesse sentido, são o documento estratégico para se acompanhar essas modificações, tanto aquelas de pequena monta (alterando denominações de tributos ou eliminando antigas taxas em desuso), como aquelas que envolviam mudanças de fundo, como as que estabeleceram a distinção das competências fiscais do centro e das províncias, ou que criaram novos impostos.

O crescimento das receitas respondeu, de certa forma a essa estratégia, mas o crescimento muito maior das despesas produziu uma situação de crônico déficit. O Império era o Déficit, disseram, mais

79 MAIA, José Antônio da Silva. *Compêndio de Direito Financeiro*, *Op. cit.*, p 4.

tarde, os republicanos. No sistema político imperial, as formas de lidar com o déficit foram objeto das mais apaixonadas discussões parlamentares e também dos juristas e dos nascentes "economistas", que vão começar a surgir, no final do século, a partir dos cursos jurídicos.[80]

80 Ver, além da nota 173, CARREIRA, Liberato de Castro. *História Financeira e Orçamentária do Império do Brasil desde a sua fundação.* Rio de Janeiro: Imprensa Nacional, 1889; CAVALCANTI, Amaro. *Elementos de Finançaas - estudo theorico-prático*, Rio de Janeiro: Imprensa Nacional, 1896, CAVALCANTI , Amaro, *Resenha Financeira do Ex-Império do Brasil em 1889*, Rio de Janeiro: Imprensa Nacional, 1890.

Estratégias ladinas: o imposto sobre o comércio de escravos e os impasses da composição política (1831-1850)

Olhado em seu conjunto, o Primeiro Reinado pouco avançou no sentido da construção de um sistema fiscal de caráter nacional. A continuidade dinástica e a busca da "linha de menor força" limitaram as iniciativas do estado à prorrogação dos impostos vigentes em 1822 e à tática das reformas parciais, submetidas, por força da Constituição, à deliberação parlamentar.

Essa aparente continuidade no plano fiscal fez do assunto um "não problema" para a historiografia tradicional, criando uma espécie de "hiato" que só é retomado com a reestruturação efetuada pela Regência, a partir do Ato Adicional, identificando a competência fiscal do Poder Central e separando-a das Províncias. A maioria dos estudos, entretanto, "começa" a análise da fiscalidade do Império com a Reforma Tarifária do Ministério Alves Branco (1844), que teria viabilizado, na prática, a divisão de jurisdição entre o centro e as Províncias, ao aumentar as alíquotas das tarifas alfandegárias e fornecer uma base mais sólida para as finanças do poder central, estratégia até então impossibilitada pelos Tratados assinados com a Inglaterra na década de 1820 e que limitavam as tarifas alfandegárias a 15% ad valorem. Essa é a periodização que se tornou clássica a partir de Celso

Furtado, que fazia coincidir na década de 1840, duas linhas de força da consolidação do centro político: a estruturação de uma vigorosa economia exportadora (o café fluminense) e a possibilidade de fazer crescer as receitas alfandegárias, com a Reforma Tarifária de 1844, conhecida como Reforma Alves Branco. As duas primeiras décadas após a Independência, marcadas pela estagnação econômica e pelo caos monetário, corresponderiam a um período de agitação política endêmica, que eram, em grande parte, explicados por aquela situação econômico-financeira.[1]

Aquilo que na obra fundadora de Furtado fora um grande insight (o esforço de uma interface criativa entre a esfera monetária e os movimentos sociais, por exemplo, seu interesse pela questão do aviltamento salarial em razão dos pagamentos de soldos e salários em moeda de cobre), criou uma "zona de sombra" na historiografia sobre a dinâmica econômica do Primeiro Reinado e da Regência, períodos que passavam a ser tratados como uma espécie de turbulenta ante-sala do *Império dos fazendeiros* que se instalou na década de 1840. Uma das razões para priorizar o período 1840-1850 nos estudos de História Econômica do século XIX advém também da qualidade dos dados, ou seja da dificuldade em encontrar cifras dignas de confiança e passíveis de seriação nos precários, heterogêneos e irregulares Relatórios do Ministério da Fazenda dos anos 1820 e 1830.[2]

1 FURTADO, Celso, *Formação Econômica do Brasil*, Brasília: Ed. UNB, 1963 (1ª Ed. 1959), principalmente capítulos 17-20. Justamente por partir da constatação da penúria das contas públicas, Celso Furtado parece ter subestimado o dinamismo econômico da região sudeste, em particular as atividades relacionadas com o mercado interno.

2 A revisão crítica dessa posição vem sendo desenvolvida por historiadores de várias tendências. Ver LEGNARO, Alcir. *As Tropas da Moderação*, São Paulo: Ed. Símbolo, 1979, ARRUDA, José Jobson, "A Produção Econômica" e "A circulação, as finanças e as flutuações econômicas, in: SILVA, Maria Beatriz Nizza (coord.), *O Império Luso Brasileiro, 1750-1822*, Lisboa: Ed. Estampa, 1986.

Este trabalho não contesta a importância da Reforma Alves Branco para a composição de interesses entre as oligarquias provinciais e o centro político, ao fazer das alfândegas o cerne da estrutura tributária do poder central. Ao contrário, ele procura enfatizar a importância da ação política do Ministro Alves Branco trazendo à baila um lado menos conhecido da sua atuação: a dimensão "interna" da articulação de interesses entre o Centro Político e as oligarquias provinciais no encaminhamento da espinhosa questão do imposto sobre o mercado interno de escravos - a meia sisa sobre a venda de escravos ladinos. Procuramos, desse modo, penetrar nessa "zona de sombra" que é a história fiscal da primeira metade do século XIX, valorizando menos a exatidão das cifras, de resto muito precárias pelas lacunas da própria documentação, do que a riqueza da informação sobre os dilemas, as resistências, os percalços, as dificuldades, que povoam as páginas dos Relatórios do Ministério da Fazenda do período e colocar em destaque a relação complexa entre processos que singularizaram a experiência de construção do estado nacional no Brasil, a saber a reiteração e reinvenção do escravismo mercantil, a organização do estado em bases liberais, isto é, fundadas nos mecanismos de representação política e a presença das pressões e tratados referentes ao fim do tráfico africano de escravos. A fiscalidade nos parece, mais uma vez, um interessante e produtivo fio condutor para iluminar aspectos pouco evidentes desse processo.

Estado liberal, ordem escravista e fiscalidade

O esforço de estruturar um estado liberal, sob a forma da monarquia constitucional representativa, reiterando ao mesmo tempo a ordem escravista foi o grande desafio das elites políticas do século XIX[3]. A forma como elas enfrentaram esse desafio e o resultado

---

3 Para essa discussão ver Luiz Felipe de Alencastro, *Le commerce des vivants: traite d'esclaves et "pax lusitana" dans l'Atlantique Sud.* Paris, 1986. Tese de Douto-

alcançado marcaram o nascimento do estado Brasileiro de forma persistente, com efeitos que se espraiaram por todos os aspectos "típicos" da construção do estado: a consolidação do território, a construção das forças armadas, o estabelecimento de uma ordem jurídica e, conforme trataremos nesse trabalho, a fiscalidade.

A ordem colonial e o caráter mercantil da escravidão moderna, fizeram sempre do tráfico negreiro um dos ramos mais lucrativos do comércio colonial e uma importante fonte de rendimentos da Coroa Portuguesa. Dentre os principais tributos que incidiam sobre o comércio de escravos podemos mencionar a taxa de 1.000 réis por escravo que passasse pela Ilha de São Tomé, criada pela Carta Régia de 1699, com o objetivo de, atendendo o Bispo daquela Ilha, criar fundos para o apoio da Igreja local. Com a descoberta das minas de ouro e o acréscimo da demanda de escravos, a Coroa estabeleceu a Feitoria da Ajuda, na Costa da Mina e, junto com ela, uma nova taxa de 1.000 réis por escravo, destinada à proteção do tráfico africano e prevenção do contrabando. Em 1714-1715, criou-se um novo imposto sobre os escravos que, de Pernambuco, Bahia e Rio de Janeiro, eram destinado a Minas Gerais.[4] Os escravos que entravam em Minas Gerais, recebiam também um tributo interno, as *entradas*, taxação estabelecida entre 1710 e 1714, e que incidia sobre todas as mercadorias, animais e veículos que entrassem em Minas Gerais das capitanias adjacentes.[5]

Com a vinda da Corte para o Brasil em 1808, criou-se, como

---

ramento, Univ. de Paris X, cap. IX e "La Traite Négriére Et L'unité Nationale Brésilienne. Revue Française d'Histoire d'Autre-Mer". Paris, n. 244/ 245, 1979.

4 Essa taxa de 4500 réis por cabeça, segundo Alden "era destinada a proteger os interesses açucareiros, que temiam que seu suprimento de escravos novos fosse inteiramente desviados para as minas". ALDEN, Dauril. *Royal Government...*, p. 303.

5 Ver "Instrução para o Visconde de Barbacena", 29 de janeiro de 1788 *RIHGB*, VI, 1844, partes 81-89.

parte das inovações fiscais e administrativas instituídas, uma importante rubrica fiscal sobre o comércio de escravos: a *meia sisa* (5%) sobre o comércio de escravos nascidos no Brasil (escravos ladinos), incidindo sobre as transações efetuadas na Corte e em todas as Províncias do Império.[6]

Dentre os impostos vigentes no período colonial e que tiveram sua vigência prorrogada após a Independência, encontram-se, portanto, os que incidiam, de diversas formas, sobre a escravidão e o tráfico. Suas principais rubricas e seu peso relativo na arrecadação podem ser estimados das tabelas que se seguem:

Tabela 5. Rendas provenientes do tráfico negreiro em no primeiro semestre do ano de 1823 (em mil reis)[7]

Novo imposto dos Escravos	12.392
Direitos novíssimos dos Escravos	139.410
Direitos de saída dos portos da Costa d'Africa	30.676
Direitos dos Escravos que vão para Minas	15.732
Sisa e meia sisa administradas	44.877
Sisa e meia sisa contratadas	20.050
Total	262.797
TOTAL Receitas Ordinárias	1.600.664
% escravos sobre receitas ordinárias	16,41%

A questão ganhou uma nova dimensão em 1827, quando o Tratado assinado com a Inglaterra comprometia o Império Brasi-

6 Para um estudo da meia sisa sobre o comércio de escravos associada à dinâmica da economia cafeeira ver SLENES, Robert. "Grandeza ou Decadência? O mercado de escravos e a economia cafeeira na Província do Rio de Janeiro, 1850-1888", in: COSTA, Iraci del Nero. *Brasil: História Econômica e Demográfica*, São Paulo, IPE, 1986.

7 BRASIL, MINISTÉRIO DA FAZENDA, MINISTRO MANOEL JACINTO NOGUEIRA DA GAMA, *Exposição do estado da Fazenda Pública, do Anno de 1821 à 1823* (publicado em 1823).

leiro com a extinção total do tráfico africano, com tolerância que se estendia até o ano de 1831, após o que os escravos entrados no país eram dados como fruto de contrabando e, conseqüentemente, tornados livres.

O Reverendo Robert Walsh, viajante inglês que visitou o Brasil no momento em que se adensava a crise política que poria fim ao Primeiro Reinado (1828-1829) reporta a importância notória para o fisco dos impostos que gravavam a propriedade e o comércio de escravos. Sobre os impostos sobre os escravos e possíveis efeitos fiscais da extinção do tráfico observava ele:

> O governo cobra uma taxa de 10 por cento pela venda de um escravo, sendo cobrada a mesma taxa toda vez que ele for revendido. Em sua viagem para o interior, o escravo paga cinco mil e quinhentos réis ao deixar o Rio, mais cinco e quinhentos ao atravessar o Rio Preto, mais trinta vinténs ao atravessar a ponte sobre o Paraíba. Assim, cada escravo vendido no mercado de Valongo por 250 mil réis e levado para Minas Gerais, onde é revendido, rende ao governo 61.600 réis. Por conseguinte, se, dentre os numerosos escravos que desembarcam no Rio anualmente, 30.000 forem mandados para o interior, a renda total do governo, só no Rio, será de 240.000 libras por ano. Admitir, pois a abolição do tráfico de escravos, e consequentemente uma diminuição tão grande nas parcas rendas do país, representa um sacrifício considerável da parte do governo (...)[8]

Por estas e outras razões, observa Walsh,, o tratado de fim do tráfico era visto com grande desagrado, entre outros, por Bernardo Pereira de Vasconcelos, liderança que emergia na oposição ao Imperador, na crise que engolfava o Primeiro Reinado.

8 WALSH, Robert. *Notícias do Brasil, 1828-1829*. Belo Horizonte/São Paulo: Ed. Itatiaia, Edusp, 1985, p.154.

> Vasconcelos, como deputado, é talvez o mais influente do Brasil. Dos dezessete membros que Minas Gerais envia à Câmara, é sempre o primeiro da lista. Nas eleições ocorridas poucos dias antes, ele obteve 677 votos, ao passo que outros apenas 209. Na mudança de ministério, em junho de 1828, foi convidado para o cargo de ministro da Justiça, mas recusou.[9]

Na visita prestada por Walsh ao político mineiro, envolvida pela simpatia pessoal mútua e amenizada por conservas, licores e queijos de Minas, Bernardo de Vasconcelos demonstrava uma evidente hostilidade para com a Inglaterra, tida como adversária do Brasil e de sua Constituição. Essa hostilidade, segundo o Reverendo Walsh, advinha do tratado de proibição do tráfico, que não fora ainda ratificada pela Assembleia Geral e provocava grandes polêmicas:

> Uma das incongruências de Vasconcelos é que ele defende o tráfico de escravos, sendo um dos motivos que o levaram a se indispor contra nós o tratado feito com a Inglaterra pela total abolição em curto prazo desse tráfico, juntamente com a suposta intenção do nosso país de exigir seu cumprimento. No dia anterior ao da minha visita, ele tinha apresentado uma moção ao conselho geral da província encarecendo a necessidade de prorrogar a data estabelecida para a cessação do comércio de escravos.
>
> Dizia ele que a província tinha sido tão castigada pelo alistamento forçado de seus jovens e as ruinosas expedições militares (...) que 'a população havia diminuído drasticamente, não só pela saída de tantos braços úteis, como pela fuga de outros, que assim agiram para escapar a esse ato de opressão; em consequência, os escravos eram absolutamente necessários para suprir sua falta'. Ele, porém, concluiu o seu discurso fazendo a defesa

---

9 WALSH, Robert, *Notícias...*, *Op. cit.*, p. 107.

> do princípio em si. 'Eles protestam", falou ele, "contra a injustiça desse comércio, dando como exemplo a imoralidade de algumas nações que o aceitam. Não ficou, porém, demonstrado, que a escravidão chegue a desmoralizar a tal ponto qualquer nação. Uma comparação entre o Brasil e os países que não tem escravos irá tirar qualquer dúvida a esse respeito'. Em seguida sugeriu que o governo brasileiro deveria entrar em acordo com a Inglaterra sobre a prorrogação da lei e incitou o conselho geral da província a encarecer a absoluta necessidade de ser feito isso, uma vez que, de acordo com a quarta seção do octogésimo artigo da Constituição, a lei não teria validade, por não ter sido apresentada à assembleia geral após sua redação e antes de sua ratificação.[10]

Embora Bernardo Pereira de Vasconcelos não tenha sido capaz de fazer valer esta posição em favor do adiamento das disposições sobre o fim do Tráfico, a oposição ao Tratado foi um elemento crucial da crise política que levou a Abdicação de D. Pedro I, em 1831. Apesar disso, é sabido que a data de que a data do tratado 1831, 07 de novembro de 1831, não apenas não significou o fim do comércio negreiro como, durante a primeira metade do século XIX, houve no Brasil, uma entrada de escravos maior, em números absolutos, do que aquela que se dera durante todo o período colonial.

> Somente no século XIX foram introduzidos na América perto de 1.900.000 de escravos africanos. Durante o período de 1801-1850, data em que foi interrompido o tráfico clandestino para as costas da América do Sul, o Brasil captou 80% do conjunto dos escravos exportados da África. (...) Concluindo, o Brasil é o agregado político e econômico americano que recebeu o maior número de escravos africanos. Isto é particularmente nítido no século

10 WALSH, Robert, *Notícias...*, *Op. cit.*, p. 108.

> XIX, quando o país desfrutava de um quase monopólio na compra de escravos.[11]

A continuidade do tráfico não deve obscurecer o fato de que, operado a partir de um estado Nacional soberano, algumas mudanças institucionais importantes de davam na relação institucional da escravidão com o estado brasileiro em formação. A primeira delas, repleta de paradoxos para a ideia de estado Nação, é que a condição de escravo ficava, a partir daí *territorializada*, vale dizer, apenas aquelas pessoas nascidas de ventre escravo, em território brasileiro, podiam ser incorporadas à escravidão. A segunda é que a maior parte das rubricas que incidiam sobre o comércio negreiro, não podiam mais fazer parte da arrecadação. Assim, embora desobedecido na prática, o Tratado privava o estado de uma importante fonte de receita, ao mesmo tempo em que lançava na ilegalidade o plantel de escravos entrado depois daquela data. Abolidas as rubricas fiscais referentes ao tráfico externo, só restava ao fisco a "meia sisa do escravo ladino", imposto cobrado sobre o comércio dos escravos nascidos na Brasil, e uma "taxa sobre os escravos", introduzida na Regência (1833) sobre os escravos das cidades e vilas.[12] Os efeitos dessa "renúncia fiscal" involuntária se fazem sentir de forma imediata.

---

11 ALENCASTRO, Luiz Felipe. "La Traite Négrière et L'Unité Nationale Brésilienne". *Revue Française d'Histoire. d'Outre- Mer*. Paris, t. LXVI (1979), p. 244-245. Os dados são de Ph. CURTIN. *The Atlantic Slave Trade, a Census*. Madison, Wis. , 1969, table 77, p. 268. Segundo o autor, o Brasil recebeu, no total, cerca de 38% do tráfico africano total, enquanto que a América Espanhola, as Antilhas Francesas e as Antilhas Britânicas teriam recebido cerca de 17% cada. Os 12% restantes foram partilhados igualmente pelas outras Antilhas e pelos Estados Unidos.

12 Para uma reconstituição da legislação tributária brasileira ver Viveiros de Castro. "Curso de História Tributária do Brasil", *Revista do IHGB*, Rio de Janeiro, Tomo LXXVIII, parte 1, 1915.

Tabela 6. Impostos sobre escravos entre 1823 e 1833 (milhares de contos de réis)

	1828	1833
Total arrecadação	4.312	15.581
Impostos sobre escravos	612	322
Percentual	14,2	2,07

Fonte: Relatórios do Ministério da Fazenda (anos pertinentes)

O tema irá ocupar de forma constante os Ministros da Fazenda em seus relatórios. Vamos encontrá-lo já em 1831, na pena de Bernardo Pereira de Vasconcelos. O grande crítico dos Tratados com a Inglaterra reiterava sua posição, desta feita não mais como oposicionista, mas como Ministro da Fazenda do Governo Regencial . Em seu Relatório daquele ano Bernardo Pereira de Vasconcelos continua a recriminar o Tratado como um dos grandes responsáveis pelos problemas enfrentados pela Nação:

> A cessação do Comércio da África, e sacrifícios, que fez a Agricultura para fornecer-se de braços, agravaram ainda mais o cancro que já nos devorava. Desmoronou-se o edifício; e será a Revolução a causadora do mal? Ou a Revolução somente pôs a descoberto a gangrena que existia?[13]

Outra causa da crise, para ele, repousava no estado desmoralizado do meio circulante e do mau efeito sobre os negócios advindo da existência de duas moedas fiduciárias: o papel e o cobre, a primeira circulando no Rio de Janeiro e a segunda nas Províncias:

---

13 Brasil, Ministério da Fazenda, Ministro Bernardo Pereira de Vasconcelos, *Relatorio... do Anno de 1831 apresentado na Sessão de 1832* (publicado em 1832), p. 80

> Daqui resulta uma flutuação necessária de valores, e desta flutuação um prejuízo incalculável não só ao estado, como aos particulares; um câmbio sem equilíbrio algum entre esta e as praças da Europa e entre esta e as Províncias do Brasil; um embaraço considerável na administração pública; uma oscilação nas fortunas; um esmorecimento no comércio; uma paralisação na agricultura; um entorpecimento na indústria; um quebranto fatal ao crédito público, e um descontentamento geral em todas as classes produtivas.[14]

Essas razões, dizia ele, levava as pessoas a desacreditarem da Revolução de 7 de abril, atribuindo à comoção política as razões da crise que, a seu ver, provinha de outras causas:

> Algumas pessoas, que pouco profundam as matérias atribuem á Revolução nossos estado atual; grosseiro engano, de que se tem aproveitado a intriga para ilaquear os inexpertos, e perturbar a paz do estado. Não foi a Revolução quem produziu a crise: a Revolução não fez mais do que por a descoberto os males que existiam de antecedente data, e que há muito corroíam a nossa prosperidade.[15]

Apontando o caminho preferível para a regeneração do Estado Brasileiro, Bernardo Pereira de Vasconcelos dá grande destaque à Reforma das Alfândegas:

> A Reforma das Alfândegas do Império para melhorar o seu expediente e fiscalização, está concluída. Arriscada verdadeiramente era esta empresa, havendo que combater abusos inveterados e interesses variados.(...) Talvez não tenha aquele grau de perfeição de que é suscetível e a que

14 Brasil, Ministério da Fazenda, Ministro Bernardo Pereira de Vasconcelos, *Relatorio... do Anno de 1832*, p. 77

15 BRASIL, MINISTÉRIO DA FAZENDA, MINISTRO BERNARDO PEREIRA DE VASCONCELOS, *Relatorio... do Anno de 1831*, p. 76

> as nações cultas tem levado o regime de suas Alfândegas, ma sao menos é superior ao que até o presente regia estas estações, onde se cobra o principal das Rendas da Nação.[16]

Da mesma forma, a dificuldade em abolir as "alfândegas internas", o sentido colonial da taxação, aparece na dificuldade que ele encontra em extinguir a cobrança de direitos de passagem,

> Os Registros e as Alfândegas de Portos Secos em que se arrecadam os direitos de importação de umas para outras Províncias, serão abolidos no fim de Junho próximo, visto como, pela extinção desses direitos, nenhum exercício poderão ter.[17]

As medidas modernizadoras que se impunham não bastavam, entretanto, para instituir uma fiscalidade capaz de dar conta das despesas de um estado soberano. Impunha-se a reforma do sistema de impostos, e o ministro reconhece sua necessidade. Ele não vê, entretanto, maneira de reformar o sistema fiscal sem ferir os interesses das classes proprietárias, que formavam ao mesmo tempo a base de sustentação do estado. Ao enumerar os impostos existentes e opinar sobre o modo de reformá-los, Bernardo nos apresenta com clareza a visão que se estabelecia a partir da tomada do poder pelas elites territoriais e sua visceral resistência à taxação de suas propriedades e fortunas.

---

16 BRASIL, MINISTÉRIO DA FAZENDA, MINISTRO BERNARDO PEREIRA DE VASCONCELOS, *Relatorio... do Anno de 1831*, p. 5

17 BRASIL, MINISTÉRIO DA FAZENDA, MINISTRO BERNARDO PEREIRA DE VASCONCELOS, *Relatorio... do Anno de 1831*, *Op. cit.*, p.7. Sobre esse tema ver CELIA, Maria Izabel Basilisco. *Economia mercantil de abastecimento e rede tributária: São Paulo, séculos XVIII e XIX*. Tese de Doutoramento, UNICAMP, 2006.

> Permiti-me, senhores que vos apresente as minhas reflexões sobre alguns dos impostos atuais. A meia sisa dos escravos é um imposto oneroso, ele afeta a classe menos abundante e afeta os capitais, dois vícios consideráveis em todo o gênero de imposições, além de ser um veículo de fraudes, e de imoralidades. Não menos oneroso é o da sisa dos prédios. Sendo, como se não pode negar, tão rápida, e sucessiva no Brasil a mudança das propriedades, já pela divisão das heranças, já pela falta de capitais e já por mil outras razões, (...) destarte não só este tributo tem o defeito, (...) de afetar os capitais, como o de atacar a propriedade em geral, e em particular. (...)
> O imposto sobre os botequins, lojas etc., encerra uma desigualdade, que o torna odioso e intolerável. A mesma taxa que paga uma loja que emprega considerável fundo, paga aquela que apenas terá o emprego de cem milréis. (...)
> Parece-me também abolível a imposição sobre a carne verde. Seis réis em um objeto da primeira necessidade é realmente oneroso: entretanto podem ser aumentadas as taxas sobre legados e heranças e aquisições fortuitas, que não custam suores e fadigas aos beneficiados. (...)
> Em geral o nosso sistema de impostos é consideravelmente vicioso, constando de uma multidão de minuciosas taxas trazidas de Portugal nos malfadados tempos coloniais, ou lançadas aqui sem conhecimentos dos princípios da Ciência, quando aparecia ou se fingia aparecer necessidade de aumento de renda".[18]

A penúria do Tesouro, na opinião do Ministro, não refletia o movimento da "economia real", pois devia-se muito mais aos méto-

---

18 BRASIL, MINISTÉRIO DA FAZENDA, MINISTRO BERNARDO PEREIRA DE VASCONCELOS, *Relatorio... do Anno de 1831*, p.66 e 67. A mesma posição restritiva aos impostos sobre a propriedade e a rendas das classes empreendedoras já se verificava na sua atuação na Assembleia como Representante de Minas Gerais. Ver por exemplo seus *Discursos* na Sessão de 1828.

dos ineficientes de cobrança e à constante evasão dos contribuintes, defeitos "*que vem da (...) origem: erro é e será sempre querer edificar sobre alicerces que por toda parte tombam em ruína.*"[19]

No Relatório da Fazenda de 1834, o Ministro Manoel do Nascimento Castro e Silva queixa-se da fraude crônica a que é submetida a Meia Sisa dos Escravos Ladinos, praticamente a única rubrica pela qual podia-se continuar a taxar o comércio de escravos: encontrar uma maneira de coibir a fraude é uma das preocupações centrais do Ministro, pois "*a meia sisa é só paga por quem quer e estes mesmos diminuem os preços de compra e venda dos escravos para defraudar a Fazenda: os preços dos escravos nesta Corte sempre excedem de 300$000 e todavia só aparecem vendas de 80$000, 100$000, 200$000*".[20]

O Ministro sugere a implantação de medidas punitivas para coibir a fraude, à maneira do que estava em vigor nas alfândegas. O pagamento de uma multa e o confisco e venda do bem para ressarcimento do Tesouro.

> (...) parece-me conveniente que, com este imposto se observasse o que está em prática no Regulamento das Alfândegas, a respeito das mercadorias cujas faturas são julgadas fraudulentas, de cobrirem os exatores não com 10% e sim com 20%, e ser arrematado o escravo para ser deduzida a sisa do preço da sua arrematação.[21]

---

19 BRASIL, MINISTÉRIO DA FAZENDA, MINISTRO BERNARDO PEREIRA DE VASCONCELOS, *Relatorio... do Anno de 1831*, p. 68.

20 BRASIL, MINISTÉRIO DA FAZENDA, MINISTRO MANOEL DO NASCIMENTO CASTRO E SILVA, *Relatorio... do Anno de 1834 apresentado à Assembléia Geral Legislativa na Sessão Ordinaria de 1835* (publicado em 1835), p.71.

21 BRASIL, MINISTÉRIO DA FAZENDA, MINISTRO MANOEL DO NASCIMENTO CASTRO E SILVA, *Relatorio... do Anno de 1834 apresentado à Assembléia Geral Legislativa na Sessão Ordinaria de 1835* (publicado em 1835), p. 72.

As providências acima são pedidas pelo Ministro à Assembléia, "*tanto para bem fiscalizar a renda, como para não servir esse título de apoio a transações ilícitas, como a venda de Africanos Livres como escravos ladinos.*[22]

Da mesma forma, o Ministério faz gestões no sentido de expandir a base de arrecadação sobre o escravismo, através da moralização do velho "imposto do banco", que incidia sobre lojas abertas, no sentido de incorporar os pontos de venda de escravos.

> O imposto denominado do Banco, sobre lojas, está muito defraudado, pelas evasivas continuadas dos contribuintes, que forçam o governo a contínuas demandas, que desapareceriam, se porventura fosse redigido em sentido lato um Artigo, de modo que compreendesse todas e quaisquer lojas, que contenham gêneros expostos à venda pública, quer em grosso quer em retalho como se colige da mesma lei, *compreendendo igualmente as casas de consignação para venda de escravos;* isto enquanto não adotardes outro melhor meio, como por exemplo o de Patentes, segundos os objetos à venda, ou tomando por base a Décima que paga o prédio em que estiver a Loja. Sendo imensa a dívida neste ramo por se não cobrar dentro do ano do lançamento, ouvi o procurador fiscal e ordenei que, feito o lançamento, se concedesse somente o prazo de 10 a 15 dias para o seu pagamento.[23] (grifo nosso)

No tocante à "taxa dos escravos", o Ministro propõe a sua redução, também como uma maneira de coibir as fraudes, ao mesmo tempo em que se eliminavam as exceções.

---

22 BRASIL, MINISTÉRIO DA FAZENDA, MINISTRO MANOEL DO NASCIMENTO CASTRO E SILVA, *Relatorio... do Anno de 1834,* p. 72.

23 BRASIL, MINISTÉRIO DA FAZENDA, MINISTRO MANOEL DO NASCIMENTO CASTRO E SILVA, *Relatorio... do Anno de 1834,* p. 73.

> (...) o mesmo ordenei também sobre a taxa dos escravos (...) A taxa dos escravos torna-se nenhuma pelas fraudes no lançamento; ela seria cômoda para o contribuinte e de fácil arrecadação para a Fazenda se, em vez de 2$000 por escravo, se reduzisse a 200 reis indistintamente, e sem exceção alguma (...).[24]

Junto com esta medida, promove-se também a abolição de vários impostos provinciais anteriormente cobrados, que discriminavam com sobretaxas, tanto os escravos que se dirigiam para Minas, como vimos anteriormente, como também aqueles que se dirigiam para as províncias ao sul do Rio de Janeiro.

> Fiz cessar o pagamento de impostos abolidos por diversas leis como, das propinas dos contratos, dos Foros de sesmarias, da Pensão da Capela Imperial, do meio real no fumo, dos 4:800 dos escravos remetidos para o sul do Rio de Janeiro, e outros, que continuavam a ser cobrados em algumas Províncias.[25]

Conflito de interesses e pulsão extrativa: a separação das instâncias fiscais

O ano de 1834 é também um ano chave na estruturação das competências dos diferentes níveis de poder do estado Brasileiro, a partir do Ato Adicional à Constituição, quando são definidas as atribuições das Províncias brasileiras e que foi objeto de grande turbulência política.[26]

---

24 BRASIL, MINISTÉRIO DA FAZENDA, MINISTRO MANOEL DO NASCIMENTO CASTRO E SILVA, *Relatorio... do Anno de 1834,* Idem p. 74

25 BRASIL, MINISTÉRIO DA FAZENDA, MINISTRO MANOEL DO NASCIMENTO CASTRO E SILVA, *Relatorio... do Anno de 1834,* p. 84

26 Viveiros de Castro, "História Tributária do Brasil", in: *Revista do Instituto Histórico e Geográfico do Brasil*, Tomo LXXVIII, Parte 1, 1915, p. 55-63.

O Ato Adicional criava as Assembleias Provinciais, que poderiam legislar sobre impostos de interesse das Províncias, desde que não invadissem a esfera fiscal do Poder Central. Esta esfera veio a ser definida apenas pela Lei n.99 de 31 de outubro de 1835, que especificou os rendimentos do poder central, tornando-se a base da estrutura tributária do Império. O sentido dessa estruturação fiscal deixava com as províncias um conjunto de rubricas, a maior parte das quais havia sido instituída a partir do estabelecimento da corte no Brasil, mas seu ponto nodal era o de reservar para o poder central a exclusividade das tarifas sobre a importação e grande parte dos tributos sobre as exportações.

Dentre os impostos que ficavam com as províncias (e com o Município Neutro, que tinha uma esfera fiscal própria) estava também a meia sisa a ser cobrada na transmissão da propriedade dos escravos ladinos, isto é, nascidos no Brasil. Embora a reserva das tarifas sobre as importações reservasse um importante cabedal de recursos para o poder central, seu montante encontrava-se restringido pelo tratado com a Inglaterra (estendido depois às demais potências), que limitava as alíquotas de exportação a 15%. De outro lado, as Províncias queixavam-se que tinham restado com impostos de pouca rentabilidade e de difícil arrecadação, precisamente aqueles que incidiam sobre a renda e a propriedade, como apontaram desde sempre Bernardo Pereira de Vasconcelos e seus sucessores, como era o caso da meia *sisa dos escravos ladinos*. Este tornava-se um imposto da esfera das províncias, mas também tinha muita importância no Município Neutro, sendo o Rio de Janeiro o mais importante porto de entrada de mercadorias e também de escravos.

Os efeitos contraditórios da legislação fiscal iriam manifestar-se, como é sabido, nos intensos conflitos entre o centro político e

---

Para uma revisão recente do problema ver DOLHNIKOFF, Miriam. *O Pacto Imperial: origens do federalismo no Brasil*, São Paulo: Ed. Globo, 2005.

as províncias, que permearam as década de 1830 e 1840, mesclando-se a outros focos de descontentamento.[27]

Composição Dificil

A partir de 1834 a questão da taxação do comércio de escravos passara, portanto, a incorporar mais uma agravante: a meia sisa dos escravos e as dificuldades em torno de sua cobrança envolvem não apenas um problema entre o erário e os contribuintes, mas torna-se um obstáculo para a composição de interesses entre os níveis provincial e o geral. Desse modo, os interesses particulares dos proprietários (a continuidade do tráfico e a evasão fiscal) entravam em conflito com o sistema arrecadador no Rio de Janeiro e nas províncias, travando a composição desejada.

No Relatório da Fazenda de 1836, a questão da meia sisa voltava a ser tratada, apontando-se os problemas para a sua arrecadação na Corte e propondo-se medidas para coibir as fraudes notórias. Dizia o Ministro:

> A meia Sisa dos Escravos vais se tornando inteiramente nula, pela imoralidade praticada nas vendas que se fazem até em leilões públicos. Se alguém quer pagar o imposto (...) o preço representado nos papéis de venda respectivos por menos da metade, ou um terço, sem que obste a uma tão abusiva depredação as providências e penas decretadas na

27 Sobre o caso de Pernambuco ver LYRA, Maria de Lourdes Vianna. *Centralisation, Systeme Fiscal et Autonomie Provinciale dans l'Empire Bresilien, La Province de Pernambuco* 1808-1835. Tese de Doutoramento, Paris, Nanterre, 1985 (mimeo). Sobre o Rio Grande do Sul ver MIRANDA, Marcia Eckert. *A estalagem e o Império: crise do antigo regime, fiscalidade e fronteira na Província de São Pedro* (1808-1831), São Paulo: Hucitec, 2009. Ver também COSTA, Wilma e MIRANDA, Márcia Eckert. Entre os senhores e o império: transformações fiscais na formação do estado brasileiro (1808-1840), in: *Revista Illes i Imperis*-13(3GL) 8/6/10 08:56.

> Lei de 3 de junho de 1809, que sempre foram impraticáveis. Outro meio de fiscalização poria termo a essa defraudação qual o das impugnações como já vos lembrei ou obrigando-se a registrar ou averbar em um prazo dado esses títulos de venda em nota dos tabeliões públicos, depois de paga a Meia sisa para serem valiosos, com a pena de nulidade da venda, e de ficar *ipso facto*, liberto o escravo vendido sem essas formalidades. Estou convencido da utilidade pública (...) porque obstaria muito mais as vendas clandestinas de escravos e mesmo dos fugidos e furtados, cujo número excessivo é assaz notório.[28]

Já nas Províncias, as rendas deixadas na jurisdição local apareciam como de difícil cobrança, como é o caso do Pará, em razão da Cabanagem.

> Por ocasião da rebelião da Província do Para deixou de ser arrecadada a décima urbana e a taxa dos escravos de 1835-36 e tratando-se de sua arrecadação depois da Restauração, recusam-se os proprietários a pagar, porque, dizem eles que as casas estiveram fechadas, ou habitadas pelos rebeldes, e os escravos andavam fugidos, fazendo parte da força dos mesmos rebeldes; o governo julgando dignas de alguma consideração essas razões mandou que se sobrestivesse na sua cobrança, até a vossa (da Assembleia) decisão.
>
> A Segunda Décima Urbana estabelecida pela resolução de 23 de outubro de 1832 na extensão de uma légua além da demarcação ordinária nas cidades do Rio de Janeiro e Niterói parece injusta porque sendo Renda Geral pesa somente sobre os habitantes dos limites destas duas povoações e isso quando já se tinham declarado isentas do imposto da

28 BRASIL, MINISTÉRIO DA FAZENDA, MINISTRO MANOEL DO NASCIMENTO CASTRO E SILVA, *Proposta e Relatorio... do Anno de 1836 apresentados à Assembleia Geral Legislativa na Sessão Ordinária de 1837 (publicado em 1837)*, p. 37.

> bdécima as Vilas e Povoações que não tivessem mais de cem casas em arruamento. Ela recai, senhores, pela mor parte em pequenas habitações ocupadas por agricultores pobres, a quem aflige semelhante encargo. As contestações e reclamações sobre o seu lançamento são incessantes, e alguma justiça parece assistir-lhe.[29]

O ministro condena também o imposto de exportação, propondo, em seu lugar, o imposto territorial. Um alvitre deste tipo, porém, já fora aventado e derrotado pelo Senado.

> O direito de exportação, vós o sabeis, é reprovado por todas as nações mais adiantadas na Ciência Econômica; entre nós infelizmente forma uma considerável parte da nossa renda. Alguns gêneros da nossa agricultura, por exemplo, o açúcar, a não receber algum favor terá de desaparecer. Se a França que é um país manufatureiro deve toda a sua prosperidade a extinção dos dízimos depois da Revolução, que diremos do nosso país que só é agrícola? O mesmo Portugal de 1614 reconheceu o mal desta imposição expedindo uma Carta Régia para usa abolição, a qual deixou de ser cumprida por estar hipotecada esta renda pela compra de armamento que se fez para a expedição do Maranhão.
>
> Uma taxa territorial podia encher o vazio que ela deixava. Sem receio de errar poderia afirmar que seu produto corresponderia ao duplo do que hoje se arrecada da exportação e que de vantagens não se seguiria desse sistema? Já em 1833 a Comissão de orçamento de que eu fiz parte quis ensaiar este sistema, mas no Senado caiu o Artigo relativo (grifo meu).[30]

---

29 BRASIL, MINISTÉRIO DA FAZENDA, MINISTRO MANOEL DO NASCIMENTO CASTRO E SILVA, *Proposta e Relatorio... do Anno de* 1836, p. 44.

30 Brasil, Ministério da Fazenda, Ministro Manoel do Nascimento Castro e Silva, *Proposta e Relatorio... do Anno de 1836*, p. 45.

Em 1837, permanece também o crônico problema da cobrança da meia sisa dos escravos, assim exposto:

> A moral pública, a Polícia e o interesse do Fisco, pedem a aplicação de uma medida que regule eficazmente a cobrança da sisa dos escravos, estabelecida pelo Alvará de 3 junho de 1809. A facilidade com que este imposto continua a ser extraviado tem debalde excitado a indignação dos agentes fiscais, que em verdade são ilusórios ou puramente ideais os meios prescritos pela legislação em vigor para a cobrança dele. O seu Produto anual que no município da Corte, seguindo a opinião mais seguida devia passar muito além de 100 contos, avaliando-se em 6000 os contratos de compra e venda realizados nesta cidade, pouco excedeu no ano financeiro próximo findo a soma de 35 contos, havidos sobre 2340 contratos. Na esperança de poder contrariar e reprimir o extravio ponderado, tem-se redigido uma proposta, que será confiada à vossa deliberação...[31]

Em 1838, a própria situação do meio circulante e a depreciação cambial é associada ao comércio ilícito de escravos.

> No complexo de causas que concorrem isolada ou simultaneamente para produzir esse fenômeno, há o comércio ilícito de africanos, em minha opinião a mais poderosa, e que por si só o explica quase completamente, asserção esta que me parece resultar imediatamente dos princípios elementares da ciência econômica aplicados à matéria em questão. Pois que é evidente que havendo sido os capitais empregados nesse comércio desviados dos canais ordinários que circulavam no interior, uma quantia avultada em papel moeda tornou-se superabundante,

31 Brasil, Ministério da Fazenda, Ministro Miguel Calmon du Pìn e Almeida, *Proposta e Relatorio... do Anno de 1837 apresentado á Assembléia Geral Legislativa na Sessão Ordinaria de 1838* (publicado em 1838), p. 36.

> comunicando à totalidade do papel circulante um depreciamento proporcional.
>
> Semelhante resultado, Senhores, não pode deixar de fazer profunda impressão naqueles que meditarem sobre este objeto, despidos das prevenções alimentadas pelo sórdido interesse; pois que vem ele juntar aos numerosos males inerentes a um comércio altamente reprovado pela moral e pela política, ainda o inconveniente mui grave de alterar a circulação monetária do país[32].

O esforço organizador da Regência, até 1837, concentrou-se na separação das instâncias (provincial e geral) das rendas públicas e no melhoramento administrativo daquele que viria a ser o principal locus da arrecadação do poder central: as alfândegas. A reforma, encetada por Bernardo de Vasconcelos e seus sucessores, apresentava em 1837 alguns resultados expressivos, como se pode ver da tabela abaixo.

32 Brasil, Ministério da Fazenda, Ministro Candido Baptista de Oliveira. *Proposta e Relatorio... do Anno de 1838 apresentados à Assembleia Geral Legislativa na Sessão Ordinaria de 1839 (publicado em 1839)*, p. 43.

Tabela 7. Rendimento das Alfândegas do Império (milreis)[33]

	1833-34	1834-35	1835-36	1836-37
Rio de Janeiro	3.514.473	3.379.054	3.931.883	4.886.250
Bahia	1.415.200	1.427.520	1.625.312	1.703.000
Pernambuco	548.565	643.433	1.135.427	1.245.738
Maranhão	288.373	390.253	397.027	622.273
S.Pedro	207.061	122.297	0	92.837
Para	123.453	85.290	18.357	130.947
S.Paulo	33.974	39.798	72.527	68.789
Paraíba	26.358	42.115	29.604	13.996
Ceará	16.783	44.412	44.789	56.618
Sta Catarina	22.115	18.332	10.179	14.972
Alagoas	0	6.250	19.419	18.379
Espírito Santo	0	960	1.281	0
Rio Grande do Norte	977	150	340	375
Piauí	2.394	1.140	0	0
Total	6.199.726	6.201.004	7.286.145	8.854.174

Fonte: Brasil, Ministério da Fazenda, Ministro Candido Baptista de Oliveira, *Proposta e Relatorio... do Anno de 1838 apresentados à Assembléia Geral Legislativa na Sessão Ordinaria de 1839* (publicado em 1839).

Os esforços de modernização e racionalização da cobrança da receita alfandegária mostravam algum resultado, mas encontravam um limite explícito nos tratados que limitavam a cobrança de tarifas a 15% ad valorem sobre as importações.

A dificuldade em ampliar a base arrecadadora manifestava-se, por outro lado, na resistência das classes proprietárias à taxação de sua propriedade e fortuna, como se verificou sobretudo na exclusão

33 Brasil, Ministério da Fazenda, Ministro Candido Baptista de Oliveira. *Proposta e Relatorio... do Anno de 1838 apresentados à Assembleia Geral Legislativa na Sessão Ordinaria de 1839* (publicado em 1839).

do Imposto Territorial das discussões da Lei de Terras, ao longo do processo que se desenrola entre 1843 e 1850.[34] Da mesma forma, manifesta-se a impopularidade das tarifas de exportação, objeto de acerbas críticas durante todo o período.

Manoel Alves Branco, que ocupou diversas vezes o Ministério da Fazenda entre 1839 e 1847 (1839/1840; 1844/1846; 1847) celebrizou-se principalmente pela reforma da legislação alfandegária, dando continuidade a uma tendência que, como vimos, data do início do período regencial.

A elevação das tarifas que se realizou a partir de 1844, com aumentos entre 20 a 60% nas alíquotas, parece ter tido papel importante na viabilização das finanças centrais e na composição de interesses entre o centro e as elites proprietárias. A elevação das tarifas alfandegárias empurrava "para fora" e "para baixo" os custos da máquina pública, sobretudo para os centros urbanos consumidores de bens importados. Por outro lado, tendo a Inglaterra como principal foco de negociação, tendia a fazer recrudescer as pressões contra o Tráfico de Escravos e a expor de forma mais candente a propriedade clandestina dos escravos assim obtidos.[35]

A própria viabilidade da negociação com a Inglaterra, portanto, vinculava-se a a algum tipo de encaminhamento do acordo interno entre o estado e os proprietários no que se refere aos impostos sobre o comércio de escravos, buscando compor interesses entre os níveis central e provincial do poder e entre a ordem pública e os agentes privados.

O sentido dessa composição, como pretendemos demonstrar aqui, foi o de buscar uma convergência no plano fiscal, incidindo sobre o que se desenhava como uma oposição entre a ilegalidade do trá-

34 SILVA, Ligia Maria Osorio Silva, *Terras devolutas e Latifúndio, Op. cit.*

35 Ver Luiz Felipe de Alencastro, "La Traite Négriére et L'Unité Nationale Brésilienne". *Revue Française d'Histoire d'Autre-Mer*. Paris, n. 244/ 245, 1979.

fico e os interesses do fisco, potenciada agora pelo fato de que a meia sisa era uma das rubricas de interesse do Centro e das Províncias.

A estratégia foi desenvolvida principalmente graças á sagacidade e à pertinácia do Ministro Alves Branco e fez da resolução da espinhosa questão dos impostos sobre os escravos o outro lado da moeda, da sua célebre política de elevação tarifária sobre o comércio exterior.

As Estratégias Ladinas

Desde sua primeira fase como Ministro da Fazenda, em 1839, insistia o Ministro Alves Branco, como seus sucessores, na necessidade de moralizar a arrecadação da Meia Sisa:

> A meia sisa dos escravos reclama do mesmo modo pronta providência legislativa. O seu produto decresce escandalosamente em vista do reproduzido movimento neste ramo de comércio e tanto que podendo ser calculado anualmente em 80.000$ apenas produziu no ano financeiro findo 32.418$658 e em o primeiro semestre do corrente 11.694$830. As fraudes que se cometem nas transações de compras e vendas do ditos escravos devem ser reprimidas, até mesmo para o que nelas se pratica, em prejuízo do credito público, não se considere moralidade".[36]

Disposto a coibir definitivamente as fraudes, o Ministro se dispõe a por em prática medida coercitiva que implicava em *declarar-se nula toda compra e venda de escravos cujo papel não fosse averbado em notas públicas do lugar onde for efetuada, depois do pagamento da Sisa correspondente, como já se pratica em algumas províncias, não sendo admitida em juízo nenhuma ação que por*

---

36 Brasil, Ministério da Fazenda, Ministro Manoel Alves Branco. *Proposta e Relatorio... do Anno de 1839 apresentados à Assembléia Geral Legislativa na Sessão Ordinaria de 1840* (publicado em 1840), p. 43.

qualquer modo verse sobre escravo, sem constar ter-se satisfeito aquela condição" (e, além disso) *"poderem os Empregados da Recebedoria impugnar as vendas feitas por preços simulados e lesivos, em prejuízo do imposto, da mesma maneira que se pratica nas Alfândegas"*.[37]

Essas medidas só entraram em vigor com a Lei de 30 de novembro de 1841, punindo aqueles que sonegassem o pagamento da meia sisa, ou declarassem valores evidentemente inferiores aos preços realmente praticados com a perda da propriedade dos escravos. As medidas eram fortes, mas explicavam-se pela necessidade de se aumentarem as receitas, o que seria reconhecido até mesmo por um Ministro Liberal como Miguel Calmon Du Pin de Almeida, que se preonunciava como partidário "do fim dos paliativos" para se enfrentar os deficits, mesmo à custa da popularidade do Gabinete:

> Não iludamos, pois, a Nação, deixemos de prosseguir no emprego quase exclusivo de paliativos, que sem ter prestado grande alívio, ou só aliviando por momentos, ao final exacerbam o mal. O aumento razoável de nossa receita é portanto uma necessidade pública a que todos devemos curvar-nos e estou que, ao sacrifício passageiro da nossa popularidade, se tanto for necessário, há de suceder o reconhecimento de nossos concidadãos, logo que desapareça a intensidade do mal que ora sofremos, e tome a reflexão o lugar do despeito momentâneo.[38]

A eficácia das medidas coercitivas dependia, entretanto, do cumprimento de uma difícil tarefa, pela resistência que ela encontrava entre os proprietários: a matrícula de todos os escravos, enfrentando grande resistência dos proprietários.

---

37 Brasil, Ministério da Fazenda, Ministro Manoel Alves Branco. *Proposta e Relatorio... do Anno de 1839*. Idem, p. 44.

38 Brasil, Ministério da Fazenda, Ministro Miguel Calmon du Pin e Almeida. *Proposta e Relatorio... do Anno de 1842 apresentados na Assembleia Geral Legislativa na Primeira Sessão da 5ª Legislatura* (publicado em 1843), p. 14.

Ainda em 1842 o Ministro Joaquim Francisco Vianna, avaliava que a lei de 30 de novembro de 1841, "*deu, para a arrecadação da meia sisa dos escravos, bons resultados. Este imposto, que no Município da Corte onde se arrecada, não produzia, termo medio 31.000$ em cada ano, e que, de 11 de abril de 1841 até igual tempo do ano de 1842 somente rendeu 26800$, produziu, desde 9 de abril de 1842, em que foi publicado o respectivo Regulamento, até igual dia deste ano a soma de 69676$ (...).* As expectativas eram de que os resultados pudessem ser ainda melhores, desde que ela entrasse em vigor em toda a sua plenitude (...) "é de esperar que mais avantajado seja o produto desta imposição d'ora em diante, em que está em execução em todas as suas partes o mencionado Regulamento, o que não fora possível fazer-se desde sua publicação, sendo necessário para esse fim que se concluísse a matrícula dos escravos, trabalho este que de necessidade deveria levar algum tempo.[39]

Entretanto, criavam-se já novas formas de burla. As burlas, explicita o Ministro, faziam-se no momento de declarar a origem, idade, nação e características pessoais dos escravos, precisamente aqueles procedimentos que poderiam ser denunciadores do tráfico ilícito.

> Não obstante, porém, as salutares disposições daquele Regulamento, um abuso já foi imaginado em prejuízo do imposto, o qual principalmente se pratica a respeito dos escravos que são importados das Províncias para serem vendidos no Município, ou quando saem vendidos para fora do mesmo. Consiste o abuso em se fazerem vendas de escravos, passando-se recibos provisórios do valor deles para se darem os papéis definitivos ao fim de muitas vendas sucessivas, ou em se fazerem as vendas por meio de papéis de mão, impressos ou litografados, unicamente com a assinatura do vendedor,

39 Brasil, Ministério da Fazenda, Joaquim Francisco Vianna. *Proposta e Relatorio... do Anno de 1842 apresentados na Assembleia Geral Legislativa na Segunda Sessão da 5ª Legislatura* (publicado em 1843), p. 32 .

> ficando porém em branco o nome do comprador, o do escravo, os sinais, a nação, o valor deste e o dia, mês e ano da venda, que se enchem depois de muitas vendas sucessivas, se por qualquer motivo assim convém ao último possuidor do escravo, declarando-se de mais a mais nos mesmos papéis que a meia sisa será paga pelo comprador, com o que é muito fácil defraudar-se a renda desta imposição.[40]

A repressão dessa fraude, pensa o Ministro só poderia fazer-se pela exigência de papéis de propriedade do escravo legalizados em cartório. Além disso, as multas aos faltosos deveriam ser cobrados no próprio ano fiscal em que ocorriam as fraudes.

> Parece-me que se pudera reprimir esta fraude determinando-se que não terá validade o contrato de compra e venda de escravos que for celebrado por escrito particular, nos termos do Artigo 19 de 11 de abril do ano passado, e nem será reconhecido na recebedoria senão sendo todo o escrito pelo próprio punho do vendedor e selado dentro do prazo marcado naquele regulamento para a averbação, salvo o único caso de que o vendedor não saiba escrever, no qual deverá o papel de venda ser escrito pela pessoa que o assinar a seu rogo.
>
> Nos regulamentos de 5 de maio de 1837 e de 11 de abril do ano passado, relativos o primeiro à arrecadação do imposto de 10% sobre o aluguel das casas (...e o 2° à taxa anual dos escravos, houve a omissão de não estabelecer-se a multa contra os contribuintes que não realizassem o pagamento à boca do cofre, dentro do prazo marcado para a cobrança. Julgo pois indispensável que se façam extensivas aos referidos impostos as Disposições dos Artigos 21, 22 e 23 do Regulamento de 26 de abril de 1842, número 152.

40 Brasil, Ministério da Fazenda, Joaquim Francisco Vianna. *Proposta e Relatorio... do Anno de 1842 apresentados na Assembleia Geral Legislativa na Segunda Sessão da 5ª Legislatura* (publicado em 1843), p. 33.

> Este meio adotado em todas as contribuições de lançamento é inerente a natureza delas, o mais razoável e justo, e ao mesmo tempo o que mais razoavelmente concorre para que se realize a cobrança integral das rendas dentro do exercício a que pertencem, e está já abonado pela experiência da melhor cobrança que se tem feito das rendas à que foi aplicado, com manifesta vantagem dos interesses da fazenda, e com benefício dos contribuintes, porque em geral dispensa o recursos aos meios executivos.[41]

No que se refere à taxação da propriedade e comércio de escravos, a solução do impasse que opunha os interesses do fisco ao dos proprietários só se apresentaria a partir de uma engenhosa fórmula conciliadora, que permitia elidir a questão da declaração da origem dos escravos e data de compra, que denunciava os infratores.

Essa solução, oculta sob a forma de uma simples medida administrativa, está descrita na Resolução da Seção da Fazenda do Conselho de estado de 1842. A Resolução responde à consulta realizada a 1 de abril de 1842 sobre o Projeto de Regulamento para a Arrecadação da Taxa dos Escravos e da Meia Sisa e sobre as condições de sua implementação. No arrazoado que acompanha o parecer do Conselho, este estabelece um Regulamento para dois impostos pertencentes á receita geral, ambos referentes à posse e ao comércio de escravos: o da "taxa dos escravos" que se impunha sobre todos os escravos de qualquer sexo e idade residentes nas cidades e vilas estabelecido pelo artigo 9º par 5 da Lei de 31 de outubro de 1835 e o da meia sisa das compras e vendas e arrematações dos escravos e dações in solutum criado por Alvará de 3 de junho de 1809 parágrafo 2º, sendo este somente relativo ao Município da Corte.

41 Brasil, Ministério da Fazenda, Joaquim Francisco Vianna, *Proposta e Relatorio... do Anno de 1842 apresentados na Assembleia Geral Legislativa na Segunda Sessão da 5ª Legislatura* (publicado em 1843), p. 34.

O Regulamento estabelece que *a matrícula geral há de servir de base para o lançamento e arrecadação de ambos os referidos impostos*. Estabelece também que todos aqueles que tiverem escravos em seu poder são obrigados a matriculá-los, não apenas os senhores ou proprietários deles

> mas também os que nas cidades e vilas os tiverem de pessoas de fora, por alguns dos meios ou títulos declarados, para ter cumprida execução da Lei. Que na decretação do imposto não leve em consideração a residência dos senhores, mas a dos próprios escravos.

O principal ítem do Regulamento, entretanto, encontra-se no seu artigo 6º do Regulamento, onde está consignado que

> não se exige no ato da primeira matrícula o título porque se possuem os escravos por não ser da competência dos encarregados da cobrança do imposto averiguar a legitimidade do domínio, mas exige-se nas matrículas subseqüentes por ser então preciso averiguar se se têm pago os impostos devidos dos escravos novamente adquiridos.[42]

Dentre os inúmeros pormenores técnicos no parecer, vale ressaltar a sua idéia central: não é interesse e nem jurisdição da Fazenda o averiguar-se a legitimidade da propriedade dos escravos. Ou seja, o mecanismo funciona como uma espécie de recadastramento onde se garante o sigilo e os direitos do contribuinte, evita-se expor a ilegalidade do tráfico, a dupla cobrança futura, e fornece ao mesmo um recibo de quitação que "limpa" a mercadoria ilícita.

42 *Imperiais Resoluções do Conselho de Estado na Secção da Fazenda desde o anno em que começou a funccionar o mesmo conselho até o de 1865*, Coligidas por ordem do governo pro Emilio Xavier Sobreira de Mello Vol I (1842-1844), Rio de Janeiro Typ. Nacional 1867, p. 5. Grifo da autora.

O Parecer e o Regulamento que o acompanha vem assinado por José Antonio da Silva Maya e pelo Conselheiro Manoel Alves Branco. O projeto foi adotado pelo Decreto 151 de 16 de abril de 1842, e teve vigência até 1° de maio de 1858. Sofreu depois nova regulamentação pelo Regulamento 2699 de 28 de novembro de 1860. Seus resultados fiscais não se fizeram esperar, como se observa pela tabela a seguir:

Tabela 8. Produtos de algumas rendas urbanas do Rio de Janeiro (1841-1850) (em mil reis)

Rendas	1841 (abril a novembro)	1842 (abril a novembro)	1850
Dizima da Chancelaria	1.671	16.750	48.540
Meia Sisa	15.563	44.068	124.000
Taxa dos escravos	12.853	22.048	178.600
Décima urbana	208.692	269.032	460.000
Décima legados e heranças	47.634	58.988	60.000

Fonte: Relatórios da Fazenda, anos pertinentes

A rematrícula dos escravos, extinguindo-se as formalidades do título de propriedade dos escravos parece ter sido uma das dimensões estratégica para se fazer a convergência, na década de 1840, entre interesses que até então apareciam como claramente conflitantes: os do estado e do fisco e os dos proprietários de escravos, pelo menos no que se refere ao Rio de Janeiro. Essa estratégia foi principalmente a de encontrar uma maneira de cobrar o imposto da meia sisa sobre a totalidade do movimento do comércio escravo (fosse o escravo ladino ou não): ao eliminar os requisitos que exigiam a declaração da origem e data da compra, denunciadores do tráfico ilegal o sistema arrecadador oferecia aos proprietários que matriculavam seus escravos, a oportunidade de adquirir, saldando sua dívida com o fisco, um documento que "legalizava" a propriedade escrava, dada agora toda ela como "ladina". Muito mais complexa foi a aplicação dessa estratégia nas províncias, como veremos a seguir. Como na Lei de Terras, as estratégias que parecem ter caracterizado o "tempo saquarema" tiveram sua eficácia ainda que limitada na Corte e na Província do Rio de Janeiro, perdendo em força e capilaridade no plano provincial.

O Império do Brasil: dimensões de um enigma[1]

> "[...] embora o legislador tenha as melhores intenções, embora apareçam leis contendo boas disposições, elas não passarão de brilhantes teorias, cujo resultado na prática será incerto, se não forem conformes com todas as circunstâncias, que devem ser bem atendidas e consultadas na organização delas; finalmente se não forem baseadas no inteiro conhecimento dos povos para quem são feitas. Este inteiro conhecimento não se poderá conseguir sem uma Estatística, que é o quadro do estado físico, político e moral de uma nação."[2]

1 O texto aqui apresentado integrou o fórum da Revista Almanack Braziliense, n. 1, dialogando com o texto principal, MATTOS, ILMAR, "Construtores e Herdeiros, a trama dos interesses na construção da unidade política", encontrado em http://www.revistas.usp.br/alb/article/view/11601. Ver também OLIVEIRA, Cecília Helena de Salles, *Heranças recriadas: especificidades da construção do Império do Brasil*, no mesmo número

2 *Falla que o exmo presidente da provincia do Espirito Santo dirigio á Assembléa Legislativa Provincial no dia 8 de setembro de 1838*, Rio de Janeiro: Typographia Nacional, 1840.

No debate historiográfico os melhores enigmas são os insolúveis, pois a cada vez que os formulamos em novos tempos e contextos eles nos permitem refinar os instrumentos do ofício, iluminar ângulos imprevistos e desnudar armadilhas semânticas. O peculiar amálgama de continuidades e rupturas que caracterizou a formação do estado-nação brasileiro na primeira metade do século XIX é pródigo na sugestão de tais enigmas. Dentre eles está o da denominação *Império do Brasil* atribuída à nova unidade política que emergiu em 1822. A opção monárquica não basta para explicá-lo, tampouco o princípio dinástico, ambos abrigados já na condição de Reino que o conjunto de territórios da América Portuguesa desfrutava desde 1816.

A questão é reposta com agudeza, erudição e refinada elegância no texto "Construtores e Herdeiros", de Ilmar Mattos, especialista cuja obra sobre o estado Brasileiro no século XIX tem sido referência indispensável para toda uma geração de historiadores. Transitando pelas as armadilhas do tema, ele nos convida a repensar o significado da ideia de Império no processo de formação do estado-nação brasileiro, desafiado pelas inquietantes mudanças sistêmicas do mundo contemporâneo, as quais têm suscitado novos olhares sobre a relação entre Impérios e nações e têm feito com que a ideia de Império volte a ganhar prestígio, na mesma proporção em que aquela de estado-nação parece perdê-lo.[3] Despido de toda tentação teleológica (um "destino" da nação brasileira prefigurado na colônia), são

3 Na historiografia portuguesa esta discussão tem tido como referência importante a obra de ALEXANDRE, Valentim. *Os sentidos do Império: questão nacional e questão colonial na crise do Antigo Regime português.* Porto: Afrontamento, 1993; na historiografia brasileira ver, em interpretações distintas, LYRA, Maria de Lourdes Viana. *A Utopia do Poderoso Império Portugal e Brasil: bastidores da política 1798-1822.* Rio de Janeiro: Sette Letras, 1994; ALENCASTRO, Luiz Felipe de. "O Fardo dos Bacharéis", *Novos Estudos CEBRAP.* São Paulo, n. 19, 1987.

as descontinuidades e as polissemias que seduzem o autor no esforço de reconstituir alguns pontos nodais dos significados do Império para a geração que viveu a emancipação política do Brasil. Ele utiliza como fio condutor a díade construção/herança (ela mesma um outro enigma seminal da formação histórica do Brasil), o que permite ao mesmo tempo acompanhar as sucessivas metamorfoses da noção de Império e balizar as múltiplas possibilidades de relação entre o legado e trabalho criador: incorporação, abandono, superação.

A reflexão acompanha, de início, uma das principais vertentes explicativas do enigma do Império: aquela que enfatiza a incorporação, por parte de setores influentes das elites políticas que lideraram o processo de emancipação política no Rio de Janeiro, de um projeto que parece ter seduzido uma facção poderosa dentre os que acompanharam o príncipe D. João em sua migração para a América: o de que as terras americanas poderiam sediar um novo e "poderoso império" português.[4] A denominação Império atribuída à nova entidade política que se emancipou em 1822 seria um legado da Ilustração Portuguesa, reciclado pela geração da Independência, um daqueles muitos traços de *continuidade dentro da ruptura* que caracterizaram o processo de formação do estado brasileiro no século XIX, tendo ajudado a conferir ao novo ente político um centro, o embrião de uma identidade (um nome) e um imaginário territorial.

Ilmar Mattos parece incorporar essa ideia, mas não se detém nela. Dos muitos sentidos contidos no conceito de Império, ele privilegia o da vocação para a expansão territorial. Esta, no caso em tela, teria se materializado no esforço por obter uma "fronteira natural" no Rio da Prata, outro traço de continuidade entre os Ilustrados Portugueses e os formuladores políticos da primeira déca-

---

4 "Decreto do Príncipe Regente de Portugal pelo qual declara a sua intenção de mudar a corte para o Brasil, e erige uma Regência para Governar em sua ausência", in *Correio Braziliense ou Armazém Literário* (edição fac-similar). São Paulo: Instituto Uniemp/Labjor/Imprensa Oficial do Estado, s/d, p. 5.

da pós-independência do Brasil. Além disso, acrescentando outra fronteira a essa pulsão expansiva, ele relembra que setores influentes de ambos os lados do Atlântico Sul imaginaram, no processo de crise do antigo regime português na América, a possibilidade de incorporar parte da costa africana ao Império do Brasil, como forma de defender a fonte de abastecimento de mão de obra escrava das crescentes pressões do Império Britânico.

Ambos os projetos expansionistas foram abortados, entre 1828 e 1831 por força da derrota militar e do veto do Império Britânico. Em 27 de agosto de 1828, finalizando uma longa contenda militar sem vencedores, o Império do Brasil e a Confederação Argentina assinaram, sob os auspícios da Inglaterra, o Tratado do Rio de Janeiro, que dispunha a emergência do Uruguai como um novo estado soberano na América do Sul. Poucos anos depois, em 1831, outro limite se concretizava com a expiração do prazo estipulado no tratado assinado com a Inglaterra em 1826, pela qual as autoridades brasileiras comprometiam-se a extinguir o tráfico de escravos africanos no prazo de 3 anos. Objeto de penosas negociações e esforços de prorrogação, o tráfico foi legalmente banido pelo governo brasileiro pela lei de 7 de novembro de 1831. Na interpretação proposta por Ilmar Mattos, a contenção do expansionismo pela força maior do Império Britânico assinalaria uma periodização fundamental para a ressignificação do Império Brasileiro no imaginário e na prática política dos construtores/herdeiros. Impedidos de estender seu domínio territorial, seja em direção ao Prata, seja em direção à costa africana, restava-lhes um único território sobre o qual se expandir: o próprio território do Império que deveria ser efetivamente apossado e incorporado pelo exercício de uma hegemonia política. O argumento sedutor, se corretamente traduzido aqui, compõe, assim, através de uma sobreposição engenhosa, as ideias de Império e de estado. O Império do Brasil teria conservado, da veleidade imperial herdada, a vocação para expandir-se, mas só podia fazê-lo expandindo seus poderes "para dentro", vale dizer, construindo um estado.

Penso estar sendo fiel ao espírito do texto (embora sem pretender dar conta de sua grande complexidade) ao entender que seu ponto de partida e de chegada é a cidade do Rio de Janeiro, palco privilegiado de um novo aprendizado da política, lugar que, na vertigem da crise, foi sucessivamente centro do poder metropolitano, capital de um Reino, periferia de uma revolução liberal, núcleo problemático de um projeto de unidade territorial e de enraizamento da monarquia no continente americano. A ideia de Império aparece aqui como tintura que fortalece esse centro político e o dota de virtualidades expansivas, um Império que é embrião de um estado.

Não me debruço aqui sobre os pressupostos do texto, embora eles certamente resvalem por temas polêmicos. Procuro antes aproveitar a oportunidade para o desdobramento de alguns dos múltiplos temas entretecidos no artigo, à maneira dos improvisos musicais.

Nova luz sobre a periodização

Evitando os dois extremos da periodização mais geralmente aceitos pela historiografia – os eventos acontecidos em torno de 1822 e a consolidação do centro político no final da década de 1840 – Ilmar Mattos parece privilegiar o período transcorrido entre 1828 e 1831 como vetor de uma metamorfose decisiva para o Império Brasileiro. Concordamos enfaticamente com o significado transcendente da periodização proposta e buscamos inicialmente explorar algumas dimensões desse complexo movimento de viragem, efetuado entre 1828 e 1831, quando o Império Brasileiro foi forçado a desistir da fronteira natural no Rio da Prata e enfrentou o vencimento da data estipulada pelo Tratado com a Inglaterra para por fim ao tráfico atlântico de escravos. Ambos foram, junto com a complicação da questão dinástica em Portugal, importantes vetores externos da crise do Primeiro Reinado, desembocando na Revolução de 7 de Abril e na abdicação do primeiro imperador, borrasca política que levou consigo não apenas os projetos de expansionismo territorial, mas também, provavelmente aqueles de uma versão do Império embutida na possibilidade, ainda que remota, da reunião das coroas portuguesa e brasileira, em alguma forma de monarquia dual.

Essas balizas encerraram uma quadra política, o Primeiro Reinado, em que a concepção da nova entidade política como resultado de um legado dos séculos de colonização operou em sua eficácia máxima, buscando reunir na figura do Príncipe D. Pedro as atribuições e direitos da Coroa Portuguesa, incluindo-se o direito patrimonial ao território, a legislação e os fundamentos da fiscalidade. Mesmo aí, porém, é necessário mencionar que o traço continuísta operava em crescente tensão com o princípio novo: a ordem constitucional e a implantação de um sistema representativo o que acabou por ser vetor de uma crise de grandes proporções. Relembro isso para pontuar que, se os vetores externos da crise estão bem delineados acima, sua dimensão interna era também de grande intensidade, pois se o esforço de implantação de um centro político no Rio de Janeiro contava com advogados poderosos e com forças centrípetas de monta (dentre as quais avultavam aquelas interessadas na manutenção da escravidão), a "pulsão" em direção ao interior operava sobre matéria compósita, que emergia de um intenso e volátil processo de politização de identidades coletivas fruto do caráter diversificado da herança e da dinâmica litigiosa da partilha[5]. A visão do projeto vitorioso, centrado no Rio de Janeiro, monárquico, mantenedor da unidade territorial, com a força avassaladora das coisas que aconteceram, não

5 Ver JANCSÓ, István e PIMENTA, João Paulo. "Peças de um mosaico: apontamentos para o estudo da unidade nacional brasileira", in: MOTA, Carlos Guilherme, (org.). *Viagem incompleta. A experiência brasileira (1500-2000) Formação: histórias.* São Paulo: Ed. SENAC, 2000; OLIVEIRA, Cecília Helena de Salles. *A astúcia liberal. Relações de mercado e projetos políticos no Rio de Janeiro* (1820-1824). Bragança Paulista: EDUSF/Ícone, 1999.

deve apagar a multiplicidade de desenhos possíveis e de imaginários territoriais que rivalizavam, e permaneceram rivalizando por algumas décadas, com aquele do Império unitário.[6]

Sublinho esse ponto, não apenas por acreditar no caráter negociado e compósito (e não herdado) do resultado, mas para enfatizar a dimensão profunda da crise que se avolumou entre 1828 e 1831 e lembrar que ela se entretecia entre fatores externos e internos. Nosso intento é comentar aqui tanto o alcance da centralização política que promoveu a superação da crise como também os seus limites, imprimindo uma configuração específica ao estado brasileiro que aí tomava forma.

Assim, é verdade que, no plano interno, abriu-se com a Regência um período de intensa criatividade política e institucional onde a referida pulsão pela "interiorização" do poder ganhou um novo tônus, materializado no ordenamento jurídico, na separação das instâncias geral e provincial do poder (e na organização das respectivas instâncias fiscais), em suma, em um conjunto impressionante de iniciativas de uma elite política que se apropriava do poder e procurava criar e aperfeiçoar seus instrumentos.[7] Tais iniciativas, porém, operavam no sentido do ordenamento dos poderes do es-

---

6 Sobre a diversidade de projetos ver BERBEL, Márcia. *A nação como artefato: deputados do Brasil nas Cortes portuguesas, 1821-1822*. São Paulo: Hucitec/ FAPESP, 1999, MELLO, Evaldo Cabral. *A outra Independência: o federalismo pernambucano de 1817 a 1824*, São Paulo: HUCITEC, 2004 e BERNARDES, Denis Antônio de Mendonça. *Patriotismo constitucional. Pernambuco, 1821/1822*. São Paulo: HUCITEC, 2006. MACHADO, André R. *A quebra da mola real das sociedades: a crise política do Antigo Regime Português na província do Grão-Pará (1821-1825)*. São Paulo: Hucitec/Fapesp, 2010. MIRANDA, M. E. *A estalagem e o Império*... Para uma visão panorâmica, ver, JANCSÓ, István (org.) *Independência – história e historiografia*, São Paulo: HUCITEC, 2005.

7 CARVALHO, J.M., *Teatro de Sombras: a política imperial*. Rio de Janeiro: Ed.Vértice/IUPERJ, 1988. Para uma interpretação distinta ver DOLHNIKOF, Miriam. *O Pacto Imperial – origens do federalismo no Brasil, Op. cit.*

tado ao mesmo tempo em que eclodiam, nas províncias, rebeliões sociais e conflitos de tendência centrífuga, alguns longamente represados no processo de emancipação política, outros gerados pelas próprias iniciativas de construção institucional. Embora o temo *Império* reverbere à primeira vista tonalidades mais imponentes do que o termo *Estado* é relevante lembrar também que um Império designa historicamente formações políticas compósitas, formadas de partes que se ligam ao centro de distintas e heterogêneas maneiras no plano militar, dinástico e fiscal. Insisto nisso para apontar que, quando falamos do caráter imperial do estado Brasileiro que emerge do processo de emancipação política, podemos também executar a partitura em tom menor, pontuando não a sua grandeza, mas o caráter limitado de seus vínculos internos, núcleo que pulsa em direção às extremidades de seu imenso território, buscando penosamente impor-se sobre um conjunto justaposto de províncias com escassa sinergia. Vejamos algumas dimensões desse processo.

A fronteira invisível

Retomemos por um momento, alguns dos desafios que se colocavam à referida interiorização do poder para os homens que dele se aproximaram com a Regência, a partir do vencimento, em 1831, do prazo estipulado pelo tratado com a Inglaterra para o banimento do tráfico de escravos. O viajante inglês Robert Walsh visitou o Brasil em 1828-1829, vivenciando o clima político que se respirava com a iminência do vencimento do Tratado. Ele descreve, por exemplo, a oposição ao Tratado por parte de Bernardo Pereira de Vasconcelos, um dos mais importantes protagonistas da crise política que estava em curso: *"uma das incongruências de Vasconcelos [diz ele] é que ele defende o tráfico de escravos, sendo um dos motivos que o levaram a se indispor contra nós [a Inglaterra] o tratado feito com a Inglaterra pela total abolição em curso prazo desse tráfico, juntamente com a suposta intenção do nosso país de exigir seu cum-*

primento.[8] Ainda na véspera, Vasconcelos estava tentando medidas legais para postergar a vig6encia do Tratado. A posição de Vasconcelos, narra Walsh, envolvia não apenas a questão da oportunidade da medida mas do princípio da defesa da escravidão em si mesma, negando que ela seja um atributo de povos imorais.[9] Ele também nos dá conta que Bernardo incentivava o governo e o conselho geral das províncias a insistir na prorrogação do prazo da lei e mesmo na sua ilegalidade *"por não ter sido apresentada à assembleia geral após sua redação e antes de sua ratificação".*[10]

A prorrogação não se realizou, como é sabido, e o mesmo Bernardo de Vasconcelos que fora um dos principais protagonistas da crise fiscal e política que levou a Abdicação viria a ser o Ministro da Fazenda da Regência. Desta posição ele prosseguia invetivando fortemente contra o Tratado, pelos males que ele causava à própria 7 de Abril, pois "a *cessação do Comércio da África [afirmava ele], e sacrifícios, que fez a Agricultura para fornecer-se de braços, agravaram ainda mais o cancro que já nos devorava. Desmoronou-se o edifício; e será a Revolução a causadora do mal? Ou a Revolução somente pôs a descoberto a gangrena que existia?[...]".*[11]

Segunda a lei de 07 de novembro de 1831, os africanos entrados no Brasil a partir daquela data passavam a ser tratados como fruto de contrabando. Dentre outros desdobramentos, o significado transcendente dessa lei para a relação entre o escravismo e a construção de um estado nacional era que a posse de que a legalidade da escravidão passava a estar associada ao nascimento do escravizado em território do Império do Brasil. É sabido que o Tra-

8 WALSH, Robert. *Notícias do Brasil, Op. cit.*, p. 107.

9 WALSH, Robert. *Notícias do Brasil,* p. 108.Robert Walsh, *Op. cit.*, p. 108

10 WALSH, Robert. *Notícias do Brasil, Op. cit.*, p. 108.

11 BRASIL, MINISTÉRIO DA FAZENDA, MINISTRO BERNARDO PEREIRA DE VASCONCELOS, *Relatorio do Anno de 1831, Op. cit.*, p. 5.

tado não foi cumprido e que o tráfico prosseguiu intensamente até 1850. De fato, entraram no Brasil cerca de 1.500.000 cativos, cifra que supera o total das entradas realizadas nos três primeiros séculos da colonização,[12] o que era um efeito não apenas do dinamismo econômico dessas décadas, mas do fato de que o tráfico de escravos era um negócio longamente radicado na América quando a crise do antigo regime atingiu seu momento de precipitação.

A isso já se referia D. Rodrigo de Souza Coutinho, na célebre memória em que discorria sobre as reformas necessárias para fortalecer os fundamentos do "sacrossanto princípio da unidade [...]" do Império ao insistir que "as relações de cada Domínio Ultramarino devem, em recíproca vantagem ser mais ativas com a Metrópole do que entre si",[13] referindo-se provavelmente a este crescente setor do tráfico africano que se fazia de forma bi-polar, escapando aos controles metropolitanos.

Já nas instruções enviadas em 1779 ao Marquês de Valença como governador da Bahia, a Coroa cogitava em conceder "privilégios, graças ou isenções" aos comerciantes portugueses para tentar contornar os *"gravíssimos inconvenientes que podiam resultar a este Reino em deixarmos o comércio da Costa d'África entregues nas mãos dos americanos [brasileiros]"*. Essas compensações se faziam necessárias

> para que na concorrência com os ditos americanos nos referidos portos de África tivessem os portugueses a preferência, da mesma sorte que a capital e seus habitantes o devem sempre ter em toda a parte sobre as colônias e habitantes delas.

---

12 ALENCASTRO, Luiz Felipe Alencastro. *Le commerce des vivants: traite d'esclaves et "pax lusitana" dans l'Atlantique Sud.* Paris, 1986. Tese de Doutoramento, Univ. de Paris X, principalmente cap. 9.

13 COUTINHO, D. Rodrigo de Sousa, "Memória sobre o melhoramento dos domínios de Sua Majestade na América (1797 ou 1798)", in: COUTINHO, D. Rodrigo de Sousa. *Textos Políticos, Económicos e Financeiros (1783-1811).*

A supremacia dos americanos no tráfico, entretanto, era difícil de combater, pois se fundava em sólidas bases materiais, como esclarece o mesmo documento:

> "[...] havendo na Bahia e Pernambuco o tabaco, a geribita ou cachaça, o açúcar e alguns outros gêneros de menos importância próprios para o comércio com os portos d'África, e não os havendo em Portugal, com eles passaram os americanos àquela costa, nas suas próprias embarcações, e não lhes foi difícil estabelecer ali seu negócio, excluindo inteiramente dele os negociantes do Reino."[14]

Se o descumprimento sistemático do Tratado de 1826 e da Legislação brasileira de 1831 é fato sabido e incorporado pela historiografia brasileira, os efeitos políticos desse fato ainda aguardam reflexão mais detida. Chamo a atenção aqui sobre dois aspectos que considero da maior relevância.

O primeiro implica também em relembrar coisa sabida, ou seja, que os interesses no sentido da manutenção da escravidão (e do tráfico) estiveram entre os vetores mais importantes da manutenção da unidade territorial e da solução dinástica, fazendo dela mais construção do que herança. Significou que, por estarem longamente instalados na América e na África, estes interesses constituíram uma força política capaz de desafiar com eficácia, por várias décadas, a mais poderosa nação da época, e tornar-se um dos componentes importantes do processo de construção do Estado Monárquico brasileiro.

O segundo é menos evidente, por isso merecedor de reflexão um pouco mais detida. Quando olhamos para o processo de construção do estado como um movimento de sinergia entre pulsões extrativas

14 Citado em VERGER, Pierre. *Fluxo e Refluxo do tráfico de escravos entre o Golfo de Benin e a Baía de Todos os Santos*, São Paulo:Editora Corrupio, 1997, p. 22.

de recursos humanos e materiais, do poder de legislar e da capacidade de punir, devemos olhar também para o avesso desse tecido social: os movimentos de resistência dos agentes privados, interessados em reter controles em sua esfera, bem como as múltiplas formas de resistência opostas pelos setores populares sempre temerosos de inovações que possam tornar sua existência mais penosa ou menos compreensível. No caso da ordem escravista, a resistência específica dessa ordem privada no plano dos senhores mostra-se potenciada por alguma coisa que é inerente à escravidão (o interesse pela manutenção de uma esfera de arbítrio a salvo de controles externos), mas também *e pelo fato de que esta ordem está atravessada por uma condição de ilegalidade que tende a se expandir*. Isso nos obriga a tomar em consideração do fato de que, a partir de 1831, quando a historiografia aponta uma viragem efetiva no processo de criação institucional da soberania e dos poderes do estado, este processo veio a se desenvolver sobre uma fratura, nem sempre perceptível para os historiadores, mas certamente definidora do horizonte político das elites envolvidas naquela engenharia política, institucional e diplomática: a de que se operava por sobre uma zona de sombra de ilegalidade que era necessário manter pelo maior prazo possível.

Essa zona de sombra atuou sobre as diversas dimensões desse processo de construção estatal, entretecendo seus efeitos nos distintos aspectos com que tinham que lidar os construtores herdeiros em sua obra, pois, se a pressão inglesa foi capaz de derrotar as veleidades de incorporação material de partes do território Africano, ela não conseguiu eliminar essa "fronteira invisível" por pelo menos duas décadas, convivendo com o tráfico ilegal a desafiar as autoridades nacionais e estrangeiras. Isso não quer dizer que a pressão inglesa fosse simplesmente inócua, nem poderia sê-lo, sendo um dos principais escoadouros para as mercadorias do Império a fonte principal de financiamento de um Estado que surgia com pesados compromissos financeiros e severas restrições fiscais. A dimensão mais perversa da reiteração do escravismo e do recrudescimento do tráfico negreiro nacionalizado por sobre a revelia dos Tratados assinados pelas autoridades publicas parece ter sido este convívio paradoxal entre, de um lado, a existência de uma ordem jurídica e de um sistema representativo e, de outro, uma realidade cotidiana que se desenvolvia ao arrepio da ordem legal. Além disso, implica em admitir (e colocar na agenda da pesquisa) que o sucesso da permanência do tráfico para alem da data fatídica de 1831 exigiu sofisticada artesania política, elaboradas articulações entre autoridades públicas, traficantes e senhores e cumplicidade de grande parte dos homens livre e libertos, temas que continuam a merecer estudos mais detidos.[15]

O ponto que nos parece importante fixar é que o processo que se estendeu entre 1831 (quando o tráfico foi extinto de direito) e 1850 (quando o foi de fato) implicou na territorialização da escravidão. A partir daí, só se poderia ser legalmente escravo tendo entrado antes no território antes daquela data ou sendo *ladino*, isto é, nascido no Império do Brasil. Desse modo, se, como bem apontou Ilmar Mattos, a dimensão constitucional do processo de emancipação política foi também criadora de exclusões (o português, e, em seguida, o escravo), a ilegalidade da condição daqueles escravos entrados a partir de 1831 apontava para um profundo paradoxo da nascente nacionalidade: era o próprio nascimento em solo brasileiro que conferia a uns a liberdade e a outros a escravidão.

15 Ver, RODRIGUES, Jaime. *O infame comércio – Propostas e experiências no final do tráfico de africanos para o Brasil (1800-1850)*, Campinas: Edunicamp/Cecult, 2000. Ver também ANDRADE, André L. A. *Variações sobre um tema: a sociedade auxiliadora da industria nacional e o debate sobre o fim do trafico de escravos (1845-1850)*, Mestrado, Unicamp, 2002. MARQUESE, Rafael, BERBEL, Márcia e PARRON, Tâmis. *Escravidão e Política, 1790-1850*, São Paulo: Hucitec, 2010; SCHALOUB, Sidney. *A força da escravidão...*; MAMIGONIAN, Beatriz. *Africanos livres, Op. cit.*

Territorialidade e Escravidão

Um dos aspectos desse fenômeno foi o efeito que a permanência dessa "fronteira invisível" estabelecida pelo tráfico ilegal exercia sobre a própria consolidação da territorialidade na Região Platina, tal como estabelecida pelo Tratado de 1828. Aquele documento não apenas deixara em aberto a demarcação das fronteiras, mas nada podia fazer para pacificar uma fronteira viva e promíscua onde estancieiros brasileiros proprietários de gado e escravos mantinham interesses no livre trânsito em ambos os lados. O crônico contencioso de fronteiras que se sucedeu ao Tratado, em que se entremeavam interesses das facções políticas brasileiras do Rio Grande do Sul com o crônico caudilhismo do mundo platino, só fez agravar as tensões envolvendo a posse de escravos por parte de brasileiros em território da República vizinha, onde uma lei de liberdade do ventre bem como a proibição de escravos provenientes de países estrangeiros para a Província Oriental estava em vigor desde 1825, sistematicamente burlada pelos traficantes e pelos estancieiros brasileiros.

O tema atravessou a longa disputa entre Oribe e Rivera entre 1835 e 1851, até que em 1851, o Império obteve da praça sitiada de Montevidéu um tratado que obrigava o Uruguai não apenas a um traçado de fronteiras favorável ao interesse do Império (incorporando o Território das Missões da Banda Oriental), como obrigava os uruguaios à extradição de escravos fugidos.

O Tratado de 1851 foi objeto de críticas amargas por parte dos Partido Blanco e utilizado para desestabilizar os governos com inclinações pró-brasileiras. Em 1864, quando uma intervenção brasileira no Uruguai foi o início de um contencioso que iria se transformar no mais sangrento conflito armado do continente (a Guerra da Tríplice Aliança contra o Paraguai), as reclamações de ambos os lados, envolviam sobretudo acusações sobre aliciamento de fugas de escravos (por parte dos brasileiros) e a denúncia de que havia a redução ao cativeiro de pessoas de cor nascidas na República (do Uruguai) ou trazidas do Império para o seu território, por parte dos Uruguaios.[16]

Desse modo, entre 1831 e 1850 a territorialização da escravidão no Império infletia sobre a fronteira platina, conduzindo seus estadistas a uma linha intervencionista (embora não expansionista) em sua política externa. A obrigação de proteger os interesses dos súditos do Império no livre trânsito de gado e escravos em ambos os lados da fronteira redundava em uma virtual imposição da escravidão sobre o território vizinho, onde a escravidão de indivíduos nascidos na República era proibida desde 1825, bem como o tráfico de escravos vindo de países estrangeiros. O tema é um elemento estratégico para se rever a ideia da chamada "Questão Platina" como um traço de continuidade entre o Império Português e o Império Brasileiro, pois o que se passava na região a partir de 1828 não era herança de lutas passadas, mas estava ancorado nos dilemas contraditórios daquele presente onde novos estados se formavam com regimes políticos e sistemas de trabalho distintos em fronteiras vivas e de delimitação contenciosa.

Resistências à razão de estado: quantificações

No século XIX, diferentemente do que acontecia no Antigo Regime, a afirmação e o exercício do poder fundam-se no conhecimento cada vez mais detalhado das diferentes esferas da vida dos governados e na publicidade estendida desses dados, o que permite

16 Ver COSTA, Wilma Peres. *A Espada de Dâmocles, o Exército, a Guerra do Paraguai e a crise do Império*, São Paulo/Campinas: Edunicamp/Hucitec, 1996, caps. 2 e 3; sobre a relação entre o Estado Imperial e as Repúblicas da Bacia do Prata até 1851, ver FERREIRA, Gabriela Nunes. *O Rio da Prata e a consolidação do Estado Imperial*, São Paulo: HUCITEC, 2006. Sobre a escravidão na fronteira platina e as ações de liberdade ver GRINBERG, K. *As fronteiras da escravidão e da liberdade no sul da América*. Rio de Janeiro: Sette Letras, 2013.

a comparabilidade e a legitimação externa das nações, fenômeno que se expressa no enorme desenvolvimento da estatística, dos censos, das contabilidades públicas. Um especialista nesse trabalho, que fez de alguns intelectuais do século XIX verdadeiros "auditores" das nações considerava um "axioma da geografia política" o fato de que o conhecimento perfeito de um estado, não dependesse apenas de informações sobre seus recursos e meios, mas da possibilidade de comparar essas informações com as de outros estados que tem relações com ele, no "grande teatro do mundo", pois

> é precisamente esta comparação que completa o conhecimento de um estado qualquer. Sem ela, os detalhes estatísticos mais exatos (...) não são senão fatos isolados, (...) na ausência de meios para aplicá-los convenientemente a fim de determinar com exatidão a posição que ele ocupa na série dos grandes corpos políticos e dos estados com os quais ele se relacionam.[17]

O fenômeno liga-se, portanto, às dimensões de soberania interna e externa dos estados nacionais, bem como no funcionamento dos sistemas representativos, onde o poder, não devia mais se fundar no segredo, mas no conhecimento dos dados da realidade e em sua publicidade.

O véu de ilegalidade que se estendia sobre a escravidão a partir de 1831 nos possibilita olhar um pouco para o avesso desse tecido social e político sobre o qual o estado Imperial buscava estender seu domínio: uma profunda diversidade de situações locais, uma espessa teia de resistência à concentração do poder político, uma

17 BALBI, Adrien. *Essai statistique sur le royaume de Portugal, Essai statistique sur le royaume de Portugal et d'Algarve, comparé aux autres Etats de l'Europe et suivi d'un coup d'*œil *sur l'état actuel des sciences, des lettres et des beaux-arts parmi les Portugais des deux hémisphères.* Paris: Rey et Gravier, 1822, 2 vol., in-8 tome II, p.232.

pertinaz oposição aos impulsos racionalizadores do ente estatal. Um dos aspectos mais evidentes dessa resistência manifesta-se nos esforços reiteradamente ineficazes do poder central (e também dos entes políticos provinciais) em estabelecer procedimentos voltados para conhecer, quantificar a realidade econômica de seus súditos (censos, matrículas, cadastros, padronização de pesos e medidas) instrumentos indispensáveis para a operação da referida "expansão para dentro" nas diversas direções em que opera o poder estatal: recrutar homens, cobrar impostos, julgar criminosos, defender o território, impor o primado da lei.[18]

No Império do Brasil, a eficácia das medições foi bastante reduzida, não obstante os sucessivos esforços em organizar censos demográficos, matrículas de escravos, cadastro de terras.[19] Caso paradigmático é o dos censos populacionais, aonde um progressivo aperfeiçoamento se fazia notar desde meados do século XVIII, através das célebres listas nominativas de população, que procuravam levantar dados demográficos nas várias partes da América Portuguesa. Em 1797, esse instrumento de medida sofreu vários aperfeiçoamentos, no sentido da padronização dos mecanismos de

18 Para uma interpretação da relação do escravismo com a ampliação da esfera pública ver MARQUESE, Rafael. "Governo dos escravos e ordem nacional; Brasil e Estados Unidos 1808-1860", in: JANCSÓ, István. (org.). *Brasil: formação do Estado e da Nação*, São Paulo: Hucitec/Fapesp/ 2003, p. 251-267. Ver, do mesmo autor, *Feitores do corpo, missionários da mente - senhores, letrados e o controle dos escravos nas Américas, 1660-1860*, São Paulo: Cia. das Letras, 2004.

19 MARCÍLIO, Maria Luiza. *Crescimento Demográfico e EvoluçãoAgrária Paulista 1700-1836*, São Paulo. Hucitec, 2000, p. 29-44. Sobre a terra, ver SILVA, Ligia Maria Osório. *Terras devolutas e Latifúndio*. Campinas: Editora da Unicamp, 1996. Ver também OLIVEIRA, Maria Luiza Ferreira. "Sobreviver à pressão escapando ao controle: embates em torno da 'lei do cativeiro' (a Guerra dos Marimbondos em Pernambuco,1851-1852)", in: Almanack Braziliense, v. 3, 2006, p. 47-55 e SECRETO, Maria Verônica. *(Des)medidos: a Revolta do Quebra-quilos (1874-1876)*, Rio de Janeiro: Ed. Mauad, 2011.

coleta de dados e da ampliação das informações de conteúdo social e econômico, permanecendo ativo até, aproximadamente 1830. A partir daí, nos informa uma especialista no assunto, a prática dos recenseamentos gerais foi quase abandonada.[20] Pelo decreto de 25 de novembro de 1829 criou-se uma Comissão de Estatística, com objetivo de organizar um censo, sendo dissolvida cinco anos depois, sem apresentar resultados. Em 1851 uma nova tentativa foi logo abandonada, depois "das tristes cenas de que foram teatro as Províncias da Paraíba, Ceará, Alagoas, Sergipe e Pernambuco, pela má interpretação que espíritos menos refletidos, secundados pela inexperiência, deram [...]."[21]

A partir do Ato Adicional (1834) os Relatórios dos Presidentes de Província passam a conter uma seção dedicada às estatísticas demográficas. Quando examinamos os Relatórios dos Presidentes de Província podemos nos dar conta de um grande esforço de quantificação que se estende sobre diferentes assuntos: estudantes nas escolas, resultados dos exames nos cursos jurídicos, doentes em hospitais, prisioneiros nas cadeias, loucos nos hospícios. A constante apresentação de resultados naqueles itens mais passíveis de contagem (porque estão confinados e porque estão sob o controle do poder público) mal encobre a crônica deficiência em obter informações sobre nascimentos e mortes e sobre o número de homens livres e escravos. O reconhecimento da necessidade de melhorar os instrumentos de contagem é constante nos Relatórios dos Presidentes de Província, como o que aparece na epígrafe do presente artigo, introito ao qual se seguem as habituais explicações sobre a precariedade das condições de proceder à contagem

20 MARCÍLIO, Maria Luiza. *Crescimento Demográfico*, *Op. cit.*, p. 40.

21 *Relatório dos trabalhos estatísticos apresentados ao Ilmo. e Exmo. Senhor Conselheiro Dr. João Alfredo Correia de Oliveira, Ministro e Secretário de Estado dos Negócios do Império*, Rio de Janeiro: Diretoria Geral de Estatística, 1873, p. 45.

pois "tendo exigido dos párocos mapas dos batismos, casamentos e óbitos durante o ano passado, com declaração do aumento ou diminuição que houve com referência ao ano de 1836, eles não satisfazem de forma alguma as minhas vistas, apesar dos esforços de alguns dos atuais vigários, que foram frustrados, pela falta dos respectivos assentos, por omissão bem repreensível de seus antecessores e daqueles que estiveram interinamente encarregados das Igrejas. Igualmente, as relações remetidas pelos juizes de paz vêm defeituosas, não conformando-se com o modelo que se lhes deu; e por isso muitas têm sido reenviadas para que se lhe reorganizem, corrigindo seus defeitos". [Os procedimentos]

> encontram a cada passo milhares de embaraços, principalmente da parte da classe ignorante: um oculta o número e a idade de seus filhos, porque receia que os querem recrutar; outro não diz qual é o seu rendimento nem quantos escravos possui, porque teme que se lhe imponha algum tributo; este finge ser pobre para não ser Guarda Nacional, e aquele para fugir do cargo de jurado; além dessas dificuldades há muitas outras que são bem notórias e que escuso referir.[22]

Analisando as causas dessa decadência dos métodos de contagem, Maria Luíza Marcílio os atribui principalmente ao desaparecimento das milícias, que eram, ao lado do sistema eclesiástico, os principais executores dos processos de contagem no Antigo Regime, bem como à corrupção do sistema eleitoral do Império, interessado em manter obscura a realidade demográfica, para que votassem, como eram comum, mortos e ausentes.[23] O argumento é, sem dúvida ponderável, mas insuficiente para dar conta da estra-

22 *Falla que o exmo presidente da provincia do Espirito Santo dirigio à Assembléa Legislativa Provincial no dia 8 de setembro de 1838*. Rio de Janeiro, Typographia Nacional, 1840. (José Lopes da Silva Coito), p. 31-33.

23 MARCÍLIO, Maria Luiza, *Crescimento Demográfico*.... p. 44.

nha coincidência de datas pela qual a mesma autora periodiza a fase de desorganização das estatísticas censitárias nacionais, o período que se estende entre 1831 e 1872, ou seja, entre a extinção legal do tráfico e o início do processo de emancipação, demarcado pela Lei do Ventre Livre (1871), a cujas disposições se liga o recenseamento de 1872. Entre os dois momentos, paira um véu de obscuridade, erguido apenas por esforços de caráter provincial ou local, que não conseguem chegar a uma visão de conjunto da população do Império e nem produzir dados de caráter seriável. Uma parte do enigma se esclarece quando sabemos que a população rebelada contra a lei censitária de 1851, chamava esta de "lei do cativeiro".[24]

Contra os esforços censitários tendiam a se opor tanto os proprietários como vastos setores de homens livres e libertos, temerosos os primeiros de que o censo expusesse a ilegalidade de suas posses, adquiridas depois de 1831 e os segundos de que as condições inteiramente arbitrárias das declarações dos proprietários pudessem anular alforrias, fazer cativos vivos substituírem cativos mortos e mesmo reduzir homens livres à condição de cativos.

Resistências à razão de Estado 2: o fisco

A fiscalidade propicia um ângulo de visão privilegiado para refletir sobre o modo como elementos novos e práticas herdadas se compuseram na formação do estado nação brasileiro. Nesse particular, a herança foi persistente e a construção penosa, travejada pela ambiguidade que atravessou todo o Primeiro Reinado entre as estruturas herdadas (pois foram prorrogados todos os impostos em vigor no território da América Portuguesa, quando da sua eman-

---

24 SILVA, Joaquim Norberto de Souza. *Investigações sobre os recenseamentos da população geral do império. Resumo histórico dos inquéritos censitários realizados no Brasil & Recenseamento do Brasil 1920*. São Paulo: Edição Fac-similada, IPE-USP, 1986, p. 176-177.

cipação política) e a constituição dos organismos parlamentares com atribuições de legislar sobre matéria fiscal. A matéria prima herdada era um sistema fiscal construído ao longo dos séculos de colonização, que fizera da América Portuguesa um Domínio Régio, gerido através de suas peculiares relações, de um lado, com a Ordem de Cristo e, de outro, com as classes mercantis.

A primeira dimensão fazia dos monopólios régios e da cobrança dos dízimos e quintos, as principais fontes de renda metropolitana. A segunda se expressava na forma de arrecadação, onde predominava a contratação a particulares (em geral grandes comerciantes) da cobrança das rendas. A fiscalidade colonial se completava com uma miríade de taxas (sobre o consumo de diversos bens importados e produzidos na colônia, sobre o trânsito pelas estradas e a travessia dos rios, sobre o comércio de mercadorias e escravos), cobradas no plano das capitanias.[25] A partir da criação do Erário Régio (1761) cada uma delas formava uma unidade fiscal separada, dotada de uma Junta de Fazenda ligada diretamente ao Erário Régio em Lisboa. No final do século XVIII, o combate dos reformadores ilustrados voltava-se principalmente contra o sistema de contratos, tido por danoso aos interesses da Coroa e oneroso para os contribuintes, tendo sido responsabilizado pelo descontentamento que desembocou na Inconfidência Mineira em 1789.

Nesse sentido invectivava D. Rodrigo afirmando que "a nossa taxação é improdutiva e morosa, não só porque recaindo desigualmente sobre as primeiras fontes da riqueza nacional impede que a mesma se aumente e prospere [...] mas porque é depois arrecadada por contratadores que deixam ficar na sua mão a maior parte da renda que cobram e que sai mais pesada ao Povo pelas muitas vexa-

25 Dauril Alden, *Royal Govenment in Colonial Brazil, with special reference to the Administration of Marquis of Lavradio, Viceroy, 1769-1779*. Berkeley and Los Angeles, University of California Press, 1968, p. 320-343

ções que lhe fazem sofrer sem serem mais exatos nos pagamentos a fazenda real, como prova o que desgraçadamente se experimentou em Minas Gerais [...]."[26]

A vinda da Corte não criou mudanças em profundidade nesse sistema, e fez pouco no sentido de avançar a substituição do sistema de contratos pelo sistema de administração (onde o agente arrecadador seria um funcionário remunerado por uma percentagem da renda arrecadada). Na verdade, embora ineficiente como instrumento fiscal, os contratos, aos quais vinham acedendo os nativos na América desde o final do século XVIII eram importante moeda de troca na necessária composição de interesses políticos que se avolumaram com a presença da corte no Brasil, o que tornava difícil a sua extinção.[27]

Entretanto, a vinda da corte justapôs ao sistema anterior um importante conjunto de impostos, alterando significativamente o panorama fiscal. Por um lado, a Abertura dos Portos em 1808 criava um novo e promissor campo de arrecadação, beneficiando o Rio de Janeiro e todas as capitanias marítimas. De outro, criava-se um grupo de impostos internos, aplicados à Corte e à todas as capitanias, como vimos nos capítulos precedentes. Essas medidas fizeram ampliar significativamente a base arrecadadora do Erário Régio, agora radicado na América, passando a existir pela primeira vez uma relativa homogeneidade fiscal no território americano.

O legado fiscal recebido no processo de emancipação política, reiterado com o gesto que prorrogou a validade dos impostos em vigência veio a trazer sérias dificuldades para as finanças do Império nascente. Prorrogava-se a maioria dos impostos, mas não os mecanismos de sanção ligados à lógica colonial, como o Juízo

26 D. Rodrigo de Sousa Coutinho, "Memória sobre o melhoramento dos domínios de Sua Majestade na América (1797 ou 1798)", p. 59.

27 Para o conflito em torno dos contratos e outras oportunidades geradas pelos fornecimentos ao Estado ver Cecília Helena de Salles Oliveira, *Op. cit.*, cap. 2.

Privativo da Fazenda Ainda em 1841, o Presidente da Província de São Paulo Rafael Tobias Aguiar diagnosticava que

> *a nossa Constituição ordenou que todos contribuíssem para as despesas do estado, em proporção a seus haveres; porém, subsistindo os mesmos impostos, agravaram-se as dificuldades de percepção, extinguindo-se o juízo privativo da fazenda que era sem dúvida opressivo tal qual se achava organizado, mas que, com alguma modificação, poderia ser mais útil para a arrecadação das rendas. Todas estas causas juntas, a relaxação de algumas autoridades, e a pouca diligência de alguns coletores, que às vezes têm mais interesse em não arrecadarem as Rendas do que na percepção da porcentagem que lhes tocaria se arrecadassem, convergem para dificultar a arrecadação que a ser completa e fiel, produziria somas incalculavelmente maiores para os cofres da Província.*[28]

O Erário Régio e o Conselho da Fazenda foram extintos pela lei de 4 de outubro de 1831 e substituídos pelo Tesouro Público Nacional e Tesourarias Provinciais. A Lei de 24 de outubro de 1832 separou as rendas provinciais das gerais, definindo quais eram as gerais e ordenando sua escrituração e que se recolhessem em cofres distintos os proventos provinciais e gerais.

A partir do Ato Adicional (1834) e da legislação fiscal subsequente desenvolveu-se a principal reforma fiscal do Império, separando pela primeira vez as competências fiscais do centro e das províncias. Descrita aqui esquematicamente, ela fazia a partilha do legado fiscal joanino, atribuindo ao centro as rendas alfandegárias sobre a importação (e parte dos impostos sobre a exportação), além de toda a renda do Município Neutro e deixando às províncias, além do antigo dízimo agora cobrado no ato da exportação, o

---

28 AGUIAR, Rafael Tobias. *Anais da Assembléia Legislativa Provincial de São Paulo*, 1841, p. 398.

conjunto de rendas internas então consolidadas no período joanino: selo de legados e heranças, sisa dos prédios, meia sisa dos escravos ladinos, imposto de transmissão de propriedade, entre outras rubricas de menor importância.

Os homens da Regência, a começar por Bernardo Pereira de Vasconcelos deram impulso decidido à Reforma das Alfândegas e dos seus sistemas arrecadadores, estabelecendo também diretrizes estritas para a instalação de coletorias e mesas de rendas internas nas Províncias. [29]

Todo o esforço organizador, porém, achava-se na dependência da evolução paralela dos sistemas de contagem, registros, censos, matrículas, mapas de contribuintes capazes de tornar viável a substituição do sistema de contratos pelo sistema de administração, profissionalizando o sistema fiscal.

Permitimo-nos aqui retomar brevemente os percalços de uma rubrica fiscal – a "meia sisa dos escravos ladinos" – da qual tratamos em maior detalhe no capítulo anterior, pois que ela condensa, de forma esclarecedora, alguns dos paradoxos do sistema de construção da fiscalidade do poder central e também a diversidade de estratégias que se apresentavam nas províncias, diante da ilegalidade crônica que se estabelecia a partir da extinção legal do tráfico em 1831.

A meia sisa incidia sobre qualquer transação envolvendo escravos nascidos no país, estabelecida por D. João em 1809, quando havia já fortes pressões sobre o tráfico africano de escravos. Quando de sua criação, este era mais um dos muitos impostos que pesavam sobre a escravidão. A forte expansão agrícola que se deu a partir do estabelecimento da corte, principalmente na região sudeste daria a essa rubrica uma grande importância no conjunto da arrecadação, mas sua cobrança tinha como obstáculo o tratado que estabelecia a extinção do tráfico em 1831, pois a declaração da origem dos escravizados poderia evidenciar as práticas ilegais.

29 *Resolução n. 26 Fazenda de 14 de janeiro de 1832; Decreto de 17 de novembro de 1834.*

O fato de que o tráfico continuasse impunemente, entre 1831 e 1850, não deixava de ser um pesado ônus para os construtores-herdeiros, pois além de lançar uma parte crescente do conjunto dos escravos na ilegalidade, privava o estado de importante receita fiscal. Por outro lado, ela tornava as poucas rubricas fiscais sobre a escravidão que eram passíveis de cobrança legal objeto de atenção redobrada por parte das autoridades. Estavam nesse caso "meia sisa do escravo ladino", e uma "taxa sobre os escravos", introduzida na Regência (1833) sobre os escravos das cidades e vilas, fazendo delas elos estratégicos no jogo de pressões e contrapressões que se estabeleceu entre as pulsões da ordem pública e as resistências dos proprietários. Em razão disso, o tema veio a ocupar espaço constante nos Relatórios dos Ministros da Fazenda, a partir de 1831, começando pelo próprio Bernardo de Vasconcelos, como vimos no capítulo anterior.

A Resolução n. 191 do Conselho da Fazenda de 17 de abril de 1833 expunha com a clareza possível o enredo que se estabelecia entre o esforço em torno da arrecadação da meia sisa, a necessidade de se estabelecer uma matrícula dos escravos e os cuidados que deviam ter os coletores no trato com os contribuintes, em razão da legislação que considerava contrabando os escravos entrados após 1831. Nela, Cândido José de Araújo Viana, Presidente do Tribunal do Tesouro Público Nacional, em 17 de abril de 1833, respondia às dificuldades do Coletor da 19ª Coletoria da Província do Rio de Janeiro em dificuldades para exercer suas funções. O Presidente do Tribunal recomenda ao coletor que *"procure por ora desempenhar o Regulamento do modo possível, combinando os interesses da Fazenda Nacional com a menor opressão e vexame dos povos"*,[30] e, em outra resolução de 21 de maio do mesmo ano declara que *"aos coletores, em razão de seu ofício nenhuma diligência compete para*

30 *Resolução n. 191, 17/04/1822 Sobre o lançamento e matrícula dos escravos e arrecadação da meia siza; e a respeito da forma porque os coletores se devem dirigir ao Tesouro em objetos tendentes ao cumprimento de suas obrigações.*

a execução da Lei de 7 de novembro de 1831 sobre contrabando de escravos".[31] Se utilizassem a posição para denunciar o contrabando, faziam-no em caráter particular, não na condição de coletores.

As precauções parecem não ter sido suficientes para acalmar os contribuintes, que continuavam a se furtar ao pagamento do imposto, fazendo com que, no Relatório da Fazenda de 1834, o Ministro Manoel do Nascimento Castro e Silva viesse a sugerir medidas punitivas, como as que se faziam na Alfândega, para coibir as fraudes: pagamento de uma multa e o confisco e venda do bem para ressarcimento do Tesouro, pedindo à Assembléia Geral estas *"ou quaisquer outras providências que vos parecerem justas [..] tanto para bem fiscalizar a renda, como para não servir esse título de apoio a transações ilícitas, como a venda de Africanos Livres como escravos ladinos"*.[32]

A partir de 1834, o imposto da meia sisa sobre o comércio de escravos ladinos foi transferido para a receita provincial, como mencionamos acima. Porém, como ele fazia parte das rendas do Município Neutro e estas eram adscritas ao governo central, esta rubrica fiscal passou a fazer parte tanto da jurisdição fiscal do centro como das Províncias.

Debelada a revolta da Cabanagem, no Pará, a meia sisa não voltou a fazer parte da Receita Provincial, sendo substituída por taxa sobre vendas de escravos para fora da província.

No Maranhão, dizia o Relatório do Presidente da Província em 1838 que a arrecadação da meia sisa dependia de uma matrícula e esta *"tem sido quase inexequível, não obstante os esforços emprega-*

---

31 *Resolução n. 260, 21/05/1833 Declara que aos coletores em razão de seu ofício nenhuma diligência compete para a execução da Lei de 7 de novembro de 1831 sobre o contrabando de escravos.*

32 BRASIL, MINISTÉRIO DA FAZENDA, MINISTRO MANOEL DO NASCIMENTO CASTRO E SILVA, Relatorio... do Anno de 1834 apresentado à Assembleia Geral Legislativa na Sessão Ordinaria de 1835 (publicado em 1835), p. 71.

dos pelos coletores, os quais, depois de longas e repetidas viagens às habitações dos moradores dos seus distritos, nada conseguem porque alguns sonegam parte de sua fábrica, outros não estando presentes os seus feitores recusam manifestar os escravos".

Na verdade, no Maranhão como em muitos outros lugares, a posse dos escravos era mantida na esfera dos contratos entre privados, e "*poucas são as vendas de escravos celebradas por escritura pública ou feitas por arrematação judicial; a maior parte se conclui por escrito privado, de onde se segue que fica ao arbítrio dos vendedores pagar ou não a meia sisa, a despeito das penas em que incorrem pela defraudação desta*". A solução seria, pensa o Presidente, impor obrigação para que as vendas se fizessem por escritura pública, tocando em um ponto central, pois a maior parte da negociação com escravos se fazia através de contratos entre particulares, fora do controle do poder público. Do mesmo modo, a ausência de dados censitários eficazes e de uma matrícula de escravos, tendiam a tornar inexequíveis as medidas do fisco.[33]

A partir de 1839, como vimos no capítulo antecedente, o Ministro Alves Branco colocou todo seu engenho e autoridade no desenvolvimento de uma estratégia capaz de satisfazer o fisco e, ao mesmo tempo por cobro à flagrante ilegalidade do comércio de escravos que se expunha aos olhos das autoridades governamentais. A obrigatoriedade da escritura pública e o poder dos empregados da recebedoria de impugnar vendas feitas por preços simulados e lesivos ao fisco foram duas dessas medidas, que tomaram força de lei em 30 de novembro de 1841 e logo demonstraram seu acerto, através do aumento da arrecadação.[34]

33 Relatório Presidente Província Maranhão, 1838, p. 44-45.

34 *Brasil, Ministério da Fazenda, Ministro Manoel Alves Branco, Proposta e Relatorio... do Anno de 1839 apresentados à Assembléia Geral Legislativa na Sessão Ordinaria de 1840 (publicado em 1840)*, p. 43.

Elas exigiam, porém, para demonstrarem sua plena eficiência, a matrícula de todos os escravos, medida que vinha enfrentando grande resistência dos proprietários, pois a principal forma de burla mencionada pelo Ministro Joaquim Francisco Vianna à recente Lei de novembro de 1841, faziam-se no momento de declarar a origem, idade, nação e características pessoais dos escravos, precisamente aqueles procedimentos que poderiam ser denunciadores do tráfico ilícito.[35]

Assim é que a a exigência de uma matrícula geral dos escravos, pelo menos os das cidades e vilas, parecia incontornável aos administradores da Fazenda, e se materializou no Decreto n. 151 de 11 de abril de 1842, dando regulamento para a arrecadação da Taxa dos Escravos e da Meia-Sisa sobre as transações como escravos ladinos, em observância do Art 17 da Lei n 243 de 30 de Novembro de 1841. Ele dispunha minuciosamente sobre a forma de proceder-se a uma *"uma matrícula geral de todos os escravos residentes nas Cidades e Vilas do Império [sendo que] no Município da Corte a Matrícula será dividida em duas partes distintas, compreendendo uma os escravos residentes dentro dos limites da cidade, [...] e outros os escravos residentes nas Freguezias de fora da cidade [...]"*.

O alistamento deveria ser feito pelas Recebedorias e Mesas de Rendas, ou pelas Coletorias, em livros próprios, seguindo-se a ordem numérica das casas, e designando-se os nomes das ruas e bairros, marcando-se o dia para o alistamento com antecedência de 15 dias. A declaração dos escravos de sua pertença ficava inteiramente ao arbítrio dos senhores, que deveriam *"apresentar uma relação assinada por eles dos escravos que lhes pertencerem, ou tiverem em sua administração e serviço, ou declaração dos nomes, sexos, cor, idade sabida, ou presumida, naturalidade e ofício dos mesmos escravos."*.

35 *Brasil, Ministério da Fazenda, Joaquim Francisco Vianna, Proposta e Relatorio... do Anno de 1842 apresentados na Assembléia Geral Legislativa na Segunda Sessão da 5ª Legislatura (publicado em 1843)*, p. 32.

Dentre as suas minuciosas disposições a lei dispunha um parágrafo curioso: "*Art 6 No ato da primeira matrícula a ninguém se exigirá o título porque possui o escravo. Findo, porém, o tempo dela nenhum escravo, além dos já matriculados, o será de novo sem que o dono apresente o título por que o possui*".[36]

Tornar a matrícula pressuposto obrigatório para o lançamento da taxa anual dos escravos das cidades e vilas, e, na Corte, para o pagamento da meia sisa na venda de escravos ladinos representava um esforço importante no sentido de estender o ordenamento estatal por sobre a questão da propriedade escrava, tornando as compras e vendas dependentes de escritura pública e sujeitas ao fisco. Ao mesmo tempo, suas disposições, ao deixarem as declarações de sexo, idade, naturalidade, ao arbítrio dos senhores, sugeriam a possibilidade de uma validação das posses ilegais.

As disposições do Regulamento indicam que se ofereceu nesse caso uma espécie de transação entre os agentes privados e a ordem pública, em que a matrícula e o acerto das contas com o fisco davam oportunidade à legalização das posses feitas ao arrepio da lei de 1831. Evidências para isso aparecem na própria lei e também nas Resoluções da Seção da Fazenda do Conselho de estado de 1842, onde, em resposta à consulta realizada a 1 de abril de 1842 sobre o Projeto de Regulamento para a Arrecadação da Taxa dos escravos e da e meia sisa, se enfatiza o conteúdo do mencionado artigo 6º do Regulamento, ou seja, que "*não se exige no ato da primeira matrícula o título porque se possuem os escravos por não ser da competência dos encarregados da cobrança do imposto averiguar a legitimidade do domínio, mas exige-se nas matrículas subseqüentes por ser então preciso averiguar se se têm pago os impostos devidos dos escravos novamente adquiridos*".[37]

---

36 *Decreto n. 151 de 11 de abril de 1842 Dando Regulamento para a arrecadação da Taxa e Meia dos escravos.*

37 *Imperiais Resoluções do Conselho de Estado na Secção da Fazenda desde o anno em que começou a funccionar o mesmo conselho até o de 1865*, Co-

O alvitre apresentado pela Corte, associando a matrícula à cobrança da taxa dos escravos e da meia sisa, apresentou sensíveis resultados fiscais, como se observa nas tabelas do capítulo anterior.

Nas Províncias, entretanto, podemos observar que o processo de racionalização da cobrança foi absorvido de forma bastante diferenciada. O caso de maior sucesso parece ter sido o do Rio Grande do Sul, onde a meia sisa foi cobrada ininterruptamente durante todo o período Imperial, tendo mesmo sido criadas outras taxas sobre a escravidão, a partir de 1850, com o objetivo de subsidiar a imigração.[38] Na maioria das províncias, porém, a matrícula gerou grandes resistências. Conforme antes observado, em diversas províncias do Norte a taxa foi substituída por uma capitação sobre os escravos que eram vendidos para fora da Província. Este foi o caso do Pará e também da Bahia e do Maranhão e Espírito Santo. Esta última província foi, por mais de uma década, um caso limite de ineficiência fiscal, passando a viver dos recursos enviados pelo poder central.

Soluções alternativas foram as criadas nas Províncias de Minas Gerais e São Paulo. Em Minas, a partir da determinação da matrícula dos escravos, a assembleia provincial decidiu-se simplesmente pela extinção da meia sisa como rubrica fiscal, em 1843. A medida sofreu acerbas críticas do presidente da província no Relatório de 1844, apontando para a crescente necessidade de recursos da Província, que votava crescentes despesas e melhoramentos públicos, apoiada em "dinheiros imaginários", comentário amargo que condenava a extinção da meia sisa pela Assembléia Provincial. Ele via nesse imposto, vigente em todo o Império

---

ligidas por ordem do governo pro Emilio Xavier Sobreira de Mello Vol I (1842-1844). Rio de Janeiro: Typ. Nacional, 1867, p. 5.

38 Ver ROCHE, Jean. *L'administration de la province du Rio Grande do Sul de 1829 à 1847 d'après les rapports inédits du président du Rio Grande do Sul devant le Conseil Générale, puis l'Assemblée Legislative Provinciale.* Porto Alegre: Universidade do Rio Grande do Sul, Faculdade de Filosofia, 1961.

"um meio de moralidade [pois]se nenhuma transação se fizesse de objetos de valor, sem preceder um registro, não seria tão fácil a apropriação de coisas alheias; [...] muito particularmente sobre escravos é indispensável que cada um possa a todo o tempo mostrar a legitimidade com que os possui, e nenhum modo é mais seguro e legal do que o pagamento do imposto".[39]

O caso de Minas Gerais, entretanto, nos sugere que a ausência temporária do imposto favoreceu o acobertamento do comércio ilícito. Comentando em 1845 a extinção da meia sisa e sua posterior reposição no orçamento provincial, indica o Presidente que *"A imposição sobre escravos não deixa de reclamar algum auxílio para sua exata arrecadação: sobre ter sido funesto que se extinguisse esta verba de receita no orçamento de 1843, o que deu causa a que muitos títulos de contratos já verificados, ou que depois se verificaram, vão aparecendo com data daquele ano (...)".*[40]

Fato similar parece ter acontecido em São Paulo onde a Lei que determinou a matrícula de escravos em 1849-1850 (Lei Províncial n. 27 de 23 de abril de 1849), determinou também a suspensão da meia sisa. A matrícula não chegou a ser realizada, sendo a lei revogada pelo artigo 27 da Lei n. 24 de 2 de julho de 1850, a qual no artigo 28 restabeleceu o imposto da meia sisa. Os contratos celebrados durante o período que a meia sisa esteve suspensa (e em que a matrícula não se realizou) foram objeto de sucessivas anistias fiscais.[41]

---

39 RELATÓRIO DO PRESIDENTE DA PROVÍNCIA DE MINAS GERAIS, 1844, p. 58.

40 RELATÓRIO DO PRESIDENTE DA PROVÍNCIA DE MINAS GERAIS, 1845, p. 46/47.

41 Cf. o artigo 39 da Lei de n. 30 de 10 de maio de 1854, dispondo que não dependiam da revalidação da sisa os contratos celebrados durante a suspensão pela lei de orçamento de 1849 e os escravos já matriculados. A lei n. 47 de 7 de maio de 1857 no artigo 16 autorizou o governo a marcar novo prazo aos senhores de escravos para pagarem a respectiva matrícula,

Estudar o modo distinto pelo qual esse ritmo entrecortado de reforma fiscal se processou no centro e nas províncias pode ser muito elucidativo dos percalços encontrados no plano provincial ao processo de construção da ordem pública e de interiorização de poder. A pesquisa nos Relatórios dos Presidentes de Província tem apontado que, com exceções notáveis e dignas de estudo (as Províncias de São Paulo e do Rio Grande do Sul entre elas) a maioria absoluta das Províncias retomou o sistema de arrematação das rendas a particulares, nele permanecendo até o final do Império. A transição de um sistema de interface privada para outro, onde o controle público se impusesse sobre os bens dos contribuintes, encontrava sérias e quase intransponíveis restrições.

O discurso do presidente da província do Espírito Santo já citado ponderava: "*não me parece em geral bom o método de arrecadação; sua reforma porém deve ser pensada com muita madureza, visto que é matéria muito delicada, e as inovações neste ponto podem ser perigosas. Uma das dificuldades é a de se achar agentes com a precisa habilidade: as poucas vantagens, a responsabilidade, o comprometimento e o risco em que estão, (porquanto alguns tem sido ameaçados), são motivos mais que suficientes para que tais empregos não*

---

segundo o disposto no artigo 38 da Lei do Orçamento de 1854. A de n. 11 de 15 de março de 1858 reduziu a 2 por cento o imposto da meia sisa, e deu outras providências. Vide circular do Ministério da Fazenda de 17 de maio de 1861. Pelo art. 28 da Lei n. 39 de 4 de maio de 1858 foi o governo autorizado a substituir em o novo Regulamento, a multa do Alvará de 3 de junho de 1809 pela de 10 a 30 por cento. A Lei n. e de 27 de março de 1861 criou o imposto de 20 mil reis para ser pago pelos senhores de escravos, por cada um que não tivesse pago a meia sisa. *Regulamentos expedidos pelo exmo governo provincial para execução das diversas Leis provinciais coligidos e anotados pelo Bacharel Jose Candido de Azevedo Marques e mandados imprimir pelo Exmo Sr. Doutor João Theodoro Xavier, Presidente da Prov. de S. Paulo*, São Paulo: Tipografia do Correio Paulistano, 1876, p. 131-132.

sejam muito apetecidos",[42] ou na fala do Presidente da Província de Alagoas que refletia em 1842 que, "*[...] para que as arrematações produzam bons resultados necessário é que os contratadores encontrem na legislação garantias contra o contribuinte moroso, ou doloso. [...] Todas as causas são ventiladas nos distritos dos devedores, preparadas pelos respectivos juizes municipais, ordinariamente entrelaçados em amizade com os réus, e de mais também muitas vezes sujeitos a pagar idênticos impostos aos que deram motivo à ação*".[43]

Concluindo essa reflexão reiteramos que nosso esforço se desenvolveu no sentido de sublinhar alguns dos desafios enfrentados por construtores/herdeiros em aspectos cruciais da construção da soberania estatal: a definição da territorialidade, o estabelecimento de formas de contagem e medição e a fiscalidade. Ao elegermos ângulos desse problema que se encontram particularmente entretecidos com a reiteração da escravidão e com a virtual naturalização de uma "ordem ilegal" favorecida pelo tráfico ilícito durante as décadas cruciais da construção do estado, reencontramos o enigma do Império em sua desafiadora complexidade. Parece-nos inegável que a permanência do tráfico ilícito favoreceu consolidação do centro político desenvolvendo uma pulsão centrípeta em torno da monarquia e das formas unitárias. Não o fez, porém, sem esvaziar o estado em dimensões cruciais de sua sinergia com as forças sociais e em sua possibilidade de consolidar uma esfera que se pode

---

42 FALLA QUE O EXMO PRESIDENTE DA PROVINCIA DO ESPIRITO SANTO DIRIGIO Á ASSEMBLÉA LEGISLATIVA PROVINCIAL NO DIA 8 DE SETEMBRO DE 1838, Rio de Janeiro, Typographia Nacional, 1840. (José Lopes da Silva Coito), p. 39.

43 FALLA COM QUE ABRIO A SESSÃO EXTRAORDINARIA DA QUARTA LEGISLATURA DA ASSEMBLÉA LEGISLATIVA DA PROVINCIA DAS ALAGOAS, O PRESIDENTE DA MESMA PROVINCIA, MANOEL FELIZARDO DE SOUZA E MELLO EM 4 DE FEVEREIRO DE 1842, Pernambuco, Typ. de M. F. de Faria, 1842, p. 35-36.

chamar de pública, mantendo e aprofundando a proverbial fratura entre o "país real" e o "país legal". Este não é o único dos paradoxos da construção do estado no Brasil, processo em que a escravidão foi não apenas reiterada, mas reinventada com um vigor não antes experimentado nos ritmos modorrentos do Antigo Regime. Nesse sentido, a escravidão tal qual vivida no Brasil soberano, também foi atravessada pela díade construção/herança, constituindo-se em um pecúlio que iria ser muitas vezes multiplicado, por obra dos construtores da ordem social e política do século XIX.

Parte II

Federalismo e crise fiscal entre a Monarquia e a República

Repensando a centralização no Império

A crise do regime monárquico brasileiro e seu desdobramento manifestaram-se, no campo da luta política, pelo recrudescimento das críticas ao que se entendia então por *centralização excessiva do poder,* expressa em duas dimensões principais. Em primeiro lugar, no funcionamento do Poder Moderador como árbitro da alternância entre os partidos no poder, tido como grande responsável pelo falseamento do regime representativo; em segundo lugar, na concentração de poderes no centro político, tida como excessiva e levando ao sufocamento da esfera provincial. A concentração de recursos fiscais na Corte era um dos alvos prediletos desses ataques.[1]

Os críticos da centralização posicionavam-se ao longo de um extenso espectro político, incorporando desde setores que propunham uma auto-reforma do próprio regime, mantida a perspectiva do Terceiro Reinado, até aqueles que acreditavam que apenas a forma republicana era capaz de incorporar o ideário federalista em

1 MELLO, Evaldo C. *O norte agrário, Op. cit.* Sobre os distintos projetos políticos que se configuravam no período ver ALONSO, Ângela, *Ideias em movimento, a geração de 70 na crise do Brasil Império*, Rio de Janeiro: Paz e Terra, 2002.

toda a sua plenitude.[2] A demanda por reformas de tipo federativo não era nova no Brasil, tendo sido um componente importante da luta política no período de organização do Estado Nacional, na primeira metade do século XIX. Com a Constituição Republicana de 1891, o Brasil viria a ter sua primeira concretização institucional de uma demanda longamente inscrita na sua cultura política.

A reflexão aqui desenvolvida procura circunscrever-se a uma dimensão específica do federalismo – a questão tributária. Embora essa seja uma dimensão limitada da temática mais abrangente das finanças públicas, ela é vista por nós como um aspecto crucial daquele agregado e como um dos principais polos de conflito entre o centro político e as suas partes (províncias/estados). Procuramos, porém, não perder de vista que o ângulo proposto – a questão tributária – é apenas um aspecto de uma problemática muito mais vasta e complexa – a da construção e transformação do Estado.[3] Trata-se, entretan-

2 Inúmeros trabalhos tratam da dimensão política da crise da Monarquia. Considero até hoje não superado o tratamento dado por HOLANDA, Sergio Buarque. *Do Império à República*, HGCB, São Paulo: DIFEL, 1983, Tomo II, vol.5, p. 7-56.

3 O trabalho de referência para as "teorias da construção do Estado" é TILLY, Charles (ed). *The formation of national states, Op. cit.*, sobre a questão fiscal ver, em particular, o ensaio de ARDANT, Gabriel. "Financial Policy and Economic Infrastructure of Modern States and Nations..." e BRAUN, Rudolph. "Taxation, Sociopolitical Structure, and the state-building...". Sobre as relações reversivas dos processos de extração e coerção ver FINER, Samuel, "State and Nation-Building in Europe: the role of military", p. 84-164, no mesmo volume. Ver também ARDANT, Gabriel. *Histoire de l'impôt*. Paris: Fayard, 1971 e TILLY, Charles. *Coercion, Capital and European States (A.D.1990-1992)*, Cambridge, Oxford, 1990 e BONNEY, Richard, *The rise of the fiscal state in Europe c.1200-1815* e *Economic Systems and State Finance*. Oxford: Oxford University Press, 1999. Para uma ampla perspectiva comparada ver GARAVAGLIA, J.C., LAMOUROUX, C. e BRADDICK, M.J. *Serve the Power(s), Serve the State: America and Eurasia*. Cambridge: Cambridge Scholars Publishing, 2016.

to, de um ângulo privilegiado porque permite abordar, de um lado, algo que é inerente à natureza do próprio Estado – *a pulsão extrativa* e, com ela, a sua capacidade potencial de conformar e transformar o corpo social. De outro lado, a abordagem sugerida pelas "teorias da construção do Estado" permite refletir sobre os impulsos e limites que uma dada ordem econômico-social imprime ao processo de extração de recursos, de recrutamento de soldados, de expansão da ordem jurídica, ou seja, à expansão dos poderes do Estado. Um e outro aspecto são fundamentais para a compreensão da formação do Estado, ao mesmo tempo como *emanação* da sociedade e como processo que se manifesta como *tensão* entre o centro político e a ordem econômico-social. Esse duplo ponto de vista, acreditamos nós, propicia um ângulo estratégico para tentar compreender os conflitos entre as instâncias do poder central e as forças políticas regionais, bem como os impulsos para a extensão do poder público sobre a esfera privada e as resistências aí engendradas.

Procuramos explorar a problemática da centralização/descentralização um pouco a contrapelo das análises convencionais. Esse esforço exigiu a ultrapassagem dos aspectos jurídico-formais (unitarismo/federação), em busca da natureza da transformação operada ao longo do período, na composição das finanças públicas e na distribuição das rendas e encargos entre o centro político e as províncias/estados. Procurávamos assim perceber as dimensões centrífugas ocultas sob a centralização monárquica, bem como as dimensões fortalecedoras da União ocultas sob a organização federativa, concretizada no quadriênio Campos Salles com a "política dos governadores."

No presente capítulo, procuramos desenhar as condicionantes estruturais da crise fiscal do Estado Monárquico, e delinear um arcabouço para entender as disputas em torno da arrecadação e da distribuição das rendas públicas, a partir da década de 1870. Em um segundo passo, buscamos compreender o alcance e os limites da transformação republicana e da organização federativa no que se refere ao tema em questão, abordando as discussões relativas à discriminação das rendas entre a União e os Estados na Constituinte de 1891. Na secção final dessa parte, tentamos estudar, em largos traços, o aprofundamento da crise das finanças públicas durante a primeira década republicana e o seu equacionamento no quadriênio Campos Salles. Concluímos com uma breve reflexão sobre a evolução das competências fiscais até a década de 1930.

Um legado historiográfico e sua crítica

Visto em seu conjunto o período que esse trabalho aborda desenha uma trajetória que é, do ângulo das finanças públicas, o desdobramento da crise do Estado Imperial e da sua forma específica de relacionamento com as oligarquias regionais. A crise não se esgota com a Proclamação da República e a reorganização constitucional, estendendo-se até a recomposição política pactuada no quadriênio Campos Salles (1898-1903).[4] O tratamento desse processo como *crise de um certo tipo de Estado* implica em que tangenciemos a periodização da história política do século XIX e explicitemos brevemente as balizas que nos orientam. Todos os que aprenderam com o Professor Fernando Novais sabem que a fecundidade das hipóteses que possamos formular para compreender os grandes processos políticos depende, sobretudo, de conseguir estabelecer uma periodização significativa, um recorte que encaminhe da *gênese e da crise* do fenômeno proposto. Temos trabalhado de forma algo heterodoxa com o conceito de "construção do Estado", no sentido de sugerir

4 Sobre a estruturação da ordem republicana, ver KUGELMAS, Eduardo. *A difícil hegemonia*, Tese de Doutoramento, FFLCH/USP, 1987 (mimeo), LESSA, Ricardo. *A invenção republicana*, Rio de Janeiro: Ed. Vértice/IUPERJ, 1988; SILVEIRA, Rosa Maria Godoy, *Republicanismo e Federalismo, 1889-1902*, Brasília, Senado Federal, 1978. Uma boa visão do quadriênio Campos Salles por um partidário e contemporâneo se encontra em GUANABARA, Alcindo. *A presidência Campos Salles*, Brasília, Ed.UNB, 1983.

uma agenda para a pesquisa histórica, que priorize as relações entre a esfera política e as forças sociais em conflito. Ao fazê-lo, buscamos apreender sua dinâmica, mas também seus limites, no sentido em que uma dada ordem social estabelece freios a esse processo e ao desenvolvimento do fenômeno estatal. É nesse aspecto preciso que as questões de periodização, e, em particular a noção de *crise do Estado Imperial* ganham para nós significado, isto é, enquanto momento de expressão daqueles limites e de abertura de possibilidades de transformação social que passam a depender da reformulação do Estado.

A ideia de que a história política do Império pode ser descrita como um movimento de "sístole/diástole", no qual se alternam pulsões centralizadoras e descentralizadoras, tornou-se uma espécie de lugar comum na historiografia brasileira. As narrativas coevas, particularmente aquelas produzidas na segunda metade do século XIX, ajudaram a consolidar esta interpretação, refletindo a intensa luta política que se desenvolveu naquele período.[5] O debate polarizou-se principalmente nas atribuições e limites do Poder Moderador, vindo a ter uma formulação clássica no célebre panfleto do jornalista e político conservador Justiniano José da Rocha – "Ação, Reação, Transação" – de 1855,[6] em que a sugestiva tríade do título buscava descrever a trajetória de formação do Estado monárquico brasileiro como um processo de aguerridos combates que chegava a um remanso sob o comando do Partido Conservador, grupo político

5 SOUZA, Paulino José Soares, Visconde do Uruguai. *Ensaio sobre o Direito Administrativo*, Rio de Janeiro: Tipografia Nacional, 1862; BASTOS, A.C. Tavares, *A Província*, São Paulo/Rio de Janeiro: Cia. Ed.Nacional, 2ª ed., 1937. Para uma apreciação atual do debate ver FERREIRA, Gabriela Nunes. *Centralização e descentralização no Império, o debate entre Tavares Bastos e Visconde de Uruguai*, São Paulo: Ed. 34, 1999.

6 ROCHA, Justiniano José, "Ação, Reação, Transação", in: MAGALHÃES JR., Raymundo. *Três Panfletários do Segundo Reinado*, São Paulo: Cia. Ed. Nacional, 2ª Ed., 1937.

ao qual o jornalista estava organicamente associado. Justiniano José da Rocha procurava, desse modo, evidenciar o papel construtivo de algumas lideranças que haviam sabido usar a autoridade do poder central para combater as forças que, no seu entender, ameaçavam a unidade do pais (a "reação" neutralizando os excessos da "ação").

A "conciliação" era entendida assim como o encerramento de um ciclo político, consolidando o poder monárquico e buscando neutralizar a virulência da luta de facções. A incorporação dessa visão por Joaquim Nabuco, em sua obra clássica sobre os mecanismos políticos da monarquia[7] (Um Estadista do Império) deu a ela foros de cidadania historiográfica, condição que tem sido reiterada de forma bastante acrítica, na historiografia mais recente. Dentro dessa perspectiva, o Ato Adicional de 1834, representa uma viragem marcante no sentido descentralizador, ao criar mecanismos como o júri eletivo e o juiz de paz, ao mesmo tempo em que institucionalizava o espaço político das províncias, criando as Assembléias Provinciais e lhes conferindo importantes atribuições legislativas e fiscais.

Essas medidas, distanciando-se de suas intenções liberais originárias, teriam dado vazão a pressões privatistas, de caráter centrífugo, favorecendo o facciosismo das oligarquias provinciais. As rebeliões provinciais, contendo a ameaça da própria dissolução da unidade do país, seriam consequência direta dessas medidas, cujos exageros a Interpretação do Ato Adicional procurava coibir, (1841). Assim, a Interpretação do Ato Adicional, hábil manobra do núcleo conservador agia no sentido da reconcentração de poderes no centro político, demarcando a reação centralista e conservadora que daria suporte ao Segundo Reinado. Em direção convergente, a política fiscal do Ministério Alves Branco, elevando as tarifas de

7 NABUCO, Joaquim. *Um estadista do Império: Nabuco de Araújo, sua vida, suas opiniões, sua época*. Rio de Janeiro: Instituto Progresso Editorial, 1949 (1ª Ed. 1896).

importação e fazendo da alfândega o cerne do sistema fiscal, criava bases sustentáveis para as finanças do poder central, possibilitando a reorganização do exército, do sistema judiciário e o sucesso de uma política de composição dos interesses regionais. Estes, entravam em 1848, no mencionado remanso, depois de mais de duas décadas de agitações centrífugas.

Pesquisas mais recentes têm insistido na necessidade de ultrapassar o simplismo dessas interpretações, através de uma investigação cuidadosa do processo político do período e de uma saudável desconfiança dos elementos retóricos contidos nas fontes documentais.[8]

Temos envidado esforços para entender esses movimentos historicamente, sem empobrecê-los com a mera descrição dos aspectos jurídico-políticos formais, procurando superar a ideia da alternância "sístole/diástole", que nos parece insatisfatória para dar conta de seu sentido. Dois pontos principais devem ser aqui enfatizados. Em primeiro lugar, como procuramos demonstrar nos capítulos anteriores, em que tratamos do legado fiscal e administrativo do período colonial, a questão da esfera fiscal das capitanias/províncias possuía raízes profundas na história administrativa da Coroa Portuguesa na América e que ela fora pensada, a partir do século XVIII, como um instrumento político de racionalização e de concentração de poder no Reino, muito embora esse sentido viesse a ser radicalmente alterado na volatilidade da crise do Antigo Regime na América. Essas autonomias deram sentido às resistências à concentração de poder político e fiscal na Corte, desenhadas no período Joanino, e permaneceram como linhas de força atuantes durante o período independente, marcando a oposição centre/províncias como a principal linha de força no debate político, pelo menos até meados do século

8 Ver, por exemplo, OLIVEIRA, Cecília Helena de Salles. *A astúcia liberal – relações de mercado e projetos ...políticos* e DOLHNIKOFF, Miriam Dolhnikoff, *O pacto Imperial: origens do Federalismo, Op. cit.*

XIX. Um segundo ponto, também tratado nos capítulos anteriores, deve aqui ser reiterado. Refiro-me à manutenção e à reiteração do escravismo na vida do Brasil independente, fato que imprimiu impulsos contraditórios ao processo de construção estatal em todas as suas dimensões. Assim, temos procurado em nossas investigações enfatizar o que nos parece ser a radical peculiaridade da experiência brasileira de construção do Estado no século XIX – o fato de que ela se processou em simbiose dramática com a reiteração do escravismo mercantil. O reconhecimento dessa peculiaridade, que se reverte assim no fulcro central de nossa análise informa o nosso diálogo com as matrizes teóricas clássicas bem como com a historiografia brasileira que tem se debruçado sobre o tema.

Esperamos ter demonstrado que estamos distantes de pensar o Estado como um mero *epifenômeno* da escravidão. Bem ao contrário, temos procurado precisamente explorar a dimensão paradoxal, conflituosa e contraditória da relação escravidão mercantil/Estado, apontando que os interesses ligados ao escravismo desenvolveram pulsões centrípetas no que se refere à formação do centro político, constituindo um poderoso interesse comum em torno da monarquia e da centralização político-administrativa. Temos também tentado enfatizar que a forma específica de privatismo que a dominação escravista expressava representou um freio também poderoso aos processos extrativos que caracterizam a construção do Estado, nas suas dimensões principais – jurídica, fiscal e militar.

Com essa perspectiva em mente, temos procurado explorar a forma pela qual a ordem escravista marcou entre nós os processos clássicos de construção estatal – da "invenção" e da consolidação do território, à dificuldade em constituir a monopolização da violência.

Em trabalho anterior procuramos demonstrar como a reiteração do escravismo e a opção pela monarquia, imprimiu peculiaridades à definição da soberania e da territorialidade do Estado Brasileiro do século XIX vis-à-vis seus vizinhos no cone sul da

América, fazendo da "questão platina" o cerne da política diplomática e militar do Império. Procuramos sobretudo estabelecer uma periodização da "questão platina" demonstrando sua congruência com momentos cruciais da política interna brasileira (a perda da Cisplatina e a Abdicação, a Guerra contra Oribe e Rosas e a consolidação do Segundo Reinado; a Guerra do Paraguai e a crise do Estado Imperial).[9] No mesmo trabalho, procuramos demonstrar os obstáculos que a ordem escravista imprimia à organização de um exército profissional. Esses obstáculos não impediriam que aqui se formasse um exército profissional, cuja necessidade emergiu tanto dos desafios externos como da premência em coibir as pulsões centrífugas. Impediam, porém, que o exército que se reorganizava fosse um instrumento da monopolização da violência, uma vez que mantinham a sociedade militarizada, particularmente através da Guarda Nacional. Assim, esperamos ter demonstrado que a constituição de forças armadas profissionais encontrava, na ordem escravista, grandes obstáculos que, se não impediam a sua existência enquanto parte de um conjunto heterogêneo de forças armadas sob controle privado, travavam o seu desenvolvimento e tornavam sua inserção altamente problemática no corpo social. Ou seja, que o Estado que se formava sob os impulsos contraditórios da ordem escravista, tinha uma "questão militar" *estrutural*, porque constitutiva de suas contradições internas. A contradição viria à tona no conflito externo, precisamente na Guerra da Tríplice Aliança contra o Paraguai, cujas dimensões militares e políticas não são objeto de análise nesse artigo. Ressaltamos apenas, a partir dessas reflexões, seu caráter central na crise do Estado Imperial e na explicitação da relação contraditória entre o Estado Moderno e a escravidão.

9 COSTA, Wilma Peres Costa. *A Espada de Dâmocles - o Exército, A guerra do Paraguai e a crise. Op. cit.*

A perspectiva teórica que implica em dar centralidade à questão do escravismo na compreensão da formação do Estado é igualmente fecunda para entender a fiscalidade, particularmente levando em conta as várias metamorfoses assumidas pelo tráfico negreiro. É assim que, como procuramos desenvolver nos capítulos anteriores, é necessário sublinhar a importância do período que se abre em 1831, com o expiramento do prazo pactuado com a Inglaterra para a extinção do tráfico negreiro por ocasião do reconhecimento da Independência. O fato de que a referida extinção só tivesse se tornado efetiva em 1850, não deve, sob pena de recairmos no anacronismo, obscurecer o fato de que a ilegalidade de tráfico passa a pender sobre o Estado e sobre os agentes econômico-sociais, fazendeiros e traficantes. Tanto as pulsões descentralizadoras da regência como a marcha a ré centralizadora conhecida como "regresso" ganham inteligibilidade a partir desse eixo.[10] Da mesma maneira, a partir de 1850, a faceta mercantil do escravismo, dependente agora do tráfico interno passa a rebater de forma distinta sobre o Estado, associando-se organicamente à possibilidade da "política de conciliação" que se inaugura com o Gabinete Paraná em 1854 e ao surto de desenvolvimento econômico viabilizado pela reciclagem de capitais envolvidos anteriormente no tráfico africano. Desse modo, para além de uma trajetória cíclica de centralização-descentralização, ou um movimento alternado de sístole-diástole, é necessário explorar a congruência dessa periodização com os momentos significativos da pressão externa sobre o tráfico (1831; 1844-1850), com efeitos opostos sobre a relação entre o senhoriato escravista e o Estado e, o que é uma dimensão do mesmo fenômeno, entre o centro político e as resistências centrífugas regionais.

---

10 Ver ALENCASTRO, Luiz Felipe. *Le commerce des vivants: traite d'esclaves et "pax lusitana" dans l'Atlantique Sud* ... cap. 9. Versão sintética se encontra em ALENCASTRO, Luiz Felipe. "La traite négrière et l'unité nationale brésilienne", *Revue Française d'Histoire d'Outre Mer*, T. LXVI, 1979, n. 244-245, 1979.

Por essa razão, pensamos que, a crise do Estado Imperial que se instala na década de 1870, pelos pesados efeitos da Guerra do Paraguai, pelo encaminhamento das medidas em relação à emancipação frente à heterogeneidade das demandas das regionais e do estrangulamento das finanças públicas, repõe a questão da federação em bases distintas daquelas que tinham movido as rebeliões regenciais, não podendo ser considerada como o retorno de um movimento cíclico. Naquele momento, tratavam-se, sobretudo de conflitos que reverberavam resistências às pulsões extrativas do poder central, travejadas pelas pressões contra o tráfico de escravos africanos, caso fosse cumprido o tratado estabelecido com a Inglaterra por ocasião do reconhecimento da Independência. Este, por sua vez não pode ser considerado como um resíduo do passado colonial, mas como um projeto das elites envolvidas na fundação de um estado nacional independente, uma "nova escravidão" inserida nos ritmos dos mercados capitalistas mundiais, para onde fluíam as mercadorias brasileiras, em particular o café.[11] As demandas descentralizadoras

11 As reflexões aqui desenvolvidas tiveram a sua escrita original muito antes que os debates sobre o conceito de "segunda escravidão" tivessem se espraiado no campo historiográfico e ganho importantes e fecundas dimensões para o caso brasileiro. A abordagem, na sua escrita original, foi devedora sobretudo do conceito de *economia mercantil-escravista nacional*, tal como desenvolvida por MELLO, João Manoel Cardoso. *O capitalismo tardio. Op. cit.* Devemos registrar aqui, entretanto, uma convergência entre essas noções, particularmente no que se refere ao reconhecimento da natureza radicalmente distinta do escravismo do século XIX, tendo em vista aquele do passado colonial. Dois pontos aqui são fundamentais: o travejamento do escravismo com a construção do estado nacional e sua inserção nos fluxos do livre-comércio e da consolidação do capitalismo industrial no século XIX. Evidentemente, há também diferenças importantes, que não cabem ser desenvolvidas aqui. Sobre a "segunda escravidão" ver MARQUESE, Rafael e PARRON, Tâmis P. "Internacional escravista: a política da Segunda Escravidão", *Topoi*, v. 12, n. 23, jul.-dez. 2011, p. 97-117 e também os ensaios contidos em MARQUESE, Rafael Rafael e SALLES, R. (orgs.). *Es-*

da segunda metade do século XIX e que foram um dos elementos da crise do regime, devem ser entendidas como expressão dos limites daquele acordo político e de suas bases econômicas de sustentação. Elas iriam resultar na queda do Império e a instituição da República Federativa, em condições de crescente heterogeneidade da sociedade e dos interesses regionais.[12] Indagar das razões que impediram que essa transformação se processasse sob o regime monárquico é, assim, uma questão crucial para entender a transformação republicana e a heterogeneidade de forças que se aglutinam contra a monarquia.

A eclosão dessa crise está localizada no início dos anos 1970 no século XIX principalmente porque esse é o momento em que a crise do escravismo expressa, no plano político, a sua irreversibilidade com o primeiro conjunto de medidas visando à emancipação (Lei do Ventre Livre, 1871). Dois episódios militares de grande alcance no continente americano ocorridos ao longo da década de 1860 seriam vetores fundamentais da crise. O primeiro deles, a Guerra Civil Americana, fez com que o Brasil se tornasse a última nação independente a manter a escravidão, o segundo, a Guerra da Tríplice Aliança contra o Paraguai, expôs as chagas internas do Império, inclusive a escravidão, a heterogeneidade regional, gerando uma incontornável crise fiscal e financeira. A oposição que elas iriam gerar, de um lado, e a heterogeneidade da transição para o trabalho livre nas distintas regiões do país, de outro, passavam a pressionar o Estado e o sistema político em direções divergentes, corroendo a legitimidade de um Estado que fizera da preservação do escravismo seu foco fundamental de consenso. Por outra parte, a hecatombe político-financeira representada pela Guerra do Paraguai

---

cravidão e capitalismo histórico no século XIX Cuba, Brasil e Estados Unidos. Rio de Janeiro: Civilização Brasileira, 2016.

12 Sobre as múltiplas dimensões desse fenômeno, ver MELLO, Evaldo Cabral. *O Norte Agrário e o Império*, Rio de Janeiro: Ed. Nova Fronteira, 1984.

formaria o outro foco da crise, estreitando de maneira formidável a capacidade do Estado em atuar na composição de interesses que se tornavam cada vez mais divergentes.

A transformação desencadeada apontaria no sentido da descentralização, mas ela envolvia também a superação do escravismo, importante resistência estrutural ao avanço da esfera pública. Aqueles que se prendem às aparências e que tendem a encarar como uma identificação mecanicista os pares centralização público/descentralização-privado poderiam ser tentados a interpretar essa metamorfose em termos de algum tipo de retrocesso de construção do Estado, que só seria retomado na década de 1930. Trata-se de uma visão apressada e, porque não dizer, equivocada, que ocultaria aquelas dimensões que permitem afirmar que na Primeira República, (tendo-se o Estado Imperial como referência), desenvolveu-se uma ampliação do aparato do Estado, um incremento de sua capacidade de extração de recursos e um inequívoco movimento de centralização do poder decisório.[13]

Os limites de nosso período não permitem atribuir a essa afirmação toda a sua visibilidade. É relevante, porém, que se consigne aqui essa tendência de longo prazo para que as árvores não ocultem a visão da floresta.

Os limites da centralização monárquica

O estudo da fiscalidade constitui um fecundo campo de fronteiras entre as ciências sociais, por que ele incide sobre os impulsos constitutivos do Estado em sua potência extrativa – recursos que devem fluir das partes para o centro politico, das mãos privadas para a

---

13 Ver REIS, Elisa Pereira. "Interesses agro-exportadores e construção do Estado: Brasil 1890 a 1930", in: Bernardo Sorj et allii (org). *Economia e Movimentos Sociais na América Latina*, São Paulo: Ed. Brasiliense, 1985 TOPIK, Steven. *A presença do Estado na economia política do Brasil de 1889 a 1930*, São Paulo: Record, 1987.

esfera pública – para financiar as armaduras de uma ordem histórica determinada, gerando por sua vez, um caleidoscópio de resistências e conflitos. Pensar a fiscalidade historicamente impõe transcender os limites habituais do campo da História Econômica (afeito à temporalidade construída das séries e dos montantes arrecadados, para o campo mais arriscado e lacunar dos modos de arrecadação, das formas de legitimação e transgressão, das culturas e das resistências fiscais. O tema ganha assim uma densidade histórica renovada, naquilo que conforma o tema reiterado da disciplina histórica – a construção de uma temporalidade pelo trabalho do historiador (a periodização) e suas relações com as percepções do tempo (uma dada consciência histórica) de uma época e suas transformações.

Dentre os cientistas sociais contemporâneos, foi Schumpeter quem estabeleceu o estudo da fiscalidade como objeto a ser incorporado pelos cientistas sociais e explorou, em um artigo seminal,[14] o campo da fiscalidade como interface fecunda entre a história, a economia e a sociologia. A enorme influência desse pequeno artigo e as sendas por ele abertas ecoam nas várias correntes de estudiosos que, contemporaneamente, retomam a discussão do Estado pela senda da História, vale dizer que procuram pensar o Estado como resultante de um processo de construção, vale dizer como produto da história,[15] e também como relevante baliza de periodização da história dos povos.[16]

14 Joseph Shumpeter, "The crisis of the tax state", in: *International Economic Papers*, n.4, Nova York: MacMillan, 1954.

15 Uma excelente síntese do estado atual da discussão encontra-se no esforço coletivo consolidado em Win Blockmans and Jean-Philippe Genet: *The Origins of the Modern State in Europe, 13rh-18th centuries*. Oxford University Press, 1998. Ver especialmente os volumes *The Rise of the Fiscal State in Europe (c.1200-1815)* e *Economic Systems and State Finance*, ambos coordenados pelo historiador inglês Richard Bonney.

16 Joseph Shumpeter, "The crisis of the tax state", *Op. cit.*, p. 6-7.

Nessa primeira acepção da temporalidade, o trabalho de recortar o tempo para compreender os seus relevos, o estudo da fiscalidade ganha especial interesse naquelas experiências históricas em que a formação dos estados nacionais se desenvolveu a partir da experiência secular da administração dos impérios coloniais modernos. Chamo a atenção para dois pontos principais. O primeiro ponto parte do reconhecimento de que a posse e a exploração dos recursos de domínios articularam-se às finanças das metrópoles europeias que se envolveram na expansão colonial da Época Moderna de tempos e modos distintos, com efeitos também diversos na Europa e no Ultramar. O segundo decorre de que a desagregação desses legados se processou de modo distinto nas várias partes do continente, dependendo dos ritmos de desenvolvimento da crise do Antigo Regime em sua expressão americana e dos conflitos que se fizeram presentes nas revoluções e guerras de Independência, produzindo novos desenhos territoriais e configurações sociais e políticas.

Nos capítulos anteriores procuramos demonstrar para o caso brasileiro que, olhando sob o ponto de vista da fiscalidade o esforço de periodização nos conduz ao mesmo tempo a um tempo anterior e a um tempo posterior ao da Independência política (1822), problematizando algumas versões assentes na historiografia. Refiro-me particularmente a duas: a) a de que a vinda da corte e as ações desenvolvidas pela presença do rei na américa consolidam o desenho do estado nacional e prefiguram a própria independência política; e b) o de que a independência do Brasil, por ter resultado na reiteração da forma monárquica teria produzida um estado fortemente centralizado, cujas tinturas absolutistas teriam resultado na crise e abdicação do Primeiro Imperador, substituído por uma regência que iria efetuar uma obra descentralizadora que desembocaria em novo essort centralizador a partir de 1837, consolidando-se com o Segundo Reinado (1841-1889).

O legado fiscal recebido no processo de emancipação política, reiterado com o gesto que prorrogou a validade dos impostos em vigência veio a trazer sérias dificuldades para as finanças do Império nascente. Em primeiro lugar porque haviam sido prorrogados os impostos anteriormente vigentes, mas não os mecanismos de sanção ligados à lógica colonial, como o Juízo Privativo da Fazenda. De outro lado, a cultura fiscal herdada do período colonial, inspirava as veleidades autônomas das capitanias/províncias, como nos demonstram as falas aflitas dos Ministérios da Fazenda do Primeiro Reinado, sobre as dificuldades em fazer fluir para o Rio de Janeiro, as "sobras" provinciais. Havia ainda outro complicado tema a ser tratado – a forma de arrecadação, que se apoiava nos contratos com particulares. Medida fundamental nesse sentido, deu-se através do Decreto de 16 de abril de 1821, determinando que aquela que fora a principal rubrica fiscal durante maior parte do período colonial – os dízimos – passam a ser cobrados no ato da exportação, deixando, portanto, de ser objeto de arrematação (o decreto foi regulamentado apenas em 31 de maio de 1825). Os contratos continuaram a vigir em outros ramos, ao mesmo tempo em que o não cumprimento deles por parte dos contratadores, era responsável pela quase totalidade da enorme dívida pública que foi consolidada em 1828. Assim, o primeiro reinado transcorreu atravessado por enormes dificuldades de arrecadação, pressionado pelos custos da guerra independência e da guerra no sul, para a manutenção da Província Cisplatina, fazendo fluir para o espaço do parlamento a trajetória da crise institucional que desembocou na Abdicação, em 1831. Durante o período, as finanças do governo central estiveram sobretudo reduzidas aos recursos produzidos pelo Rio de Janeiro (particularmente pela alfândega do maior porto do país), complementados pelo financiamento da Inglaterra, fundamento da considerável dívida externa que marcou o nascimento do Estado soberano brasileiro.

Estas são algumas das razões pelas quais considero que é profundamente inadequado considerar o Primeiro Reinado como um período caracterizado pela "centralização" política, o que implica na necessidade de desenvolver um extenso programa de pesquisas sobre o peculiar amálgama de construção e herança que caracterizou o processo histórico brasileiro, diferenciando-o inclusive no interior da geração de estados nacionais que emergiram a partir da crise do antigo sistema colonial e de sua superação. Dentro dele, acredito que atenção especial deva ser atribuída à lenta extinção do sistema de contratos particulares de impostos e a diferença de seu ritmo no plano do estado central e no plano das províncias, o que daria um conteúdo mais denso à análise do Ato Adicional e às consequências fiscais de sua Interpretação.

Horizontes da construção regencial

A obra de engenharia política que construiu as bases do Estado Monárquico brasileiro concentrou-se ao longo do período regencial. O Erário Régio e o Conselho da Fazenda foram extintos pela lei de 4 de outubro de 1831 e substituídos pelo Tesouro Público Nacional e Tesourarias Provinciais. Na Província, elas eram compostas de um inspetor, um contador e um procurador fiscal, destinando-se à arrecadação, distribuição, contabilidade e fiscalização de todas as rendas públicas. Todas as repartições ou estações fiscais na Província ficariam dependentes das Tesourarias e estas diretamente do Tesouro Nacional. A lei também determinava que os indivíduos que pretendessem ser admitidos no serviço da fazenda deviam submeter-se a exame e concurso sobre os princípios de gramática de língua nacional, escrituração por partidas dobradas e calculo mercantil, além de possuir boa letra, boa conduta moral e idade acima de 21 anos. A Lei de 24 de outubro de 1832 separou as rendas provinciais das gerais, definindo quais eram as gerais e ordenando sua escrituração e que se recolhessem em cofres distintos os proventos provinciais e gerais.

A partir do Ato Adicional (1834) e da legislação fiscal subsequente desenvolveu-se a principal reforma fiscal do Império, separando pela primeira vez as competências fiscais do centro e das províncias. Descrita aqui esquematicamente, ela fazia a partilha do legado fiscal joanino, atribuindo ao centro as rendas alfandegárias sobre a importação (e parte dos impostos sobre a exportação), além de toda a renda do Município Neutro e deixando às províncias, além do antigo dízimo agora cobrado no ato da exportação, o conjunto de rendas internas então consolidadas no período joanino: selo de legados e heranças, siza dos prédios, meia siza dos escravos ladinos, imposto de transmissão de propriedade, entre outras rubricas de menor importância.

Os homens da Regência, a começar por Bernardo Pereira de Vasconcelos deram também impulso decidido à Reforma das Alfândegas e dos seus sistemas arrecadadores, estabelecendo também diretrizes estritas para a instalação de coletorias e mesas de rendas internas nas Províncias.[17]

Talvez o melhor modo de interpretar estas medidas seja considerá-las como criadoras do arcabouço do Estado, criando simultaneamente as esferas do centro e das províncias. O caráter centrífugo ou centrípeto que se possa atribuir a elas, depende de maiores e mais aprofundadas pesquisas empíricas, pois está ligado à dinâmica dos sistemas arrecadadores, dos sistemas de contagem, das profundas resistências do poder privado em colaborar com a construção da esfera pública.

Todo o esforço organizador, porém, achava-se na dependência da evolução paralela dos sistemas de contagem, registros, censos, matrículas, mapas de contribuintes capazes de tornar viável a substituição do sistema de contratos pelo sistema de administração, profissionalizando o sistema fiscal. Estudar o modo distinto pelo qual esse

17 Resolução n. 26 Fazenda de 14 de janeiro de 1832; Decreto de 17 de novembro de 1834

ritmo se processou no centro e nas províncias pode ser muito elucidativo dos percalços encontrados no plano provincial ao processo de construção da ordem pública e de interiorização de poder. Nosso trabalho de pesquisa nos Relatórios dos Presidentes de Província tem apontado que, com exceções notáveis e dignas de estudo (as Províncias de São Paulo e do Rio Grande do Sul entre elas) a maioria absoluta das Províncias retomou o sistema de arrematação das rendas a particulares, nele permanecendo até o final do Império. A transição de um sistema de interface privada para outro, onde o controle público se impusesse sobre os bens dos contribuintes, encontrava sérias e quase intransponíveis restrições. É assim que, em 1838, o discurso do presidente da província do Espírito Santo ponderava:

> não me parece em geral bom o método de arrecadação; sua reforma, porém, deve ser pensada com muita madureza, visto que é matéria muito delicada, e as inovações neste ponto podem ser perigosas. Uma das dificuldades é a de se achar agentes com a precisa habilidade: as poucas vantagens, a responsabilidade, o comprometimento e o risco em que estão, (porquanto alguns tem sido ameaçados), são motivos mais que suficientes para que tais empregos não sejam muito apetecidos.[18]

ou na fala do Presidente da Província de Alagoas que refletia em 1842 que

> [...] para que as arrematações produzam bons resultados necessário é que os contratadores encontrem na legislação garantias contra o contribuinte moroso, ou doloso. [...] Todas as causas são ventiladas nos distritos dos devedores, preparadas pelos respectivos juizes municipais, ordinaria-

18 *Falla que o exmo presidente da provincia do Espirito Santo dirigio á Assembléa Legislativa Provincial no dia 8 de setembro de 1838*, Rio de Janeiro: Typographia Nacional, 1840, (José Lopes da Silva Coito), p. 39.

> mente entrelaçados em amizade com os réus, e de mais também muitas vezes sujeitos a pagar idênticos impostos aos que deram motivo à ação.[19]

Assim, o processo de concentração de poder que se consolidou na década de 1840 e 1850 apoiava-se em um conjunto de mecanismos formais (a interpretação do Ato Adicional, a Reforma do Código de Processo, a centralização do comando da Guarda Nacional no Ministério da Justiça, a profissionalização da carreira militar) e informais (a estruturação de um tipo peculiar de parlamentarismo em que o Poder Moderador era o verdadeiro árbitro da circulação das clientelas).[20]A centralização operada não deve ocultar o fato capital da permanência dos impulsos centrífugos da base econômica e social: fragmentada em seus interesses, frágil em consolidar um mercado nacional, a economia mercantil escravista[21] opunha poderosas resistências aos poderes extrativos do Estado e à sua capacidade de penetrar o corpo social tanto no campo jurídico como no fiscal e militar. O próprio escravismo, entretanto, mostrara durante as rebeliões regenciais, o perigo de que as dissidências intra-oligárquicas se estendessem para a massa escravizada. Além disso, o tráfico interno

19 *Falla com que abrio a sessão extraordinaria da quarta legislatura da Assembléa Legislativa da provincia das Alagoas*, o [sic] presidente da mesma provincia, Manoel Felizardo de Souza e Mello em 4 de fevereiro de 1842. Pernambuco: Typ. de M. F. de Faria, 1842, p.35-36.

20 Sobre a construção do Estado no século XIX ver DIAS, Maria Odila da Silva Dias, "A interiorização da metrópole (1808-1853), *Op. cit.* CARVALHO, José Murilo. *Teatro de Sombras: a política imperial*, Rio de Janeiro: Ed.Vértice/IUPERJ, 1988; MATTOS, Ilmar Rohloff de Mattos, *O tempo saquarema, Op. cit.*, e ALENCASTRO, Luiz Felipe. *Le commerce des vivants: traite d'esclaves et "pax lusitana" dans I 'Atlantique Sud,* Tese de Doutoramento, Univ. de Paris X, 1985-86 (mimeo), particularmente o capítulo IX.

21 Utilizamos aqui o conceito a partir de MELLO, João Manoel Cardoso. *O capitalismo tardio*, São Paulo: Brasiliense, 1982.

de escravos soldava interesses das regiões prósperas do centro-sul e das regiões estagnadas e decadentes do nordeste açucareiro. Esses são alguns elementos para compreender por que nas décadas de 1850 a 1870 amainam-se as tendências centrífugas e as resistências à concentração do poder centro político. O sistema de alternância de clientelas arbitrado pelo Poder Moderador não dissolvia as bases do mandonismo local. Antes, operava com ele uma transação. Organizadas agora em dois grandes "partidos" em nível nacional, as clientelas podiam aguardar o chamado para o exercício do poder, o que corresponderia, depois da troca dos presidentes de províncias, dos Comandos da Guarda Nacional, a eleições que davam sistematicamente a vitória ao partido chamado a ocupar o poder. Este, sua vez promovia as célebres "derrubadas": o deslocamento dos homens do partido adversário em todos níveis do poder e o preenchimento dos cargos por quadros fiéis ao partido vitorioso. A eficácia relativa do processo, que dependia sempre de extensas e complexas transações com as elites provinciais e locais, não deve ocultar que ele gerava um descontentamento crônico que iria se exacerbar quando os outros mecanismos entrassem em colapso.

Por todas essas razões, as alfândegas (e nelas, o imposto sobre as importações), vieram a tornar-se o cerne da estrutura fiscal do Império, alimentando as finanças do poder central e partilhando o imposto de exportação com a esfera provincial. Não por acaso, seria este o campo limitado em que se daria o debate fiscal na crise do Império e na Primeira constituinte Republicana.

No que se refere à questão fiscal, a economia agrária mercantil organizada com base no escravismo impunha poderosos limites à extração de recursos pelo poder central. Alguns desses limites derivavam da própria natureza dessa economia, de sua escassa integração no plano nacional e pela grande resistência dos fazendeiros à taxação de sua riqueza.

Analisando as finanças públicas brasileiras em grande perspectiva dizia Normano[22]

> A vértebra social do Império era o fazendeiro. Evitava-se sistematicamente fazer de sua de sua riqueza objeto de taxação. A classe comercial era fraca; as classes industrial e operária eram quase inexistentes; o escravo não era um sujeito econômico, mas um objeto. As necessidades financeiras do Estado podiam apenas ser cobertas pela taxação indireta, na sua maior parte pelas tarifas de importação, e assim, a alfândega se tornou o centro do sistema fiscal.

Como vimos nos capítulos anteriores, formas diretas de taxação da riqueza haviam sido o fulcro da tributação no período colonial, como os dízimos sobre toda a produção exportada e os quintos do ouro. Os debates fiscais da década de Independência seriam marcados pelo repúdio a esses impostos, como a todas as formas de taxação direta, seja sobre a propriedade seja sobre a renda, resistência que perpassaria todo o período monárquico. Mal tolerada, mas considerada, incontornável, a taxação das exportações permaneceu durante todo o Império, embora objeto de severas críticas dos produtores. Havia, portanto, uma penúria estrutural de recursos devida à estreiteza da base fiscal. A ela se acrescentava a desigualdade das províncias na arrecadação e no recebimento de recursos do poder central.

A competência fiscal da província foi definida pela primeira vez no Ato Adicional (1834), ao mesmo tempo em que se criavam as assembleias provinciais. Definia-se aí que os conselhos provinciais podiam criar impostos para prover as despesas de caráter provincial e local, vedadas as tarifas sobre a importação, privativa do Governo Central. Estabeleceu-se também que os poderes provin-

22 NORMANO, J.F. *Brazil, a study of economic types*. Chapel Hill: University of Carolina Press 1935, p. 115.

ciais não poderiam criar impostos que prejudicassem as imposições do poder central.

Pela Lei n. 99 de 31 de outubro de 1835, a formulação tornava-se mais explícita, pois o governo central especificava quais seriam, a partir de julho de 1836, as suas rendas, devendo as fontes restantes pertencer ao poder provincial. Trata-se de uma listagem de 58 itens que consolida os 151 itens herdados do período colonial.

A listagem, merece ser citada para ilustrar a latitude em que se estendia a "reserva" fiscal do poder.

Impostos do Poder Central e do Município Neutro

Rubricas fiscais do governo central

a) Rendimentos do Comércio Exterior

Direitos de 15% de importação

Direitos de 15% de adicionais do chá

Direitos de 50% de importação de pólvora

Direitos de 2% de baldeação e reexportação

Direitos de 1 1/2 % do expediente das alfândegas

Direitos de 7% de exportação

Ancoragem

Armazenagem das Alfândegas

b) Rendas Internas

Foros de terrenos de marinha

Impostos sobre mineração do ouro

Dízima da Chancelaria

Novos e velhos direitos dos empregos gerais

Meio soldo de patentes militares e contribuição do montepio

Joias do Cruzeiro

Mestrado das ordens militares e três quartas partes das tenças

Taxa de 15% das embarcações estrangeiras que passaram a ser nacionais

Taxa de 1/2% do prêmio dos assinados

Multas por inflações dos regulamentos das alfândegas

Braçagem do fabrico das moedas de ouro e prata

Matrículas dos cursos jurídicos, escolas de medicina e as multas acadêmicas

Taxa do Correio Geral

Sisa dos bens de raiz

Rendimento da Tipografia Nacional

Venda do pau brasil e de outros gêneros de propriedade nacional

Bens de defunto e ausentes

Taxa de 20% de exportação dos couros da Província do Rio Grande do Sul)

Renda diamantina

Ágio das moedas de ouro e prata

Alcance de recebedores e tesoureiros reais

Reposições e restituições de rendas e despesas gerais

Dons gratuitos

Juros de apólices

Rendimentos dos arsenais e dos próprios nacionais

Cobrança da dívida ativa, anterior ao 1 de julho de 1836, inclusive a dos impostos provinciais até esta data

Emolumentos do Supremo Tribunal de Justiça

c) Rendas do Município Neutro (incorporadas ao poder central)

Donativos as terças partes de ofícios

Selo de herança e legados
Emolumentos da polícia
Décima dos prédios urbanos
Dízimo da exportação
Imposto sobre as casas de leilão e modas
Taxa de 20% no consumo de aguardente da terra
Imposto sobre o gado de consumo
Meia siza dos escravos
Rendimento do evento
Imposto sobre as lojas abertas
Taxa sobre as seges
Taxa de 5% sobre as vendas das embarcações nacionais
Selo de papel
Taxa dos escravos
Produtos dos contratos com as novas Companhias de Mineração
Alienação das capelas vagas
Décima urbana adicional até uma légua além das cidades do Rio de Janeiro e Niterói
Segunda décima a que estavam sujeitas as corporações de mão-morta
Direitos de Chancelaria das mesmas corporações
Taxa de 1/4% pela reforma das apólices
Sobras da receita geral.

A discriminação estabelecida em 1835 tornou-se a base da estrutura tributária do Império. Novos impostos surgiram com consolidação de antigos (transmissão de propriedade, indústrias e profissões, impostos de consumo de vários tipos, que apareciam como impostos de selo), incluindo produtos na taxação, ou alterando o valor das alíquotas.

Embora o Ato Adicional desse à Monarquia Brasileira uma feição federativa, do ponto de vista jurídico formal, é necessário matizar um pouco os seus efeitos É verdade que alguns dos fundamentos jurídico-políticos do sistema federativo estavam aí colocados, principalmente o reconhecimento de uma esfera fiscal nas províncias e no estabelecimento do poder das Assembleias Legislativas provinciais para estabelecer novos impostos e modificar os existentes, contanto que não interferissem na esfera fiscal do poder central. É verdade também que elas se tornaram importantes espaços de articulações de interesses das elites provinciais, matizando a impressão de um centro político todo poderoso que emitia decisões de forma piramidal.[23] A importância política do Ato Adicional, entretanto, deve ser enfatizada, pois ela consolida um horizonte para as futuras demandas federativas, que se expressarão na crise do sistema, como veremos.

Olhando para os fundamentos privatistas da estrutura econômico-social brasileira percebemos que estes iriam retirar das rubricas atribuídas às províncias, muito da sua eficácia. Por exemplo, as diferentes formas de impostos sobre a propriedade e sua transmissão (impostos incidentes sobre o comércio de escravos, sobre legados e heranças, etc.) vieram a ser de muito pequeno rendimento, frente à resistência interposta pelos grandes senhores territoriais aos cadastros, censos, matrículas de escravos, etc. Estes foram, como é sabido, alguns dos principais pilares do rendimento dos estados no sistema federal norte-americano, por exemplo. Por outro lado, o sistema brasileiro, gravitando em torno do sistema alfandegário, conviveu sempre com acerbas rivalidades entre as províncias – gerando endêmicas

23 Sobre o tema, em perspectiva aprofundada, ver, DOLHNIKOFF, Miriam. *O Pacto Imperial – origens do federalismo no Brasil, Op. cit.*

guerras fiscais – e entre estas e o centro, desenhando uma imensa distância entre o país legal e os processos de "law inforcement", como em tantas outras dimensões da história brasileira.

O que é mais relevante sublinhar, para a discussão aqui desenvolvida, é que a medida de separação das esferas fiscais, no plano legislativo e a reforma das alfândegas no plano administrativo, promoveu uma inversão efetiva na noção até então presente na cultura fiscal do Império. A ideia de que o poder central devia depender das "sobras" enviadas pelas províncias, com as evidentes pulsões centrífugas nela contida, era agora substituída pela definição de uma esfera fiscal própria do centro, esfera que incluía também o Município Neutro. Esse é um ponto importante por que a longa permanência dessa noção iria se estender até a República, como veremos a seguir, alimentando os debates que então serão travados sobre as várias alternativas de federalismo fiscal.

Olhando para os resultados da arrecadação e não para o número de rubricas, percebemos que a centralização dos recursos fiscais é notória, e uma comparação ainda que superficial com os Estados Unidos permite percebê-la com toda a nitidez.

Tabela 9. Receita por nível de governo Brasil e Estados Unidos (%)

Nível de Governo	Brasil (1886)	Estados Unidos (1902)
Federal/Central	76,8	37,4
Estadual/Provincial	18,2	11,3
Local/Municipal	5,0	51,27

Fonte: J.M. Carvalho, *Teatro de Sombras – a política imperial*, p. 26

Tabela 11. Estados Unidos. Tipo de imposto na arrecadação total

Tipo de Imposto					
Ano	Renda	Consumo	Propriedade	Outros	Total
1902	0	38	51	11	100
1927	24	16	50	9	100

Fonte ARONSON, J. Richard. e HILEY, John L. *Financing State and Local Governments*, Washington D.C.: Brookings Institution, 1986, p. 238.

Tabela 12. Estados Unidos. Arrecadação e tipo de imposto por nível de governo (%)

Nível	Renda	Consumo	Propriedade	Outros
Federal 1902	0	94,56	0	17,11
1927	92,96	69,83	0	15,89
Estadual 1902	0	5,44	11,61	30,26
1927	7,04	28,56	7,82	73,2
Local 1902	0	0	88,39	52,63
1927	0	1,6	92,18	10,9
Total	100	100	100	100

Fonte ARONSON, J. R. e HILEY, John L. *Financing State and Local Governments*, *Op. cit.*, p. 238.

Tabela 13. Brasil, governo central. Receita fiscal e sua procedência (1823-1888) (%)

Ano	Importação (a)	Exportação (b)	Total comércio externo	Renda Interna	Total receitas
(1823-1827)	46	12	59	41	100
(1828-1832)	45	8	53	47	100
(1833-1837)	56	11	69	31	100
(1838-1842)	61	20	85	15	100
(1843-1847)	60	18	81	19	100
(1848-1852)	67	14	83	17	100
(1853-1857)	68	13	81	19	100
(1858-1862)	61	16	77	23	100
(1863-1867)	58	19	78	22	100
(1868-1872)	57	19	76	24	100
(1873-1877)	56	17	73	27	100
(1878-1882)	56	15	71	29	100
(1882-1888)	59	13	72	28	100

Fonte: CARREIRA, Liberato Castro, *História Financeira*, *Op. cit.*, anos indicados.

A inversão do peso relativo entre diferentes níveis de governo no Brasil e nos Estados Unidos indica, ao contrário do que possa parecer ao leitor apressado, o peso também inverso da autoridade pública, revelando a presença maior dessa autoridade e a capilaridade do poder público nos Estados Unidos, quando comparados com o Brasil, onde; sabidamente, a centralização tinha como corolário a incapacidade do Estado em chegar às extremidades do corpo social.

Apenas para manter alguma perspectiva de comparação, é útil observar que eram também muito distintas as fontes de arrecadação nos dois países. Nos Estados Unidos, não apenas o nível local concentrou sempre a maior parte da arrecadação, como seu financiamento provém, sobretudo, de taxas e impostos que incidem sobre a propriedade. A União vem em segundo lugar, mas o seu papel veio crescendo a partir da segunda metade do século XIX. Sua principal fonte de financiamento no século XIX foram as tarifas alfandegárias. Os conflitos políticos entre o Norte e o Sul em torno das tarifas alfandegárias deram especial relevo à venda das terras públicas, que respondeu por parte significativa do financiamento da União até a Guerra de Secessão. A partir de então, o fortalecimento da União adveio principalmente das tarifas alfandegárias e do imposto de renda, principal a fonte por excelência do fortalecimento da União no século XX.[24] No Brasil, apesar de uma longa lista de impostos e taxas, o poder central e o provincial disputaram, sobretudo, a tributação sobre o comércio exterior. Em 1870/71 as rendas alfandegárias propiciavam 71,12% das rendas do governo central, (incluídas a exportação e importação). Em 1885/86 os direitos de exportação, embora de legalidade polêmica, constituíam 44% do total das rendas provinciais.

O fato de que as alfândegas concorressem com o grosso das receitas fiscais do Estado não impedia que a máquina fiscal se estendesse por uma infinidade de rubricas (57 em 1835; 47 em 1889), capazes de pesar sobre o bolso do contribuinte, particularmente o urbano que, de qualquer forma, era também quem arcava com grande quota do imposto de importação. Uma questão incontornável, entretanto, é o fato de que o Império jamais conseguiu taxar efetivamente a grande fonte de sua riqueza - os grandes proprietários territoriais. A demarcação e venda das terras públicas, fonte fundamental da receita do Estado norte-americano depois da Guerra de Secessão, foi aqui sistematicamente evitada, tornando letra morta

24 Sobre a evolução da taxação nos Estados Unidos e o peso do imposto de renda federal após a Guerra Civil, ver RATNER, Sidney, *American Taxation – its History as a Social Force in Democracy*, Nova York: WW Norton & Co., 1942; BROWN, Roger H. *Redeming the Republic, Federalists, Taxation and the Origins of the Constitution*, Baltimore/London: John Hopkins University Press, 1999, STEINMO, Sven. *Taxation and Democracy.* NewHaven/London: Yale University Press, 1993.

(no sentido das rendas públicas), as disposições da Lei de terras de 1850.[25] Como corolário disso, não se podia também lançar mão de outro recurso sistematicamente lembrado e postergado: o imposto territorial. Para os estudiosos estrangeiros, particularmente aquele comprometidos com a promoção de uma política de imigração que democratizasse o acesso à terra, este foi o principal obstáculo para a modernização do país e mesmo para o falseamento do sistema representativo, ao dissociar cidadãos e contribuintes.[26]

Da mesma forma o imposto, de renda sofreria intransponíveis resistências.[27] Uma modalidade de imposto sobre a renda foi criada em 1867 sob a pressão das despesas relacionadas com a Guerra do Paraguai. Incidia sobre o valor do aluguel das casas de moradia (3%) e sobre os salários anuais de mais de RS 1:000$000. Acabava por incidir apenas sobre os funcionários públicos, onde era mais fácil de arrecadar. Outro imposto da receita interna que poderia afetar os proprietários rurais era o de transmissão de propriedade, criado também em 1867 a partir da agregação de outras rubricas. Entretanto, boa parte do comércio de terras se fazia, em razão do exposto anteriormente (ausência do cadastro), por fora do sistema legal. A tabela apresenta as principais fontes de receita interna e seu peso relativo:

25 Cf. SILVA, Lígia Maria Osório. *Terras Devolutas e Latifúndio, Op. cit.*

26 Ver, por exemplo, STRATEN-PONTHOZ, Auguste van der (Comte). *Le budget du Brésil, ou Recherches sur les ressources de cet Empire, dans leur rapports avec les interêts europeens du commerce et de l' émigration*", Paris: Libairie L'Amyot Editeur, 1854, e HANDELMANN, H. *História do Brasil.* São Paulo: Ed. Itatiaia/Edusp, 1982 (4ª edição).

27 Para a discussão em torno de imposto de renda ver *Atas do Conselho de Estado*, Brasília, Senado Federal, 1978, vol. 6. A ata a que nos referimos é a de 26 de abril de 1867, p. 254-316.

Tabela 14. Principais itens da receita interna (%)

Anos	Indústrias e Profissões	Transmissão de Proprie-dade	Empresas do Estado	Imposto do Selo	Imposto de Renda
1870-71	13,95	16,92	31,46	15,11	-
1875-76	10,19	18,52	44,20	13,78	-
1880-81	10,40	13,15	38,54	13,38	3,73
1885-86	11,10	13,38	45,29	12,59	1,61
1889	11,77	14,48	44,02	12,61	1,60

Fonte: CARVALHO, J.M. *Teatro de Sombras: a política imperial, Op. cit.*, p.31

Os números evidenciam que o comércio exterior e, nele, a receita de importação formavam a única fonte arrecadadora efetivamente rentável, tendo em conta a resistência social e política das elites proprietárias de terras e escravos a outros tipos de tributação.

Um dos efeitos do processo de concentração de recursos foram os conflitos que permearam as décadas de 1830 e 1840,[28] que vieram incorporar as distintas formas de oposição ao processo extrativo que se irradiava a partir do Rio de Janeiro. Essas oposições eram de natureza variada, e a questão fiscal se mesclava a vários outros focos de descontentamento: lutas entre facções políticas com irrupção de reivindicações populares, (Revolução Praieira), resistências provinciais contra o centro (Revolução Farroupilha), rebeliões oligárquicas contra a extração do poder pelo centro político, (Revoluções Liberais de São Paulo e Minas Gerais), conflitos raciais (revolução dos Malês, Cabanagem).

28 Para um estudo da reação provincial, referido principalmente à Pernambuco, ver LYRA, Maria de Lourdes Vianna, *Centralisation, Système Fiscal et Autonomie Provinciale dans l'Empire Brésilien, Op. cit.* Para o Rio Grande do Sul, ver Sobre as dimensões econômicas da Revolução Farroupilha, ver LEITMAN, Spencer. *Raízes socio-econômicas da Guerra dos Farrapos*. Rio de Janeiro: Ed. Graal, 1979.

Nesse momento, a força coercitiva do poder central e a permanência da escravidão parecem ter feito mais pela manutenção da unidade e pela consolidação do centro político do que a força centrípeta do Estado e sua capacidade de mediar conflitos.

O Segundo Reinado: composição e crise

No Brasil, a estratégia de apoiar a estrutura fiscal na renda das alfândegas teve o inegável efeito de "amenizar" os conflitos potenciais da construção do Estado no que toca a relação entre o Estado e a riqueza das camadas proprietárias de terras e escravizados. Por outro lado, a estratégia tendia a potencializar a fricção entre o "centro" e as "províncias", no processo de consolidação do centro político. Vimos que, em seu processo de formação, o Estado Brasileiro teve que enfrentar fortes resistências à concentração de poderes (jurídicos, militares e fiscais) no centro político. Entretanto, apesar da formidável onda de revoltas centrífugas, que se desenvolvem entre 1831 e 1848, o centro político estabelecido no Rio de Janeiro não perdeu o controle do processo, desenvolvendo uma trajetória de concentração de poder já ao longo de década de 1840. Para entender esse processo é fundamental, portanto, enfatizar a importância e o alcance da Reforma Tarifária executada pelo Ministério Alves Branco em 1844, associando-a à efetiva consolidação do centro político. A reforma, beneficiando-se da expiração dos tratados realizados no processo de reconhecimento da Independência que limitavam as tarifas de importação a 15% ad valorem, promoveu uma elevação significativa das alíquotas.

Muitos viram nela desígnios protecionistas e até mesmo como fomento à industrialização.[1] Não é nosso objetivo explorar aqui esses aspectos, certamente relevantes. O que queremos apontar é que a reforma encerra o ciclo formativo do Estado Imperial, completando o processo de nacionalização do sistema fiscal e estreitando os laços entre o poder público e a agricultura de exportação. Assim, ela nos interessa particularmente em seus efeitos políticos – a capacidade de fazer conciliar, em um momento crítico para a consolidação do centro político, conflitos regionais e sociais em torno do financiamento da máquina pública. A partir do desenvolvimento da economia cafeeira e da reforma tarifária de 1844, haveria uma relativa folga nas receitas públicas que permitiria a consolidação do centro político. A convergência entre a melhoria das finanças públicas e a atividade exportadora não se dará, porém, através da taxação significativa das exportações, que sofrerão grande resistência das oligarquias e permanecerão limitadas durante todo o Império, mas sim da taxação das importações. Isso significou fazer pesar o custo da máquina pública, sobretudo sobre as populações urbanas e uma forma de empurrar "para baixo" os custos do financiamento da máquina pública.

A outra faceta desse financiamento, foi o desenvolvimento da dívida pública. A dívida externa, na verdade, precedeu o próprio nascimento do Estado Brasileiro. A listagem abaixo mostra a sequência de empréstimos e o preço da emissão nos anos cruciais de consolidação do Estado. Esse fato, que é familiar aos que estudam a história econômica brasileira, merece ser mencionado porque ele é peculiar na experiência do continente. Na verdade, depois da grande *débâcle* da dívida latino-americana no início da década de 1820, só o Brasil continuou a manter intacto o crédito externo, tendo a casa Rothschild

1 As alíquotas elevaram-se, na sua maioria a 30%, sendo que algumas atingiram 60%. LUZ, Nícia Vilela. "As tentativas de industrialização do Brasil", in: HOLANDA, Sergio Buarque (org.). *História Geral da Civilização Brasileira*, São Paulo: DIFEL, 1985, Tomo II vol. 4, p. 35-37.

praticamente monopolizado o financiamento ao Brasil ao longo de todo o século XIX.[2] De importância igualmente crucial, embora menos estudada é a progressão da dívida interna, que foi consolidada a partir de 1828. Funcionando como a outra face da estreiteza da base fiscal estava o precoce desenvolvimento da dívida pública interna e externa, que sustentou as necessidades básicas do Estado nos momentos de conflito mais intenso (1831-1848) e nos diferentes momentos do conflito externo (1828, 1851, 1865-1870).

Tabela 15. Brasil: empréstimos externos durante o império

Ano	Valor nominal	Taxa de juros (%)	Preço da Emissão	Objetivo
1824	1.333.300	5	75	Cobrir déficits, débitos flutuantes, juros e amortizações de empréstimos anteriores
1825	2.352.900	5	85	Idem. Despesas relacionadas com a Independência e a consolidação do Estado
1829	769.200	5	52	Idem
1839	411.200	5	76	Idem
1843	732.600	5	85	Idem
1852	1.040.600	4.5	95	Idem

Fonte: NORMANO, F. J. *Brazil a study of economic types*, Chapel Hill, University of Noth Carolina Press, 1935, p. 161. Há acréscimos da autora nas observações.

2 MARISCHAL, Carlos. *Historia de la Deuda Externa de América Latina*. Madrid: Alianza Ed., 1988.

Tabela 16. Brasil: emissão das apólices da dívida interna fundada (1828-1853)

Ano da emissão	Finalidade	Importância (mil réis)
	Apólices de 6% convertidas em títulos de 5%	
1828-1832	Suprimento de Déficit	13.496.600
1832-1834	Pagamento de presas (indenização?)	5.974.600
1837	Pacificação Províncias Pará e Rio Grande do Sul	1.723.000
1837-1838	Suprimento de déficit	5.861.400
1839	Suprimento de déficit	1.918.000
1840	Despesas do arsenal da guerra	303.400
1841	Suprimento de déficit	4.105.600
1842-43	Suprimento de déficit	5.346.600
1842-45	Pagamento de reclamações brasileiras e portuguesas	2.124.200
1843-44	Dote e enxoval da princesa de Joinville	1.720.000
1843-46	Suprimento de déficit	1.495.000
1844-45	Suprimento de déficit	2.344.000
1844-48	Suprimento de déficit	7.505.400
1846	Suprimento de déficit	336.000
1851-53	Suprimento de déficit	5.213.800

Fonte: FREIRE, Felisbelo, *Relatório Apresentado Ao Vice-Presidente Da República Dos Estados Unidos Do Brasil Pelo Ministro Do Estado Dos Negócios Da Fazenda No Ano De 1894*, R.J, Imp. Nac., 1894. Tab. 12 (apêndice); WYNDHAM, Hugh - *Report on the Finances of Brazil for the year 1889 - to March 1890*, F.O. n. 71, p. 24.

A partir da nova política tarifária iniciada por Alves Branco em 1844, a combalida alfândega do Rio de Janeiro, que sustentara praticamente sozinha o processo de Independência, ganhava novo alento e capacitava o Estado a operar a reestruturação do Exército, a enfrentar as revoltas internas, a obter a vitória no Prata contra as forças de Oribe e Rosas, e a efetivar o encaminhamento político da extinção do tráfico. Capacitava também o Estado a ampliar o crédito interno e externo.

Nesse particular, a solução da questão com a Inglaterra, que ameaçava a própria soberania nacional desde 1831, podia ser equacionada tanto pela capacidade aumentada de coerção adquirida pelo Estado sobre os traficantes e fazendeiros renitentes, como pela concessão de benefícios que desafogassem os custos de produção, em particular o desenvolvimento ferroviário bancado direta ou indiretamente pelo Estado (através das garantias de juros). Os empreendimentos ferroviários, a partir da década de 50 beneficiavam não apenas o Rio de Janeiro e as regiões limítrofes (Minas Gerais e São Paulo) mas também as províncias do Nordeste como Pernambuco e Bahia onde se localizaram, na realidade, as primeiras concessões.[3]

As tabelas que se seguem permitem observar em largos traços a estrutura tributária do Império e sua peculiar relação com as províncias. Partimos da situação tal como aparecia nos primeiros anos da presença da Corte no Rio de Janeiro, onde se percebem os efeitos das iniciativas fiscais então tomadas.

3 Para um breve resumo da política ferroviária do Império, ver CARREIRA, Liberato Castro. *História Financeira e Orçamentária do Império do Brasil*, FCRB/Senado Federal,1980, p. 777-835.

Tabela 17. Receita ordinária arrecadada no Brasil (contos de reis) (1810-1811)

	Receita	% receita
Real Erário	1.684.265	54
Sobra Bahiaw	600.000	19
Sobra Pernambuco	310.000	10
Sobras demais províncias	539.735	17
Total das províncias	1.449.735	46
Total	3.134.000	100

Fonte: CARREIRA, Liberato Castro. História Financeira... p. 91-92.

Nos primeiros anos da instalação da corte no Brasil, as "sobras" provinciais, unificadas agora no Erário Régio no Rio de Janeiro, representavam 46% do total da arrecadação. As duas principais províncias em arrecadação eram a Bahia e Pernambuco, sendo que a primeira enviava para o Rio de Janeiro um montante superior ao de todas as demais províncias somadas, excluindo-se Pernambuco. A Bahia seria juntamente com o Pará, a região onde o enfrentamento militar do processo de Independência seria mais agudo; Pernambuco seria uma das províncias mais rebeldes na primeira metade do século XIX, tendo sua inserção no Império muito complicada. Como observamos na Tabela 12, Bahia e Pernambuco continuam a ser as maiores fornecedoras de receitas fiscais durante todo o período monárquico, sendo, depois da Corte, as propiciadoras das maiores receitas do imposto de importação até o final do Império.

Olhando para como essas participações se davam nas décadas finais do Império, vemos que essa proporção se mantém muito próxima, com a alfândega do Rio de Janeiro representando cerca de metade da arrecadação.

Tabela 18. Arrecadação das principais alfândegas do império

Províncias	1860	1880	1888
Rio de Janeiro	18.466.000	42.000.000	48.562.785
Pernambuco	6.564.000	9.500.000	11.105.269
Bahia	5.049.000	9.500.000	11.804.724
Rio Grande do Sul	2.010.000	4.600.000	4.584.686
Pará	1.337.000	5.500.000	8.613.286
Maranhão	1.169.000	2.500.000	2.266.351
Santos	524.000	5.200.000	10.851.014
Ceará	384.000	1.300.000	1.612.852
Manaus	0	200.000	1.225.554
Total Províncias	35.503.000	80.300.000	100.626.521
Total das Alfândegas	36.037.000	81.480.000	103.263.177

Fonte: Para 1860 e 1880, WYNDHAM, Hugh, *Report on the finances of Brazil for the years 1887 and 1888*, F.O., Annual Series, n. 504; para 1888, CAVALCANTI, Amaro. *Resenha Econômico-Financeira do Ex-Império do Brasil*, Op. cit., p. 14

Durante todo o período imperial, a alfândega da Corte representou aproximadamente metade do total das receitas alfandegárias do Império. A outra metade dependia do controle do poder central sobre as demais alfândegas, materializando o sentido extrativo da formação do estado nacional e a ultrapassagem da noção colonial de "sobras" proviniciais. Não por acaso, esse seria um dos temas centrais de disputa, sobretudo daquelas províncias que respondiam pela maior parte da arrecadação, como era o caso do Pernambuco, Bahia e Rio Grande do Sul (1860), mas que, a partir de 1880 contariam com a participação crescente e exponencial de São Paulo e do Pará. É interessante observar também que, mesmo levando em conta esse deslocamento, em nenhum momento Bahia e Pernambuco perderam a primazia na arrecadação que desfrutaram durante todo o período monárquico.

Sintetizando aqui nosso pensamento, podemos dizer que o sistema fiscal da monarquia era fortemente centralizado por duas razões principais. Em primeiro lugar porque a Corte concentrava a maior arrecadação de todo o Império em praticamente todas as rubricas, inclusive nos impostos assim chamados "internos". Essa arrecadação constituía aproximadamente a metade do total da arrecadação fiscal. Em segundo lugar o sistema era centralizado porque concentrava nas mãos do governo central, os únicos impostos realmente "rentáveis" (os que incidiam sobre o comércio exterior).

Tabela 19. Participação relativa do rio de janeiro e das outras alfândegas na renda alfandegária total 1840-1889 (%)

Ano	Rio de Janeiro	Outras alfândegas	Total
1840	57,47	42,53	100
1845	50,66	49,34	100
1850	49,62	50,38	100
1855	52,17	47,83	100
1860	58,93	41,07	100
1865	46,25	53,75	100
1870	47,68	52,32	100
1875	55,28	44,72	100
1880	48,61	51,39	100
1885	52,02	47,98	100
1889	52,15	47,85	100

Fonte: FREIRE, Felisbelo, *História Constitucional da República dos Estados Unidos do Brasil*, Brasília: UNB, p. 363-364. Do mesmo autor, *Relatório Apresentado Ao Vice-Presidente da República dos Estados Unidos do Brasil delo Ministro de Estado dos Negócios da Fazenda no Ano de 1894*, Rio de Janeiro: Imp. Nac., 1894.

Vejamos agora como as finanças do governo central aparecem, quando discriminamos as suas rubricas tentando aquilatar o peso relativo das rendas de procedência do comércio exterior e rendas internas.

Tabela 20. Receita fiscal do Império e sua procedência 1823-1888 (médias quinquenais), (mil contos)

	Importação (A)	%	Exportação (B)	%	A+B	%	Rendas Internas (C)	%	Total	%
(1823-1827)	2.289	46	619	12	2.927	59	2.047	41	4.974	100
(1828-1832)	4.584	45	794	8	5.438	53	4.755	47	10.193	100
(1833-1837)	6.947	56	1.386	11	8.632	69	3.862	31	12.494	100
(1838-1842)	9.237	61	3.082	20	12.891	85	2.201	15	15.092	100
(1843-1847)	12.165	60	3.752	18	16.460	81	3.938	19	20.398	100
(1848-1852)	20.598	67	4.378	14	25.458	83	5.212	17	30.670	100
(1853-1857)	27.554	68	5.309	13	33.102	81	7.678	19	40.780	100
(1858-1862)	29.020	61	7.357	16	36.639	77	10.761	23	47.400	100
(1863-1867)	34.446	58	11.170	19	45.892	78	13.036	22	58.928	100
(1868-1872)	53.917	57	17.586	19	71.977	76	22.593	24	94.571	100
(1873-1877)	55.460	56	16.989	17	72.751	73	26.849	27	99.599	100
(1878-1882)	67.467	56	18.596	15	86.376	71	34.589	29	120.965	100
(1882-1888)	84.511	59	18.082	13	103.086	72	39.245	28	142.331	100

Fonte: CARREIRA, Liberato Castro. *História Financeira, Op. cit.*, anos indicados

Entre 1833-37 e 1853-57, anos cruciais da centralização monárquica e da construção do arcabouço institucional do Estado Imperial podemos notar claramente o aumento da participação das receitas de importação na arrecadação, ao mesmo tempo em que decaía a participação relativa das receitas provindas da exportação e dos impostos internos, ilustrando, de certa maneira, a forma como as receitas de importação permitiam "socializar" os custos da construção do Estado, amenizando o ônus daqueles impostos mais difíceis de arrecadar ou mais impopulares, como os impostos internos e os sempre tão polêmicos impostos sobre a exportação. O processo se intensifica depois da aprovação da Tarifa Alves Branco, que elevava as alíquotas sobre os produtos importados, expressando o caráter decisivo daquelas tarifas para a consolidação do centro político e na amenização do conflito regional.

Esse indicador se torna mais explícito quando observamos o diferencial nas taxas de crescimento das receitas de importação e exportação. (Tabela 21). O quinquênio (1848/1852) apresenta um grande crescimento da arrecadação em relação o período anterior (50%). As receitas provenientes das tarifas de importação cresceram 69% em 1848-1852, em relação ao quinquênio anterior, enquanto as receitas provenientes das exportações cresceram apenas 17% no mesmo período.

Tabela 21. Arrecadação por rubrica (1843-1888) e taxa de crescimento em relação ao quinquênio anterior

	Importação (a)	Taxa	Exportação (b)	Taxa	Total (a)+(b)	Taxa	Interior	Taxa	Total (a)+(b)+(c)	Taxa
(1843-1847)	12.165	100	3.752	100	16.460	100	3938	100	20.398	100
(1848-1852)	20.598	169	4.378	117	25.458	155	5212	132	30.670	150
(1853-1857)	27.554	134	5.309	121	33.102	130	7678	147	40.780	133
(1858-1862)	29.020	105	7.357	139	36.639	111	10761	140	47.400	116
(1863-1867)	34.446	119	11.170	152	45.892	125	13036	121	58.928	124
(1868-1872)	53.917	157	17.586	157	71.977	157	22593	173	94.571	160
(1873-1877)	55.460	103	16.989	97	72.751	101	26849	119	99.599	105
(1878-1882)	67.467	122	18.596	109	86.376	119	34589	129	120.965	121
(1882-1888)	84.511	125	18.082	97	103.086	119	39245	113	142.331	118

Fonte: CARREIRA, Liberato Castro. *História Financeira, Op. cit.*, anos indicados

Importante também chamar a atenção para o crescimento das tarifas internas, expressando, talvez, um aumento da institucionalidade do estado (impostos de transmissão de propriedade, prestação de serviços públicos, custas de diversos tipos, etc.), incluem-se também aqui os vários tipos de impostos de consumo. O segundo momento de crescimento da arrecadação coincide com a Guerra do Paraguai, assunto a que voltaremos a seguir.

Ao sabor das conveniências políticas e das margens de manobras propiciadas pelas receitas ordinárias e extraordinárias, o sistema imperial mesclava elementos de centralização e de "transação", termo que o período consagrou para descrever o peculiar modo de equacionamento dos conflitos no século XIX, inclusive entre o centro e as províncias.

Procurava-se compensar a pressão que o sistema imprimia sobre as finanças provinciais com a votação casuística de recursos para cobrir os crônicos déficits dessas últimas. As províncias, por sua vez, buscavam fazer valer a sua interpretação do Ato Adicional que lhes dera o direito de criar tributos, desde que não invadissem a esfera de tributação privativa do poder central.[4] Essa interpretação muitas vezes considerava como comércio interno, os produtos importados que viessem de outras províncias. Em outros momentos, lançavam-se impostos interprovinciais, taxava-se a importação estrangeira através de diversos tipos de rubricas em múltiplas formas de burlar a centralização fiscal. As interpretações do Conselho de Estado, na maior parte dos casos, tendiam a privilegiar os interesses do poder central e declarar a ilegalidade dos impostos provinciais, particularmente os que incidiam sobre a importação e o comércio interprovincial. O fato de que as demandas reaparecessem logo em seguida apenas demonstra a pouca efetividade do controle e/ou a incapacidade das províncias em criar outras fontes para fazer frente às suas crescentes despesas. Os impostos de exportação, por exemplo, embora de duvidosa legalidade, passam a ser crescentemente tolerados como um mal necessário, evitando-se apenas a sua exacerbação em prejuízo das finanças centrais.

A Corte alternava, assim, severidade e tolerância, em seu relacionamento com os interesses provinciais. A gravidade da falta, e a

4 Ver a avaliação de FREIRE, Felisbelo. *História Constitucional da República dos Estados Unidos do Brasil*. Brasília: UNB, p. 90-107.

conveniência política e, acima de tudo, a folga e aperto das finanças centrais, determinavam a maior ou menor tolerância pare com as reiteradas para com as reiteradas ilegalidades cometidas pelas assembleias provinciais. Outras formas de transferência de recursos como o socorro às calamidades, a construção das estradas de ferro com garantias de juros, os empréstimos às províncias, procuravam compensar a notória centralização da estrutura tributária do Estado Imperial. O determinante aqui foi, a partir da década de 1850, a folga relativa das finanças centrais que, ao mesmo tempo em que dava ao poder central os recursos para a centralização do poder, dava-lhe também algum instrumento para compor os interesses.

Ao longo do nosso período assistiríamos à crescente afirmação econômica e política dos interesses ligados à cafeicultura paulista. No ano de 1882 a alfândega de Santos coletou 6.600.000$ mil réis, demonstrando um aumento de mais de 1200% quando comparado ao ano de 1860, conforme mostram os dados. Essa diferença fica ainda mais expressiva quando nos lembramos que parte do crescimento da renda alfandegária do Rio de Janeiro deve-se também à cafeicultura paulista, uma vez que parte significativa da exportação de café da província se faz ainda pelo porto do Rio. Esse perfil ilustra em grandes linhas o fenômeno de emergência de um novo polo econômico e uma alteração no equilíbrio fiscal regional.

Se quisermos, porém, como é de bom alvitre, conjurar o anacronismo, é necessário enfatizar que as demandas descentralizadoras, que recrudesceram nas décadas de 1870-1880, têm uma dimensão complexa e nada dualista. Vale dizer que elas não expressavam apenas os descontentamentos da região mais próspera, ou as reivindicações das regiões menos aquinhoadas, mas elas eram comuns a todos os complexos exportadores regionais.

Uma forma de encaminhar esse aparente paradoxo é chamar a atenção para o fato de que a heterogeneidade regional que se aprofundava a partir da década de 70 do século XIX tinha sua raiz na forma como a transição que se impunha do escravismo para o trabalho livre rebatia de forma distinta nas áreas prósperas (a nova cafeicultura do oeste paulista) e decadentes (o nordeste açucareiro) ou estagnadas (a cafeicultura do Vale do Paraíba). As reivindicações de São Paulo seriam principalmente de recursos para a imigração e autonomia para contrair empréstimos diretamente nas praças financeiras externas, ao mesmo tempo em que uma maior retenção na província dos recursos gerados de forma crescente. No Nordeste, pressionava-se pelos recursos para transformar o engenho em usina e pelos subsídios públicos aos engenhos centrais. Em todas as regiões, as garantias de juros para a expansão ferroviária eram outra fonte crescente de pressão sobre as finanças centrais.

Se a pregação federalista veio a ser um polo aglutinador dos descontentamentos que se acumulavam na crise do Império, essas demandas se desenvolviam a partir de motivações distintas que tinham em comum apenas a pressão que exerciam sobre as finanças centrais e o adversário crescentemente personificado na centralização monárquica. Sobre esse pano de fundo veio a estabelecer-se a hecatombe fiscal da Guerra do Paraguai.

A Guerra do Paraguai e a crise das finanças públicas da Monarquia

A relação entre a Guerra do Paraguai (1865-1870) e a crise do Estado Imperial desdobra-se em múltiplos aspectos, alguns dos quais exploramos em outros escritos.[5] Concentram-nos aqui em apontar os nexos entre os gastos relacionados com o conflito e a deterioração das finanças públicas nas décadas que a ele se sucede-

5 COSTA, Wilma Peres. *A espada de Dâmocles, Op. cit.*; COSTA, Wilma Peres, "Paraguayan War and Brazilian National Identity", in: Oxford Research Encyclopedia for Latin American History, acessível in https://oxfordre.com/latinamericanhistory/view/10.1093/acrefore/9780199366439.001.0001/acrefore-9780199366439-e-286?rskey=tLfLI9&result=12

ram, procurando demonstrar o seu caráter crucial, efeitos diretos sobre as questões aqui tratadas, inclusive as demandas federalistas,

O principal impacto da Guerra do Paraguai sobre as finanças públicas nas últimas décadas do Império foi o exponencial aprofundamento da dívida pública externa e interna. É verdade que a dívida não nasceu com a guerra. Ambas as formas de endividamento nascem praticamente junto com o Brasil independente e constituem a outra face da questão fiscal e do déficit crônico que caracterizou as finanças imperiais. A listagem dos principais empréstimos e suas finalidades ajuda a fundamentar nossa reflexão.

Tabela 22. Brasil: empréstimos externos 1858-1889
(em libras esterlinas)

1858	1.526.500	4.5	95.5	Para a extensão da E.F. D. Pedro II
1859	508.000	5	100	Para pagar o restante do empréstimo de 1824
1860	1.373.000	4.5	90	Para a extensão da E. F. de Pernambuco
1863	3.855.300	4.5	88	Para cobrir déficits, débitos anteriores, juros e amortizações.
1865	6.363.600	5	74	Idem e mais despesas realizadas com a Guerra do Paraguai
1871	3.459.600	5	89	Idem e mais despesas realizadas com a Guerra do Paraguai
1875	5.301.200	5	96.5	Para cobrir déficits, débitos anteriores, juros e amortizações.
1883	4.599.600	4.5	89	Para melhorias das ferrovias, suprimento de água do R.J. e outros
1886	6.431.000	5	95	Para cobrir déficits e dívidas de curto prazo
1888	6.297.300	4.5	97	Para construir a extensão das E.F. Federais e outras despesas relacionadas com Abolição
1889	19.837.000	4	90	Conversão dos títulos anteriores de 5 para 4%

Fonte: NORMANO, F. J. *Brazil, a study of economic types*. Chapel Hill: University of North Carolina Press, 1935, p. 161.

Tabela 23. Emissão das apólices da dívida interna fundada 1827-1889

Ano da emissão	Finalidade	Importância (mil réis)
	Apólices de 6% convertidas em títulos de 5%	
1858	Pagamento de reclamações portuguesas	5.400
1860-62	Permuta de ações da E.F. Pernambuco	2.466.400
1860-63	Idem da Bahia	186.600
1860-72	Idem da E.F. D. Pedro II	11.328.000
1861-62	Resgate Papel-moeda do banco do Brasil	2.150.000
1863	Indenização presas espanholas, guerra da independência e do Rio da Prata; resgate papel-moeda e bilhetes tesouro	5.890.400
1864	Encampação da Cia. União e Indústria	3.161.000
1865	Resgate papel moeda e casamento princesa	1.228.000
1865-72	Despesas com Guerra do Paraguai	143.894.700
1869	Pagamento de terrenos da Lagoa	50.000
1870	Compra da Ilha das Enxadas	1.705.000
1870	Resgate bilhetes do tesouro	25.000.000
1873-74 -76	Pagamento à Cia. Doca da Alfândega do RJ	2.734.000
1876	Suprimento de déficit	8.600.000
1877	Diversos	30.000.000
1879	Consolidação da Dívida Flutuante	40.000.000
1880-82	Permuta de ações da E.F. Baturité	605.000
1882-94	Idem E.F. SP/RJ	9.860.800
	Apólices de 5%	
1886	Consolidação da dívida flutuante	50.000.000
	Apólices de 4%	
1889-1890	Auxiliar a lavoura, promoção da imigração, despesa com seca e epidemias e redenção de papel moeda	100.000.000

Fonte: FREIRE, Felisbelo. *Relatório...1894* Tab. 12 (apêndice); WYNDHAM, Hugh. *Report on the Finances of Brazil for the year 1889 - to March 1890*, F. O. n. 715, p. 24.

A simples listagem dos empréstimos internos e externos efetuados ao longo do período imperial permite uma primeira aproximação sobre o papel da dívida pública nas finanças do Império e sobre a evolução de seu papel. Até meados do século, ela se destinava principalmente à cobertura dos déficits relacionados à construção do Estado Nacional: despesas originadas da guerra da Independência e da negociação com Portugal, conflitos internos e repressão das rebeliões provinciais, além dos conflitos externos na região platina. Na segunda metade do século aparecem despesas de um novo tipo: as melhorias públicas, em particular as estradas de ferro. Com efeito, como apontamos anteriormente, esse foi, entre 1850-1870, um importante elemento no equacionamento das relações entre o centro político e as forças provinciais. Se o crescimento das receitas autorizava, em parte, o relativo otimismo com que o Império se lançava a essa forma de conciliação de interesses, é preciso lembrar que continuavam a pesar as dívidas contraídas nos decênios anteriores, equacionadas através de novos empréstimos. O período da Guerra do Paraguai (1865-1870) aparece como um divisor de águas no endividamento público, determinando um crescimento notável tanto no estoque da dívida quanto no peso do serviço da dívida sobre as receitas do Estado. As tabelas que se seguem permitem perceber esse fenômeno com maior clareza.

Tabela 24. Receita e despesa do império (1840 a 1889) (contos de réis)

Exercício	Receita	Despesa	Diferença	Exercício	Receita	Despesa	Diferença
1840-1841	16.311	22.772	-6.461	1864-1865	56.996	83.346	-26.350
1841-1842	16.319	27.483	-11.164	1865-1866	58.523	121.856	-63.333
1842-1843	18.712	29.165	-10.453	1866-1867	64.777	120.890	-56.113
1843-1844	21.351	25.947	-4.596	1867-1868	71.201	165.985	-94.784
1844-1845	24.805	25.635	-830	1868-1869	87.543	150.895	-63.352
1845-1846	26.199	24.464	1.735	1869-1870	94.847	141.594	-46.747
1846-1847	27.628	26.680	948	1870-1871	95.885	100.074	-4.189
1847-1848	24.732	26.211	-1.479	1871-1872	101.337	101.581	-244
1848-1849	26.163	28.289	-2.126	1872-1873	110.713	121.874	-11.161
1849-1850	28.200	28.950	-750	1873-1874	102.652	121.481	-18.829
1850-1851	32.697	33.225	-528	1874-1875	104.707	125.855	-21.148
1851-1852	37.713	42.775	-5.062	1875-1876	100.718	126.780	-26.062
1852-1853	38.103	31.654	6.449	1876-1877	98.970	135.801	-36.831
1853-1854	34.516	36.234	-1.718	1877-1878	109.221	151.492	-42.271

1854-1855	35.985	38.740	-2.755	1878-1879	111.802	181.469	-69.667
1855-1856	38.634	40.243	-1.609	1879-1880	120.393	150.134	-29.741
1856-1857	49.156	40.374	8.782	1880-1881	128.364	138.583	-10.219
1857-1858	49.747	51.756	-2.009	1881-1882	130.456	139.471	-9.015
1858-1859	46.920	52.719	-5.799	1882-1883	129.698	152.958	-23.260
1859-1860	43.807	52.606	-8.799	1883-1884	132.593	154.257	-21.664
1860-1861	50.052	52.358	-2.306	1884-1885	121.974	158.496	-36.522
1861-1862	52.489	53.050	-561	1885-1886	126.883	153.623	-26.740
1862-1863	48.342	57.000	-8.658	1886-1887*	218.763	227.045	-8.282
1863-1864	54.801	56.494	-1.693	1888	150.726	147.451	3.275
				1889	160.840	186.165	-25.325

*três semestres

Fonte: *Repertório Estatístico do Brasil - Quadros Retrospectivos n.1, Separata do Anuário Estatístico do Brasil, Ano V, 1939-1940*, R.J., Serviço Gráfico do IBGE, 1941, p.120.

Tabela 25. Evolução da dívida fundada do império e juros por quinquênios (em mil réis)

Ano	Div. Externa	Juros	Dív. Interna	Juros	Câmbio
1840	44.240.336	2.216.798	30.282.600	1.993.006	30
1845	59.078.701	5.899.196	48.529.200	2.889.388	25 1/8
1850	53.782.251	2.757.620	54.312.400	4.026.468	27 ½
1855	52.242.430	3.434.951	59.615.600	3.556.644	27
1860	45.677.229	4.059.526	63.191.000	3.770.364	25
1865	69.073.980	3.639.917	80.376.400	4.801.814	27
1870	156.771.600	8.039.556	234.312.000	14.525.380	20
1875	132.635.580	6.548.942	285.592.200	17.237.439	26 ½
1880	177.338.386	7.572.426	363.569.700	23.618.487	23
1885	199.800.655	7.956.456	405.640.400	23.954.714	22 1/8
1889	270.395.555	*19.148.077	543.585.300	*25.178.034	27

*Estimativa sobre serviço da dívida no orçamento.
Fonte: CARREIRA, Liberato, Castro. *História Financeira*, *Op. cit.*, anos indicados

Tabela 26. Percentual dos juros sobre a receita (1840-1889)

Ano	Receita (milreis)	Total Juros	%
1840	18.674.698	4.209.804	22,54
1845	25.693.664	8.788.584	34,20
1850	31.532.764	6.784.088	21,51
1855	38.634.356	6.991.595	18,09
1860	50.051.703	7.829.890	15,64
1865	58.523.370	8.441.731	14,42
1870	95.885.278	22.564.936	23,53
1875	99.338.017	23.786.381	23,94
1880	127.076.363	31.190.913	24,89
1885	125.275.722	31.911.170	25,47
1889	160.840.297	44.326.111	27,56

Fonte: CARREIRA, Liberato, Castro. *História Financeira*, *Op. cit.*, anos indicados

Como os números evidenciam, o crescimento da dívida a partir da década de 1870 estabelece uma relação a um tempo lógica e explosiva entre o estreitamento da capacidade financeira do Estado e a grita generalizada contra a centralização que se desenvolve no período. Se tivermos em conta, por exemplo, as demandas montantes e diferenciadas das regiões para enfrentar a transição para o trabalho livre (imigração, crédito, engenhos centrais) podemos perceber como se estreitava a capacidade do Estado para compor os interesses divergentes.

Se voltarmos a olhar para a Tabela 24, perceberemos que o período contido pela intervenção no Uruguai e pela Guerra do Paraguai (1863-67) (1868-72) representa o maior esforço de aumento das receitas em todo o Segundo Reinado, mais que dobrando a arrecadação referente ao comércio exterior (109%) em relação ao período 1858-1862. Diferentemente do período de consolidação de centro político, entretanto, ele viria a incidir muito mais sobre as tarifas de exportação (139%) do que sobre as de importação (86%). Grande carga também seria suportada pela elevação das tarifas internas (109%), inclusive a malsucedida tentativa de estabelecer o imposto de renda.

Por outro lado, o aperto das finanças públicas impedia qualquer reformulação, no sentido da descentralização, da distribuição dos recursos entre o centro e as províncias. Nas páginas anteriores procuramos demonstrar como o Estado Imperial procurava administrar os conflitos latentes da centralização, quer através de várias formas de repasses às províncias (empréstimos, garantias de juros, auxílios nas calamidades) quer através da alternância de severidade/tolerância no que se referia à sistemática invasão da competência fiscal das finanças centrais pelas assembleias provinciais. A partir da década de 1870 esse mecanismo se tornaria cada vez mais difícil de operar, culminando, em 1883 com a ação do Gabinete Paranaguá no sentido de coibir de forma decisiva os impostos ilegais cobrados pelas províncias. A proibição afetava principalmente as províncias do Nordeste que não podiam, pela decadência da cultura açucareira e da baixa competitividade de seu produto no mercado externo, recorrer aos adicionais sobre a exportação. Restava-lhes, sob formas diretas ou disfarçadas, impor alíquotas sobre as importações e taxas ao comércio interprovincial. Em razão do descontentamento que a ação do Gabinete Paranaguá gerava, uma comissão foi designada para propor nova divisão de rendas sofridas pelas províncias com a extinção dos impostos ilegais. A comissão chegou a propor que se transferissem para a renda provincial dois impostos do governo central, o de transmissão de propriedade e o de indústria e profissões. Posta em discussão no Conselho de Estado, a proposta dá origem a uma das mais interessantes discussões realizadas no período imperial sobre a questão fiscal.[6]

Embora não seja o caso aqui de reproduzir toda a discussão, duas conclusões importantes devem ser mencionadas porque elas iluminam a raiz da crise fiscal nos últimos anos da monarquia: as finanças do governo central não podiam abrir mão dos dois impostos mencionados, em razão das crescentes dificuldades do tesouro, por outro lado, a transferência dos impostos mencionados não aproveitaria às províncias do nordeste, que eram justamente aquelas que apresentavam as maiores dificuldades financeiras. A transferência beneficiaria apenas a já prósperas províncias do centro-sul, que não teriam perdas, porque não recorriam aos mencionados impostos declarados ilegais e que teriam um acréscimo líquido em suas rendas, alterando o já precário equilíbrio do Estado Imperial. As províncias exportadoras de produtos competitivos no mercado internacional como a borracha, o cacau e o café, recorriam crescentemente ao imposto de exportação. A Província de São Paulo promovia mesmo a sua própria expansão

6 SENADO FEDERAL, *Atas do Conselho de Estado*, vol. 11, p. 148-233.

ferroviária com recursos do capital cafeeiro e começava a financiar o programa de imigração.

Tanto o Norte como o Sul, por motivos distintos, tendiam a se insurgir contra a centralização fiscal. No nível ideológico, as disputas tendiam a manifestar-se em acusações mútuas. As províncias do norte e nordeste apegavam-se à questão dos saldos provinciais (diferença entre a renda arrecadada e o gasto efetuado na província pelo governo central) acusando o governo imperial de explorar as províncias do norte em benefício das já prósperas províncias do centro-sul ou na defesa militar (caso do Rio Grande do Sul).[7] São Paulo, por sua vez desenvolvia o argumento a partir da riqueza crescente gerada pelo café que não se mantinha na província, expropriada em favor das regiões parasitárias e decadentes do Nordeste.

Se olharmos para os dados da Tabelas 27, poderemos perceber um dos fundamentos dessa grita generalizada na penúria revelada pelos orçamentos provinciais para o mesmo ano. Praticamente todas apresentavam déficits, os mais pesados estando nas províncias do Nordeste, mas não excetuando as do centro-sul (Minas Gerais, São Paulo, Rio de Janeiro, Rio Grande do Sul). A dívida das províncias, por sua vez, dá a dimensão de sua dependência do governo central.

7 Cf. MELLO, Evaldo Cabral, *O Norte agrário*, *Op. cit.*, p. 245-286.

Tabela 27. Receitas e despesas provinciais 1885-1886 (contos de reis)

Província	Receita	Despesa	Saldo	Dív. Fundada	Dívida flutuante
Rio de Janeiro	4.993.801	6.245.368	-1.251.563	3.903.916	-
São Paulo	3.802.199	4.480.729	- 678.530		3.903.916
Minas Gerais	3.651.353	4.900.326	-1.248.973	10461	
Pará	3.181.247	3.292.909	-1.136.666	385.000	10461
Rio G. Do Sul	2.671.166	2.706.924	-35.768	1.720.000	385.000
Bahia	2.624.098	3.169.739	-545.646	401.512	1.720.000
Pernambuco	2.466.423	3.353.233	-886.810	1.467.112	401.512
Amazonas	1.613.315	1.710.505	-97.190	-	1.467.112
Ceará	1.059.755	1.710.505	-650.75	253.264	-
Maranhão	685.644	835.786	-150.142	74.835	253.264
Alagoas	560.537	790.483	-229.955	872.381	74.835
Paraná	537.845	1.017.105	-479.260	65.860	872.381
Paraíba	500.730	473.716	2.724	19.353	65.860
Espírito Santo	488.437	451.821	36.616	23.312	19.353
Santa Catarina	413.47 2	360.114	53.358	217.664	23.312
Sergipe	413.000	496.617	-83.617	236.290	217.664
Rio G. Do Norte	409.141	456.429	-47.288	39.799	236.290
Mato Grosso	276.165	276.948	783	110.523	39.799
Piauí	238.920	278.872	39.952	22.000	110.523
Goiás	221678	249232	27.564	30.800	22.000

Fonte: CARREIRA, Liberato Castro. História Financeira, *Op. cit.*, p. 589

Os dados da Tabela 28, porém, não autorizam uma interpretação baseada na "transferência" de recursos entre as áreas prósperas e decadentes, em qualquer das direções apontadas pelos contendores. Procuramos confrontar aí o montante da arrecadação com o montante de gastos efetuados pelo governo central nas províncias e aponta que a grande transferência é de todas as províncias em direção à Corte, com a única exceção relevante do Rio Grande do

Sul e do Mato Grosso, que se explica pelos gastos militares nas províncias fronteiriças.

O que parece mais plausível afirmar para compreender o processo de deterioração do relacionamento entre o centro e as províncias, a partir da década de 1870 é que, sobre o pano de fundo de descontentamentos regionais que se avolumavam, o peso da dívida pública interna e externa é a peça que falta para dar sentido ao "diálogo de surdos" das disputas provinciais em torno da distribuição de recursos entre o centro e as economias regionais. Concentrada na praça bancária do Rio, estabelecia-se formidável bomba de sucção de recursos que o serviço da dívida faz operar em direção à Corte e, de lá, para Londres e para a praça bancária do Rio de Janeiro.

Tabela 28. Impostos arrecadados e gastos efetuados pelo governo imperial nas províncias (1885-1886) (em contos de réis)

Províncias	Impostos	%	Gastos	%
Corte	66.730	52,77	82.476	66,22
Bahia	10.995	8,96	6.817	5,47
Pernambuco	10.104	7,99	7.941	0,37
São Paulo	9.654	7,63	2.789	2,23
Pará	9.021	7,13	2.420	1,94
Rio Grande do Sul	7.501	5,93	8.117	6,51
Maranhão	2.224	1,77	1.674	1,34
Minas Gerais	1.821	1,44	2.021	1,62
Ceará	1.744	1,37	1.644	1,32
Rio de Janeiro	1.314	1,03	488	0,39
Alagoas	993	0,78	852	0,68
Amazonas	963	0,76	606	0,48
Santa Catarina	791	0,62	747	0,59
Paraná	554	0,43	879	0,70
Paraíba	400	0,31	628	0,50
Mato Grosso	396	0,31	1.624	1,30
Sergipe	394	0,31	566	0,45
Espírito Santo	306	0,24	467	0,37
Piauí	273	0,21	569	0,45
Rio Grande do Norte	182	0,14	440	0,35
Goiás	64	0,05	776	0,62
Total	126.447	100,00	124.451	100,00

Fonte: CARREIRA, Liberato Castro. História Financeira Liberato Castro Carreira, *Op. cit.*, p. 658-659.

Os relatórios dos cônsules ingleses no Rio de Janeiro sobre a situação financeira do país são uma fonte privilegiada para perceber o peso do endividamento externo e interno sobre as finanças públicas, sendo, como é sabido, o olhar do principal credor. Avaliando esse endividamento para o ano de 1888, por exemplo, o cônsul Hugh Wyndham estima a dívida externa até dezembro de 1888 em £ 72.097.230, sendo a dívida externa £28.598.400 e a dívida interna £ 43.498.830. Incluindo a dívida não fundada, o total do endividamento poderia ser estimado em £ 90.000.000. Avaliando o peso dos juros sobre as finanças públicas, o cônsul inglês afirma que eles geravam encargos de £ 1.400.000 (externa) e £ 2.515.903 (interna) em 1886. O peso dos encargos da dívida era maior, para se ter um termo comparativo, do que o total das receitas provinciais para o mesmo ano (£ 3.580.397). O Brasil era o maior devedor da América Latina:[8]

Tabela 29. Endividamento dos países latino-americanos (1888) (Libras esterlinas)

Brasil	97.806.118
Argentina	62.777.745
México	28.810.777
Chile	16.764.939
Uruguai	150.85.077
Costa Rica	2.523.059
Guatemala	2.128.692
Paraguai	1.397.401
Bolívia	1.231.942
Nicarágua	279.206

Fonte: WYNDHAM, Hugh, *Report on the finances of Brazil for the years 1887 and 1888*, F.O., Annual Series, n. 504, p. 7.

Analisando as causas do endividamento brasileiro, o cônsul britânico explica:[9]

8 WYNDHAM, Hugh, *Report on the finances of Brazil for the years 1887 and 1888*, F.O., Annual Series, n. 504, p. 7.

9 WYNDHAM, Hugh, *Report on the finances of Brazil for the years 1887 and 1888*, F.O., Annual Series, n. 504, p. 8.

> Causa tristeza relembrar que a guerra do Paraguai custou ao Brasil uma soma estimada em £ 41,000,000, £ 45,000,000 ou até £ 60,000,000, assim como 170.000 vidas. O Brasil nunca conseguiu pagar por ela, no sentido em que todos os anos desde então tem havido um déficit representando os juros das dívidas contraídas, não havendo sinal de que esse déficit possa desaparecer. Por exemplo, o déficit médio entre 1873 e 1883 foi de £ 2,800,000, o que significa mais de um quarto da receita pública.

O endividamento pode ser visto, como dissemos, como a outra face da estreiteza da base fiscal do Estado e é fundamental para a discussão da proverbial centralização do sistema monárquico.

O endividamento do governo central e o peso crescente dos encargos financeiros relacionam-se com a centralização de duas maneiras principais. No tocante à dívida em geral (externa e interna) ele limitava a capacidade do Estado em atender as necessidades provinciais e, principalmente, as demandas descentralizadoras. A incapacidade do Gabinete Paranaguá em transferir recursos fiscais para as receitas provinciais é típica desse estrangulamento. Por outro lado, reversivamente, as demandas crescentes das forças regionais são atendidas parcialmente, no esforço inútil de aplacar a grita generalizada. Essas estratégias tendiam, por sua vez, a aprofundar o endividamento externo e interno (subsídios, garantias de juros às ferrovias e engenhos centrais). Nos anos finais do Império se acrescentam as garantias promovidas aos empréstimos provinciais. Em 1888 o governo central avalizou empréstimos de várias províncias:[10]

10 WYNDHAM, Hugh, *Report on the finances of Brazil for the years 1887 and 1888*, F.O., Annual Series, n. 504, p. 9.

Tabela 30. Províncias que lançaram empréstimos na praça de Londres (em libras esterlinas)

Rio de Janeiro	1.300.000
Pernambuco	800.000
São Paulo	800.000
Bahia	800.000
Rio Grande do Sul	500.000
Amazonas	100.000

Fonte: WYNDHAM, Hugh, *Report on the finances of Brazil for the years 1887 and 1888*, F.O., Annual Series, n. 504, p. 9.

Esses empréstimos eram impagáveis, dada a penúria crônica das finanças provinciais e eram outros tantos encargos a serem postos na conta do governo central. Embora divergentes em seus interesses específicos, as forças políticas provinciais tendiam a ver no governo central e na sua política de centralização um inimigo comum, fazendo-as convergir para a causa federalista ou, pelo menos, desinteressando-as pela continuidade do Império. A coroa tornava-se prisioneira do círculo de ferro ancorado no sistema financeiro do Rio de Janeiro.

Os elementos aqui explorados para a compreensão da crise do Estado Imperial, do ponto de vista das finanças públicas, fornecem um mapeamento dos problemas que iriam pontilhar a primeira década republicana e dão uma dimensão das dificuldades que acompanhariam a estruturação do novo regime e a ordem federativa.

O cerne da crise do Estado Imperial na dimensão que estamos estudando e que se torna endêmica a partir da década de 1870, pode ser sumarizada como a confluência explosiva entre as demandas crescentes das diferentes economias regionais relacionadas com a extinção da escravidão e o estrangulamento das finanças públicas imposto pelo peso dos compromissos da dívida, agravado a partir da Guerra do Paraguai.

Rupturas e permanências na transição republicana

Um federalismo heterogêneo

A complexidade envolvida na queda do Império e na implantação da República radica em que ela não pode ser descrita como fruto da ação de uma "nova classe" que açambarcasse o poder destruindo o Antigo Regime.

O conjunto heterogêneo de forças que se opunha à continuidade da monarquia ou se desinteressava pelo seu destino continha entre seus membros a cafeicultura do oeste paulista, setor que ganhou, a partir da década de 1870 do século XIX, um expressivo dinamismo. A especificidade da transição econômica e social que estava em curso levava à concentração do eixo dinâmico no centro-sul, onde iria operar-se, mais tarde, o primeiro surto industrial. Vista sob outro ângulo, ou dito de outra maneira, a modernização capitalista que se operava a partir da crise definitiva da escravidão (1850-1870) não tinha força homogeneizadora em relação ao conjunto do país.[1] Na verdade, se a partir da década de 1870 a crise do

---

1 Ver MELLO, J. M. Cardoso. *O capitalismo tardio, Op. cit.*, e SILVA, Sérgio S. *Expansão cafeeira e origens da indústria no Brasil*, São Paulo: Ed. Alfa

escravismo expunha a sua irreversibilidade, ela não daria origem a *uma* transição para o trabalho livre, mas a formas diversas de superação do escravismo, nos distintos complexos exportadores regionais. A análise desse processo foge ao escopo desse trabalho. É fundamental apenas consignar que a natureza da transição que se iniciava na década de 1870 e a heterogeneidade regional que com ela se aprofundava levava água à bandeira federalista capitaneada pelos liberais e, posteriormente, pelos republicanos, sem, no entanto, se configurar em um projeto coerente de organização federativa. Ao contrário, seu sucesso advinha precisamente de que ela fosse suficientemente contundente para servir de desaguadouro aos descontentamentos que se amiudavam e suficientemente vaga para ocultar os conflitos latentes.

A força da pregação federalista advinha particularmente das fissuras que se abriam a partir do momento em que o Estado Imperial iniciou o processo de emancipação da escravidão, datando com isso, o destino da instituição que lhe servira paradoxalmente de argamassa. Se a pregação federalista veio a ser um polo aglutinador dos descontentamentos que se acumulavam na crise do Império, essas demandas se desenvolviam a partir de motivações distintas que tinham em comum a pressão que exerciam sobre as finanças centrais e o adversário crescentemente personificado na centralização monárquica.

O "timing" da emancipação, a forma e o preparo da transição para o trabalho livre, encontravam demandas regionais diferenciadas e divergentes: a imigração em São Paulo, os engenhos centrais no Nordeste, as ferrovias em toda parte. A partir do momento em que se rompia o consenso básico que sustentara o Império, onde o estado monárquico funcionara como um biombo externo para a manutenção da escravidão, até 1850, e garante interno de tráfico interprovin-

Ômega, 1976. Sobre as implicações políticas ver FERNANDES, Florestan, *A Revolução Burguesa no Brasil*, São Paulo: Zahar, 1975, cap. 5.

cial a partir daí, não era mais possível pensar políticas capazes de satisfazer interesses que se tornavam cada vez mais diferenciados.[2]

O federalismo, pois, ganhava espaço ao propor que essas questões (a questão servil e a questão de substituição do trabalho escravo) fossem definidas pelas unidades federadas de acordo com seus interesses. Além disso, o federalismo propunha, , no campo político, a eleição dos governadores estaduais, eliminando a odiada instituição dos presidentes de província nomeados pelo poder central, motivo de fundos descontentamentos durante o período imperial. Esse descontentamento incidia, assim, sobre a peça chave do sistema político imperial, aquela que garantia a alternância das clientelas e as eleições controladas pelo poder central, quando operava o Poder Moderador. O governo estadual eleito significava a estabilização das clientelas, que não seriam mais perturbadas pelas "derrubadas" que acompanhavam as mudanças de situação política. Buscava-se um novo arranjo para possibilitar, através da transação entre o poder local e o central, a consolidação do centro político. A República enfrentaria, ao longo de uma década de crises o desafio de construir um novo pacto que viabilizasse a União.

A conjunção que se formava, num sistema que centralizava na Corte os recursos fiscais e também o crédito externo e interno, se expressava nas queixas generalizadas e mútuas entre as regiões prósperas e as estagnadas ou decadentes quanto ao favorecimento na distribuição dos recursos escassos. Crescentemente, também, tendiam a focalizar o descontentamento no Rio de Janeiro e na centralização característica do Estado Imperial. Não é demais enfatizar que as críticas em relação à monarquia não se limitavam ao sistema

2 Para um painel dessas divergências, ver CONGRESSO AGRÍCOLA DO BRASIL (1878), *Anais*. Recife. Ed. Centro de Pós Graduação em Desenvolvimento Agrícola, EIAP (ed. Fac. Símile), 1978 e CONGRESSO AGRÍCOLA (1878), Rio de Janeiro, Anais. Rio de Janeiro: Fundação Casa de Rui Barbosa, 1988.

fiscal, mas se estendiam a todas as dimensões do sistema político: a forma peculiar de arbitragem do Poder Moderador no sistema de circulação de clientelas que se configurava no descrédito crescente no sistema parlamentar e, particularmente, a odiada instituição dos presidentes de províncias nomeados pelo poder central em círculos estranhos aos interesses provinciais.

De sua parte, o poder central, assoberbado pela onda de críticas procurava lidar com a crise que se avolumava cedendo pontualmente às pressões por maiores recursos, e aprofundando o endividamento. Novas concessões ferroviárias com garantias de juros, engenhos centrais também cobertos pelas garantias de juros do poder central, subsídio à imigração, empréstimos às províncias, auxílios à lavoura, socorros nas calamidades, eram algumas das estratégias com que se buscava inutilmente aplacar a grita que se avolumava.

Entre 1875 e 18893 fizeram-se 24 concessões de engenhos centrais com garantias de juros entre 6 e 7%, sendo que, destas, 16 se fizeram entre 1888 e 1889, no esforço de aplacar a ira gerada pela abolição. Em abril de 1889 o capital aplicado em engenhos centrais sobre o qual incidiam as garantias de juros era de 2.019.375 libras esterlinas, sobre o qual incidiam garantias de juros de 7% ao ano.

A partir de 1884, o governo central assumia também os encargos do subsídio à imigração para as províncias cafeeiras complementando os recursos providos pelos orçamentos provinciais.

No tocante à expansão ferroviária,[4] a mesma fonte que estamos aqui utilizando, aponta que o Brasil possuía, em 1888, 8.930 km de ferrovias abertas ao tráfico e 1.574 km em construção. Deste total, eram de propriedade direta do governo 2.091 km de ferrovias aber-

3 WYNDHAM, Hugh. *Report on the finances of Brazil for the years 1888-1889*, Annual Series, n. 807, p. 23-24.

4 WYNDHAM, Hugh. *Report on the finances of Brazil for the years 1888-1889*, p. 30-31.

tas ao tráfico e 796 km de trechos em construção. A distribuição regional das linhas de propriedade governamental nos dá 324 km no Ceará, 368 km em Pernambuco, 454 km na Bahia, 894 km entre o Rio de Janeiro e Minas Gerais e 541 km no Rio Grande do Sul. Destas, havia apenas duas linhas superavitárias, a D. Pedro II e a Fortaleza-Baturité.

A isso acresciam as linhas privadas que gozavam de garantias de juros governamentais, a maior parte de capital inglês. Gozando de garantias de juros de 7% ao ano somava-se um capital de £ 16.543.611; de 6% ao ano £ 1760.625; de 5% ao ano £ 485.660. Apenas no ano de 1888, contam-se dezesseis decretos de concessões de estradas de ferro, quer para novas linhas, quer para extensão das já existentes, todas com garantia do governo Imperial. Isso sem contar aquelas estradas que contavam com garantias de juros provinciais e que, por conta da insolvência da maioria das províncias, acabavam por se remeter aos cofres do governo central.

Os últimos gabinetes do Império procuraram também aplacar os descontentamentos agravados pela abolição da escravidão com um sistema de auxílios à lavoura,[5] através de repasses de recursos governamentais aos bancos para abertura de linhas de crédito aos fazendeiros em dificuldades. O gabinete João Alfredo tinha avançado, nesse particular £ 483.750 aos bancos quando o gabinete Ouro Preto ampliou o esquema para atingir a quantia de £ 9.675000. Enquanto no sistema João Alfredo as quantias emprestadas deviam contar com 6% de juros ao ano, no sistema Ouro Preto elas seriam livres de juros. No sentido de prover numerário para a transição para o trabalho assalariado e ampliar o crédito, começavam também a operar os bancos de emissão.

5 WYNDHAM, Hugh. *Report on the finances of Brazil for the years 1888-1889*, p. 28-29.

Comentando os subsídios à lavoura dos últimos anos da monarquia, assim se expressava um dos críticos do regime monárquico.[6]

> Esses auxílios à lavoura eram uma das armas eleitorais mais queridas do Império, sem embargo de serem altamente onerosos ao Tesouro. O governo emprestava avultadas quantias sem juros por prazos, que variavam de sete a vinte e dois anos, a certos bancos que se obrigavam a emprestar à lavoura o duplo dessas quantias a prazos de um a quinze anos, com o juro de 6%. Isso aproveitava à vitória eleitoral do gabinete que fazia essa distribuição, a certas casas comerciais, que tinham relações com a lavoura e amizade nos bancos e a esses estabelecimentos assim favorecidos com um suplemento de capital, que a título gratuito lhes fazia o Estado. A lavoura é que nada ganhava.

É notório que esse conjunto de estratégias, embora não fossem eficazes para contornar a crise política, aprofundava drasticamente a crise das finanças públicas. O estoque da dívida externa chegava a 28.568.300 libras em dezembro de 1888,[7] mostrando um acréscimo de 5.616.600 libras em relação ao exercício anterior. A excelente condição do crédito externo permitiu a conversão dos títulos de 5% para 4%, para isso concedendo um empréstimo de 20.000.000 libras, medida altamente louvada pelos apoiadores do Gabinete Ouro Preto e que mal ocultava, com o câmbio ao par, que a monarquia chegava aos seus últimos momentos. O estoque da dívida crescia para atingir, em 15 de novembro de 1889, 30.419.000 libras. A dívida interna fundada crescia, por sua vez, de forma exponencial. Entre março e novembro de 1889 ela passava de 48.619.646 a 61.153.646 libras, sendo

6 GUANABARA, A. *A presidência Campos Salles*. Brasília: Ed. da UNB, 1983, p. 120.

7 WYNDHAM, Hugh. *Report on the finances of Brazil for the years 1888-1889*, p. 23-27.

que o montante de títulos com obrigações indexadas ao ouro crescia, no mesmo período, de 5.983.425 a 18.218.700 libras. A diferença devia-se precisamente ao empréstimo para fazer face aos créditos à lavoura, subsídios à imigração e atendimento das províncias assoladas pela seca e pela epidemia de febre amarela.

A república seria herdeira desse endividamento e o constrangimento que ele impunha sobre as finanças públicas explica, em parte, as dificuldades que assolaram a implantação de novo regime. Por outro lado, há um aprofundamento das dificuldades que é específico da dimensão política da crise do Império e da heterogeneidade das forças que confluíram para sua queda, que se expressaria em uma quadra prolongada de lutas políticas durante a primeira década republicana.

A República resultou muito mais do lento processo de decomposição do regime imperial do que de um projeto orgânico e claramente delineado. No espectro ideológico do movimento republicano cabiam concepções muito diversas, que iam da pregação democrática de um Silva Jardim ou de um Lopes Trovão às vagas teses liberais do Partido Republicano Paulista e à Ditadura Republicana apregoada pelo Apostolado Positivista. Além disso, a derrubada do regime se fez sob forma de um golpe militar, em que pesaram decisivamente as demandas específicas da corporação armada.

Pelo menos três grandes conjuntos podem ser destacados no interior do movimento republicano: os setores agrários, liderados pela cafeicultura paulista, que se aglutinavam em torno da bandeira federalista; parcela das camadas médias urbanas, mobilizadas contra o que se designava como o *parasitismo* da sociedade imperial e a favor das mudanças (Abolição e República), entendidas como ampliação de suas oportunidades sociais e políticas, e os militares de patente médias, que mesclavam ressentimentos corporativos e ânsia reformista.

As vicissitudes de política creditícia da Primeira Década Republicana refletirão intensamente essa heterogeneidade: elas respondem a pressões dos setores oligárquicos mais atrasados por alguma forma de "indenização" pela perda da propriedade escrava, mas não se reduzem a elas.[8] Elas procuram também atender aos setores do republicanismo mais reformista, que incluem as camadas médias e as correntes protecionistas e industrialistas representadas pelos setores militares e pelo próprio Rui Barbosa, antes que o turbilhão florianista os tivesse apartado definitivamente.

Ressaltar essa heterogeneidade é importante também porque, em certo sentido, as forças mais orgânicas que compunham a frente heterogênea que se alçava contra a monarquia – os cafeicultores paulistas e setores das Forças Armadas – cafeicultura paulista e as Forças Armadas – voltavam-se contra o Império com motivações não apenas distintas mas de certo modo antagônicas. Enquanto o bloco oligárquico criticava a centralização monárquica, as Forças Armadas ressentiam-se da incapacidade da Monarquia em criar o principal instrumento de centralização do Estado Moderno: o exército profissional. Esse seria o caldo de cultura de um antagonismo de fundo que viria a marcar toda a primeira década da República, muito embora, já na Constituinte, se possa perceber que as oligarquias estavam muito mais coesas em torno do "seu" projeto do que os militares, que, a despeito de possuírem em torno de 25% da representação, não logravam conservar a unidade corporativa conseguida no momento do golpe que derrubou a monarquia. Tinham, porém, sua força potenciada pela própria origem militar do regime que introduzia um dado novo no jogo político: a politização aberta dos quartéis e a consagração do seu direito de intervenção na política.

Durante a primeira parte da República Velha, essa intervenção se caracterizou menos pelo caráter unificado e corporativo do que pela formação de facções no interior das Forças Armadas, envolvidas na luta pelo poder. A inquietação dos quartéis tendeu a buscar apoio entre os civis, criando uma série de clivagens, cujo exemplo

---

8 Para uma análise da crise financeira da República centrada nesse tema ver SCHULZ, John. *A Crise Financeira da Abolição*. São Paulo: EDUSP, 1999.

mais conspícuo é a da articulação da Revolta Armada com a Revolução Federalista do Rio Grande do Sul, de um lado, e o castilhismo e o jacobinismo florianista, de outro.

Essa polarização é que possibilitou a recomposição de forças, trazendo para o campo comum os cafeicultores paulistas e os setores médios civis e militares que apoivam Floriano Peixoto, embora fossem distintos os motivos dos republicanos dos paulistas e dos radicais que se aglutinavam em torno do carisma do Marechal de Ferro. O clima da "república em perigo" aproximou momentaneamente projetos distintos: o das elites agrárias (federalista, "liberal", dependente do exterior, excludente) e o "jacobino", vinculado aos militares e as camadas médias urbanas (militarista, centralizador, radical, nacionalista, urbano, anticlerical e difusamente antioligárquico).

Assim como as oligarquias dependeram dos militares para o 15 de novembro, dependeram deles e dos Batalhões Patrióticos, formados por voluntários civis, para consolidar a República e manter a unidade nacional contra a Revolução do Sul e a Revolta da Armada. É esse o contexto em que, frustradas as expectativas de reformas, o jacobinismo floresceu, como um canal para ressentimentos longamente represados de setores militares e das camadas médias urbanas.

Derrotada a ameaça da República, as duas facções desenvolveram um enfrentamento que se prolongou durante todo o Governo Prudente de Moraes. O presidente teve que enfrentar os jacobinos no congresso, em vários governos estaduais, nos quartéis, nas escolas militares e nas ruas, pressionando os militares para o retorno aos quartéis e desmobilizando os setores urbanos que encontravam no jacobinismo seu canal de expressão. De seu sucesso nesse enfrentamento, que chegou ao clímax no atentado fracassado contra sua vida, dependeu a vitória do projeto oligárquico, que começou a se estruturar a partir do governo Campos Salles.[9]

9 Ver QUEIROZ, Suely R. *Os radicais da república*. São Paulo: Brasiliense, 1986 e JANOTTI, M. L. *Os subversivos da república*. São Paulo: Brasiliense, 1986.

Assim é que uma das peculiaridades do processo de mudança do regime consistiu em que contrastando com o episódio "pacífico" de sua derrubada (o golpe militar sem resistência significativa) as grandes lutas se dariam depois de derrubado o regime, envolvendo a guerra civil, as insurreições militares, a rebelião milenarista, a agitação urbana, o atentado político. Esses conflitos se dariam apenas em parte entre as forças republicanas e os elementos restauradores. Eles iriam travar-se principalmente no interior do propor campo republicano, dada a multiplicidade de "projetos" que o compunham.

Além disso, a queda da monarquia representou também o colapso do sistema até então empregado para lidar com as dissensões intra-oligárquicas e com o privatismo agrário: a circulação de clientelas orquestrada pelo Poder Moderador. O vazio que se criava tendia, em primeiro momento, a ser ocupado pelas forças armadas e se expressava nas ondas de "salvações" estaduais dos governos militares. O movimento republicano não fora capaz de gerar partidos organizados, com exceção apenas de alguns estados como São Paulo, Rio Grande do Sul e Rio de Janeiro. O desafio da recuperação do poder pelos civis foi capaz de gerar o primeiro esforço no sentido da organização partidária de nível nacional (o Partido Republicano Federal), que funcionava como uma espécie de federação de bancadas estaduais em conflito. O conflito, por sua vez, abria espaço no interior do Partido para a manifestação dos setores mais férvidos do republicanismo, oriundos das camadas médias urbanas e congraçando militares e civis.

Não cabe no escopo desse trabalho a análise dessa dinâmica política em toda a sua complexidade10. Devemos porém tê-la em

---

10 Sobre a estruturação da ordem republicana ver KUGELMAS, Eduardo. *A difícil hegemonia*, FFLCH/USP, 1987, LESSA, Ricardo. *A invenção republicana.* Rio de Janeiro: Ed. Vértice/IUPRJ, 1988; SILVEIRA, Rosa Maria Godoy. *Republicanismo e Federalismo, 1889-1902.* Brasília: Senado Federal, 1978 e GUANABARA, Alcindo, *A presidência Campos Salles.* Brasília: Ed. UNB, 1983.

mente para recuperar um pouco da dinâmica perversa que ajudou a comboiar para o poder os setores ligados à cafeicultura paulista, derrotando outros interesses sociais e regionais.

O fato de que o resultante daquele movimento complexo e heterogêneo desembocasse no controle das forças conservadoras capitaneadas pela oligarquia cafeeira paulista não deve, sobretudo, obscurecer a compreensão de que o processo republicano envolveu uma profunda transformação do Estado. De monárquico a republicano, de unitário a federativo, de parlamentar a presidencial – as transformações apontavam na direção não apenas do crescimento do Estado como de um efetivo acréscimo de seu poder e de sua capacidade de penetrar o corpo social, seja no que se refere à constituição da esfera pública, seja naquilo que interessa mais de perto a esse trabalho: a capacidade arrecadadora.[11]

O debate fiscal na Constituição de 1891

Nossa apreciação da questão do federalismo fiscal e das finanças públicas na primeira década republicana se fará concentrando a análise em dois aspectos consentâneos: a elaboração constituinte no tocante a distribuição de rendas entre a União e os estados e a dinâmica das finanças públicas (particularmente a arrecadação e o endividamento) até o quadriênio Campos Sales. Procura-se assim compreender as condições que levaram ao "funding loan" de 1898 e ao reequacionamento da questão federativa efetuado naquele quadriênio.

Para compreender melhor o resultado a que se chegou no tratamento da questão fiscal no texto definitivo da constituição de 1891 é necessário ter em mente as várias etapas do processo constituin-

11 CF. TOPIK, Steven. *A presença do Estado na economia política do Brasil de 1889 a 1930*. São Paulo: Ed. Record, 1987 e REIS, Elisa. "Poder privado e construção do Estado sob a Primeira República", in: BOSCHI, R. , *Corporativismo e Desigualdade - A construção do espaço público no Brasil*. Rio de Janeiro: IUPERJ, 1991.

te.[12] Os trabalhos da elaboração da nova constituição foram iniciados pela Comissão de Juristas, designada pelo Governo Provisório a 3 de dezembro de 1889, para redigir um projeto de Constituição. A comissão era composta de cinco juristas de renome, todos eles figuras históricas do movimento republicano: Rangel Pestana, Américo Brasiliense, Antônio Luiz dos Santos Werneck, José Antônio Magalhães Castro e Saldanha Marinho, que a presidia. Recebido o projeto pelo governo, designou Rui Barbosa, Ministro da Fazenda e mentor jurídico do ministério, para consolidar o projeto, revisá-lo e submeter à discussão no interior do governo. Feito isso, a Constituição foi publicada em decreto a 22 de junho de 1890 "ad referendum" da Assembleia Constituinte, convocada para 15 de novembro do mesmo ano. A Assembleia se reuniu a 15 de novembro de 1890, prolongando seus trabalhos até 24 de fevereiro de 1891. Suas duas tarefas principais eram apreciar, modificar e votar o projeto recebido do governo e eleger o presidente e vice-presidente da República, após o que se transformaria automaticamente em Congresso Ordinário, dividindo-se em Senado e Câmara dos Deputados.

No interior da Assembleia propriamente dita o projeto recebido do governo passou por sua vez por dois tratamentos distintos. Foi em primeiro lugar apreciado e emendado pela "Comissão dos 21", composta por um representante de cada Estado da União; em seguida, submetida às discussões do plenário.

A estratégia escolhida para o processo de elaboração da Constituição visava notoriamente garantir o controle da União sobre as questões centrais da reorganização republicana, ressaltando aí o papel central da Rui Barbosa que pode ser mesmo considerado o "autor" do projeto governamental. De outro lado as pressões do plenário, sob o influxo da maré federalista vitoriosa, procurarão

12 ROURE, Agenor. *A Constituinte Republicana*. Brasília: UNB/Senado Federal, 1979, p. 57-118.

ampliar os espaços reservados aos estados e retirar poderes da União. Aqui novamente a figura de Rui Barbosa, desta feita na tribuna, será de novo fundamental para fazer um dique à maré federalista e garantir os interesses da União no apertado escopo em que se movia a questão fiscal – as disputas em torno das rendas alfandegárias, rubrica principal da arrecadação.

Dentro dessa tendência mais geral, criar-se-á, no interior da Constituinte uma convergência dos defensores da União e dos estados exportadores (São Paulo, Minas Gerais, Rio de Janeiro, Bahia, Pará, Amazonas). No extremo oposto, procurando ampliar o quinhão dos Estados, destacam-se a bancada do Rio Grande do Sul e a dos estados açucareiros do nordeste. Seus interesses divergentes, porém, não as fazem confluir para uma proposta comum, como veremos, abrindo espaço para a vitória do projeto governamental, com algumas modificações pontuais em favor dos Estados. Em razão da amplitude dos interesses em conflito, a questão da discriminação das rendas entre União e os Estados será a mais longamente discutida e a que provocou clivagens mais profundas. Não vamos aqui reconstituir o debate, mas apenas mapear as principais posições.

O projeto que saiu do Governo Provisório e que teve em Rui Barbosa seu verdadeiro redator procurava inovar naquilo que tinha sido o sistema fiscal do regime monárquico definindo explicitamente a esfera tributária da União e dos Estados, com suas competências exclusivas e deixando uma área de competência cumulativa entre as duas esferas. Vejamos o texto do Projeto:

> Art.6º.
>
> É da competência exclusiva da União decretar:
> 1º Impostos sobre a importação de procedência estrangeira;
> 2º Direito de entrada, saída e estada de navios; sendo livre o comércio de cabotagem às mercadorias nacionais, bem como às estrangeiras que já tenham pago imposto de exportação;

3º Taxas de selo;
4º Contribuições postais e telegráficas;
5º A criação e manutenção de alfândegas,
6º A instituição de bancos emissores
Parágrafo Único: As leis, atos e sentenças das autoridades da União executar-se-ão em todo o país por funcionários federais.

Art.7º É vedado ao governo federal criar distinções e preferências em favor dos portos de uns contra os de outros Estados, mediante regulamentos fiscais ou comerciais.

Art.8º É da competência exclusiva dos Estados decretar impostos:
1º Sobre exportação de mercadorias que não sejam de outros Estados;
2º Sobre a propriedade territorial;
3º Sobre a transmissão de propriedade
Parágrafo 1º. É isento de impostos, no Estado por onde se exportar, a produção de outros Estados
Parágrafo 2º Em 1898, ou antes, se o Congresso deliberar, cessarão todos os direitos de exportação.
Parágrafo 3º. Se é lícito a um Estado tributar a importação de mercadorias estrangeiras, quando destinada ao consumo em seu território, revertendo porém, o produto do imposto para o Tesouro Federal.

Art.9º . É proibido ao Estado tributar de qualquer modo ou embaraçar com qualquer dificuldade ou gravame regulamentar ou administrativo, atos, instituições ou serviços estabelecidos pelo Governo da União.

Art.10º. É vedado aos Estados como a União:
1º Criar impostos de trânsito pelo território de um Estado ou na passagem de um para outro sobre produtos de outros Estados da República ou estrangeiros, e bem assim sobre os veículos de terra e água que os transportam.

> 2º Estabelecer, subvencionar ou embaraçar o exercício de cultos religiosos;
> 3º Prescrever leis retroativas.
> Art. 11º Nos assuntos que pertencerem concorrentemente ao Governo da União e aos governos dos Estados, o exercício da autoridade pelo primeiro obsta a ação dos segundos e anula, de então em diante, as leis e disposições dela emanadas.
>
> Art. 12º Além das fontes de receita discriminadas nos arts. 6º e 8º é lícito a União, como aos Estados, cumulativamente ou não, criar outros quaisquer, não contravindo o disposto nos arts. 7º, 9º e 10º.

A Comissão dos 21 apresentou poucas propostas de modificação do Projeto original, embora estas implicassem em alterações substanciais. Propunha, em primeiro lugar, eliminar a referência à data limite de 1898 para extinção do imposto de exportação. Fonte fundamental da receita dos Estados, a manutenção ou extinção dos impostos deveria ser deixada à discrição destes e não ser regulada pela Constituição. A comissão ponderava ainda sobre o pensamento do governo ao propor tal extinção. Tratava-se de substituí-lo pelo imposto territorial. A medida figurava-se utópica, mesmo considerando-se que a Constituição transferia as terras devolutas da União para os estados, pela inexistência de cadastro e pelas sabidas dificuldades de implantação de tal imposto. Mantinha-se, porém, o imposto territorial na competência dos Estados, acrescido de outro de mais fácil arrecadação: o imposto predial urbano. A outra alteração de fundo proposta pela Comissão dos 21 levava em conta a insuficiência do imposto de exportação para equilibrar a receita dos estados do Nordeste:

> A crise econômica que aflige um número considerável de Estados e principalmente os da zona da Bahia até o

> Maranhão – proveniente da depreciação dos principais produtos de sua exportação – os constrangem a tributar a importação de mercadorias estrangeiras, única fonte que lhes poderia fornecer o indispensável suplemento de receita para o desempenho dos serviços a seu cargo, violando assim o preceito proibitivo do Ato Adicional pela necessidade imperiosa de prover à sua própria conservação.
>
> A cessação dos impostos de exportação, que a União atualmente arrecada, não lhes aproveitará, como vai acontecer aos Estados exportadores de café, visto como o açúcar e o algodão, que são os seus principais produtos, já não estão sujeitos a tais impostos. Nestas condições, tendo de aumentar consideravelmente os seus encargos, não poderão esses Estados manter-se, se lhes falecerem também as rendas que de presente tiram da importação, sob a forma de impostos de consumo.

A Comissão propunha, assim, como disposição transitória, a concessão aos Estados da quota de 10% sobre os impostos de importação das mercadorias de procedência estrangeira quando destinadas ao consumo no respectivo território. Trata-se de uma proposta que pretendia legalizar uma prática comum das províncias no período monárquico, a sobretaxação das importações, que costumava ser disfarçada sobre outras rubricas.

Muitas outras propostas apareceram no interior da Comissão dos 21, modificando o projeto original, quase sempre no sentido de reduzir a competência da União e de ampliar a dos Estados.

A mais importante foi a de Júlio de Castilhos, representante da bancada rio-grandense. Ela foi apresentada, como voto em separado, na própria Comissão e veio a ser reapresentada em plenário polarizando toda a primeira fase das discussões. A emenda Castilhos aceitava os artigos 6º e 7º, isto é, a enumeração das receitas privativas da União tais como enumeradas no Projeto. Aí encerrava, porém, sua concordância. Discriminadas as rendas da União, assim propunha a emenda Castilhos:

> Art. 8º. – É da competência exclusiva dos Estados decretar qualquer imposto que não esteja compreendido no artigo 6o e que não seja contrário às disposições da Constituição.

O cerne da emenda Castilhos era reservar para o livre exercício dos Estados, toda a esfera não discriminada como competência da União. Refletindo sobre as dificuldades que tal limitação imporia às finanças da União nos casos de guerras, calamidades ou do próprio cumprimento dos compromissos financeiros, criava o seguinte dispositivo:

> Art. 12º Nos casos extraordinários de calamidade pública poderá o governo da União taxar a renda de cada um dos Estados, devendo ser igual para todos a porcentagem.
>
> Parágrafo 1º. Quando forem insuficientes as fontes de receita discriminadas no art. 6o. para concorrer ao serviço da dívida nacional, poderá também o governo da União lançar uma taxa permanente sobre a renda dos Estados, sem distinções.

A proposta ultra federalista de Júlio de Castilhos teve grande adesão no plenário da Constituinte, não faltando aqueles que, como o Deputado João Barbalho, representante de Pernambuco, pretendessem ainda ampliá-la, incluindo na proposta, além da limitação imposta à União de lançar impostos não discriminados no Art. 6o, a quarta parte do direito de importação para a receita dos Estados. A proposta Júlio de Castilhos recebeu expressiva votação, sendo rejeitada por estreita margem (103 votos a favor, 123 contra). Também por estreita margem foi rejeitada a proposta da Comissão dos 21, dando aos Estados 10% dos impostos de importações (123 votos contra e 98 a favor), bem como muitas outras no mesmo sentido, o de ceder aos Estados diferentes quotas-parte dos impostos de importação.

Decisivos para a vitória dos interesses da União foram os votos das bancadas dos estados exportadores, São Paulo em particular, que colocava na Constituinte uma bancada coesa e articulada, bem como o papel exercido pelo presidente da Assembleia Prudente de Morais. Pesava também contra as posições que queriam reduzir os poderes fiscais da União o fato de que tinham suas forças divididas, a bancada rio-grandense vetando a ideia de quotas-parte dos impostos de importação para a renda dos Estados. Fundamental foi também o papel de Rui Barbosa, desta feita como tribuno representante da Bahia, na defesa do projeto governamental. Depois de comparar o projeto constitucional brasileiro à Constituição dos Estados Unidos, mostrando que aqui se concedia uma esfera mais ampla aos Estados (nos Estados Unidos os Estados não podiam taxar a importação nem a exportação), assim se expressava Rui Barbosa13 contra os excessos do federalismo:

> A questão para nós, que adotamos a forma federativa; a primeira necessidade, o ponto de partida de todas as necessidades, está em assegurar a existência independente da União Federal. É depois de ter assegurado à coletividade nacional os meios de subsistir, forte, tranquila, acreditada, que havemos de procurar se ainda nos sobram recursos que proporcionem às partes desse todo a espera de independência local anelada por eles. (...) Partamos, senhores, deste preliminar: os Estados hão de viver na União e não podem subsistir fora dela. A União é o meio, a base, a condição absoluta da existência dos Estados (...) Se há no Brasil Estados mais fortes e Estados menos fortes, mais fracos e menos fracos, a condição da existência de todos, fracos ou fortes, grandes ou pequenos, pobres ou ricos, é a sua coesão, a solidariedade de

13 ROURE, Agenor. *A Constituinte Republicana. Op. cit.*, p. 77.

> sua vida integral no seio da Federação, organizada segundo os meios práticos que a experiência nos indica.

Combatendo o sistema proposto por Júlio de Castilho, invectivava:

> Duvido, senhores, que a poder de estudo sistemático se pudesse descobrir sistema de taxação mais inconveniente do que esse – duvidosíssimo nos seus resultados, perigosíssimo no regime de relações que cria entre os Estados e União. Taxas sobre a renda dos Estados são taxas que os Estados pagarão quando lhes aprouver. O Governo Federal nunca se poderia constituir em credor violento das províncias da União, constrangendo-as, pelo império dos tribunais e pela ação da força material, pela demanda, pela penhora, pela coação armada, ao pagamento de tributos a que as legislaturas locais se recusassem. Um sistema que abre a porta à possibilidade de tais conflitos, que pelo próprio mecanismo de sua combinação os promove e multiplica, não pode arrostar a análise, nem tem direito à prova de um ensaio. E depois, deixai-me perguntar-vos: não vedes que por esse regime o desempenho da dívida federal fica entregue à boa vontade das assembleias locais? Quando elas, nos seus orçamentos, negarem os meios para a satisfação das taxas impostas aos Estados pelo Governo Federal, quando elas deliberarem a lhe cortar os víveres, onde há de ir bater o Tesouro mendicante? Que praça do mundo emprestará mais um real ao governo de um país confessadamente destituído de fontes de renda para honrar as suas dívidas e entregue a esse respeito à discrição das autoridades locais? Não vedes que se trocam, desse modo, lamentavelmente, as posições entre a União e os Estados? Não percebeis que destarte os Estados seriam dora em diante os fiadores da União, os árbitros do seu crédito, e que o capital, solicitado por ela nos mercados monetários, teria de consultar a situação financeira de dezenas de orçamentos locais, antes de entrar em qualquer transação de crédito com o Governo Federal?

Os argumentos de Rui Barbosa tiveram grande peso no resultado da votação. Eles vinham de um aguerrido federalista desde os tempos da monarquia, mas que agora, na posição de Ministro da Fazenda, tendia a ver com clareza os limites estruturais que incidiam sobre a base fiscal do país e, mais do que isso, os constrangimentos que a dívida pública impunha sobre as finanças nacionais. Paradoxalmente, o endividamento servia aos interesses que militavam contra o enfraquecimento da União.

A Constituição de 1891, em apreciação sintética, inovava em relação ao sistema monárquico, principalmente no fato de discriminar as fontes básicas de taxação da União e dos Estados (importação para União/Exportação para os Estados). Mantinha, porém, uma área de competência cumulativa a ser explorada por ambos. Atribuía, ainda aos Estados aqueles impostos que não haviam sido cedidos no período Imperial, embora discutidos em 1883 – o de transmissão de propriedade e o de indústrias e profissões. Estes e o imposto predial urbano formariam a base legal das finanças estaduais na República Velha. O imposto territorial, tão amplamente discutido desde os tempos do Império, seria também atribuído aos Estados, mas o poder dos grandes senhores territoriais continuaria fazendo dele letra morta. A única e notória exceção foi o Rio Grande do Sul, onde o imposto territorial veio a se tornar a principal fonte de receita, por razões que precisam ser mais bem investigadas.

Visto em perspectiva, esse sistema, pressionado pelos condicionantes estruturais da base agrário-exportadora, não era capaz de equacionar satisfatoriamente as finanças da União nem de promover uma federação equilibrada. Seriam melhor aquinhoados aqueles estados que possuíssem bens exportáveis competitivos no mercado internacional, capazes, portanto, de se valerem dos impostos de exportação. Esses Estados, (São Paulo, em particular, mas não exclusivamente), poderiam avançar na construção da esfera pública em suas regiões (forças públicas, sistemas educacionais e de saúde) e defender sua autonomia frente à União. É o caso também do Rio Grande do Sul, pela forma peculiar que explorou a sua estrutura fiscal. As áreas estagnadas e decadentes, particularmente os Estados do Nordeste, se debateriam entre a dependência da União e o recurso à ilegalidade. É o caso, por exemplo, dos impostos interestaduais e da taxação ilegal das importações sob múltiplos disfarces.

A União também perdeu itens de receita, comparando-se com sua jurisdição fiscal no período Imperial - os impostos sobre as exportações, o de indústrias e profissões, o de transmissão de propriedade. É verdade que sua competência fiscal não ficou limitada, como queriam os seguidores de Júlio de Castilhos, mas a exploração de novas fontes de tributação teria que esperar as transformações da própria base sócioeconômica. Agravava-se, ainda, o fato de que a União assumiu na implantação da República todas as dívidas provinciais herdadas do Império.

A forma como a União procurou lidar com essas dificuldades, no período que estamos estudando, foi o aumento dos impostos de importação e, principalmente, a tarifa-ouro, consignada no quadriênio Campos Salles, depois de ter sido brevemente experimentada em 1890.

O entendimento do que se passa com as finanças públicas durante a primeira década republicana depende apenas em parte dos aspectos jurídicos que acabamos sinteticamente de expor. A instabilidade política que caracterizamos anteriormente afetava também as finanças públicas em várias dimensões.

A crise fiscal na primeira década republicana

Num certo sentido, a situação crítica que apresentamos no capítulo anterior na dimensão das finanças públicas, se transmite para a primeira década republicana, agravado por condições que são específicas do novo regime. É assim que aos interesses regionais em conflito, que caracterizaram as últimas décadas do Império, agregam-se agora novos interesses, como os do "industrialismo", que empolga setores do movimento republicano e encontra abrigo nas políticas de Rui Barbosa. Como ele mesmo afirmou ao justificar o déficit de sua gestão, os governos revolucionários não podem ser econômicos, não podendo se esperar da República recém implantada um equilíbrio orçamentário que o Império fora incapaz de promover apesar de sua proverbial estabilidade.

O fato é que os primeiros anos da República assistiram a uma febre de empreendimentos, grande parte dos quais estava ancorada, como no Império, em subsídios do governo federal – imigração subsidiada, novas companhias de estradas de ferro, novos engenhos centrais, melhoramentos públicos urbanos, que refletem um esforço de modernização, mas também de composição dos interesses conflitantes ligados à velha ordem. Da mesma forma, procurava-se ampliar e descentralizar o crédito, através de empréstimos e dos bancos de emissão, no mesmo sentido de composição de interesses velhos e novos.

Por outro lado, a instabilidade política e o conflito aberto que ela gerou em várias dimensões (intervenções nos Estados, Revolta da Armada, Revolução Federalista, repressão ao movimento de Canudos) acresciam os gastos militares e comprometiam as finanças públicas tanto pelo lado dos gastos como pelo dano que causavam ao crédito externo.

No plano do crédito externo, a desconfiança quanto ao novo regime e a instabilidade política que se sucedeu, refletiu-se na ausência de novos empréstimos até 1892, quando são apenas retomados os créditos de curtíssimo prazo. É importante, entretanto, não superestimar as variáveis da política interna brasileira no estancamento do crédito. Tão ou mais importante do que a desconfiança para com o novo regime, pesou, nos credores internacionais, o efeito da crise financeira na até então próspera Argentina, que quase arrastou consigo a mais sólida casa bancária britânica (Baring Brothers) em 1890.[14] Apenas empréstimos de curtíssimo prazo foram negociados durante a transição republicana. Em 1892, foi negociado um empréstimo com a casa Rothschild no valor de 1.000.000 libras, a 5%, a ser pago em 18 meses. Em janeiro de 1894 foi efetuado outro empréstimo do mesmo tipo, no valor de 2.000.000 libras, a ser ressarcido em 15 meses. Em 1895 o Tesouro foi forçado a emprestar na praça londrina, através do crédito de uma companhia privada, a Oeste de Minas Railway, a quantia de 3.700.000 libras, ao oneroso tipo de 85, inferior ao obtido no início da Guerra do Paraguai. Apenas em julho de 1985 o Governo Prudente de Morais conseguiu algum crédito nas praças continentais europeias, obtendo um empréstimo no valor de 7.442.000 libras, embora ao tipo ainda mais oneroso de 80.

Ao mesmo tempo agravava-se a crise econômica, com baixa dos preços do café, incidindo ao mesmo tempo sobre as receitas de importação (ao deprimir a capacidade para importar) e sobre o câmbio, que cai vertiginosamente durante a primeira década republicana. Apresentamos a seguir algumas tabelas que ilustram a gravidade da situação que estamos procurando descrever.

Em primeiro lugar, a evolução das receitas da União no período considerado. A tabela é dada em milréis e em libras para que se possa avaliar a queda do valor real do mil réis (Tab.31). Em seguida (Tabela 32) mostramos o peso relativo dos principais produtos de exportação e a evolução dos preços do café, principal fonte da riqueza nacional (Tabela 33). É interessante observar que a queda dos preços do café e a consequente queda de arrecadação que ela provoca, bem como a baixa do câmbio, incidem de forma distinta sobre as finanças da União e as finanças dos Estados cafeeiros, particularmente de São Paulo. Fornecemos os dados para efeito de comparação na Tabela 23.

---

14 FRANCO, Gustavo H. B. *Reforma monetária e estabilidade durante a transição republicana.* Rio de Janeiro: BNDES, 1983.

Finalmente apresentamos na Tabela 34 a discriminação dos gastos do governo federal no período que antecede o "funding loan" onde aparece claramente o peso exponencial da dívida sobre o gasto público. Embora não discriminado nessa tabela, é importante lembrar o peso dos gastos militares. Nos anos críticos de 1893/1894 (Revolta da Armada e Revolução Federalista) eles chegaram a contribuir com uma terça parte de todo o gasto público.[15]

Tabela 31. Evolução das receitas da união em contos de réis e libras esterlinas (1889-1898)

Anos	Receita (contos de reis)	cambio médio	Receita (mil libras)
1889	160.840	27	17.759
1890	195.253	23	18.712
1891	228.945	15	14.309
1892	227.608	12	11.380
1893	259.831	12	12.992
1894	265.057	10	11.044
1895	307.755	10	12.823
1896	346.213	9	12.983
1897	303.411	8	10.114
1898	324.053	7	9.452

Fonte: Repertório Estatístico do Brasil - Quadros Retrospectivos n.1, *Separata do Anuário Estatístico do Brasil*, 1941, p.120.

15 WYNDHAM, Hugh. *Report on the finances of the federal government of Brazil 1895-1896*, p. 5-7.

Tabela 32. Brasil - despesas do governo federal segundo categorias econômicas, 1890-1902 (%)

Ano	Consumo	Subsídios	Transferências	Dív.Pública	Form.Bruta Capital fixo	Aquisição de Ativos	Total
1890	60.8	1.3	2,2	24,7	10,8	0,2	100
1891	64.6	1,6	3,0	23,0	7,8	0,0	100
1892	68.9	1,0	2,6	18,5	9,0	0,0	100
1893	69.2	0,7	2,7	19,7	7,7	-	100
1894	78.7	0,7	2,4	13,0	5,2	0,0	100
1895	72.8	0,7	2,8	17,5	6,2	-	100
1896	74.0	1,0	2,7	16,1	6,2	-	100
1897	76.1	0,8	2,8	17,1	3,2	0,0	100
1898	41,1	0,4	1,6	53,2	3,7	-	100
1899	61,6	1,0	3,9	21,6	5,9	6,0	100
1900	52,7	0,6	2,7	41,5	2,5	-	100
1901	65,3	0,8	4,4	28,5	3,6	0,0	100
1902	62,6	0,8	4,4	28,5	3,6	0,0	100

Fonte: VILLELA, A. e SUZIGAN, W. *Política do Governo e crescimento da economia brasileira, 1889-1945*, São Paulo, IPEA-INPES,1973, p. 414-415.

Tabela 33. Produção de café e preço médio (em francos)

Ano	Brasil Saca 60 kg	Outros Países Saca 60 kg	Total	Preço Médio Saca 60 kg
1880-1881	5.553.000	4.205.000	9758.000	75
1881-1882	5.562.000	4.289.0000	10.391.000	57
1882-1883	6.711.000	5369.000	11.080.000	50
1883-1884	5.056.000	4.711.000	9.676.000	62
1884-1885	6.211.000	5.229.000	11.440.000	52
1885-1886	5.532.000	3.956.000	9.488.000	48
1886-1887	6.129.000	4.183.000	10.312.000	81
1887-1888	3.006.000	4.071.000	7.077.000	94
1888-1889	6.735.000	3.863.000	10.598.300	97
1889-1890	4.220.000	4.438.000	8.658.200	103
1890-1891	5.308.000	3.989.000	9.297.000	109
1891-1892	7.376.000	4.482.000	11.858.000	91
1892-1893	6.193.000	5.090.000	11.282.000	97
1893-1894	4.307.000	4.895.000	9.202.000	103
1894-1895	6.689.000	4.947.000	11.636.000	94
1895-1896	6.250.000	3.944.000	10.194.000	90
1896-1897	8.680.000	3.928.000	12.608.000	61
1897-1898	11.000.000	4.600.000	15.710.000	39

Fonte: *Report on the Finances of Brazil by Mr. Blaumont, Second Secretary to Her Majestry's Legation at Rio de Janeiro, 1898*. Annual Series, nº 2200, p. 5.

Tabela 34. Brasil - valor dos principais produtos exportados - 1897

Produto	Valor (libras esterlinas)
Café	16.973.000
Borracha	4.989.711
Fumo	799.061
Peles e Couros	447574
Cacau	425.265
Mate	320.700
Açúcar	236193
Metais preciosos	236158
Algodão	182.613
Castanha	71.796
Piassava	36.622

Fonte: *Report on the Finances of Brazil by Mr. Beaumont, Second Secretary to Her Majesty's Legation at Rio de Janeiro,1898*. Annual Series, nº 2200, p. 5.

Tabela 35. Receitas e despesas sp/mg/pb - 1888-1902 (em contos de 1912)

	São Paulo		Minas Gerais		Pernambuco	
Ano	Receita	Despesa	Receita	Despesa	Receita	Despesa
1889	17,0	22,6	10,2	10,4	s.inf.	s.inf.
1890	15,5	20,9	12,2	10,6	6,8	8,3
1891	16,2	12,7	20,8	16,4	s.inf.	s.inf.
1892	46,9	41,8	19,9	13,0	s.inf.	s.inf.
1893	39,7	49,9	17,2	11,2	s.inf.	6,1
1894	44,4	50,1	22,9	16,4	6,8	6,5
1895	63,1	62,5	25,8	18,1	7,2	6,9
1896	49,8	50,6	19,0	17,5	9,2	9,8
1897	40,2	48,5	17,4	17,1	8,3	8.3
1898	33,3	43,1	14,0	16,9	7,3	7,3

Fonte: São Paulo: J. Love. *A Locomotiva*, Rio de Janeiro: Paz e Terra, 1982, p. 414; Minas Gerais: J.D. Wirth, *O fiel da balança*, Rio de Janeiro: Paz e Terra, 1982, p. 351; Pernambuco: R. Levine *A velha usina*, Rio de Janeiro: Paz e Terra, 1980, p. 266. Os dados para Pernambuco são, segundo o autor, pouco confiáveis para o período.

Vistos em conjunto, os dados nos revelam a situação crítica das finanças públicas ao longo da primeira década republicana. Tal como no Império, os balanços do governo central nos mostram uma sucessão de déficits. Eles se dão, entretanto, em uma situação cambial muito distinta da do fim do Império. Aqui, a queda vertiginosa do câmbio anulava todos os esforços, quer de aumento da receita, quer de redução das despesas, como ocorre após os anos críticos de 1892 a 1894. Se as despesas militares podiam ser reduzidas daí em diante, como o foram, não o podiam os compromissos da dívida que se tornavam insuportáveis com a queda acentuada do câmbio. Pesavam aqui não apenas os empréstimos externos, mas também a dívida interna, parte da qual era indexada ao ouro, bem como as garantias de juros, particularmente das ferrovias. As províncias haviam também transferido ao governo central as dívidas contraídas durante o Império.

A queda do preço do café, principal produto de exportação refletia-se de forma distinta nas finanças do governo central e nas finanças dos estados exportadores. No caso do governo central ela pressiona a balança comercial mostrando um acréscimo das importações e uma redução das exportações, medidas em valores. A desvalorização cambial, entretanto, impede que o acréscimo das importações se traduza em acréscimo das receitas fiscais, medidas em termos reais. Como a maior parte dos compromissos em divisas é responsabilidade do governo central, é aí que incide com maior gravidade a baixa dos preços do café. A tabela sobre as receitas estaduais mostra os ganhos efetivos de São Paulo e, em menor grau, Minas Gerais, com o federalismo fiscal implantado pela Constituição de 1891. O mesmo não ocorre com Pernambuco, que não podia lançar mão das tarifas de exportação.

O colapso no plano das finanças públicas desenha, como dissemos em outra parte desse trabalho, o fim de um ciclo que começou a aparecer nas últimas décadas do Império. A sua face externa é a mais notória e a "solução" se daria pelo reequacionamento do crédito através do "funding loan" de 1898. Ela se faz sentir já nos primeiros anos do novo regime, como notava o funcionário britânico[16] sobre o ano de 1898:

> De junho de 1891 a março de 1892 a soma de 2.711.631 libras foi remetida a Londres em várias datas, ao câmbio do dia, para pagamentos feitos através da agência do Tesouro naquela cidade, custando 26.715.621$664 réis. De maio de 1892 a março de 1893, a soma de 2.827.746 libras foi igualmente remetida à Londres, custando não menos do que 51.382.364$911 réis, a um câmbio médio, para esse período de 13 1/2 d, que é uma média muito mais baixa do que a do primeiro período mencionado.

O olhar do credor é aqui talvez o mais significativo para se ter uma idéia da conjuntura crítica que cercou a negociação do "funding loan" e da avaliação negativa que se fazia sobre os governos que antecederam Campos Salles. Acompanhemos um pouco o relatório sobre as finanças do Brasil feito na legação britânica para 1898[17] deixando que ele fale por si. O funcionário abre o relatório afirmando que o ano de 1898 foi o mais crítico da história financeira do Brasil. E assim prossegue:

> O governo tem que encontrar anualmente a soma de mais de 5.000.000 libras para fazer face às suas obrigações em ouro. As receitas ordinárias, sendo quase que exclusivamente em papel-moeda e o câmbio tendo caído de 27 5/8 d em 1889 para 7d em dezembro de 1897, a dificuldade de encontrar ouro para essas remessas vem crescendo anual-

16 WYNDHAM, Hugh. *Report on the Finance and Commerce of Brazil for the Years 1890-93*, F.O. Annual Series, no. 1321, p. 17.

17 BEAUMONT, *Report on the Finances of Brazil 1898*. F.O. Annual Series, n. 2200, pp. 1-35.

> mente, até que o peso da dívida externa se tornou quase insuportável. A última taxa mencionada a perda incorrida no câmbio estimada em 1898 em 5.029.877 atingiria 127.742.902 milréis. A 6d, taxa que foi atingida há três meses atrás, a perda seria de 156.485.057 milréis, quase metade de toda a receita estimada.

Narra, em seguida, o esforço governamental para conseguir mais crédito. Foi lançado um empréstimo interno de 60.000.000 milréis, com juros de 6%, resgatável em 10 anos. No plano externo, porém, foi possível apenas um empréstimo de curto prazo (2.000.000 libras), pagável em quatro parcelas semestrais. Apesar de tudo, o governo cumprira os compromissos da dívida, bem como o pagamento das garantias de juros, mas tornava-se evidente que, se nada fosse feito, a suspensão parcial ou total dos pagamentos seria inevitável. Avaliando as condições que levaram ao colapso do crédito, assim se expressa o relatório:

> O esquema proposto pelo London and River Plate Bank, aceito pelo Ministro das Finanças e endossado pelo Presidente eleito, parece o melhor possível nessas circunstâncias. Se o crédito do país não foi ainda inteiramente restaurado, isso não se deve à desconfiança quanto às intenções do Governo Federal, mas pela incerteza quanto ao abandono da política financeira que prevaleceu nesse país até o momento, não apenas sob a República mas também sob o Império. Se o Brasil agora sofre pela falta de crédito, antigamente seu infortúnio foi ter encontrado tão grandes facilidades para conseguir empréstimos. Isso é demonstrado pela história financeira do Império. Em 4 anos (1882-86) os déficits acumulados chegaram a uma soma de 758.181.792 milréis (85.295.451 libras com o câmbio ao par), ou, a um câmbio médio de 20, 63.000.000 libras. Pode-se argumentar que a causa desses déficits constantes foi o capital dispendido produtivamente na construção de

> ferrovias, portos e outros empregos úteis que aumentavam a riqueza nacional. O mesmo não pode ser dito da administração republicana. Durante nove anos do atual regime, os déficits chegam a 343.064.000 (19.000.000 libras, tomado o câmbio médio de cada ano).
>
> As grandes somas emprestadas durante esse período foram gastas para cobrir déficits, pagar as extravagâncias das sucessivas administrações e em gastos improdutivos, como os causados pela Revolta Naval e pela Revolução Rio-grandense.

Passa em seguida a elogiar a disposição de economia do Presidente Campos Salles, enumerando as medidas já tomadas: redução dos gastos militares (cancelamento da encomenda aos Estados Unidos de três embarcações militares, cancelamento das despesas a serem efetuadas no exterior pelo Ministério da Guerra, bem como a supressão de postos e redução de salários no Ministério das Relações Exteriores). Observa a redução, em termos reais, das tarifas provindas da importação, embora não do valor das importações, apresentando as tabelas por nós já utilizadas. Nesse sentido aponta como inevitável a medida que deveria acompanhar, no plano fiscal, a renegociação da dívida externa: a adoção da tarifa-ouro.

Passa, então, a expor as condições do "funding":

> O governo decidiu suspender por três anos (julho de 1898 a junho de 1901) os juros da dívida externa e os juros de 4 1/2% do empréstimo interno em ouro de 1879, e também certas quantias pagas anualmente como garantias às ferrovias. Autorizou Messrs. N.M. Rothschild and Sons a emitir uma quantia não excedente de 10.000.000 libras em capital nominal, em bonds de 5% (funding bonds) especialmente garantidos sobre as rendas alfandegárias. Os empréstimos incluídos no esquema e a quantia de juros afetada é a seguinte:

	Libra
Empréstimo de 4 1/2% de 1883	*148.140*
Empréstimo de 4 1/2% de 1888	*238.437*
Empréstimo de 4% de 1889	*735.528*
Empréstimo de 5% de 1895	*366.580*
Empréstimo de 5% da Ferrovia Oeste de Minas, garantido pelo governo 1895	*169.390*
Empréstimo-ouro interno de 1870	*115.875*
TOTAL	*1.773.950*

As garantias às ferrovias são:

	Milréis	Libra
The Alagoas Railway	*318.710*	*35.855*
Great Western of Brazil	*350.000*	*39.375*
Conde d'Eu	*456.945*	*51.406*
Central Bahia	*912.965*	*102.709*
Brazil Great Southern	*360.000*	*40.500*
Bahia and San Francisco	*959.000*	*107.888*
Dona Tereza Christina	*392.651*	*44.173*
Southern Brazil Rio Grande do Sul	*946.501*	*106.482*
Cia. Mogiana	*258.000*	*29.025*
Natal and Nova Cruz	*384.732*	*43.281*
Minas and Rio	*1.034.667*	*122.026*
Cie. Générale des Chemins de Fer Brésiliens (Paranaguá-Curitiba)	*1.358.416*	*152.821*
Cie. Générale des Chemins de Fer Sud-Ouest Brésiliens	*784.196*	*88.220*
Recife and San Francisco	*571.404*	*64.282*
Chemin de fer SP-Rio Grande	*636.666*	*71.625*
TOTAL	*9.774.844*	*1.099.670*

As amortizações seriam suspensas por 13 anos, a partir de julho de 1889. As garantias seriam as rendas das alfândegas do Rio de Janeiro e de todas as outras alfândegas do país caso aquelas se revelassem insuficientes. A partir de 1899, pari passu com a emissão dos títulos, o governo brasileiro depositaria o equivalente em papel moeda desses títulos. Esse papel seria, ou retirado de circulação, ou, caso o câmbio fosse favorável, passariam a constituir um fundo para a futura retomada dos pagamentos de juros e garantias. A retirada de papel moeda era vista, pelo funcionário britânico, como o aspecto mais importante do esquema.

No plano da dívida interna, operava-se também a transformação do empréstimo-ouro de 1890 em títulos em moeda nacional. As obrigações de curto prazo recentemente contraídas impediriam por algum tempo a visibilidade das vantagens do plano, dizia o funcionário. Seus efeitos efetivos só se fariam visíveis em 1900.

São fornecidos também dados detalhados sobre a operação deficitária das ferrovias do Estado e elogiadas as providências no sentido do "leasing" de várias ferrovias. Críticas acerbas são também feitas quanto aos subsídios à navegação costeira e à marinha mercante.

Os comentários ilustram suficientemente a convergência que se operava entre os credores externos e a ascensão ao controle governamental dos sólidos interesses conservadores, alijando as forças ligadas aos setores mais férvidos do republicanismo e definindo o "seu" projeto, dentre os múltiplos que concorriam no interior da heterogênea frente republicana. No plano da política, ela seria complementada pela implosão da ideia de partido nacional (o PRF) e pela "política dos governadores", procurando afastar a União das lutas locais e regionais e construir uma base de apoio parlamentar para as políticas governamentais. No plano das relações entre a União e os Estados, o governo Campos Salles iria afastar a União de qualquer veleidade "redistributiva". Os Estados gastariam apenas o que arrecadassem, sem esperar auxílio da União.

Breves reflexões sobre os dados da fiscalidade ao longo da República Velha

Nas bases fiscais fornecidas pela Constituição de 1891, consagravam-se as desigualdades entre as áreas prósperas e as regiões estagnadas e decadentes e os desequilíbrios da federação. Nas tabelas em que apresentamos os dados da evolução das receitas da União durante a primeira década republicana. Nela podemos observar parcialmente o impacto inicial da distribuição de receitas operado em 1891. A queda das receitas da União (convertidas em libras) durante o período era motivada não apenas pela perda de rubricas fiscais, mas, sobretudo, pelo colapso do câmbio, com efeitos perversos sobre a receita de importação e sobre a aceleração da dívida pública. Esta situação, que conduzirá à moratória de 1898, terá a "política dos governadores" como seu corolário no plano político. A União, a partir de então, passaria a se abster, a não ser em casos extremamente graves, de intervir na vida política dos estados, reconhecendo as posições que se consolidassem no plano estadual. Os Estados, dizia aquela política, deveriam viver com seus próprios recursos e a União, postergando parte dos compromissos externos, passaria a envidar um esforço no sentido da recuperação das suas receitas, usando basicamente os recursos da tarifa ouro sobre as importações.

Vejamos, em uma grande perspectiva, os resultados a que se chegou, em termos da distribuição de recursos entre os três níveis governamentais.

Os dados da Tabela 39 mostram que, apesar dos itens que perdeu em favor dos Estados, a União manteve durante toda a República Velha o maior quinhão das receitas, caindo ligeiramente essa parcela em direção ao final do período. Isso não impediu que seus orçamentos apresentassem déficit durante todo o período, o que também é verdade para estados e municípios. Na outra ponta da cadeia governamental, o município seria o menos aquinhoado. De fato, sequer se estabeleceu a esfera fiscal do município na Constituição Federal, ficando essa definição na competência dos Estados. Embora a agregação dos dados não permita avançar hipóteses mais complexas, é uma importante via de investigação a de explorar como cada Estado veio a definir a esfera municipal, uma vez que a parcela dos municípios, embora insuficiente para conferir-lhes vida financeira própria, não é desprezível. De qualquer maneira, a verdade é que a estrutura fiscal da República Velha desenha uma pirâmide invertida, retratando a cadeia de dependência mútuas que veio dar a base da "Política dos Governadores". A constituição da esfera municipal, sem os recursos para uma autonomia sequer relativa, fundamenta uma relação entre o poder local e o estadual em que a barganha votos/apoio político fortalece os governadores em sua negociação com a esfera federal.

Observando-se os dados em forma agregada (conjunto dos Estados), nota-se, a partir da Primeira Guerra Mundial, uma perda progressiva do peso relativo da União em favor dos Estados. Esses dados são coerentes com os da Tabela 40, que mostra que as receitas da União foram afetadas mais profundamente com a crise do comércio exterior provocada pela guerra do que as dos Estados.

Nunca é demais lembrarmos aqui, o profundo contraste dessa distribuição com aquela dos Estados Unidos, como já observamos em outra parte desse trabalho. Naquele que era um modelo retoricamente citado pelos nossos constituintes como inspiração para o federalismo brasileiro, a distribuição de recursos entre os vários níveis de poder se fazia mantendo o maior peso dos recursos fiscais no nível local. A União vinha sem segundo lugar, na cadeia arrecadadora deixando para o terceiro, o nível estadual. A diferença se fazia, não apenas no plano da distribuição relativa dos recursos como na sua origem. Ao longo do período em tela, em que se moderniza a fiscalidade nos Estados Unidos, observa-se o fortalecimento da União (de 37,36% da arrecadação em 1902 para 41,27% em 1938) e dos Estados, que partem de uma base extremamente baixa em 1902 (11,36%) para atingir 24,19% em 1938. Em ambos os casos, pesou de forma decisiva a introdução do Imposto de Renda, da alçada majoritariamente da União e secundariamente dos Estados. De qualquer forma, desde o século XIX, era a taxação direta, na forma do imposto sobre a propriedade (em particular o imposto territorial), a principal fonte de arrecadação a nível local e estadual. A introdução do imposto de renda como fonte fundamental das receitas da União, vai fazer reduzir drasticamente o imposto sobre o consumo. O imposto de renda nos Estados Unidos foi um fator decisivo de modernização da estrutura fiscal americana e um elemento de fortalecimento da esfera federal e, em grau menor dos Estados. Antes disso, porém, desde a Guerra Civil, o imposto territorial vinha sendo fator de construção da esfera pública.[18]

No Brasil, a taxação continuou a basear-se em impostos indiretos, apenas iniciando-se de forma incipiente o imposto de renda na década de 20. A União manteve-se na estreita dependência das receitas de importação até a Primeira Guerra Mundial, quando o choque externo provocado pela redução do comércio exterior, levará ao incremento dos impostos sobre o consumo. Embora até o final do período os impostos sobre a importação ainda representem mais de metade das receitas fiscais da União, reforçada, a partir de 1898, com a introdução da tarifa de 5% ouro, como parte das medidas de saneamento financeiro de Joaquim Murtinho, é significativo o crescimento relativo dos impostos sobre o consumo nas receitas da União.

A federação assegurou às oligarquias regionais um acesso mais direto aos instrumentos de poder do que o que se verificava no sistema político imperial. No plano da política fiscal isso iria significar que continuariam a operar de forma intensa ao longo de toda a República Velha, os bloqueios que impediam que a extração fiscal atingisse de forma direta a riqueza e a propriedade das elites agrário-exportadoras. A transformação do Estado que vem a se operar entre 1891 e 1930, no que toca à questão fiscal, iria se operar nos moldes tradicionais propiciados pela economia agrário-exportadora. As receitas, tanto da União como dos Estados estarão na dependência da performance das exportações e, por essa via, da capacidade para importar. Vimos, na seção anterior, que o debate que se operou na Constituinte de 1891 sobre matéria fiscal, embora dos mais acerbos e dos que mais foram capazes de polarizar opiniões, versaram, sobre-

18 RATNER, S. *American Taxation, Its History as a Social Force in Democracy*, NY: W.W. Norton, 1942.

tudo, sobre a forma de distribuir entre os Estados e a União os recursos existentes e não sobre a criação de fontes novas de arrecadação. Múltiplos esforços foram feitos ao longo da primeira república, no sentido de modernizar aquela estrutura, sem conseguir, entretanto modificá-la. O crescimento das receitas que se operou ao longo da Republica Velha e que pode ser considerado como uma ampliação da capacidade extrativa do Estado, operou-se, portanto, sobre as mesmas bases anteriores – as receitas alfandegárias. A exploração de outras fontes de receita, principalmente o imposto de consumo iria depender da lenta diversificação econômica e da urbanização. Com o choque sobre o comércio exterior provocado pela Primeira Guerra Mundial, a União procurará, como apontamos, valer-se do aumento do imposto de consumo e da ampliação de sua incidência. Se observarmos a lista de produtos sujeitos à essa taxação em 1914, encontramos rubricas que atingem indiscriminadamente o consumo suntuário e popular (fumo, bebidas, fósforos, sal, calçados, perfumaria, especialidades farmacêuticas, conservas, vinagre, velas, bengalas, tecidos, espartilhos, vinhos estrangeiros, papel para forrar casa, cartas de jogar, chapéus, discos para gramofones, louças e vidros), muitos deles já produzidos pela industria nacional. Dessa maneira, o controle conservador sobre o Estado expressava-se na transferência para os setores assalariados e para a classe média emergente, os custos da manutenção da máquina pública.

Uma pesquisa que dê conta da evolução das finanças estaduais durante a República Velha ainda está por ser feita e conta com grande dificuldade no levantamento e compatibilização dos dados. Uma visão impressionista é apresentada na tabela 41, que mostra o peso dos impostos sobre a exportação na receita estadual e a exígua contribuição das outras rubricas. É provável que a desagregação da rubrica "outros impostos e taxas" revelasse, na verdade a grande presença de tributos proibidos pela constituição, mas dos quais os estados lançavam mão, especialmente aqueles que não dispunham de receitas de exportação significativas. Era o caso dos Estados exportadores de produtos que enfrentavam acirrada competição no mercado internacional, como os do Nordeste. Recorriam então à invasão da competência fiscal da União, sobretaxando as importações sob várias rubricas (impostos de consumo, de estatística, de trânsito) ou a taxação do comércio interestadual. Esse era um importante entrave à integração do comércio nacional, contra a qual a União continuou lutando ao longo da década de 1930.

Da mesma forma, as verdadeiras "guerras tributárias" a que se lançavam particularmente os estados do nordeste parece ter tido um desdobramento político perverso para o peso político da região em seu conjunto. Elas dificultavam a constituição de um bloco regional capaz de representar os interesses do conjunto e atuar como contrapeso ao poder dos Estados cafeeiros, que controlavam o jogo político durante toda a República Velha.[19] Notável exceção nesse particular foi o Estado do Rio Grande do Sul, o único a experimentar um aumento significativo de suas receitas durante o período, apesar de não basear suas receitas no imposto de exportação. Pesou, de forma decisiva, na estrutura fiscal desse estado, a implantação do imposto territorial, fato também único no conjunto dos Estados.[20]

Se olharmos para a tabela 42, poderemos observar que os estados de São Paulo e Minas Gerais, já concentravam, com a distribuição dos recursos consignados em 1891, 40% das receitas fiscais estaduais. Eram eles, juntamente com os Estados do Norte, que

19 LEVINE, Robert. *A Velha Usina: Pernambuco na Federação Brasileira (1889-1937)*. Rio de Janeiro: Paz e Terra, 1980, p. 199 e seguintes.

20 Sobre a especificidade do sistema tributário e do gasto público no Rio Grande do Sul comparado com São Paulo ver PEREIRA, Paulo Roberto Dias, "As Políticas de Gasto Público e a Promoção do Desenvolvimento nos Estados do Rio Grande do Sul e de São Paulo durante a Primeira República (1889-1930)", in: *Gaúchos e Paulistas: dez escritos de história regional comparada*, Porto Alegre: Fundação de Economia e Estatística, 1995.

viviam a expansão das exportações de borracha, os grandes beneficiários do federalismo fiscal. Seu peso no conjunto dos Estados só iria se fortalecer, sua proporção subindo para 53,5 no final da Primeira República. Os Estados do Nordeste, que concentravam no início do período em torno de 18,6% dos recursos fiscais mantém, com uma ligeira queda essa proporção (16,4).

Ao longo da Primeira República mantinha-se, no Nordeste, a situação de estagnação que já vinha das últimas décadas do Império. Os dados mostram ainda a dramática queda das receitas dos Estados do Norte (Pará e Amazonas), a partir do segundo decênio estudado, com o esgotamento das exportações de borracha e o impressionante desempenho do Rio Grande do Sul, que no final do período terá já o terceiro lugar em arrecadação entre os Estados Brasileiros, rivalizando com Minas Gerais. Teria também acrescido seu peso político no conjunto dos Estados tornando-se ator decisivo nos acontecimentos de 1930.

A federação de 1891 era profundamente desigual, e os mecanismos fiscais sobre os quais ela se estabelecia eram reiteradores da desigualdade regional. Enquanto as finanças da União estivessem reféns da receita alfandegária, a própria defesa dessas finanças tornaria solidários os interesses do Estado e os do complexo cafeeiro, bloqueando qualquer possibilidade redistributiva por parte da União. Isso se manifestava também, como apontamos acima, no plano político, impedindo a formação de blocos regionais fortes que pudessem neutralizar a concentração do poder nos estados hegemônicos. O caso do Rio Grande do Sul aparece assim como a exceção que confirma a regra, iluminando o entendimento do peso político crescente daquele estado no final do período e de sua capacidade de articulação dos descontentamentos generalizados.

Durante a Primeira República, a economia brasileira viveu o auge e o declínio daquele modelo. No que toca a fiscalidade, a principal característica da economia primário-exportadora, foi a de fornecer, através da taxação do comércio exterior, uma fonte de recursos que permitia ao Estado exercer sua pulsão extrativa sem ter que enfrentar de maneira contundente a riqueza e o poder privado dos grandes proprietários territoriais. Um dos efeitos dessa duvidosa vantagem foi, como apontamos, deslocar "para baixo", de maneira francamente desigual, a pressão da pulsão extrativa. A forma indireta da taxação caracteriza-se, entretanto, pela sua pouca visibilidade. Se o recrudescimento dos movimentos sociais na década de 1920 pode ser considerado, entre outros fatores, como associado também aos efeitos da pressão fiscal sobre o custo de vida dos setores assalariados, ele não se manifesta na politização da questão fiscal em direção à representação política. Mais uma vez, como no Império, as grandes questões nacionais tomariam, sobretudo, a forma de um debate entre descontentamentos regionais.

Em uma federação que só fizera aprofundar as desigualdades entre os Estados ricos e pobres, a crise iria aparecer não apenas no plano econômico mas também no da representação política. De forma similar ao que ocorrera nas últimas décadas do Império o Estado viveria uma crise, onde convergiam o peso crescente da dívida pública sobre as suas receitas e o recrudescimento das demandas estaduais que atingiam tanto as áreas prósperas como as estagnadas. Pesavam ainda, o que não ocorria no Império, as dívidas dos estados e municípios, garroteando as receitas e reivindicando soluções. Diferentemente, entretanto da situação vivida nas últimas décadas do Império, quando o café estava em ascensão exponencial, a principal base econômica das receitas vivia uma crise endêmica cujo desfecho seria precipitado pela Grande Depressão em 1929.

Os desafios que o Estado Brasileiro iria enfrentar a partir de 1930 iriam impor uma profunda transformação em sua estrutura e um outro momento da construção do estado. Para compreendê-la é preciso ir muito além do escopo limitado da questão fiscal. Com as reflexões iniciadas nesse trabalho pretendemos apenas enfatizar quão estreita era a base fiscal legada pela Primeira República e quão intensas as resistências à sua transformação.

Tabela 36. Percentagem da receita arrecadada sobre a receita total (da união, dos estados e dos municípios)

	Receita			Despesa		
Anos	União	Estados	**Municípios**	**União**	**Esta-dos**	**Municípios**
1907	65,8	22,1	12,1	63,6	23,5	12,9
1908	59,8	21,4	18,8	60,9	23	16,1
1909	56,9	24	19,1	59,6	23	17,4
1910	59,5	22	18,5	62	22,7	15,3
1911	61,8	22	16,2	64,7	21,5	13,8
1912	60,5	23,4	16,1	65,5	21,6	12,9
1913	64,3	22,5	13,2	63,5	24,2	12,3
1914	55,8	26,6	17,6	65,4	22,7	11,9
1915	51,3	30,9	17,8	63,2	23	13,8
1916	54,4	29,3	16	62,6	23,6	13,8
1917	55,8	28,9	15,3	64,8	22,8	12,4
1918	58,6	26,6	14,8	64,8	23,2	12
1919	54,7	30,3	15	62,7	22,7	14,6
1920	59,6	27,9	12,5	65,5	23,4	11,1
1921	57,9	28,1	14	63,2	23,7	13,1
1922	58,3	27,7	14	64,4	23,1	12,5
1923	58,1	28,7	13,2	60,6	25,6	13,8
1924	59,5	28,3	12,2	59,3	28	12,7
1925	56,6	30,7	12,7	55,8	30,8	13,4
1926	55,4	30,3	14,3	54,2	33,2	12,6
1927	57,5	28,8	13,7	52,7	33,9	13,4
1928	57,3	28,5	14,2	54,9	29,8	15,3
1929	54,1	31,1	14,8	51,9	32,9	15,2

Fonte: IBGE, *Repertório Estatístico do Brasil - Quadros Retrospectivos n.1*, *Op. cit.*, p. 119.

Tabela 37. Receitas (união-estados-estado de S.Paulo) em contos de réis e milhares de libras)

União	Receita	Câmbio	Libras	t.1	t.2
1899-03	338.491	10	14.692	100	100
1904-08	444.732	15	27.383	186	186
1909-13	557.574	16	36.797	250	134
1914-18	492.340	13	26.639	181	72
1919-23	933.847	10	34.912	238	131
1924-29	1.641.163	6	50.608	344	145
Estados	Receita	Câmbio	Libras	t.1	t.2
1899-03	151.637	10	6.400	100	100
1904-08	166.338	15	10.288	161	161
1909-13	208.416	16	13.744	215	134
1914-18	252.578	13	13.600	213	99
1919-23	458.560	10	17.242	269	127
1924-29	998.585	6	25.592	400	148
São Paulo	Receita	Câmbio	Libras	t.1	t.2
1899-03	43.460	10	1.807	100	100
1904-08	55.600	15	3.474	192	192
1909-13	63.100	16	4.159	230	120
1914-18	76.880	13	4.142	229	100
1919-23	158.040	10	5.980	330	144
1924-29	326.283	6	10.082	557	169

Legenda: t.1 - evolução em libras em relação a 1899-1903; t.2 - evolução em libras em relação ao quinquênio anterior.

Fonte: Elaboração própria sobre dados do IBGE, *Repertório Estatístico do Brasil, Op. cit.*

Tabela 38. Receitas de impostos orçados pelos estados segundo os distintos ítens orçamentários

Ano	Total	Export.	%	Ind. Prof.	%	Trans. Prop.	%	Territ.	%	Do selo	%	Outros (2)	%
1914-1916 (1)	209.476	109.838	52	13.669	7	19.604	9	5.187	2	5.068	2	56.110	27
1917-1919 (1)	268.110	125.303	47	18.335	7	34.327	13	7.240	3	8.080	3	74.825	28
1923-1925	452.914	217.354	48	32.008	7	58.656	13	15.282	3	12.332	3	117.282	26
1930	1.037.683	436.260	42	86.112	8	110.015	11	42.338	4	27.882	3	335.026	32

Legenda: (1) Receita arrecadada (2) Outros impostos e taxas

Fonte: IBGE, *Repertório Estatístico do Brasil Op. cit.*, p.127.

Tabela 39. Principais receitas arrecadadas pela união (1900-1930)

Anos	Importação	Tarifa 5% ouro	Total Import.	%	Consumo	%	Imp. sobre atos do governo	%	Total receitas tributarias	%
1900	164.957	1.376	166.333	67,90	36.693	14,98	19.020	7,76	244.969	90,64
1901	162.094	12.325	174.419	73,92	31.566	13,38	19.340	8,20	235.952	95,50
1902	185.603	14.436	200.039	76,30	33.960	12,95	17.870	6,82	262.163	96,07
1903	189.462	14.737	204.199	76,77	35.374	13,30	16.279	6,12	265.972	96,20
1904	197.786	15.471	213.257	76,67	35.368	12,72	16.786	6,03	278.158	95,42
1905	224.055	17.728	241.783	77,15	35.233	11,24	17.974	5,74	313.398	94,13
1906	248.169	18.709	266.878	76,78	43.496	12,51	17.731	5,10	347.585	94,40
1907	287.277	20.016	307.293	76,97	47.977	12,02	19.541	4,89	399.216	93,89
1908	237.086	16.268	253.354	76,98	44.591	13,55	19.802	6,02	329.116	96,55
1909	233.084	16.081	249.165	76,95	45.744	14,13	20.118	6,21	323.790	97,29
1910	288.747	19.449	308.196	78,08	54.628	13,84	21.706	5,50	394.715	97,42
1911	317.666	21.476	339.142	76,28	59.769	13,44	25.385	5,71	444.605	95,43
1912	348.242	23.570	371.812	76,62	62.645	12,91	27.420	5,65	485.249	95,18
1913	344.327	23.455	367.782	76,30	65.143	13,51	28.584	5,93	482.028	95,74
1914	195.115	14.042	209.157	69,37	52.223	17,32	24.181	8,02	301.523	94,71

1915	152.609	12.429	165.038	55,99	67.936	23,05	33.313	11,30	294.743	90,35
1916	184.264	14.648	198.912	57,09	83.828	24,06	34.534	9,91	348.433	91,06
1917	158.361	10.976	169.337	46,53	117.720	32,35	39.504	10,85	363.937	89,73
1918	171.431	11.805	183.236	49,68	119.719	32,46	43.323	11,75	368.796	93,89
1919	212.657	14.305	226.962	52,06	131.881	30,25	55.777	12,79	435.965	95,10
1920	348.914	24.842	373.756	57,73	175.636	27,13	74.746	11,55	647.392	96,41
1921	318.815	26.763	345.578	57,02	154.100	25,43	76.120	12,56	606.080	95,00
1922	308.613	25.070	333.683	53,66	165.227	26,57	82.939	13,34	621.867	93,56
1923	468.080	37.718	505.798	53,89	258.429	27,53	118.124	12,59	938.570	94,01
1924	567.497	39.609	607.106	52,69	299.135	25,96	193.106	16,76	1.152.253	95,41
1925	722.120	50.850	772.970	56,83	312.425	22,97	209.641	15,41	1.360.258	95,21
1926	577.879	44.422	622.301	49,52	363.902	28,96	206.901	16,46	1.256.777	94,93
1927	812.038	58.987	871.025	55,38	402.900	25,61	218.231	13,87	1.572.907	94,87
1928	938.920	39.701	978.621	56,02	440.308	25,21	232.540	13,31	1.746.770	94,54
1929	928.109	39.167	967.276	55,70	426.749	24,57	236.703	13,63	1.736.708	93,90
1930	626.224	26.486	652.710	51,18	352.237	27,62	185.898	14,58	1.275.216	93,38

Fonte: IBGE, *Repertório Estatístico do Brasil, Op. cit.* Villela, A. e Suzigan, *W. Política do Governo e Crescimento da Economia Brasileira, 1889-1945; Rio de Janeiro, IPEA-INPES, 1973, Apêndice Estatístico, Tab.IV*

(1) inclui os impostos de circulação e do selo. A partir de 1926 inclui também o imposto sobre vendas mercantis

Tabela 40. Principais estados (%) da arrecadação estadual total

	1899	1904	1909	1914	1919	1924
Amazonas	14%	13%	9%	4%	1%	1%
Pará	13%	11%	11%	4%	3%	2%
São Paulo	25%	27%	31%	33%	27%	30%
Bahia	7%	8%	5%	8%	10%	8%
Rio Grande do Sul	7%	6%	8%	9%	10%	15%
Minas Gerais	11%	11%	12%	14%	15%	16%
Pernambuco	6%	5%	6%	6%	5%	5%
Total	84%	80%	82%	78%	71%	77%

Fonte: Elaboração própria a partir de IBGE, *Repertório Estatístico do Brasil Op. cit.*, p.122-124.

Tabela 41 governo federal - dívida pública (1890-1902)

Ano	Amortiz.	Juros	Comissões Corretagens	Total (1)	Amortiz.	Juros	Comis Corret	Total (2)	Total (1)+(2)	Caixas Eco-nôm.	Total Geral
1890	5294	25.152	926	31.372	-	21.062		21.062	52.434	1.481	54.554
1891	3.601	18925	152	22.678	1.070	24.435	49	25.354	48.232	2.165	50.830
1892	3.278	20.321	173	23.772	19.083	4.942	134	24.159	47.931	3.240	51.628
1893	12.447	20.373	151	32.971	19.245	2.746	182	22.173	55.144	3.579	59.319
1894	2.536	20.814	120	23.470	-	21.122	667	21.789	45.259	2.485	48.322
1895	1.707	21.865	607	24.179	99	29.427	2.335	31.861	56.040	3.933	60.588
1896	2.840	24.385	237	27.458	23.834	4.943	36	28.813	56.271	2.624	59.460
1897	1.815	25.753	155	27.723	23.820	6.711	1.166	32.197	59.920	4.243	64.786
1898	1.925	25.145	277	27.347	314.166	8.459	579	323.724	350.551	3.933	355.110
1899	-	25.465	359	25.854	-	32.496	68	32.566	58.420	4.855	63.806
1900	-	47.723	835	48.558	89.207	36.045	9	125.261	173.819	5.241	179.581
1901	-	51.585	2.285	53.870	-	32.788	8	32.786	86.656	4.840	92.050
1902	-	10.991	416	11.407	6.000	61.211	8	125.261	78.626	5.644	84.906

Fonte: VILELLA, A. e SUZIGAN, *Política do Governo. Op. cit.*, p. 422..

Federalismo e Construção do Estado na Argentina e no Brasil

Encerramos esse volume com um breve exercício de análise comparativa, focalizando as trajetórias distintas seguidas pelo Brasil e pela Argentina entre 1870 e 1914.[1]

O esforço que o anima é o de tentar compreender de que maneira o processo de construir o Estado estabeleceu bases distintas para o exercício da política econômica nesses dois países que, de resto partilharam uma série de características comuns. Para ambos os países, o dinamismo econômico significou, nesse período, a extensão da fronteira agrícola e a exportação de produtos primários, ambos tendo recebido grande impulso do alargamento e intensificação dos fluxos de comércio na segunda metade do século XIX. Convergiram para isso vários fatores: os efeitos da abolição das Leis dos Cereais na Inglaterra, a redução dos fretes marítimos e terrestres, o impulso gerado pela Segunda Revolução Industrial e a emergência de novas potências no cenário internacional, que passavam a competir com a Inglaterra no cenário comercial e financeiro. Esse conjunto de circunstâncias abriu

1 A primeira versão desse trabalho foi escrita para o XII Congresso Internacional de História Econômica realizado em Madri em julho de 1998. Nossa participação no evento beneficiou-se de auxílio concedido pela FAPESP. A versão aqui apresentada corresponde à que foi publicada na Revista *Economia e Sociedade*, n.14.

novas e melhores perspectivas que não se restringiam à ampliação do mercado para os bens primários. Tanto o Brasil como a Argentina atraíram importantes fluxos de capital e de mão de obra que vieram a transformar qualitativamente o cenário econômico e social daqueles países. A força, a direção e os limites das mudanças dependeriam sobretudo das estruturas econômicas, sociais e institucionais internas, estabelecendo diferentes caminhos de desenvolvimento capitalista.

Ao dinamismo associava-se também uma maior vulnerabilidade das economias exportadoras de produtos primários aos movimentos das economias centrais, fazendo com que o período em questão seja também pródigo em "choques externos", "crises da dívida", e recorrentes esforços de ajuste nos países latino-americanos.[2]

As similaridades apontadas entre os dois países ocultam, porém, profundas diferenças no dinamismo econômico, no plano social e no redesenho político e institucional de cada um. Alguns indicadores podem ser observados a partir das Tabelas que se seguem.[3]

2 Cf. Carlos Marischal. *Historia de la Deuda Externa de America Latina*. Madrid: Alianza Ed., 1988. No caso dos dois países em questão, a crise da década de 1890 reveste-se de especial interesse porque nesse momento se evidencia como às estruturas internas das economias determinam diferenças na capacidade político-institucional de reagir as crises. Ver, Albert Fishlow. "Lessons of the 1890s for the 1980s", in: CALVO, Guillermo; FINDLAY, Ronald; KOURI, Pentti e MACEDO, Jorge, (ed.). *Debt, Stabiliztion and Development: Essays in Memory of Carlos Díaz-Alejandro*. Cambridge: Blackwell, 1989. Para o Brasil ver SHULZ, John. *A Crise Financeira da Abolição*. São Paulo: EDUSP, 1999.

3 Algumas fontes importantes para os estudos comparados da experiência latino-americana são, PLATT, D.C. M. (ed.). *Business Imperialism, 1840-1930: An Inquiry Based on British Experience in Latin America*. Oxford: Oxford University Press, 1977. CORTÉS CONDE, Roberto. e HUNT, Shane J. (orgs.). *The Latin American Economies Growth and the Export Sector, 1880-1930*. Chicago: University of Chicago Press, 1988. MARISCHAL, Carlos (coord.) *Las inversiones extranjeras en America Latina, 1850-1930*. México: Fondo de Cultura Económica, 1995. MARTINS, Roberto B., "Crescimento Exportador, Desigualdade e Diversificação Econômica: uma comparação entre o Brasil e a República Argentina, 1860-1930", *Cadernos DCP* vol. 3, UFMG, março de 1976.

Tabela 42. Brasil e Argentina (1870-1930) indicadores sócio-econômicos

Indicadores	Brasil	Argentina	Brasil	Argentina
Área (milhões km2)	8,5	2,8		
Pop. (milhões hab.)	10,11 (1872)	2,23 (1869)	30,6 (1920)	8,4 (1918)
Densidade	1,18 (1872)	0,79 (1869)	3,6	3,0
Rede Ferroviária (km)	932 (1872)	930 (1872)	31800 (1928)	38400 (1929)
Export. (milhões L)	14,9 (1860-70)	5,6 (1864-70)	94,0 (1924-29)	176,2 (1924-29)
Import. (milhões L)	13,2 (1860-70)	7,4 (1864-70)	80,58 (1924-29)	159,8 (1924-29)
Telefones (milhares)			39,1 (1913)	74,2 (1914)
Renda per capita (US$ 1964)			129 (1930)	700 (1929)
Pessoal médico por mil hab.			1,2 (1920)	1,8 (1914)
Professores por mil hab.			1,7 (1920)	10,5 (1914)
% população em cidades de				
mais de 20.000 habitantes			14,8 (1920)	31,7 (1914)

Fonte: BORGES, Martins, Roberto., "Crescimento Exportador, Desigualdade e Diversificação Econômica: uma comparação entre o Brasil e a República Argentina, 1860-1930", *Cadernos DCP* vol. 3, UFMG, março de 1976, p.66 e 85.

Tabela 43. Crescimento das exportações no Brasil e na Argentina (1860-1930) (médias anuais em milhões de esterlinos)

Anos	Brasil		Argentina	
	Valor	Índice	Valor	Índice
1861-1870	14,9	100,0	5,7	100,0
1871-1880	20,3	135,6	9,0	159,1
1881-1890	21,0	140,9	15,3	270,7
1891-1900	29,4	196,5	24,3	427,2
1901-1910	47,6	318,6	57,5	1022,4
1911-1920	68,8	460,5	126,0	2218,4
1921-1930	80,5	539,4	151,6	2669,3

Para a Argentina 1864-70=100

Fonte: MARTINS, Roberto B. *Op. cit.*, p. 67

Embora fosse um país muito mais vasto e populoso que a Argentina, tendo gozado de inserção no comércio mundial desde a primeira década da Independência, o Brasil teve, durante o período em estudo, um desempenho muito menos satisfatório, quaisquer que sejam os índices escolhidos para a comparação (crescimento das exportações, construção ferroviária, taxa de médicos ou professores por habitantes). Medida em relação à evolução do PIB real *per capita*, a economia argentina teria crescido 177%, contra os escassos 9% apresentados pelo Brasil no mesmo período.[4]

O tema das diferentes performances das economias latino-americanas durante o período primário exportador tem sido objeto de distintas interpretações na historiografia. Celso Furtado[5] construiu

4 Ver o Apêndice estatístico elaborado por BÉRTOLA, L., PORCILE, G. "Argentina, Brazil, Uruguay and the world economy: an approach to different convergence and divergence regimes". DOL (Documentos On-line) Reedición / FCS-UM; 18. UR. FCS-UM, 1998.

5 FURTADO, Celso. *La Economia Latinoamericana - formación histórica y problemas contemporáneos*. Buenos Aires: Siglo XXI, p. 64-65.

uma tipologia clássica, privilegiando as diferenças de desempenho a partir do produto exportado (economias exportadoras de produtos agrícolas de clima temperado; economia exportadora de produtos agrícolas tropicais e economias exportadoras de produtos minerais). O primeiro tipo, nas quais se inclui a Argentina e o Uruguai, a produção agrícola, baseada no uso extensivo da terra, destinava-se a competir com a produção interna dos países em rápida industrialização, e também com aqueles países "novos" cujas economias se configuraram como simples fronteiras econômicas da Europa em processo de industrialização (Austrália, Nova Zelândia). O uso extensivo de terras de qualidade superior permite alcançar altos níveis de rentabilidade e o fato de concorrerem com os "países novos" possibilitou às economias deste tipo um persistente avanço técnico e uma elevada taxa de crescimento durante o período primário-exportador, fatores que não estarão presentes nas economias exportadoras de produtos tropicais, como o algodão, o açúcar e o tabaco.

Nestas últimas, nas quais se inclui o Brasil, a competição se fará com as áreas coloniais e com a região escravista dos Estados Unidos, seus preços serão também influenciados pelos salários das áreas coloniais.[6] Além disso, em economias como a brasileira, a influência direta das modificações estruturais da economia inglesa é reduzida sendo mais importante o mercado representado pelos países da Europa continental e pelos EUA. Esses elementos e o fato de que esses produtos nem sempre exigiram infraestruturas de transporte faz com que essas economias tenham a tendência de incorporar pouco progresso técnico, permanecendo economias tradicionais. O argumento é certamente inspirador, mas a tipologia de Furtado não consegue enquadrar o café, precisamente o produto mais dinâmico da economia brasileira, no período. A especificidade da economia cafeeira é atribuída por Furtado à excepcional

6 FURTADO, Celso. *La Economia - formación histórica y problemas contemporáneos. Op. cit.*, p. 65.

produtividade das terras, à incorporação de mão de obra imigrante (com a consequente expansão da renda monetária) e à montagem de uma infraestrutura de transporte. Estas porém, parecem ser características que aproximam as regiões de fronteira do Brasil (cafeicultura paulista) e da Argentina ("pampa húmeda") ao invés de distingui-las, como observaram Ciro Cardoso e Perez Brignoli.[7]

Em uma outra linhagem teórica e observando as duas economias no final da década de 1920, Diaz Alejandro, depois de examinar múltiplas dimensões estruturais e históricas, aponta a dificuldade de efetuar a comparação entre economias que eram distintas em sua própria natureza: ainda na década de 1920 o Brasil poderia ser descrito como uma economia dotada de um pequeno setor moderno inserida em um extenso setor de subsistência, produzindo bens e serviços fora do nexo mercantil, a produtividade do trabalho sendo muito maior no setor moderno do que no setor de subsistência. Em contraste, a Argentina apresentava-se como dotada de "condições neoclássicas", no sentido em que a produtividade marginal do trabalho era similar nos setores mais importantes. Esse fato, segundo ele, tendia a falsear um pouco a interpretação sobre os diferenciais de crescimento, sobretudo a partir da década de 1920.

Se apontamos aqui alguns desses resultados quantitativos é no intuito de realçar o contraste indiscutível entre as duas economias e para sublinhar a importância de atentar para os aspectos qualitativos em questão.

7 CARDOSO, Ciro F. S. e BRIGNOLI, Héctor Perez. *História Económica de América Latina*. Barcelona: Ed. Crítica, 1979, vol. 2, p. 63-83.

Tabela 44. Estrutura das exportações brasileiras (1860-1930) (percentagens sobre o valor total da pauta, a preços correntes)

	Café	Açúcar	Algodão	Borracha	Couros	Outros*
1861-1870	45,5	12,3	18,3	3,1	6,0	14,8
1871-1880	56,6	11,8	9,5	5,5	5,6	11,0
1881-1890	61,5	9,9	4,2	8,0	3,2	13,2
1889-97	67,6	6,5	3,0	11,8	2,4	8,8
1898-10	52,7	1,9	2,1	25,7	4,2	13,4
1911-1913	61,7	0,3	2,1	20,0	4,2	11,7
1914-1918	47,4	3,9	1,4	12,0	7,5	27,8
1919-1923	58,8	4,7	3,4	3,0	5,3	24,8
1924-29	72,5	0,4	1,9	2,8	4,5	17,9

(*) Inclui cacau, mate, fumo. e outros itens.

Fonte. 1861-1890 : SILVA, Hélio Schlitter, "Tendências e Características do Comércio Exterior do Brasil no Século XIX", in: *Revista de História da Economia Brasileira*, vol. I, n.1, 1953; para 1889-1929, VILLELA, A. e SUZIGAN, W. *Política do Governo e Crescimento da Economia Brasileira, 1889-1945*, p.70. Reproduzida a partir de R. Borges Martins. *Op. cit.*, p. 69.

Tabela 45. Estrutura das exportações argentinas (1893-1929) (percentagens do valor total da pauta, a preços correntes)

	Carnes (1)	Couros	Trigo (2)	Lã (3)	Milho	Linhaça	Outros (4)
1893-94	6,6	16,9	25,9	27,7	1,3	3,3	18,3
1899-04	9,0	12,7	20,5	24,6	12,3	8,7	12,2
1905-09	9,5	9,0	28,0	17,3	13,2	10,8	12,2
1910-13	17,4	10,4	20,0	12,1	16,2	9,3	14,4
1914-18	27,1	9,5	17,0	12,7	10,3	6,0	17,4
1925-29	15,4	8,1	22,2	8,2	18,5	12,2	15,4

(1) Inclui carne congelada e refrigerada, carneiro, carne salgada, carne enlatada, extrato de carne, gordura e outros itens; (2) Apenas trigo em grão; (3) Apenas lã bruta; (4) Inclui outros cereais (aveia, cevada, centeio); quebracho, farinha de trigo, laticínios e outros derivados animais, frutas frescas, etc.

Fonte: MARTINS, Roberto B. *Op. cit.*, p. 70.

Há uma marcante diferença não apenas no dinamismo como também na na natureza da economia exportadora de produtos primários que operava em cada um desses países. No caso brasileiro, o crescimento das exportações significou uma crescente especialização na produção cafeeira, cuja percentagem no conjunto das exportações primárias cresce de 45,55 (1861-1870) para 72,5% (1924-1929). Ao mesmo tempo, o Brasil ganha uma participação crescente na produção mundial de café, chegando a concentrar 2/3 dessa produção na virada do século.

Na Argentina, o crescimento das exportações foi acompanhado de uma crescente diversificação, nenhum produto superando os 22,2% em 1925-1929. Diferentemente do Brasil, a Argentina não desfrutou da possibilidade de controlar a oferta ou influir no estabelecimento dos preços de seus produtos de exportação. A trajetória Argentina, portanto, parte da situação de um tipo de produto único (os derivados da pecuária), em meados do século, para uma crescente abertura de novas frentes de exportação.

Enfatizando a crescente especialização da economia brasileira na exportação de café, Celso Furtado[8] nos indica que, em 1830, o café já participava com 18% do valor das exportações do Brasil, em seguida ao açúcar e ao algodão. Em 1850 já ocupa o primeiro lugar, com mais de 40% do valor das exportações.

Mais importante, porém que a dicotomia "especialização/diversificação" parece-nos relevante ressaltar a diferença dos efeitos da expansão primário exportadora nas duas economias, efeitos estes que não parecem derivar diretamente dessa dicotomia. No caso Argentino, o conjunto de atividades agro-exportadoras ligadas prioritariamente á pecuária e à agricultura de alimentos de clima temperado, expende-se território, abrangendo não apenas Buenos

8 FURTADO, Celso. *Formação Econômica do Brasil*. São Paulo: CEN, 1959, p. 142.

Aires, mas o conjunto de províncias do "litoral", também conhecido como "pampa húmeda". Essa expansão se produz sobre um "vazio" populacional e econômico, através da imigração, da importação de capitais, da incorporação de novas terras, tomadas aos índios pela mão militar do Estado em colaboração com os interesses privados. Na Argentina, a expansão primário-exportadora veio a ser sinônimo da implantação de relações capitalistas, seja no que se refere à propriedade da terra, seja no que se refere às relações de trabalho (arrendamento, salariato). Importante também é que ela se expande sem que o seu núcleo fundante, a classe de proprietários de terras da Província de Buenos Aires perca seu peso relativo,[9] consolidando antes uma oligarquia, através da solda de interesses promovida pela própria expansão exportadora. Essa camada terá na terra sua principal fonte de acumulação, muito embora isso não signifique necessariamente a gestão direta da atividade agrícola. A riqueza da oligarquia Argentina no período funda-se sobretudo, no arrendamento e na especulação mercantil direta e indireta (via crédito hipotecário) propiciada pela terra.[10]

No Brasil, a expressão "economia primário-exportadora" descreve, durante a quase totalidade do século XIX, atividades de produção agrícola tropical que vinham se desenvolvendo, algumas delas, desde o período colonial. Elas formavam "ilhas exportadoras" escassamente integradas, cujo traço comum foi a produção extensiva e predatória e, até 1888, a utilização da mão de obra escrava. No

9 DIAZ ALEJANDRO, Carlos F. *Essays on the Economic History of the Argentine Republic*, New Haven and London: Yale University Press, 1970, p. 47 e seguintes.

10 Sobre a constituição da oligarquia ver DONGUI, Tulio Halperín. *Revolución y Guerra - formación de una élite dirigente en la Argentina criolla*, Buenos Aires: Siglo XXI, 1972 e LYNCH, John. "From Independence to National Organization", in Leslie Bethell (ed.) *Argentina Since Independence*, Cambridge, Cambridge Universtiy Press, 1993. Sobre o crédito hipotecário ver Buenos Aires: Solar/Hachette, 1968, p. 419-422 e 476-477.

caso da economia brasileira nunca será excessivamente enfatizado o papel contraditório do escravismo – ao mesmo tempo viabilizando a permanência do Brasil independente nos fluxos internacionais de comércio, sem solução de continuidade e reiventando a escravidão nos quadros da organização do estado nacional independente no século XIX. A partir da extinção do tráfico internacional em 1850, o comércio interno de escravos iria acompanhar a especialização já apontada, passando a concentrar na região cafeeira a maior parte da população escrava até a abolição da escravidão.[11] Estabelecia-se assim uma relação umbilical entre o "novo" e o "velho", que tem sido uma das mais reiteradas especificidades da formação social brasileira.[12] Em razão do escravismo, e também das formas peculiares pelas quais se processou o apossamento da terra no Brasil, retardaram-se nesse país os efeitos de uma propriedade capitalista plena daquele recurso, tanto no que se refere a um efetivo mercado de terras, quanto à sua utilização para o crédito ou especulação.[13] Em parte por essa razão a dívida pública foi, no Brasil, desde cedo, uma forma importante de diversificação da riqueza.

No caso brasileiro, o dinamismo representado pela economia cafeeira e pelo surto de extração da borracha na virada do século, não foi capaz de contrabalançar a estagnação e a decadência dos outros setores, apontando para o conjunto do país, um crescimento muito pequeno do PIB per capita, entre 1870 e 1814. A partir de 1870, a heterogeneidade que caracterizava a economia brasileira desde o princípio do século passava a se aprofundar, fazendo com

11 CONRAD, R.C. *Os últimos anos da escravatura no Brasil, 1850-1888.* Rio de Janeiro: Ed. Civilização Brasileira, 1975.

12 FRNANDES, Florestan. *A revoluçào burguesa no Brasil.* Rio de Janeiro: Zahar, 1974, capítulos 2 e 3.

13 Cf. SILVA, Lígia Osorio, *Terras Devolutas e Latifúndio.* Campinas: Editora da Unicamp, 1996, p. 187-213.

que o termo "oligarquia", nesse período só ganhe significado quando grafado no plural.

É também muito ilustrativo o significado distinto que tem na literatura dos dois países o termo *transição*, quando aplicado à inserção plena aos fluxos do capitalismo internacional. Na Argentina,[14] ele se refere ao período que medeia entre independência e a década de 1860, marcando esse último período tanto a organização política nacional (presidência de Mitre) como o movimento de progressiva inserção da economia exportadora no mercado mundial (com a pecuária ovina e, em seguida com a agricultura de alimentos). Na província de Buenos Aires esse movimento econômico começa antes, na década de 1840, e no plano nacional seus efeitos se prolongam até a década de 1880. Mas o sentido do movimento é o desenvolvimento da economia mercantil, sinônimo aqui de conexão ao mercado externo ao mesmo tempo formação de um mercado nacional sob a égide de Buenos Aires. No que se refere à unificação e consolidação do Estado, ele significa também a superação das bases econômicas do antigo federalismo que opusera os interesses de Buenos Aires aos das demais províncias até a queda de Rosas. Em outras palavras a transição, no sentido argentino se completa com o zênite da economia primário exportadora e com a unificação do Estado Nacional. Ganha importância, sobretudo, o fato político da unificação nacional, ao mesmo tempo condição e resultado do crescimento econômico.

No Brasil o termo "transição" se aplica ao processo que envolve a superação lenta e conflitiva do escravismo. O desenvolvimento da economia cafeeira paulista, precisamente aquela em que se dava a maior concentração da escravaria, será estratégico para determinar uma das vias dessa transição – a política imigra-

14 Ver, por exemplo, FERRER, Aldo. *La Economia Argentina: las etapas de su desarrollo y problemas actuales.* México-Buenos Aires: FCE, 1965, 2ª ed. p. 53-90.

tória. Outros estados do Sul (em particular Rio Grande do Sul e Santa Catarina) também procurarão desenvolver a imigração. As demais regiões substituirão a mão de obra escrava por distintas formas de relação de trabalho (agregados, meação, parceria), com conteúdos que dificilmente poderiam ser descritos como capitalistas. O processo envolveu também no Brasil profundas transformações políticas, embora a questão do Estado tenha sido menos estudada nessa perspectiva.

A expansão da produção cafeeira para o Oeste do Estado de São Paulo e o dinamismo que ela foi capaz de produzir a partir de 1870 (o surto migratório, o desenvolvimento ferroviário, a emergência de uma nova visão empresarial, um novo padrão de urbanização, etc.)[15] iriam permanecer concentrados regionalmente, gerando um aprofundamento da heterogeneidade do país e da fragmentação do acordo político que sustentara a Monarquia (1822-1889). Assim, se o desenvolvimento da Primeira Economia Cafeeira (1840-1870) foi um dos elementos estratégicos para o processo de centralização monárquica e para a consolidação do centro político no Rio de Janeiro, a Segunda Economia Cafeeira, que se desenvolve a partir de 1870 em direção ao Oeste do Estado de São Paulo está associada ao processo de crise e transformação do Estado, que conduzirá ao federalismo e à República. Esse movimento (da monarquia unitária para a república federal) parece descrever uma trajetória inversa daquela trilhada pela Argentina no mesmo período, onde se intensifica e consolida o processo de unificação e centralização.[16]

---

15 Sobre as metamorfoses da economia cafeeira ver, SILVA, Sergio. *Expansão Cafeeira e Origens da Industria no Brasil.* São Paulo: Ed. Alfa Ômega, 1976. CANO, Wilson, *Origens da Concentração Industrial em S. Paulo.* Campinas: Instituto de Economia da Unicamp, 2007, 5ª edição) e MELLO, João Manoel Cardoso. *O capitalismo tardio.* São Paulo: Ed. UNESP, 1988.

16 Ver CARMAGNANI, Marcello (coord.). *Federalismos Latinoamericanos: México/Brasil/Argentina.* México: SIGLO XXI, 1993

Os estudiosos do processo construção do Estado no Brasil e na Argentina têm ressaltado a "precocidade" do Estado Brasileiro,[17] vis a vis o caráter "tardio" do Estado Argentino, considerando sobretudo a questão da formação de um centro político estável. Incorporamos criticamente essas contribuições mas procuramos nos valer da história econômica para exercitar essa comparação: as formas distintas em que em cada caso interagiram as economias primário exportadoras e o processo de construção do Estado. Daremos atenção especial a um aspecto que nos parece fundamental para entender as relações reversivas entre construção do Estado e economia primário exportadora: o federalismo fiscal.

Economia Exportadora, Sistema Fiscal e Construção do Estado

Partimos daqui da hipótese de trabalho de que o poder do estado não se avalia apenas pela quantidade de recursos que ele é capaz de extrair da sociedade, mas sobretudo pela sua capacidade de se impor sobre a esfera do poder privado e sobre os agentes econômicos que o controlam. A construção da fiscalidade, nas opções históricas que lhe dão sentido é reveladora da possibilidade da construção do caráter público do Estado e, porque não dizer, de sua modernidade.

Nas formações políticas emergentes na América Latina no século XIX a formação de uma estrutura tributária significou: 1) lidar com a herança colonial que produziu tanto pulsões centrífugas como

---

17 Ver, principalmente, TRINDADE, Helgio. "A Construção do Estado Nacional na Argentina e no Brasil (1810-1900): Esboço de um análise Comparativa" , *Revista DADOS*, vol. 28. n.1, 1985, p.61-89, e MERCHIOR, J.G. "Padrões de Construção do Estado no Brasil e na Argentina", in: HALL, John (org.). *Os Estados na História*. Rio de Janeiro: Imago, 1992, p. 386-421. A interação entre política e economia é explorada por ALIMONDA, Hector. *Paz y Administración: Ordem e Progresso (Expansão exportadora e formas políticas na Argentina, 1860-1916 e no Brasil, 1889-1930)*. Doutoramento, FFLCH-USP, 1982.

centrípetas para a construção do Estado e 2) exercer pulsão extrativa sobre ordens privadas que tinham sua base material fundada na economia exportadora de produtos primários em que pesem as distintas formas de organização produtiva. Os detentores do controle direto do processo produtivo, seriam personagens decisivos desse processo, que poria em teste não só a sua capacidade de produzir riqueza, mas de construir hegemonia e consenso para gerar a nação.

Nos casos em questão, os impulsos de extração fiscal iriam se processar sobre o comércio exterior, vale dizer sobre os recursos gerados pela produção mercantil de exportação, taxando-as diretamente ou (mais comumente) taxando as importações. Outras fontes quantitativamente menos importantes de taxação (consumo, transmissão de propriedade, etc.) também se ligavam ao dinamismo gerado pela atividade exportadora. As finanças públicas do Estado brasileiro e argentino gravitariam, sobretudo, em torno da taxação das alfândegas, estratégia que possibilitou reiteradamente evitar taxar diretamente a propriedade e a riqueza das elites exportadora e socializar, empurrando para baixo na escala social, os custos do processo.

Embora Argentina e Brasil tenham histórias diferentes quanto à constituição da propriedade da terra, esse fato parece não ter tido maior significado para as finanças públicas.[18] Desde Moreno, a sustentação do Estado pela renda alfandegária é vista, como estratégia para evitar a taxação dos bens e recursos das elites territoriais.[19] Ressalte-se aqui a profunda diferença da experiência dos Estados Unidos da América do Norte, onde a venda das terras públicas foi um dos pilares das finanças americanas na segunda metade do século XIX.

Apoiar a estrutura fiscal renda das alfândegas tem o inegável efeito de "amenizar" os conflitos potenciais da construção do Estado

18 Ver , por exemplo, FERNS. *Op. cit.*, p. 441.

19 Ver Prólogo de BEJAR, M. D. *Buenos Aires y la Aduana 1809-1862*. Buenos Aires: Centro Editor de América Latina, 1984, p. 7-16.

no que toca a relação entre o Estado e a riqueza das oligarquias agrárias. Por outro lado, a estratégia tendeu a potencializar a fricção entre o "centro" e as "províncias", no processo de consolidação do centro político. É necessário destacar ainda que a pulsão centrípeta pela concentração dos recursos alfandegários no centro político foi também indispensável como caução da dívida pública externa e interna desenvolvendo notórias relações reversivas com a concentração de poder no centro político. É através dessa concentração de recursos que o centro pode se impor sobre as forças locais ou regionais recalcitrantes. Brasil e Argentina desenvolveram distintas trajetórias nesse particular, cujos traços fundamentais passamos a apontar a seguir.

Argentina: Unificação Política e Triunfo Liberal

Tanto no Brasil como na Argentina a dinâmica fundamental da consolidação do centro político esteve relacionada à irradiação a partir de um pólo – (Buenos Aires/ Rio de Janeiro), que concentrou as funções de principal porto importador e exportador e cabeça de ponte da expansão da fronteira agrícola. Em ambos os casos, portanto, a constituição do centro político dependeu em grande parte de sua coincidência com o polo econômico. Ela será, entretanto, mais tardia na Argentina do que no Brasil, apesar do pioneirismo do processo de Independência no Vice Reino do Rio da Prata e da concentração de recursos no porto e na província de Buenos Aires. Segundo Ferrer,[20] no Litoral os direitos aduaneiros proporcionavam entre 70 e 90% das receitas, no período anterior a 1860, sendo que, em torno de 90% das exportações era também gerado no Litoral, que absorvia quantidade equivalente das importações. Essa impressionante concentração não veio, entretanto, a facilitar a unificação política, sendo antes foco de intensos conflitos entre Buenos Aires e as províncias do interior.

20 FERRER, *Las etapas. Op. cit.*, p.84-87

Entre 1831 e 1851, o país adotou a forma confederativa, com Buenos Aires assumindo apenas a defesa externa e a representação diplomática do conjunto. Cada Província fazia sua própria política alfandegária, buscando enfrentar a competição externa através de severa proteção. A Província de Buenos Aires monopolizava as receitas alfandegárias e excluía as demais províncias do litoral do livre uso dos rios, bloqueando seu comércio direto com o exterior. As motoneras e o caudilhismo eram a expressão no plano militar da penúria econômica dos Estados provinciais, incapazes de profissionalizar forças armadas eficientes e, ao mesmo tempo a manifestação das pulsões centrífugas e dos particularismos locais.

Como bem aponta Chiaramonte,[21] a emergência de particularismos locais e regionais não pode ser considerada aqui como mera herança ou resquício do período colonial, sendo antes resultado de oposições novas que se desenvolvem a partir do processo de independência, redesenhando aquelas unidades territoriais. Da mesma forma, a profunda oposição que se desenvolveu entre os interesses das camadas mercantis centradas em Buenos Aires e as demais províncias, possuíam um nítido conteúdo econômico que se expressava na oposição entre livre-cambismo e protecionismo, entre interesses mercantis da província de Buenos Aires e o artesanato do interior, voltados para os mercados locais.[22] Envolvia também os interesses exportadores das demais províncias do litoral contra o exclusivismo de Buenos Aires. Essa polaridade se expressou, sobretudo, no debate sobre as alfândegas.[23]

Em agosto de 1830, ao justificar o direito de Buenos Aires receber tarifas alfandegárias por produtos que se destinavam as ou-

---

21 CHIARAMONTE, J.C. "El federalismo argentino en la primera mitad del siglo XIX", in: CARMAGNANI, Marcello (coord.) *Federalismos. Op. cit.*, p. 81-134

22 Cf. BURGIN, Miron. *The Economic Aspects of Argentine Federalism, 1820-1852*, Cambridge: Mass., Harvard University Press, 1946.

23 BEJAR, M. D. *Buenos Aires y la Aduana 1809-1862. Op. cit.*

tras províncias e negar às mesmas direito similar, Roxas y Patrón, representante do livre-cambismo porteño justificava esse privilégio porque Buenos Aires pagava a dívida nacional (contraída na Guerra de Independência e na Guerra de 1828 contra o Brasil) e garantia a segurança das costas e a representação diplomática no exterior. Quanto ao protecionismo defendido pelas províncias, considerava-o como uma ameaça à própria constituição da nação.[24]

> De maneira alguma posso ser persuadido pela justiça de que alguns produtos estrangeiros devem ser proibidos para promover outros, que ainda não existem no país ou são escassos ou de qualidade inferior. As necessidades da sociedade são infinitas, não sei se poderei dizer, felizes pelos povos que as têm poucas, mas uma vez conhecidas, fazem parte da vida; condenar os homens a renunciar a elas é fazê-los arrastar uma existência dolorosa. Além do que, a proibição de princípio contra o produto estrangeiro, logo seria o sinal de alarme para uma guerra industrial entre as próprias províncias. Santa Fé não admitiria a madeira, o algodão e as telas de Corrientes, que são introduzidas e fabricadas em seu território. Corrientes se recusaria a receber as aguardentes de San Juan e Mendoza e os frutos do Paraguai e de Buenos Aires, também, porque ao sul, nos recém-adquiridos campos de serra, e na costa da Patagônia, logo estarão em breve suas vinícolas. Da mesma forma, os grãos de Entre Rios, que são produzidos em abundância em seus territórios. Em suma, essa guerra é de natureza interminável até tornar-se a nação morta, ou seja, sem circulação (...) acrescentarei a isso que Corrientes, San Juan e Mendoza não poderão fornecer açúcar e aguardente à nação por muito tempo. Em quantidade suficiente e a um preço moderado; carecendo, como se sabe, de braços e de capitais para isso. Os produtos de Havana e do Brasil são muito baratos, porque neles comemos e bebemos o sangue e as lágrimas dos miseráveis africanos. (...) Os

24 BEJAR, M. D. *Buenos Aires y la Aduana*, p. 46-48. *Op. cit.*

> governos não são instituídos para sacrificar a geração atual para a futura, mas para que aquela desfrute o máximo de felicidade e estabeleça o progresso para a que virá.

Em sua resposta, Ferré, representante dos interesses provinciais inverte o argumento, mostrando que o livre cambismo é que se revela como uma fatalidade para a nação. Algumas províncias, diz ele, podem se desenvolver sem proteção. Outras, entretanto, estão condenadas a produzir certos produtos por circunstâncias naturais:[25]

> E o que devemos fazer? Devemos condenar alguns a morrer de miséria e sujeitar outros a cultivar apenas um dos muitos ramos de riqueza que possuem? Nunca poderei compreender como as restrições usadas nesse sentido podem ser um obstáculo para a indústria, (...) A livre concorrência, sim, é que não a deixará surgir, e isso é muito simples no meu conceito
>
> Mas certas localidades sofreriam muito com a privação daqueles artigos aos quais estão acostumados. Sim, sem dúvida, um pequeno número de homens de fortuna sofreria, porque se privariam de ter vinhos e bebidas destiladas à mesa. Eles pagariam mais caro também, e seus paladares seriam ofendidos. As classes menos ricas não encontrarão muita diferença entre os vinhos e bebidas espirituosas que bebem atualmente, mas sim o preço e o consumo diminuirão; o que não acho muito prejudicial. Nossos compatriotas não usarão ponchos ingleses; eles não usarão bolas e laços feitos na Inglaterra; não usaremos as roupas fabricadas no estrangeiro (...) em vez disso, a condição de todo o povo argentino começará a ser menos infeliz, e não seremos perseguidos pela terrível miséria e suas consequências, a que hoje somos condenados; e aqui é hora de observar que proponho apenas a proibição de importar itens comerciais que o país produz, e não aqueles.

25 BEJAR, M. D. *Buenos Aires y la Aduana. Op. cit.*, p. 46-48

Nenhum dos blocos de interesse foi capaz, até meados do século, de se impor sobre o outro e de fornecer uma base material para a unificação do Estado, que manteve a forma confederativa até a queda de Rosas (1851) e a Constituição de 1853. Tampouco as frágeis bases exportadoras propiciadas pela pecuária primitiva foram capazes de caucionar o crédito externo. Apenas um empréstimo externo foi realizado pela Argentina (1824), permanecendo insolvente até sua renegociação em 1857.[26]

As novas condições para a unificação do Estado, em 1853 resultavam de transformações gestadas na própria Era Rosas. Em primeiro lugar, na Província de Buenos Aires, o crescimento das exportações devido principalmente à expansão da fronteira agrícola conquistada aos índios sob o comando de Rosas e, em segundo, a consolidação dos interesses exportadores nas outras províncias do "Litoral" desenvolvendo as bases de uma nova correlação de forças que viria a propiciar uma base material para o Estado e a Nação. A queda de Rosas vem das exigências de um litoral em expansão contra os desígnios de subordinação de Buenos Aires. Ao mesmo tempo, a ampliação da base exportadora iria permitir a superação do federalismo antigo que opunha protecionismo a livre-cambismo. A partir da expansão dos interesses exportadores para além da Província de Buenos Aires, o livre-cambismo poderia soldar um bloco significativo de interesses modificando o plano da disputa fiscal – a questão fundamental passava a ser a nacionalização da alfândega de Buenos Aires para que os recursos aí arrecadados pudessem ser partilhados pelas províncias. Embora consignada na Constituição de 1853, a nacionalização da alfândega, em razão da resistência da Província de Buenos Aires só se tornaria realidade em 1859, como resultado da Guerra Civil e do de-

26 Sobre este primeiro empréstimo ver FERNS. *Op. cit.*, cap. IV e AMARAL, Samuel. "El empréstito de Londres de 1824", in: Desarrollo Económico, n. 92, p. 559-587.

cidido apoio inglês à solução centralizadora.[27] Os conflitos políticos e militares ainda se arrastariam por duas décadas até que se pudesse completar o processo de unificação, que tem seu divisor de águas na década de 1880, com a nova expansão territorial comandada por Roca e a efetiva implantação do monopólio da violência, impondo o exército nacional por sobre as forças dos caudilhos.[28]

A unificação alfandegária e a nacionalização da alfândega de Buenos Aires foram processos cheios de idas e vindas, mas seu sentido parece inequívoco. Em uma espécie de *Zollverein* às avessas, faziam-se curvar definitivamente as veleidades protecionistas do interior, unificava-se o mercado interno, ao mesmo tempo em se obtinha a caução para o processo de endividamento que ajudaria a consolidar o estado argentino. Em 1857 retomou-se o crédito externo que viria a assumir ritmo impressionante até a Primeira Guerra Mundial

Esta conjunção permitiu inclusive superar sem grandes traumas a Guerra da Tríplice Aliança, de novo graças ao crédito externo e, ironicamente, também ao apoio do aliado brasileiro. É verdade que a impopularidade da Guerra e a aliança com a monarquia escravista aumentava as dificuldades no plano interno, fazendo recrudescer as motoneras e as rebeliões provinciais. Por outro lado, a Argentina desfrutou durante a primeira parte do conflito, através do Presidente e General Mitre, o prestígio do comando, com um envolvimento muito inferior de recursos materiais e humanos do que o aliado brasileiro. Quando aquele estadista foi forçado a afastar-se do comando para debelar as revoltas internas, entregando-o ao aliado que conduziu à vitória militar, o Presidente Mitre conseguiu contornar a perigosa conjunção entre Guerra externa e revolta interna, capitalizando a vitória para o fortalecimento do regime.

Por outro lado, os recursos militares e financeiros do Brasil ajudaram a viabilizar, além da vitória militar, um surto de prosperida-

27 FERNS. *Op. cit*, p. 314.

28 ALIMONDA. *Op. cit.*, p. 61-72; LYNCH. *Op. cit.*, p. 41-42

de gerado pela própria economia de guerra. Veja-se, por exemplo, o que nos diz um estudioso argentino:[29]

> Muito importante também foi o ouro brasileiro que começou a chegar imediatamente após o início da guerra, não tanto pela quantidade em si, mas pelo renascimento econômico que gerou no país, uma vez que os fornecedores do exército brasileiro fizeram grandes compras de gado e de todos os tipos de itens alimentares e até de manufaturas europeias, que, passando pela alfândega da BA, beneficiaram o tesouro pelo pagamento de impostos e depois foram exportados em cabotagem para o Paraguai.
>
> Ou seja, desde 1866, as capitais estrangeiras em números cada vez maiores entraram no país por várias razões. Por um lado, o ouro precisava suprir os exércitos da Tríplice Aliança e, por outro, o crescente fluxo de empréstimos externos que se intensificou em 1868 e atingiu seu pico entre 1871 e 1873.

Na Constituição de 1853, tanto no que se refere ao governo central, quanto no que toca aos governos provinciais, o Estado é definido de forma decididamente intervencionista e promotora do desenvolvimento: construir ferrovias, incentivar a imigração, fomentar o crescimento econômico são deveres e obrigações consignados no próprio texto constitucional.[30]

Estando a taxação sobre o comércio exterior como monopólio do Poder Central, o texto constitucional não especificava as fontes fiscais que permitiriam às províncias cumprir sua parte enquanto fomentadoras do desenvolvimento. Até 1890 a fantástica expansão das

29 PANETIERI, José "La Ley de Conversión Monetaria de 1864 y la Oficina de Cambio de 1867. Causas y Consecuencia Economico-Sociales", in: *Desarrollo Económico*, v. 20, p.3 92.

30 ALBERDI, J. B. *Fundamentos da organização política argentina*, Campinas: Ed. Unicamp, 1994. Ver o comentário de ALIMONDA, H. *Op. cit.*, p. 78-81.

exportações, a nacionalização das alfândegas e a espiral exponencial de endividamento externo iriam permitir uma complexa composição de interesses entre o governo central e as províncias, que passava pela expansão do crédito (público e privado) no nível provincial, pela promoção da imigração, pelo novo avanço territorial dos anos 1880 e, sobretudo, pela construção ferroviária, abrindo e valorizando novas frentes agrícolas. Como sumariza Alimonda,[31]

> O Estado Nacional assume um papel protagônico na atração de capitais estrangeiros. Nos primeiros cinco anos da década de 1880 absorve 50% dos empréstimos totais, que foram empregados em obras públicas e na formação da reserva do Banco Nacional.(...) Mas o Estado participa também do movimento financeiro por meio do regime de garantia outorgado às empresas que construíam e operavam estradas de ferro (...) Ao mesmo tempo o sistema bancário oficial financia a expansão econômica mediante uma ampla política creditícia e emissionista. O regime das cédulas hipotecárias do Banco Hipotecário é um caso notável de especulação sobre a terra. Os créditos do Banco Nacional passam de 80 milhões em 1885 a 210 milhões em 1889, e os do Banco da Província de 75 a 140 milhões, nos mesmos anos. Esta política expansiva (...) se acelera ainda mais com as atribuições emissionistas outorgadas a bancos privados pela lei de Bancos Garantidos (...).

Entre 1870 e 1890, como apontam diferentes autores o endividamento vai andar mais rápido do que as receitas gerando a crise de 1890, conhecida como Crise da Baring Brothers, por ter envolvido aquela célebre casa bancária inglesa. Os estudiosos da crise da Baring de 1890 tem ressaltado os seus distintos aspectos

31 ALIMONDA. *Op. cit.*, p. 95.

técnicos e econômicos.[32] É fundamental, porém, levar em conta sua dimensão política, enquanto custo financeiro de um complexo processo de unificação.

Parece também haver consenso no fato de que o processo de ajuste ortodoxo que sucedeu a crise de 1890 faz reiterar não apenas o livre-cambismo como o processo de concentração do poder político e de centralização fiscal. Comentando o acordo da dívida que fez Buenos Aires assumir as dívidas provinciais, diz Marischal[33]

> Esses complexos acordos financeiros tiveram importantes consequências a longo prazo. Primeiro, ao assumir as dívidas das províncias e municípios, o governo nacional concentrou o controle e o poder financeiro em suas mãos. As tendências federalistas que adquiriram força renovada no final da década de 1880 receberam seu golpe mortal. Em contrapartida, desde 1890, a tendência à centralização política e financeira na capital do país ganhou impulso, estabelecendo um caminho que gradualmente se tornaria mais acentuado durante o século XX. (...) Essas conversões (de bônus provinciais a nacionais) libertaram as províncias de suas obrigações financeiras externas, mas ao mesmo tempo reduziram sua autonomia política e econômica. O preço que eles foram forçados a pagar, portanto, consistiu em se subordinar à maquinaria fiscal e financeira cada vez mais centralizada do governo nacional.

O Estado Argentino, assim, poder ser visto, ao mesmo tempo como condição e como resultado do desenvolvimento primário

32 Cf., por exemplo, FORD, A.G. "Argentina and the Baring Crisis of 1890", FORD, A.G. "Argentina and the Baring Crisis of 1890", *Oxford Economic Papers*, New Series, VIII (June 1956), p. 127-150; MARISCHAL, C. *Historial de la Deuda. Op. cit.*, p. 173-198; CONDE, Roberto Cortés, *Dinero, Deuda y Crisis*. Buenos Aires, Ed. Sudamenricana/ Inst. Torcuato di Tella, 1989.

33 MARISCHAL, C. *Historia de la Deuda. Op. cit.*, p. 192

exportador e de sua peculiar relação com a Inglaterra no século XIX e nas primeiras décadas do século XX. As relações não são lineares, mas reversivas, relacionando performance exportadora, endividamento externo, imposição do centro político e uma interpretação particular do ideário liberal, que combina uma concepção de Estado empreendedor, fomentador do desenvolvimento, porém arraigadamente livre cambista. Tudo leva a crer que o proverbial e reiterado livre-cambismo é, na Argentina, menos uma opção de política econômica do que um "destino" necessário, forjando consenso entre os interesses da oligarquia proprietária e uma determinada maneira de equacionar as finanças públicas.

Em 1895 o orçamento do governo federal equivalia a 72,05% do orçamento público. A mais rica das províncias (Buenos Aires) possuía um orçamento equivalente a 7,70% do total, seguida por Santa Fé, com 2,23%. A soma das províncias restantes apenas alcançava 7,74%, sendo que sozinha, a capital federal possuía um orçamento equivalente a 6,49% do total nacional.[34]

34 BORÓN, Atílio. *The Formation and Crisis of the Liberal State in Argentina (1880-1930)*, apud ALIMONDA. *Op. cit.*, p. 110.

Tabela 46. Dinâmica do federalismo fiscal na Argentina e no Brasil. Percentagens das receitas dos governos provinciais sobre as receitas totais (governo nacional + governos provinciais) (%)

Argentina **Brasil**

Anos	Receitas	Gastos		Anos	Receita	Gastos
1900	24,5	23,5		1907	31,2	30,1
1910	27,6			1910	33,1	30,9
1920	25,8	1916 23,0		1915	48,5	30,0
1927	31,6			1920	41,7	29,2
1930	36,1	24,2		1925	47,3	38,8
				1930	49,4	40,6

Fonte: Argentina: PORTO, A. *Federalismo fiscal: el caso argentino*, Buenos Aires, Tese de Doutoramento, Universidade de Buenos Aires, 1992, p.8

Brasil: Elaboração a partir de IBGE, *Repertório Estatístico do Brasil - Quadros Retrospectivos n.1, Separata do Anuário Estatístico do Brasil Ano V, 1939-1940*, R.J., Serviço Gráfico do IBGE, 1941, p. 119-121. Tanto no Brasil como na Argentina, os dados da capital federal estão incluídos no conjunto dos estados/províncias.

Poderoso, centralizado e aparelhado para a intervenção econômica, o Estado Argentino, depois de um breve interregno "protecionista" durante o Governo Pellegrini, retorna ao livre-cambismo,[35] política que é coroada pela vigorosa retomada das exportações na segunda metade da década de 1890. Seria enganoso supor que isso decorra de sua "fraqueza". Decorre, sobretudo, de sua organicidade com interesses internos poderosos que se opõem à mudança de direção econômica. Essa tendência mantém-se até meados da década de 1920, em notório contraste com o caso brasileiro, que trataremos a seguir.

35 Cf. GUY, Donna J. "La Politica de Carlos Pellegrini en los comienzos de la industrialización Argentina, 1873-1906", in: *Desarrollo Económico*, vol. 19, n. 73.

Brasil – uma centralização problemática

Em seu processo de formação, o Estado Brasileiro também teve que enfrentar fortes resistências à concentração de poderes (juridicos, militares e sobretudo fiscais) no centro político. Entretanto, apesar da formidável onda de revoltas centrífugas, que se desenvolvem entre 1831 e 1848, o centro político estabelecido no Rio de Janeiro não perdeu o controle do processo, desenvolvendo uma trajetória de concentração de poder já ao longo de década de 1840. Essa diferença entre o Brasil e a Argentina no ritmo do estabelecimento do centro político merece uma reflexão mais aprofundada, que incorpore a dimensão sócio-econômica, para que se compreendam o seu alcance e os seus limites.

Parte da "precocidade" atribuída ao Estado brasileiro deve-se à notória continuidade pela qual se fez a transição da vida colonial para a vida independente. A ausência de uma luta militar prolongada e a manutenção da monarquia foram fatores fundamentais nesse particular. É indispensável, entretanto apontar que, esses acontecimentos não explicam, ao contrário, são explicados por uma outra "continuidade" crucial – o tráfico africano até 1850 e a escravidão até 1888.[36]

A manutenção do tráfico permitiu que a produção agrário exportadora prosseguisse sem abalos significativos, abrindo, inclusive nova e decisiva frente com o desenvolvimento da cafeicultura fluminense na década de 1830. Para além do fato de que o escravismo criava um poderoso interesse centrípeto no momento estratégico da formação do Estado, é importante levar em consideração seu efeito no plano externo. Em que pese a renhida oposição da diplomacia britânica á manutenção do tráfico negreiro (que veio a ameaçar a própria soberania do Estado brasileiro), é também verdade que a manutenção e a expansão da produção agrário-exportadora de base

36 ALENCASTRO, Luiz Felipe de Alencastro. *Le commerce des vivants: traite d'esclaves et "pax lusitana" dans I 'Atlantique Sud*, *Op. cit.*, capítulo IX.

escravista foi importante para caucionar o endividamento com a própria Inglaterra, o qual foi, por sua vez fundamental para financiar a imposição da "ordem monárquica" sobre as forças provinciais recalcitrantes. Entre 1824 e 1852, o Brasil obteve seis empréstimos em Londres, totalizando 6.639.800 libras, todos eles relacionados com as lutas da Independência e a repressão das rebeliões internas.

A mencionada "precocidade" do Estado brasileiro não pode, pois, ocultar o fato de que ela se assenta sobre as pulsões contraditórias da ordem escravista. Essa ordem é capaz de criar um poderoso interesse comum em torno da monarquia, ao mesmo tempo em que vem a frear os impulsos centrífugos do senhoriato. O temor da revolta escrava sempre impediu no Brasil, a constituição de "caudilhos", com a exceção notória do Rio Grande do Sul, onde o peso econômico da escravidão (e sua ação centrípeta) foi significativamente menor. Também não deve ocultar o fato de que a proverbial centralização monárquica não era expressão de um Estado "forte", permanecendo profundos obstáculos ao exercício do seu poder, tanto no plano jurídico como no fiscal e militar.[37]

De novo com a exceção do Rio Grande do Sul,[38] a onda de revoltas centrifugas (1831-1848) não estava motivada por antagonismos em relação à política econômica. A grande política econômica soldadora de interesses foi a manutenção do escravismo até a década de 1870, pois depois da extinção do tráfico externo, o tráfico interno ajudava a soldar os interesses entre o poder central e as oligarquias regionais. Nas rebeliões regenciais convergiam as dissenções intra-oligárquicas, as pressões sociais represadas, e no que nos interessa mais de perto – a resistência em colocar os meios fiscais e o monopólio da coerção nas mãos do Estado. Seu sentido

37 COSTA, Wilma Peres. *A Espada de Dâmocles. Op. cit.*, p. 27-68.

38 Sobre essa especificidade ver LEITMAN, Spencer. *Raízes socio-econômicas da Guerra dos Farrapos*. Rio de Janeiro: Ed. Graal, 1979.

econômico era sobretudo o de resistência à legislação fiscal que, a partir de 1834, passava a concentrar os recursos alfandegários na jurisdição do governo central.

Como tratamos nos capítulos anteriores, a competência fiscal da província foi definida pela primeira vez no Ato Adicional (1834). Definia-se aí que os conselhos provinciais podiam criar impostos para prover as despesas de caráter provincial e local, vedadas as tarifas sobre a importação, privativa do Governo Central. Estabeleceu-se também que os poderes provinciais não poderiam criar impostos que prejudicassem as imposições do poder central. Pela Lei n.99 de 31 de outubro de 1835 o governo Central especificava quais seriam as suas rendas, devendo as fontes restantes pertencer ao poder provincial. Trata-se de uma listagem de 58 itens que consolidou os 151 itens herdados do período colonial.

A discriminação estabelecida em 1835 tornou-se a base da estrutura tributária do Império. No que toca à capacidade de gerar recursos, o sistema fundava-se no monopólio pelo poder central das tarifas de importação e também de diversas tarifas sobre a exportação. O sistema deixava, entretanto, larga margem de manobra para as interpretações que permitam a invasão da jurisdição fiscal do poder central pelas províncias. Em 1870/71 as rendas alfandegárias propiciavam 71,12% das rendas do governo central (incluídas a exportação e importação). Em 1885/86 os direitos de exportação constituíam 44% do total das rendas provinciais.

Assim, enquanto a partir da década de 1820 a Argentina viverá o esboroamento da estrutura jurídica, administrativa e fiscal do período colonial, o Brasil se faz independente mantendo aquela estrutura e lentamente procurando convertê-la nas bases de um Estado soberano. Para as elites provinciais, o processo se assemelhava a uma mera substituição do esbulho fiscal metropolitano pela nova "metrópole" do Rio de Janeiro. Nas lutas regenciais, a forças que iriam originar o Partido Liberal seriam aguerridas defensoras das "liberdades" provinciais, não se pronunciando de forma importante nem contra a escravidão nem a favor do livre cambismo.

A política tarifária havia sido imposta ao Brasil nos Tratados de 1824 com a Inglaterra no processo de reconhecimento da Independência e nos anos subseqüentes estendidos às demais nações, limitando as tarifas sobre a importação a 15% *ad valorem*.

No que ser refere à tensão entre centralização e descentralização não se encontra na história brasileira nada parecido com a polarização entre protecionismo e livre-cambismo que opôs Buenos Aires às Províncias do interior na fase áurea do federalismo argentino. Ao contrário, a partir do vencimento dos tratados negociados com a Inglaterra (e com as demais nações "amigas") na década de 1840, a elevação das tarifas forneceu novas bases fiscais ao governo central, a nova legislação tarifária incorporando, já em 1844, o ideário protecionista. Embora o protecionismo tarifário não tenha obtido resultados no sentido de modificar a direção agro-exportadora da economia brasileira no século XIX é importante consignar, que, ao longo de sucessivas reformas tarifárias o Brasil resistiu sempre, apesar da pressão inglesa, a retomar os termos do tratado de 1824.

O ponto tem importância aqui e ganha sentido na análise comparada, porque, no Brasil, é a elevação das tarifas que viabiliza o Estado em momento estratégico da sua construção e permite a composição dos interesses em conflito. Assim, a experiência brasileira deixa claro que, embora os estadistas brasileiros partilhassem a fé e o discurso liberal que é quase universal no século XIX, nunca o livre-cambismo se revestiu de qualquer sacralidade. Desde então e, com mais força ainda a partir da Proclamação da República em 1889, o debate, no meio político brasileiro, no que toca à intervenção econômica do Estado e mesmo ao protecionismo, sempre foi sobre o lado para o qual se inclina a proteção e a reivindicação de vantagens similares pelas facções excluídas do que uma questão doutrinária.

A contrapartida interna para o desafogo das finanças públicas na década de 1840, foi o desenvolvimento da cafeicultura do Rio de Janeiro, gerando a expansão da fronteira agrícola, recursos e divisas. Esses dois movimentos (a elevação das tarifas e a expansão exportadora) é que permitiram à combalida alfândega do Rio de Janeiro, que sustentara praticamente sozinha o processo de Independência ganhar novo alento e capacitava o Estado a operar a reestruturação do Exército, a enfrentar as revoltas internas, a obter a vitória no Prata contra as forças de Oribe e Rosas, e a efetivar o encaminhamento político da extinção do tráfico. Nesse particular, a solução da questão com a Inglaterra, que ameaçava a própria soberania nacional desde 1831, podia ser equacionada tanto pela capacidade aumentada de coerção adquirida pelo Estado sobre os traficantes e fazendeiros renitentes, como pela concessão de benefícios que desafogassem os custos de produção, em particular o desenvolvimento ferroviário bancado direta ou indiretamente pelo Estado (através das garantias de juros). As concessões ferroviárias, a partir da década de 50 beneficiavam não apenas o Rio de Janeiro e as regiões limítrofes (Minas Gerais e São Paulo) mas também as províncias do Nordeste como Pernambuco e Bahia onde se localizaram, na realidade, as primeiras concessões.

É necessário também lembrar que, embora a partir da década de 1840 o Rio de Janeiro e a região sudeste concentrassem a maior parte do movimento do comércio exterior e, portanto, as receitas alfandegárias, nunca esta concentração foi tão grande como a que se verificava no país vizinho. O Rio da Janeiro jamais contou com uma auto suficiência que lhe permitisse abrir mão do concurso dos rendimentos fiscais provenientes das outras províncias, Recife e Salvador mantendo-se, até o final da monarquia como as mais importantes fontes de arrecadação em seguida ao Rio de Janeiro. A montagem do Estado envolvia necessariamente a constituição de um sistema de alfândegas regionais e a imposição do controle do

Rio de Janeiro sobre o conjunto, o que implicava numa dose considerável de negociação e compromisso. A participação relativa do Rio de Janeiro representou ao longo do Império, um pouco menos de metade da arrecadação total.

Também é verdade que desde a década de 1830 ficou consignada claramente a autonomia da capital do Rio de Janeiro, sem que suas finanças se confundissem com a as da Província do mesmo nome. Ao contrário do que ocorreu com a classe proprietária da Província de Buenos Aires e sua resistência "federalista" inicial, os interesses da cafeicultura fluminense inclinaram-se claramente pela centralização.

A "transação", a composição de interesses heterogêneos no campo oligárquico foi um dos padrões da construção do Estado Brasileiro no século XIX. Na década de 1850 escrevia Paulino José Soares de Souza (Visconde do Uruguai), um dos principais artífices do Estado Imperial brasileiro:[39]

> Senhores, não é o melhor, ao menos para mim não é o melhor aquilo que é melhor abstratamente, em tese. É o melhor aquilo que é exeqüível. Há certas épocas, certas circunstâncias, certos homens, certas nações, que podem dar à sua política uma direção diversa daquelas que lhes imprimiu o passado, dominar os acontecimentos e mudar-lhes rapidamente a face. Não estamos nesse caso. Todo o nosso passado nos embaraça por tal modo, que só lentamente nos podemos ir livrando das peias que nos pôs...

Contraste-se com a admirável síntese proposta por Oszlak, sobre a formação do estado argentino:[40]

---

39 Citado em SOUZA, José Antonio Soares. *A vida do Visconde do Uruguai*. São Paulo: CEN, 1959, p. 222.

40 OSLAK, Oscar. "Reflexiones sobre la formación del Estado y la constitución de la Sociedad Argentina", in: *Desarrollo Económico*, v. 21, p. 548.

> Há um signo trágico neste processo formativo. 'A guerra fez o Estado e o Estado fez a guerra'. A 'união nacional' se construiu sobre a desunião e o enfrentamento dos povos e das bandeiras políticas. A unidade nacional foi sempre o preço da derrota de uns e da consagração do privilégio de outros. E o Estado Nacional, símbolo institucional dessa unidade, representou o meio de rotinizar a dominação imposta pelas armas.

Foram limitados os efeitos de dinamização econômica gerados pelo processo de construção do Estado no Brasil. Ele não foi capaz por exemplo, de impulsionar a formação do mercado interno e de abolir as tarifas interprovinciais. Embora viessem a pesar de maneira significativa sobre as contas públicas, tampouco a distribuição de concessões ferroviárias no nordeste e as tentativas de modernização da economia açucareira foram capazes de compensar a estagnação econômica da região.[41]

Embora tendo construído um montante similar ao argentino em extensão de linhas férreas, serão bastante localizados os efeitos de dinamização econômica da expansão ferroviária. Eles se concentrarão, sobretudo, na região cafeicultora do oeste paulista. Aqui foi decisiva a contribuição do capital inglês na construção da S.P. Railway, que foi uma das mais rentáveis empresas da América do Sul. A interiorização das linhas férreas em São Paulo, diferentemente das outras regiões do país, contará sobretudo com os recursos do própria capital cafeeiro.[42] Num traçado que a geografia econômica construiu como muito diferente do Argentino, as ferrovias brasileiras buscam ligar as regiões exportadoras aos portos, com escasso efeito de integração territorial.

---

41 Sobre o fracasso da modernização da economia açucareira do Nordeste, ver EISENBERG, Peter, *Modernização sem Mudança, A indústria açucareira em Pernambuco, 1840-1910*. Rio de Janeiro/Campinas: Paz e Terra/Unicamp, 1977.

42 SAES, Flavio Azevedo Marques. *As ferrovias de S.Paulo, 1870-1940*. São Paulo: HUCITEC, 1981 e ILAS, London: 1991.

Enquanto que na Argentina a década de 1870 marca a consolidação do centro político, no Brasil, a década de 1870 marca o desencadeamento da crise do Estado Imperial. Os principais vetores dessa crise foram: 1) a emergência do novo pólo econômico nos quadros da decadência e estagnação dos outros setores; 2) a pressão que a transição para o trabalho livre, exercia sobre as finanças públicas e 3) o estreitamento da capacidade financeira do Estado, particularmente depois da Guerra do Paraguai.

A crise do Estado Imperial torna-se endêmica a partir da década de 1870. Ela pode ser sumarizada como a confluência explosiva entre as demandas crescentes das diferentes economias regionais (com o início do processo de emancipação) e o estrangulamento das finanças públicas, imposto pelo peso dos compromissos da dívida, agravado a partir da Guerra do Paraguai. Embora divergentes em seus interesses específicos, as forças políticas provinciais tendiam a ver no governo central e na sua política de centralização um inimigo comum, fazendo-as convergir para a causa federalista ou, pelo menos, desinteressando-as pela continuidade do Império.

Em 1889, o Brasil tornou-se uma República Federativa herdando o endividamento das últimas décadas do Império ao mesmo tempo em que procurava descentralizar o sistema fiscal, o que explica, em parte, as dificuldades que assolaram a implantação de novo regime. Na mesma quadra em que, por efeito das negociações em torno da crise da dívida de 1890 a Argentina intensificava o processo de centralização política, o Brasil consignava um sistema federativo, que se baseava fundamentalmente, na atribuição para os Estados federados, das receitas de exportação, permanecendo com a União, o monopólio da taxação sobre as importações, como vimos em capítulo anterior.

Com as potencialidades exportadoras desigualmente distribuídas pelos Estados, esse arranjo mantinha e reiterava a heterogeneidade regional brasileira. Porém, a estrutura federativa parece ter contribuído para desenvolver na arena política brasileira, um maior espaço para a experimentação no campo da política econômica do que ocorreu na Argentina. Entre 1889 e 1898 a intervenção se deu, sobretudo, no esforço de compor interesses conflitantes (pressões regionais, demandas de "indenização" por parte dos setores escravistas, pressões "industrialistas" dos setores civis urbanos e dos militares). O primeiro governo republicano procurará atendê-las pela expansão do crédito, em uma política que parecia se inspirar, em parte na política argentina de Bancos Garantidos da década de 1880. O experimentalismo brasileiro, entretanto, iria fazer-se em condições muito distintas das efetuadas pela Argentina. O Brasil sofria, no início dos anos de 1890, os efeitos da instabilidade política da mudança do regime, o descrédito externo e os efeitos da própria crise argentina. Em 1898, o país será levado à moratória e ao ajuste "recessivo" imposto pelos credores externos (Funding Loan). Seus efeitos sobre a estrutura do Estado e sobre a cultura política, entretanto, parecem ter sido distintos daqueles que ocorreram na Argentina depois da Crise da Baring. O ajuste ortodoxo estabelecido por Joaquim Murtinho coincide com a consolidação da Republica Federativa e o início da "política dos governadores".

Assim é que, no Brasil, o "federalismo hegemônico" controlado pelos Estado cafeeiros poderá, de certa forma, contrabalançar o aperto nas contas públicas que se implantaria com o Funding Loan de 1898. Ele poderá ser atenuado, para os estados exportadores, pela descentralização fiscal e pela recém descoberta capacidade de endividamento dos Estados. A diversificação econômica e um pequeno surto industrial que começam já na década de 1890, sobreviveriam mesmo ao ajuste ortodoxo na crise da dívida de 1898.[43] Em 1906, o

43 Sobre o período ver TANNURI, Luiz Antonio. *O Encilhamento*. São Paulo: HUCITEC, 1981. Sobre os efeitos do choque ortodoxo de 1898 ver PELAEZ, C.M. "As Consequências Econômicas da Ortodoxia Monetária, Cambial e Fiscal no Brasil entre 1889 e 1945", in: *Revista Brasileira de Economia*, 21. Sobre o surto industrial no Rio de Janeiro ver LEVY, Maria Bárbara.

Estado de S.Paulo iria obter apoio do Governo Federal e do crédito externo para o Programa de sustentação dos preços do café, que seria diversas vezes reeditado durante a Primeira República (1889-1930).[44]

Em direção oposta ao que ocorre na República vizinha, a conjuntura da crise da dívida coincide com a consolidação da República federativa. A autonomia que essa forma política propiciava à região mais próspera, (o "federalismo hegemônico") criava uma dinâmica propícia à intervenção econômica. Comentando as condições que propiciaram a forma mais conhecida daquela política – a intervenção para a manutenção dos preços do café, a partir de 1906, Steven Topik[45] aponta:

> Coffee planters and the state could coordinate efforts because the descentralized nature of the Brazilian state allowed the state of São Paulo a great deal of latitude in borrowing and economic policy. Such relative local autonomy was very important because São Paulo provided more than two thirds of Brazil exports and in some years nearly half of the worlds production.

Ao longo da República Velha (1889-1930) as sucessivas intervenções a favor da sustentação dos preços do café iriam exacerbar o conflito regional. Sua tônica, diferentemente do que ocorria na Argentina, não passava pela reiteração do livre-cambismo, mas pela crítica ao favoritismo desfrutado pela oligarquia cafeeira. A transformação política iria apontar, depois de 1930 tanto para a intervenção econômica como para a centralização política e fiscal.

A indústria no Rio de Janeiro através de suas sociedades anônimas. Rio de Janeiro: Ed. UFRJ, 1994, p. 113-165.

44 FAUSTO, Boris. "Expansão do Café e Política Cafeeira", in: FAUSTO, Boris (org.) História Geral da Civilização Brasileira. São Paulo: Tomo III, Vol.1, p. 193-249.

45 TOPIK, STEVEN, "Coffe: Biology as Destiny?", in: SILVA, Sergio e SMERECSÁNYI, Tamás. *História Econômica da Primeira República.* São Paulo: HUCITEC/FAPESP, p. 31.

Fontes e Referências bibliográficas

Dicionários e Enciclopédias

BORGES, José Ferreira, *Diccionario Juridico-Commercial*. Por José Ferreira Borges Conselheiro d'Estado Honorario. Lisboa: Typ. da Sociedade Propagadora dos Conhecimentos Úteis, 1839.

COQUELIN et GUILLAUMIN (Dir.) *Dictionnaire de l'économie politique: contenant l'exposition des principes de la science*. Paris: Guillaumin, 1852-1853.

LANJALLEY, Armand. *Dictionnaire des finances / publ. sous la dir. de Léon Say; avec la collaboration des* écrivains *les plus compétents et des principaux fonctionnaires des administrations publiques*. Paris: Foyot/Lanjalley,1889-1894.

PANCKOUCKE, Charles-Joseph (1736-1798) *Encyclopédie méthodique. Finances*, t. 1. Paris: Imprimerie de Cl. Simon, 178, p. 145-146.

PINTO, Luiz Maria da Silva. *Diccionario da Lingua Brasileira*. Na Typographia de Silva, 1832. Único. s/n.

ROUSSEAU, J. J. DIDEROT, Denis e D'ALEMBERT, Jean Le Rond, *Enciclopédia ou Dicionário razoado das ciências das artes e dos ofícios*, vol. 4 (Política), São Paulo: Ed. UNESP, 2015, p. 106-140.

SILVA, Antonio Moraes. *Diccionario da lingua portugueza - recompilado dos vocabularios impressos ate agora, e nesta segunda edição novamente emendado e muito acrescentado*, Lisboa: Typographia Lacerdina, 1813 (1ª. Ed. 1789).

Relatórios do Ministério da Fazenda

http://ddsnext.crl.edu/titles/106/items

BRASIL. MINISTÉRIO DA FAZENDA. Ministro (Miguel Calmon Du Pin e Almeida). Documentos que instruiu o seu relatório. A Assembleia Geral Legislativa do Império do Brasil na sessão de 1828: conta da receita e despesa do ano de 1827. Estado da dívida pública do império e orçamento e despesa para o ano de 1829. (Publicado em 1828).

BRASIL, MINISTÉRIO DA FAZENDA, MINISTRO MANOEL JACINTO NOGUEIRA DA GAMA, Exposição do Estado da Fazenda Pública no Ano de 1821 a 1823 (publicado em 1823). Inclui orçamento para os anos de 1823-1824 e 1825.

BRASIL, MINISTÉRIO DA FAZENDA. MINISTRO MIGUEL CALMON DU PIN DE ALMEIDA, *Documentos com que instruiu o seu Relatório, à Assembléia Geral Legislativa na Sessão de 1828. Conta da Receita e Despesa do ano de 1827, Estado da Dívida Pública do Império e orçamento da Receita e Despesa para 1829.*

BRASIL, MINISTÉRIO DA FAZENDA, Ministro Bernardo Pereira de Vasconcelos, *Relatório... do Anno de 1831 apresentado na Sessão de 1832* (publicado em 1832), Rio de Janeiro: Tipografia Nacional, 1832.

BRASIL, MINISTÉRIO DA FAZENDA, MINISTRO MANOEL DO NASCIMENTO CASTRO E SILVA, *Relatorio... do Anno de 1834 apresentado à Assembléia Geral Legislativa na Sessão Ordinaria de 1835* (publicado em 1835).

BRASIL, MINISTÉRIO DA FAZENDA, MINISTRO MANOEL DO NASCIMENTO CASTRO E SILVA, *Proposta e Relatorio... do Anno de 1836 apresentados à Assembleia Geral Legislativa na Sessão Ordinária de 1837 (publicado em 1837).*

BRASIL, MINISTÉRIO DA FAZENDA, MINISTRO MANOEL DO NASCIMENTO CASTRO E SILVA, *Relatorio... do Anno de 1834 apresentado à Assembleia Geral Legislativa na Sessão Ordinaria de 1835 (publicado em 1835).*

BRASIL, MINISTÉRIO DA FAZENDA, MINISTRO MIGUEL CALMON DU PÌN E ALMEIDA, *Proposta e Relatorio... do Anno de 1837 apresentado á Assembléia Geral Legislativa na Sessão Ordinaria de 1838* (publicado em 1838).

BRASIL, MINISTÉRIO DA FAZENDA, MINISTRO CANDIDO BAPTISTA DE OLIVEIRA, *Proposta e Relatorio... do Anno de*

1838 apresentados à Assembleia Geral Legislativa na Sessão Ordinaria de 1839 (publicado em 1839).

BRASIL, MINISTÉRIO DA FAZENDA, MINISTRO MANOEL ALVES BRANCO, Proposta e Relatorio... do Anno de 1839 apresentados à Assembléia Geral Legislativa na Sessão Ordinaria de 1840 (publicado em 1840).

BRASIL, MINISTÉRIO DA FAZENDA, MINISTRO MIGUEL CALMON DU PIN E ALMEIDA, *Proposta e Relatorio... do Anno de 1842 apresentados na Assembleia Geral Legislativa na Primeira Sessão da 5ª Legislatura* (publicado em 1843).

GAMA, Manoel Jacinto Nogueira da Gama, Marques de Baependy, "Exposição do atual estado das rendas e despesas publicas do Real Erário do Rio de Janeiro, e do método que se deve seguir, para que todos os pagamentos se possam fazer em moeda corrente no preciso dia dos seus vencimentos", in: ROCHA, J. J. *Biografia de Manoel Jacinto, Nogueira da Gama, Marques de Baependy*, Rio de Janeiro: Tipografia Universal Laemmert, 1851.

Relatórios dos Presidentes de Província

http://catalog.crl.edu/record=b1577567.

Falla que o exmo presidente da provincia do Espirito Santo dirigio á Assembléa Legislativa Provincial no dia 8 de setembro de 1838, Rio de Janeiro: Typographia Nacional, 1840.

*Falla com que abrio a sessão extraordinaria da quarta legislatura da assembléa legislativa da provincia das alagoas, o presidente da mesma provin*cia, Manoel Felizardo de Souza e Mello em 4 de fevereiro de 1842, Pernambuco: Typ. de M. F. de Faria, 1842.

Relatório do Presidente da Província do Maranhão, 1838.

Relatório do presidente da Província de Minas Gerais, 1844.

Relatório do presidente da Província de Minas Gerais, 1845.

ROCHE, Jean. L'*administration de la province du Rio Grande do Sul de 1829 à 1847 d'après les rapports inédits du président du Rio*

Grande do Sul devant le Conseil Générale, puis l'Assemblée Legislative Provinciale. Porto Alegre: Universidade do Rio Grande do Sul, Faculdade de Filosofia, 1961.

Relatórios Britânicos

WYNDHAM, Hugh, *Report on the finances of Brazil for the years 1888-1889*, Annual Series n. 807.

WYNDHAM, Hugh. *Report on the finances of the federal government of Brazil 1895-1896.*

WYNDHAM, Hugh. *Report on the Finance and Commerce of Brazil for the Years 1890-93*, F.O. Annual Series, no. 1321.

BEAUMONT, *Report on the Finances of Brazil 1898.* F.O. Annual Series, n. 2200.

WYNDHAM, Hugh, *Report on the finances of Brazil for the years 1887 and 1888*, F.O., Annual Series, n. 504.

Outros documentos oficiais

AGUIAR, Rafael Tobias. *Anais da Assembléia Legislativa Provincial* de São Paulo, 1841.

COUTINHO, D. Rodrigo de S. "Carta para o Marquês Mordomo-mor relativa à avaliação das rendas reais e das despesas para o ano próximo futuro (16-02-1799)", in: COUTINHO, D. Rodrigo de Souza, *Textos políticos, económicos e financeiros*, Tomo II, Lisboa: Banco de Portugal, 1993.

COUTINHO, D. Rodrigo de S. "Memória sobre o melhoramento dos domínios de Sua Majestade na América (1797 ou 1798)", in: COUTINHO, D. Rodrigo de Sousa, *Textos Políticos, Económicos e Financeiros (1783-1811),* Tomo II, Lisboa: Banco de Portugal, 1993.

Indicação para se retocar o Relatório do Estado da Fazenda Pública antes de se imprimir. Arquivo Histórico da Câmara dos

Deputados BR DFCD AC 1823-D-126 disponível em https://arquivohistorico.camara.leg.br/index.php/indicacao-n-3-para-se-retocar-o-relatorio-do-estado-da-fazenda-publica-antes-de-se-imprimir.

Parecer da comissão da Fazenda da Câmara dos Deputados da Assembleia Geral Legislativa do Império do Brasil sobre o Relatório do Ministro e Secretario de Estado dos Negócios da Fazenda, enviado à mesma câmara, em que expõem o Estado da administração, arrecadação e distribuição das rendas nacionais, e orçamento das despesas para o ano de 1827. Lido na Sessão de 18 de agosto de 1826 e publicado a 28 do mesmo mês, Rio de Janeiro: Na Imperial Typographia de Plancher, 1826.

Relatório dos trabalhos estatísticos apresentados ao Ilmo. e Exmo. Senhor Conselheiro Dr. João Alfredo Correia de Oliveira, Ministro e Secretário de Estado dos Negócios do Império, Rio de Janeiro: Diretoria Geral de Estatística, 1873.

SENADO FEDERAL. *Atas do Conselho de Estado*, Brasília: Senado Federal, 1978.

SILVA, Joaquim Norberto de Souza. *Investigações sobre os recenseamentos da população geral do império. Resumo histórico dos inquéritos censitários realizados no Brasil & Recenseamento do Brasil 1920*, São Paulo: Edição Fac-similada, IPE-USP.

Leis, decretos e resoluções

CASTRO, Martinho de Mello, "Instrução para o Visconde de Barbacena", 29 de janeiro de 1788, RJ: *RIHGB*, VI, 1844, partes 81-89.

Decreto do Príncipe Regente de Portugal pelo qual declara a sua intenção de mudar a corte para o Brasil, e erige uma Regência para Governar em sua ausência, in *Correio Braziliense ou Armazém Literário* (edição fac-similar). São Paulo: Instituto Uniemp/Labjor/Imprensa Oficial do Estado, s/d, Vol 1. p. 5.

Decreto n. 151 de 11 de abril de 1842 dando Regulamento para a arrecadação da Taxa e Meia Siza dos escravos.

Imperiais Resoluções do Conselho de Estado na Secção da Fazenda desde o anno em que começou a funccionar o mesmo conselho até o de 1865, Coligidas por ordem do governo pro Emilio Xavier Sobreira de Mello, Rio de Janeiro: Typ. Nacional 1867.

Regulamentos expedidos pelo exmo governo provincial para execução das diversas Leis provinciais coligidos e anotados pelo Bacharel Jose Candido de Azevedo Marques emandados imprimir pelo Exmo Sr. Doutor João Theodoro Xavier, Presidente da Prov. de S. Paulo, , SP: Tipografia do Correio Paulistano, 1876.

Resolução n. 191, 17/04/1832. Sobre o lançamento e matrícula dos escravos e arrecadação da meia siza; e a respeito da forma porque os coletores se devem dirigir ao Tesouro em objetos tendentes ao cumprimento de suas obrigações.

Resolução n. 260, 21/05/1833. Declara que aos coletores em razão de seu ofício nenhuma diligência compete para a execução da Lei de 7 de novembro de 1831 sobre o contrabando de escravos.

Outros documentos impressos

HAMILTON, A. *The Federalist Papers*, disponível em https://www.congress.gov/resources/display/content/The+Federalist+Papers.

CURTIN, Phillip. *The Atlantic Slave Trade, a Census.* Madison: University of Wisconsin Press, 1969.

DIÁRIOS DAS CORTES GERAIS E EXTRAORDINÁRIAS DA NAÇÃO PORTUGUESA, disponíveis em http://debates.parlamento.pt/catalogo/mc/c1821 e http://debates.parlamento.pt/catalogo/mc/c1821/listIssuesByYear?ano=1822.

CONGRESSO AGRÍCOLA DO BRASIL (1878), *Anais*. Recife. Ed. Centro de Pós Graduação em Desenvolvimento Agrícola, EIAP (ed. Fac. Símile), 1978.

CONGRESSO AGRÍCOLA (1878), Rio de Janeiro, *Anais*. Rio de

Janeiro: Fundação Casa de Rui Barbosa, 1988.
VASCONCELOS, B. P. in CARVALHO, J. M. (org.) *Bernardo Pereira de Vasconcelos*, São Paulo: Ed. 34.

Referências Bibliográficas

ALBERDI, J. B. *Fundamentos da organização política argentina*, Campinas: Ed. Unicamp, 1994.

ALDEN, Dauril. *Royal Govenment in Colonial Brazil, with special reference to the Administration of Marquis of Lavradio, Viceroy, 1769-1779*, Berkeley and Los Angeles: University of California Press, 1968.

ALENCASTRO, L. F. *Le commerce des vivants: traite d'esclaves et "pax lusitana" dans l'Atlantique Sud*, Tese de Doutoramento, Univ. de Paris X, 1985-1986.

ALENCASTRO, Luiz Felipe de, "O Fardo dos Bacharéis", *Novos Estudos CEBRAP*. São Paulo, n. 19, 1987.

ALENCASTRO, Luiz Felipe. «La Traite Négrière et L'Unité Nationale Brésilienne». *Revue Française d'Histoire. d'Outre- Mer*. Paris, t. LXVI (1979), nº 244-245.

ALEXANDRE, Valentim. *Os sentidos do Império: questão nacional e questão colonial na crise do Antigo Regime português*. Porto: Afrontamento, 1993.

ALIMONDA, Hector. *Paz y Administración - Ordem e Progresso (Expansão exportadora e formas políticas na Argentina, 1860-1916 e no Brasil, 1889-1930)*, Doutoramento, FFLCH -USP, 1982.

ALMEIDA, Antonio José Pedroso. *Discurso Breve sobre o Estado da Administração da Fazenda Publica e meios de se conseguir a sua reformam*. Lisboa: Typ. Rollandiana, 1822.

ALONSO, Ângela. *Ideias em movimento, a geração de 70 na crise do Brasil Império*, Rio de Janeiro: Paz e Terra, 2002.

AMARAL, Samuel. "El empréstito de Londres de 1824", in *Desarrollo Económico*, n.92, p. 559-588.

ANDERSON, Perry. *Linhagens do Estado Absolutista*, São Paulo: Ed. Brasiliense, 1985.

ANDRADE, André L. A. *Variações sobre um tema : a sociedade auxiliadora da industria nacional e o debate sobre o fim do trafico de escravos (1845-1850)*, Dissertação de Mestrado, Unicamp, 2002.

ARAÚJO, Luiz Antonio Silva. *Em Nome do Rei: Direitos e Tributos Régios nas Minas Setecentistas* (1730-1789). Doutorado UFF, Niterói: 2008.

ARDANT, Gabriel Ardant, *Histoire de l'Impôt*, II, Paris: Fayard, 1971.

ARON, Raymond. *As etapas do pensamento sociológico*, São Paulo: Martins Fontes (5ª Ed.), 2000.

ARRUDA, José Jobson. "A Produção Econômica" e "A circulação, as finanças e as flutuações econômicas, in: SILVA, Maria Beatriz Nizza (coord.). *O Império Luso Brasileiro, 1750-1822*. Lisboa: Ed. Estampa, 1986.

BALBI, Adrien. *Essai statistique sur le royaume de Portugal, Essai statistique sur le royaume de Portugal et d'Algarve, comparé aux autres Etats de l'Europe et suivi d'un coup d'*œil *sur l'état actuel des sciences, des lettres et des beaux-arts parmi les Portugais des deux hémisphères*. Paris : Rey et Gravier, 1822, 2 vol.

BARROS, José Mauricio Fernandes Pereira. *Apontamentos de Direito Financeiro Brasileiro*, Rio de Janeiro: Laemmert, 1855.

BASTOS, A.C. Tavares, *A Província*, São Paulo/Rio de Janeiro: Cia. Ed. Nacional, 2a ed., 1937.

BEJAR, M. D. *Buenos Aires y la Aduana 1809-1862*. Bahia: Centro Editor de América Latina, 1984.

BELLOTO, Heloísa, "O Estado Português no Brasil – sistema administrativo e fiscal", in SILVA, Maria Beatriz Nizza. *O Império Luso Brasileiro, 1750-1822*. Lisboa: Ed. Estampa, 1986.

BENDIX, Reinhard. Max *Weber: um perfil intelectual*. Brasília: Ed. UnB, 1986.

BERBEL, Márcia, *A nação como artefato: deputados do Brasil nas Cortes portuguesas, 1821-1822*. São Paulo: Hucitec/FAPESP, 1999.

BERNARDES, Denis Antônio de Mendonça. *Patriotismo constitucional. Pernambuco, 1821/1822*. São Paulo: HUCITEC, 2006.

BERNARDES, Denis. "Pernambuco e o Império (1822-1824): sem Constituição Soberana não há união", in: JANCSÓ, István. (org.). *Brasil: formação do Estado e da Nação*. São Paulo: HUCITEC, UNIJUÍ, FAPESP, 2003, p. 219-249.

BÉRTOLA, L., PORCILE, G. "Argentina, Brazil, Uruguay and the world economy: an approach to different convergence and divergence regimes". DOL (Documentos On-line) Reedición / FCS-UM; 18. UR. FCS-UM, 1998.

BLOCKMANS, Win e GENET, Jean-Philippe. *The Origins of the Modern State in Europe, 13rh-18th centuries*. Oxford: Oxford University Press, 1998.

BONNEY, R. (ed.). *Economic Systems and State Finance*. Oxford: Oxford University Press, 1998.

BONNEY, R. (ed.). *The Rise of the Fiscal State in Europe (c.1200-1815)*, Oxford: Oxford University Press, 1999.

BORGES, José Ferreira. *Princípios de Syntetologia*. Londres, 1831.

BOURDIEU, P. *Sobre o Estado*. São Paulo: Cia das Letras, 2014.

BLUTEAU, Raphael. *Vocabulario Portuguez & Latino*. Coimbra: Collegio das Artes da Companhia de Jesus, v. 6, 1728.

BOXER, C.R., *O Império Colonial Português (1415-1825)*, Lisboa: s.d. (Primeira edição inglesa 1969).

BROWN, Roger H. *Redeeming the Republic, Federalists, Taxation and the Origins of the Constitution*. Baltimore/London: John Hopkins Univ. Press, 1999.

BRUGUIÈRE Michel. Révolution et finances. Réflexions sur un impossible bilan. In: *Revue* économique, volume 40, n° 6, 1989, p. 985-1000.

BUESCU, Mircea. *História administrativa do Brasil: organização e administração do Ministério da Fazenda no Império*. Brasília: Funcep, 1984.

BURGIN, Miron. *The Economic Aspects of Argentine Federalism, 1820-1852*. Cambridge: Mass., Harvard University Press, 1946.

CARDOSO, Ciro F. S. e BRIGNOLI, Héctor Perez. *História Económica de América Latina.* Barcelona: Ed. Crítica, 1979.

CARMAGNANI, Marcello (coord.). *Federalismos Latinoamericanos: México/Brasil/Argentina,* México, SIGLO XXI, 1993.

CANO, Wilson, *Origens da Concentração Industrial em S. Paulo.* Campinas: Instituto de Economia da Unicamp, 2007, 5ª edição.

CARRARA, Ângelo Alves. "El reformismo fiscal pombalino en Brasil. *Historia Caribe* , v. 11, 2016, p. 83-111.

CARRARA, Ângelo Alves e SANTIRÓ, Ernest Sánchez. "Historiografia econômica do dízimo agrário na Ibero-América: os casos do Brasil e Nova Espanha, século XVIII". *Estudos Econômicos*, São Paulo, v. 43, 2013, p. 167-202.

CARRARA, Ângelo. *Receitas e despesas da Real Fazenda no Brasil, século XVII.* Juiz de Fora: Editora da Universidade Federal de Juiz de Fora, 2009.

CARREIRA, Liberato Castro. *História Financeira e Orçamentaria do Império do Brasil,* publicado pela primeira vez em 1889, e reeditado em Brasília/Rio de Janeiro: Senado Federal/Fundação Casa Rui Barbosa/MEC, 1980.

CARVALHO, José Murilo. *Teatro de Sombras: a política imperial.* Rio de Janeiro: Ed.Vértice/IUPERJ, 1988.

CARVALHO, J. M., *Teatro de Sombras: a política imperial.* Rio de Janeiro: Ed.Vértice/IUPERJ, 1988.

CASTRO, A.O. Viveiros de. "Curso de História Tributária do Brasil", *Revista do IHGB*, Tomo LXXVIII, parte 1, RJ: 1915.

CAVALCANTI. Amaro. *Resenha Financeira do Ex-Império do Brasil em 1889.* Rio de Janeiro: Imprensa Nacional, 1890.

CAVALCANTI, Amaro. *Elementos de Finanças: estudo theorico-prático.* Rio de Janeior: Imprensa Nacional, 1896.

CELIA, Maria Izabel Basilisco. *Economia mercantil de abastecimento e rede tributária: São Paulo, séculos XVIII e XIX*. Tese de Doutoramento, UNICAMP, 2006.

CHALHOUB, Sidney. *A Força da Escravidão, ilegalidade e costume no Brasil oitocentista*. São Paulo: Cia das Letras, 2012.

CONDE, Roberto Cortés. *Dinero, Deuda y Crisis*. Buenos Aires: Ed. Sudamenricana/ Inst. Torcuato di Tella, 1989.

CONRAD, R.C. *Os últimos anos da escravatura no Brasil, 1850-1888*. Rio de Janeiro: Ed. Civilização Brasileira, 1975.

CONTRERAS, C. et allii (orgs). *Guerra, finanzas y regiones en la historia económica del Perú*. Lima: BCP/IEP, 2010.

COSTA, Bruno Aidar. *A tessitura do fisco: a política ilustrada de D. Rodrigo de Souza Coutinho e a administração fiscal da capitania de São Paulo, 1797-1803*. Mestrado Unicamp, 2003.

COSTA, Bruno Aidar. *A vereda dos tratos: fiscalidade e poder regional na capitania de São Paulo, 1723-1808*. Tese de Doutorado, USP, 2013.

COSTA, Fernando Dores, "Os problemas do recrutamento militar no final do século XVIII e as questões da construção do Estado e da nação". Lisboa: *Análise Social*, vol. 30, n. 130 (1995), p. 121-155.

COSTA, Wilma e MIRANDA, Márcia Eckert. "Entre os senhores e o império: transformações fiscais na formação do estado brasileiro (1808-1840)", in: *Revista Illes i Imperis*-13(3GL)1 8/6/10 08:56.

COSTA, Wilma Peres, Paraguayan War and Brazilian National Identity, in: *Oxford Research Encyclopedia for Latin American History*, acessível in https://oxfordre.com/latinamericanhistory/view/10.1093/acrefore/9780199366439.001.0001/acrefore-9780199366439-e-286?rskey=tLfLI9&result=12.

COSTA, Wilma Peres. A questão fiscal na transformação republicana: continuidades e descontinuidades. *Revista Economia e Sociedade*, Campinas, v. 10, p. 141-174, 1998.

COSTA, Wilma Peres. Economia Exportadora e Padrões de Construção do Estado na Argentina e no Brasil. *Revista Economia e Sociedade*, Campinas, v. 14, p. 175-202, junho 2000.

COSTA, Wilma Peres. Estratégias Ladinas: o imposto sobre o comércio de escravos e a legalização do tráfico (1831-1850). *Novos Estudos CEBRAP* (Impresso), São Paulo, v. 67, p. 57-75, novembro 2003.

COSTA, Wilma Peres. Do Domínio à Nação, impasses da fiscalidade no processo de Independência. In: JANCSÓ, István. (Org.). *A formação do Estado e da Nação Brasileira*. 1ed.São Paulo: Ed. Hucitec, 2003, v. 1, p. 143-194.

COSTA, Wilma Peres. O Império do Brasil: dimensões de um enigma. *Almanack Braziliense,* Universidade de São Paulo, v. 1, n.1, p. 27-43, 2005.

COSTA, Wilma Peres. *A Espada de Dâmocles:* o Exército, a Guerra do Paraguai e a crise do Império. São Paulo/Campinas: Edunicamp, Hucitec, 1996.

CORTÉS CONDE, Roberto; HUNT, Shane J. (orgs.). *The Latin American Economies Growth and the Export Sector, 1880-1930*. New York: Holmes & Meier,1985.

DIAS, Maria Odila da Silva, *A interiorização da metrópole e outros estudos*. São Paulo: Alameda, 2005 (segunda edição).

DIAZ ALEJANDRO, Carlos F. *Essays on the Economic History of the Argentine Republic*. New Haven and London: Yale University Press, 1970.

DOLHNIKOFF, Miriam. *O Pacto Imperial: origens do federalismo no Brasil*. São Paulo: Ed. Globo, 2005.

DONGUI, Tulio Halperín. *Revolución y Guerra: formación de una élite dirigente en la Argentina criolla*, Buenos Aires: Siglo XXI, 1972.

DORNAS FILHO, João. *O Padroado e a Igreja Brasileira*. São Paulo: CEN, 1938.

DOSSIÊ "The Cost and Benefits of European Imperialism from the Conquest of Ceuta, 1415, to the Treaty of Lusaka, 1974", in: *Revista de Historia Económica,* 1998, ano XVI, n. 1, Madrid, 1998.

EISENBERG, Peter, *Modernização sem Mudança, A indústria açucareira em Pernambuco, 1840-1910.* Rio de Janeiro/Campinas: Paz e Terra/Unicamp, 1977.

ELLIS, Miriam. *A Baleia no Brasil Colonial.* São Paulo: Ed. Melhoramentos, 1968.

ELLIS, Miriam. *O monopólio do sal no Estado do Brasil.* São Paulo: Ed.USP, 1955.

ENGELS, Friedrich. *A Origem da família, da propriedade privada e do Estado, A origem da Família, da Propriedade e do Estado,* Lisboa: Ed. Presença, s/d.

FALCON, Francisco, "Pombal e o Brasil", in: TENGARRINHA, José (org). *Historia de Portugal.* São Paulo: Edunesp/Edusc, 1999.

FAUSTO, Boris. "Expansão do Café e Política Cafeeira", in FAUSTO, Boris (org.) História Geral da Civilização Brasileira. São Paulo: Tomo III, vol. 1, p. 193-249.

FERLINI, V.L. e BICALHO, F. *Modos de Governar: Ideias e Práticas Políticas no Império Português.* São Paulo: Alameda, 2005.

FERNANDES, Florestan. *A Revolução Burguesa no Brasil.* Rio de Janeiro: Zahar, 1974.

FERNS, H.S. *Britain and Argentina in the Nineteenth Century.* New York: Oxford University Press. 1960.

FERREIRA, Gabriela Nunes. *Centralização e descentralização no Império, o debate entre Tavares Bastos e Visconde de Uruguai.* São Paulo: Ed. 34, 1999.

FERREIRA, Gabriela Nunes. *O Rio da Prata e a consolidação do Estado Imperial.* São Paulo: HUCITEC, 2006.

FERRER, Aldo. *La Economia Argentina: las etapas de su desarrollo y problemas actuales.* México-BA: FCE, 1965.

FIGUEIREDO, Luciano de A. *Revoltas, fiscalidade e identidade colonial na América portuguesa. Rio de Janeiro, Bahia e Minas Gerais (1640-1761).* São Paulo: Doutorado USP, 1996.

FISHLOW, Albert. "Lessons of the 1890s for the 1980s", in: CALVO, Guillermo et alli (ed.). *Debt, Stabiliztion and Development - Essays in Memory of Carlos Díaz-Alejandro.*

FORD, A.G. "Argentina and the Baring Crisis of 1890", *Oxford Economic Papers*, New Series, VIII (June 1956), p. 127-150.

FRANCO, Gustavo H. B. *Reforma monetária e estabilidade durante a transição republicana.* Rio de Janeiro: BNDES, 1983.

FRASQUET, Ivana e SLEMIAN, Andréa. *De las independencias iberoamericana a los estados nacionales (1810-1850): 200 años de historia.* Madrid/Frankfurt: Iberoamericana/Vervuert, 2009.

FREIRE, Felisbelo. *História Constitucional da República dos Estados Unidos do Brasil*, Brasília; UNB, p. 90-107.

FURTADO, Celso, *Formação Econômica do Brasil*, Brasília: Ed. UNB, 1963 (la Ed. 1959).

FURTADO, Celso. *La Economia Latinoamericana - formación histórica y problemas contemporáneos.* Buenos Aires: Siglo XXI.

GARAVAGLIA, J.C. *Latin American Bureaucracy and the State Building Process (1780-1860).* Cambridge: CSP, 2013.

GARAVAGLIA, J.C., LAMOUROUX, C. e BRADDICK, M.J. *Serve the Power(s), Serve the State: America and Eurasia.* Cambridge: Cambridge Scholars Publishing, 2016.

GARRIGA, C. e SLEMIAN, A. "'Em trajes brasileiros': justiça e constituição na América ibérica (c. 1750-1850)", *Revista de História* (USP), v. 169, 2013, p. 181-221.

GODINHO, Vitorino de Magalhães. Os Descobrimentos e a Economia Mundial. Lisboa: Ed. Presença, 1981-1983. Especificamente sobre as finanças públicas ver "Finanças Públicas e Estrutura do Estado", in: *Ensaios II Sobre História de Portugal* (2a ed.), Lisboa: Ed. Sá Costa, 1978.

GOMES, Franciany. *Negócios e contratos: a trajetória de Manuel Ribeiro dos Santos em Minas Gerais setecentista*. Mestrado UFJF, 2014.

GRAMSCI, A. *Maquiavel, a política e o Estado moderno*. Rio de Janeiro: Civilização Brasileira, 1980.

GRINBERG, K. *As fronteiras da escravidão e da liberdade no sul da América*. Rio de Janeiro: Sette Letras, 2013.

GUANABARA, Alcindo. *A presidência Campos Salles*. Brasília, Ed.UNB, 1983.

GUY, Donna J. "La Politica de Carlos Pellegrini en los comienzos de la industrialización Argentina, 1873-1906", in: *Desarrollo Económico*, vol .19, n.73.

HALL, John A. (ed.). *Os Estados na História*. Rio de Janeiro: Imago, 1992.

HANDELMANN, H. *História do Brasil*. São Paulo: Ed. Itatiaia/ Edusp, 1982 (4ª edição).

HECKSCHER, Eli. *La Época Mercantilista*. México: Fondo de Cultura Económica, 1983.

HESPANHA, A. M. *O Caleidoscópio do Antigo Regime*. São Paulo: Ed. Alameda, 2012.

HOLANDA, Sérgio Buarque de "A herança colonial, sua desagregação", in: *História Geral da Civilização Brasileira*. São Paulo: DIFEL, 1972, vol. 4, Tomo II, p. 9-38.

HOLANDA, Sergio Buarque. *Do Império à República*, HGCB. São Paulo: DIFEL, 1983, Tomo II, vol.5, p. 7-56.

JANCSÓ, István (org.) *Independência – história e historiografia*. São Paulo: HUCITEC, 2005.

JANCSÓ, István e PIMENTA, J. P. "Peças de um mosaico: apontamentos para o estudo da unidade nacional brasileira" in: MOTA, Carlos Guilherme. (org.). *Viagem incompleta. A experiência brasileira (1500-2000). Formação: histórias*. São Paulo: Ed. SENAC, 2000.

JANCSÓ, István. "A construção dos Estados nacionais na América Latina - apontamentos para o estudo do Império como projeto", in: LAPA, J. R. do A. e SZMRECSÁNYI, Tamás (Org.). *História econômica da Independência e do Império*. São Paulo: HUCITEC, 1996, v. 1, p. 3-26.

JANOTTI, M. L. *Os subversivos da república*. São Paulo: Brasiliense, 1986.

JANSÓ, I. (org) *Brasil: formação do Estado e da Nação*. São Paulo: Hucitec/Fapesp/ 2003.

JÁUREGUI, L. Luis. *La Real Hacienda de Nueva España. Su administración en la época de los intendentes, 1786-1821*. Ciudad de Mexico: UNAM-Facultad de Economía/DGAPA, 1999.

KEYNES, John Maynard, *As Consequências Econômicas da Paz*. Brasília: Ed. Univ. Brasília, IPRI, 2002.

KOSELLECK, R. *Futuro Passado*, SP: Contraponto, 2006.

KOSELLECK, Reinhart. *Crítica e crise*. Tradução: Luciana Villas-Boas Castelo-Branco. RJ: UERJ/Contraponto, 1999.

KUGELMAS, Eduardo. *A difícil hegemonia*, Tese de Doutoramento, FFLCH/USP, 1987 (mimeo).

LAMAS, Fernando G. *Os Contratadores e o Império colonial português: um estudo dos casos de Jorge Pinto de Azevedo e Francisco Ferreira da Silva*. Diss. Mestrado. UFF, Niterói, 2005.

LANDES, David. *Prometeu Desacorrentado: transformação tecnológica e desenvolvimento industrial na Europa ocidental, de 1750 até os dias de hoje*. São Paulo: Nova Fronteira, 1994.

LANDES, David. *The Wealth and Poverty of Nations: Why Some Are So Rich and. Some So Poor*. New York: W.W. Norton & Co., 1998.

LEGNARO, Alcir. *As Tropas da Moderação*, São Paulo: Ed. Símbolo, 1979.

LEITMAN, Spencer, *Raízes socio-econômicas da Guerra dos Farrapos*, Rio de Janeiro, Ed. Graal, 1979.

LEROY-BEAULIEU, Paul. *Traité de la science des finances*. Paris: Guillaumin, 1906 (Primeira Edição 1877). Paris: F. Alcan,

1906, vol 2, p. 2.

LESSA, Renato. *A invenção republicana*. Rio de Janeiro: Ed. Vértice/IUPERJ, 1988.

LEVINE, Robert. *A Velha Usina: Pernambuco na Federação Brasileira (1889-1937)*. Rio de Janeiro: Paz e Terra, 1980.

LEVY, Maria Bárbara Levy, *A indústria no Rio de Janeiro através de suas sociedades anônimas*. Rio de Janeiro: Ed. UFRJ.

LUZ, Nícia Vilela. "As tentativas de industrialização do Brasil", in: HOLANDA, Sergio Buarque (org.). *História Geral da Civilização Brasileira*. São Paulo: DIFEL, 1985, Tomo II vol. 4, p.

MARISCHAL, Carlos. *Historia de la Deuda Externa de América Latina*. Madrid: Alianza Ed., 1988.

LYNCH, John. "From Independence to National Organization", in: Leslie Bethell (ed.). *Argentina Since Independence*. Cambridge: Cambridge Universtiy Press, 1993.

LYRA, Maria de Lourdes Viana. *A Utopia do Poderoso Império Portugal e Brasil: bastidores da política 1798-1822*. Rio de Janeiro: Sette Letras, 1994.

LYRA, Maria de Lourdes Vianna. *Centralization, Système Fiscal et Autonomie Provinciale dans l'Empire Brésilien, La Province de Pernambuco 1808-1835*, Tese de Doutoramento, Paris, Nanterre, 1985 (mimeo).

LYRA, Maria de Lourdes Vianna. *Dízimos Eclesiásticos na Capitania de São Paulo.* Mestrado USP, São Paulo: 1970.

MACHADO, André R. *A quebra da mola real das sociedades: a crise política do Antigo Regime Português na província do Grão-Pará (1821-25)*. São Paulo: Hucitec/Fapesp, 2010.

MADEIRA, Mauro de Albuquerque. *Letrados, Fidalgos e Contratadores de Tributos no Brasil Colonial.* Brasilia: Sindifisco, 1993.

MAIA, José Antônio da Silva. *Compêndio de Direito Financeiro*. Rio de Janeiro: Tip. Nacional, 1841.

MAMIGONIAN, Beatriz. *Africanos Livres: a Abolição do Tráfico de Escravos para o Brasil.* São Paulo: Cia. Das Letras, 2016.

MANN, Michael, "O poder autônomo do estado: suas origens, mecanismos e resultados", in: HALL, John, (org.). *Os estados na História*, citado. Rio de Janeiro: Imago, 1992.

MANN, Michael. *Os Estados na História*, citado e BADIE, Bertrand. *L'État importé. Essai sur l'occidentalisation de l'ordre politique*. Paris: Fayard, 1992.

MARCÍLIO, Maria Luiza. *Crescimento Demográfico e Evolução Agrária Paulista 1700-1836*. São Paulo: Hucitec, 2000.

MARISCHAL, Carlos (coord.). *Las inversiones extranjeras en America Latina, 1850-1930*. Méxoco: FCE, 1996.

MARISCHAL, Carlos e MARINO, Daniela (org.). *De colonia a nación. Impuestos y política en México 1750-1860*. Ciudad de México: Ed. Colegio de México, 2001.

MARISCHAl, Carlos, *La bancarrota del virreinato: 1780-1810: la Nueva España y las finanzas del imperio español*. Ciudad de Mexico: FCE, 1999.

MARQUESE, R., BERBEL, Márcia e PARRON, Tâmis. *Escravidão e Política, 1790-1850*. São Paulo: Hucitec, 2010.

MARQUESE, Rafael e PARRON, Tâmis P. "Internacional escravista: a política da Segunda Escravidão", *Topoi*, v. 12, n. 23, jul.-dez. 2011, p. 97-117.

MARQUESE, Rafael Rafael e SALLES, R. (orgs.). *Escravidão e capitalismo histórico no século XIX Cuba, Brasil e Estados Unidos*. Rio de Janeiro: Civilização Brasileira, 2016.

MARQUESE, Rafael. "Governo dos escravos e ordem nacional; Brasil e Estados Unidos 1808-1860", in: JANCSÓ, István. (org.). *Brasil: formação do Estado e da Nação*. São Paulo: Hucitec/ Fapesp/ 2003, p. 251-267.

MARQUESE, Rafael. *Feitores do corpo, missionários da mente - senhores, letrados e o controle dos escravos nas Américas, 1660-1860*. São Paulo: Cia. das Letras, 2004.

MARTINS, Roberto B., "Crescimento Exportador, Desigualdade

e Diversificação Econômica: uma comparação entre o Brasil e a República Argentina, 1860-1930", *Cadernos DCP* vol. 3, UFMG, março de 1976.

MARX, Karl. *Critique à la Philosophie du Droit de Hegel*, Paris, Ed.10/18, 1976.

MATTOS, Ilmar Rohloff. *O tempo saquarema*. São Paulo: HUCITEC, 1987.

MATTOS, ILMAR, "Construtores e Herdeiros, a trama dos interesses na construção da unidade política", *Almanack Braziliense*, vol. 1, encontrado em http://www.revistas.usp.br/alb/article/view/11601.

MAXWELL, Keneth. *A devassa da devassa*. Trad. port. 3a. ed. São Paulo: Paz e Terra, 1995.

MELLO, Evaldo Cabral. *A outra Independência: o federalismo pernambucano de 1817 a 1824*. São Paulo: HUCITEC, 2004.

MELLO, Evaldo Cabral. *O Norte Agrário e o Império*. Rio Janeiro: Ed. Nova Fronteira, 1984.

MELLO, João Manoel Cardoso. *O capitalismo tardio*. São Paulo: Ed. UNESP, 1988.

MENDONÇA, Marcos Carneiro. *Raízes da Formação Administrativa do Brasil*. Rio de Janeiro: IHGB/Conselho Federal de Cultura, 1972.

MERCHIOR, J.G. "Padrões de Construção do Estado no Brasil e na Argentina", in: HALL, John (org.). *Os Estados na História*. Rio de Janeiro: Imago, 1992, p.386-421.

MIRANDA, Marcia Eckert. *A estalagem e o Império - crise do antigo regime, fiscalidade e fronteira na Província de São Pedro* (1808-1831). São Paulo: Hucitec, 2009.

MOORE Jr. Barrington. *Origens Sociais da Ditadura e da Democracia*. São Paulo: Martins Fontes, 1983.

MORINEAU, Michel, "Budgets de l'État et gestion des finances royales en France au dix-huitième siècle", in: *Revue Historique*, T. 264,

Fasc. 2 (536) (OCTOBRE-DÉCEMBRE 1980), p. 289-336.

MOUSNIER, Roland, *Les institutions de la France sous la monarchie absolue*. Paris: PUF, 2005.

MOUSNIER, Roland. "As Novas Estruturas do Estado", in: CROUZET, M. *História Geral da Civilização*, vol. XV. Os Séculos XVI e XVII. Cap. IV. SP: DIFEL, 1957.

NABUCO, Joaquim. *Um estadista do Império: Nabuco de Araújo, sua vida, suas opiniões, sua época*. Rio de Janeiro: Instituto Progresso Editorial, 1949 (1ª Ed. 1896).

NORMANO, J.F., *Brazil, a study of economic types*. Chapel Hill: University of Carolina Press, 1935.

NOVAIS, Fernando. *Portugal e Brasil na Crise do Antigo Sistema Colonial*. São Paulo: HUCITEC, 1974.

OLIVEIRA, Cecília Helena de Salles. *A astúcia liberal. Relações de mercado e projetos políticos no Rio de Janeiro* (1820-1824). Bragança Paulista: EDUSF/Ícone, 1999.

OLIVEIRA, M.L.F. "Sobreviver à pressão escapando ao controle: embates em torno da 'lei do cativeiro' (a Guerra dos Marimbondos em Pernambuco,1851-1852)", in: *Almanack Braziliense*, v. 3, 2006.

OSLAK, Oscar. "Reflexiones sobre la formación del Estado y la constitución de la Sociedad Argentina", in: *Desarrollo Económico*, v. 21, p. 548.

PANETIERI, José. "La Ley de Conversión Monetaria de 1864 y la Oficina de Cambio de 1867. Causas y Consecuencia Economico-Sociales", in: *Desarrollo Económico,* v. 20, p. 392.

PARRON, Tâmis. *A Política da Escravidão no Império do Brasil 1826/1865*. Rio de Janeiro: Ed. Civ. Brasileira, 2011.

PEDREIRA, Jorge. "To have and to have not, the Economic consequences of Empire", in: *Revista de História Económica*, Ano XVI, Madrid: Fundación Empresa Pública, Invierno 1998, n. 1. p. 101.

PELAEZ, C.M. "As Consequências Econômicas da Ortodoxia Monetária, Cambial e Fiscal no Brasil entre 1889 e 1945", in: *Revista Brasileira de Economia*, 21.

PEREIRA, Paulo Roberto Dias. "As Políticas de Gasto Público e a Promoção do Desenvolvimento nos Estados do Rio Grande do Sul e de São Paulo durante a Primeira República (1889-1930)", in: *Gaúchos e Paulistas – dez escritos de história regional comparada*. Porto Alegre: Fundação de Economia e Estatística, 1995.

PETTY, William, Sir. *Essays on mankind and political arithmetic*. Nova York: The Mershon Co., 1890.

PETTY, William. *Treatise of Taxes and Contributions*. London: N. Brooke, 1662.

PIMENTA, João Paulo G. *Tempos e espaços das independências: a inserção do Brasil no mundo ocidental (1780-1830)*. São Paulo: Intermeios, 2017.

PIMENTA, João Paulo. *A Independência do Brasil e a experiência hispano-americana (1808-1822)*. São Paulo: Hucitec, 2015.

PLATT, D.C. M. (ed.) *Business Imperialism, 1840-1930: An Inquiry Based on British Experience in Latin America*. Oxford: At the Clarendon Press, 1977.

PRADO JR. Caio. *Formação do Brasil Contemporâneo – Colônia*. São Paulo: Livraria Martins Ed., 1942.

QUEIROZ, Suely R. R. *Os radicais da república*. São Paulo: Brasiliense, 1986.

RATNER, S. *American Taxation, Its History as a Social Force in Democracy*. Nova York: W.W. Norton, 1942.

REIS, Elisa Pereira, "Interesses agro-exportadores e construção do Estado: Brasil 1890 a 1930", in: SORJ, Bernardo allii (org.). *Economia e Movimentos Sociais na América Latina*. São Paulo: Ed. Brasiliense, 1985.

RIBEIRO, Eder da Silva. *Nas tramas da política, nos bastidores das instituições: o conselho da Fazenda e a construção do Império Luso-Brasileiro nos Trópicos (1808-1821).* Tese de Doutoramento. Dep. Historia, UFF, 2017.

ROCHA, Justiniano José, "Ação, Reação, Transação", in: MAGALHÃES JR., Raymundo. *Três Panfletários do Segundo Reinado.* São Paulo: Cia. Ed. Nacional, 2ª Ed., 1937.

RODRIGUES, Jaime. *O infame comércio – Propostas e experiências no final do tráfico de africanos para o Brasil (1800-1850).* Campinas: Edunicamp/Cecult, 2000.

ROURE, Agenor. *A Constituinte Republicana.* Brasília: UNB/Senado Federal, 1979.

SAES, Flavio Azevedo Marques. *As ferrovias de São Paulo, 1870-1940.* São Paulo: HUCITEC, 1981.

SALGADO, Graça (coord.). *Fiscais e Meirinhos: A Administração no Brasil Colonial.* Rio de Janeiro: Nova Fronteira, 1990.

SAMPAIO, Francisco Coelho de Souza. *Preleções de direito pátrio, público e particular oferecidas ao Sereníssimo Senhor D. João, Príncipe do Brasil.* Coimbra: Imprensa da Universidade, 1793.

SAMPAIO, Francisco Coelho de Souza. *Preleções de direito pátrio, público e particular oferecidas ao Sereníssimo Senhor D. João, Príncipe do Brasil.* Coimbra: Imprensa da Universidade, 1793.

SAY, Leon (dir.) *Dictionnaire de Finances.* Paris: Berger-Levrault et Cie, Ed.1889, p. 503.

SAY, Leon e CHAILLEY, Joseph. *Nouveau dictionnaire d'économie politique.* 2a ed., Paris: Guillaumin, 1900, vol. 1, p. 258.

SCHULZ, John A. Crise *Financeira da Abolição.* São Paulo: EDUSP, 1999.

SECRETO, Maria Verônica. *(Des)medidos: a Revolta do Quebra--quilos (1874-1876).* Rio de Janeiro: Ed. Mauad, 2011.

SHUMPETER, Joseph. "The crisis of the tax state", in: *International Economic Papers*, n. 4, N.Y., MacMillan, 1954.

SILVA, Camila Pelinsari. *Os caminhos da riqueza e os embaraços da ruína: o contratador Felisberto Caldeira Brant e suas relações com o poder estatal*. Doutorado, UFOP, 2018.

SILVA, Ligia Osório. *Terras devolutas e Latifúndio*. Campinas: Editora da Unicamp, 1996.

SILVA, Sérgio S. *Expansão cafeeira e origens da indústria no Brasil*. São Paulo: Ed. Alfa Ômega, 1976.

SILVEIRA, Rosa Maria Godoy. *Republicanismo e Federalismo, 1889-1902*. Brasília: Senado Federal, 1978.

SKOCPOL, Theda. *Estados e revoluções sociais: análise comparativa da França, Rússia e China*. São Paulo: Ed. Presença, 1985.

SLENES, Robert. "Grandeza ou Decadência? O mercado de escravos e a economia cafeeira na Província do Rio de Janeiro, 1850-1888", in: COSTA, Iraci del Nero. *Brasil: História Econômica e Demográfica*. São Paulo: IPE, 1986.

SOUZA, Iara L.C. *Pátria coroada: o Brasil como corpo político autônomo*. São Paulo: Ed. UNESP, 1999.

SOUZA, José Joaquim Caetano Pereira de. *Esboço de um Diccionario Juridico, Theoretico e Practico, remissivo às leis compiladas, e extravagantes*. Lisboa: Typographia Rollandia, 1825.

SOUZA, Laura de Mello. *O sol e a sombra. Política e Administração nas Américas no século XVIII*. São Paulo: Cia das Letras, 2016.

SOUZA, Paulino José Soares, Visconde do Uruguai. *Ensaio sobre o Direito Administrativo*. Rio de Janeiro: Tipografia Nacional, 1862.

STRATEN-PONTHOZ, Auguste van der (Comte). *Le budget du Brésil, ou Recherches sur les ressources de cet Empire, dans leur rapports avec les interêts europeens du commerce et de l'* émigration". Paris: Libairie L'Amyot Editeur, 1854.

SWEDBERG, Richard (org.). *Joseph A. Schumpeter, The Economics and Sociology of Capitalism*. Princeton: Princeton University Press, 1991.

TANNURI, Luiz Antonio. *O Encilhamento*. São Paulo: HUCITEC, 1981.

TEINMO, Sven. *Taxation and Democracy*. NewHaven/London: Yale University Press, 1993.

TILLY, Charles (ed). *The Formation of National States in Western Europe.* Princeton: Princeton University Press, 1975.

TILLY, Charles, *Coerção, capital e cidades europeias.* (trad.port.) São Paulo: Edusp, 2001.

TOPIK, STEVEN. "Coffe: Biology as Destiny?", in: SILVA, Sergio e SMERECSÁNYI, Tamás. *História Econômica da Primeira República.* São Paulo: HUCITEC/FAPESP, 1996.

TOPIK, Steven. *A presença do Estado na economia política do Brasil de 1889 a 1930.* São Paulo: Ed. Record, 1987.

TRINDADE, Helgio. "A Construção do Estado Nacional na Argentina e no Brasil (1810-1900): Esboço de um análise Comparativa", in: *Revista DADOS*, vol. 28. n.1, 1985, p. 61-89.

VARNHAGEN, F. A. *História da Independência do Brasil, até ao reconhecimento da antiga metrópole, compreendendo separadamente, a dos sucessos ocorridos em algumas províncias até essa data.* Rio de Janeiro: IHGB, 1938 (1ª ed. 1916).

VERGER, Pierre. *Fluxo e Refluxo do tráfico de escravos entre o Golfo de Benin e a Baía de Todos os Santos.* São Paulo:Editora Corrupio, 1997.

VIEIRA, D.T. "A política financeira", in: Sérgio Buarque de Holanda (org.). *História Geral da Civilização Brasileira.* São Paulo: DIFEL, 1985, 6a ed. p., 340-351.

WALSH, Robert. *Notícias do Brasil, 1828-1829.* Belo Horizonte/São Paulo: Ed. Itatiaia, Edusp, 1985, p. 154.

WEBER, Max. "Parlamentarismo e Governo numa Alemanha Reconstruída: uma contribuição à crítica política do funcionalismo e da política partidária". WEBER, Max. Vol. 37 da Col. *Os Pensadores.* Tradução Maurício Tragtenberg. São Paulo: Ed. Abril, 1980. p. 01-85 (1ª Ed. 1918).

WEBER, Weber. *Economia e Sociedade.* Brasília: Ed. UNB, 2004.

WOOD, Russell. "Centros e Periferias no Mundo Luso-Brasileiro,1500-1808 ", in: *Revista Brasileira de História*, vol. 18. n. 36, São Paulo, 1998.

Alameda nas redes sociais:

Site: www.alamedaeditorial.com.br
Facebook.com/alamedaeditorial/
Twitter.com/editoraalameda
Instagram.com/editora_alameda/

Esta obra foi impressa em São Paulo
no outono de 2020. No texto foi utili-
zada a fonte Minion Pro Regular em
corpo 10,25 e entrelinha de 15 pontos